Michael Schrader
Alte Bahnhofstr. 50
4630 Boehum 7
Tel. 02 34 · 29 56 97

D1723376

Max Brod

MAX BROD
STREITBARES
LEBEN

Autobiographie 1884–1968

Insel Verlag

Neuauflage 1979
im Insel Verlag Frankfurt am Main
Alle Rechte vorbehalten
Angaben über frühere Ausgaben am Schluß des Bandes.
Druck: Nomos Verlagsgesellschaft, Baden-Baden
Printed in Germany

INHALT

Erster Teil. Bis zum ersten Weltkrieg 7

Vokativ 9
Der junge Werfel 12
Freundschaft und erste Konflikte. Werfels kaustischer Witz . 16
Das Erscheinen des »Weltfreundes« und die Folgen 32
Judentum als Problem 47
Der große Polemiker. Die bewegte Zeit bis in die Anfänge des
ersten Weltkrieges 61
Kriegsbeginn 1914 81

Zweiter Teil. Vom Anfang an. Ein Rückblick und Fortführung des Berichts 109

Kinderzeit 111
Kinderfreundschaften 124
Studentenzeit, Liliencron, Salus, Leppin, die »Halle« . . . 135
Leben mit Franz Kafka 155
Begegnungen an der Hochschule. Philipp Frank, Einstein,
Alfred Weber, Christian von Ehrenfels, Hugo Bergmann . . 197
Rund um die »Generation des Trotzdem« 241
Heinrich Mann 242
Robert Walser 244
Gäste in Prag: Max Reger 253
Entdeckungen. Adolf Schreiber, Carl Nielsen, der Schwejk,
Janáček 259

Dritter Teil. Die Rettung 279
Aufbruch 281
Ein neues Dasein 293
Das Bleibende 337

Anhang. Aus Tagebuch-Aufzeichnungen 343

Personenregister 361

ERSTER TEIL

Bis zum Ersten Weltkrieg

Vokativ

Als man mir vor einiger Zeit den Vorschlag machte, meine Selbstbiographie zu schreiben, fiel mir sofort der Titel »Streitbares Leben«
ein. Zu meinem eigenen Erstaunen. Denn ich war ja längst dazu
gelangt, alles Polemische zu verabscheuen; hatte erkannt, daß der-
jenige, der »ja« zu einem Menschen oder einer Situation sagt, tausendmal mehr von diesem Menschen, dieser Tatsache erfaßt und
weiß als jener, der »nein« zu ihnen sagt. Obwohl ich also diesen
Lehrsatz vom »Nicht-Befeinden« mit mir herumtrug und auch zu
praktizieren suchte, bin ich zum Polemiker geworden. Mein Leben
lang habe ich mich, sehr gegen meinen Willen, fast immer mit dem
oder jenem herumzuschlagen gehabt. Ich kann und muß mir daher
den Beinamen geben: ein Polemiker wider Willen.

Es scheint mir, daß das weniger meine Schuld als die Schuld der
Stadt ist, in der ich geboren wurde und die längste Zeit meines
Lebens zugebracht habe. Die Schuld Prags. Das alte österreichische
Prag war eine Stadt, in der nicht nur die einzelnen gegeneinander
polemisierten, sondern drei Nationen standen im Kampf gegeneinander: die Tschechen als Majorität, die Deutschen als Minorität und
die Juden als Minorität innerhalb dieser Minorität. Wobei die
Situation dadurch erschwert wurde, daß die Begriffsbestimmung des
Judentums (Nation oder Religion – oder beides zugleich) noch lange
nicht feststand und daß eine stetig wachsende Zahl von Juden dem
tschechischen Sektor zustrebte.

Über diese und verwandte Schwierigkeiten wurde unter uns, der
um 1900 heranwachsenden Jugend, viel nachgedacht und diskutiert
– denn das Leben selbst stellte uns schon durch das Problem der
beiden Sprachen vor Entscheidungen in Fragen der Kultur, die den
Bewohnern eines einsprachigen Milieus erspart bleiben.

Prag, die Stadt der drei Nationen, Prag, die polemische Stadt.

Man würde indes fehlgehen, wenn man annähme, daß alle diese
unsere Auseinandersetzungen, zu denen auch bald die über den
Einzelmenschen und die Gemeinschaft traten, in abgeschlossenen
Räumen dumpf und lichtlos, in faustischen Studierstuben stattfan-
den.

Schauplatz unserer geistigen Kämpfe waren vielmehr oft die fröhlichen Badeanstalten, die schönen Inseln im Moldaufluß, die Tennis-

plätze, die Wälder der Umgebung Prags — oder Tanzlokale und noch niedrigere Stätten des Vergnügungsbetriebs — oder die langen Spaziergänge, die uns aus Versammlungen über die alte Karlsbrücke mit ihren lebhaft gestikulierenden Barockheiligen in jenen märchenhaften leisen Stadtteil führten, der »Kleinseite« hieß, Civitas Minor, die riesenhafte Ansammlung von Gärten und von Palästen, die fast nur noch von Dienstboten oder Staatsämtern, nicht mehr von ihren adeligen Eigentümern bewohnt waren. Hier stand das Leben still oder es nahm spukhaft bösartige Formen an. Es war das Prag Rilkes und Gustav Meyrinks, das Prag, das Hugo Salus liebte, das Prag unseres Paul Leppin, des zu Unrecht vergessenen schmerzlichen Lyrikers, dessen Anfänge denen Rilkes so verwandt klingen. Ich nenne nicht ohne Absicht fast lauter Namen von jungen Leuten, die alle um einige Jahre älter waren als ich. Hier schieden sich zwei Generationen oder, wenn man will, zwei Halbgenerationen. Die ältere war die spätromantische, die sich ausdrücklich dem Zauber des alchimistischen Prag ergab, den Verschwörerzirkeln der Revolutionäre, wie Rilke sie in einem seiner Frühwerke gezeichnet hat (»König Bohusch«); auch in den Versen seines »Larenopfers« findet sich ja viel von den malerischen und akustischen Strahlungen des alten Gemäuers. In den Gesprächen und Büchern der Jüngeren dagegen wurde das Wort Prag seltener genannt; das glaubten wir unserem altklugen Realismus schuldig zu sein. Doch wir waren in Gedanken und Stimmungen unbewußt voll von Prag; die mächtige Königsburg der vielen Jahrhunderte nahm uns in ihren Schatten gefangen, wenn wir die Karlsbrücke überschritten hatten; die »Kleinseite« unserer Spaziergänge war eine völlig andere Welt, weit bedeutsamer als das moderne Prag, in dem wir lebten; die alten Glaubenskämpfe zitterten in unseren Gesprächen in neuer, vielleicht intellektualisierter Form nach, doch mit nicht geringerem Ernst. Und die klassischen Fragen, die einst Komenský (Comenius) im Hinblick auf das »Labyrinth der Welt und das Paradies des Herzens« formuliert hatte, verlangten nicht minder dringlich ihre Antwort wie vor Jahrhunderten zur Zeit der Reformatoren und Humanisten.

In einem alten Notizbuch von mir finde ich das Wort »Člobrdo!« vermerkt.

Kafka lachte einmal lang und herzlich über dieses Wort, das er in einem Schimpfgespräch im einfachen Volk, unter Tschechen aufgeschnappt hatte und von da an mir gegenüber gern als gemütlich grobe Ansprache gebrauchte. Wir sprachen ausschließlich Deutsch miteinander, aber gelegentlich zitierten wir auch gern eigenartige tschechische Wendungen.

Člobrdo. »Du Menschlein« — ein volkstümlich drolliges Verkleinerungswort. Vielleicht, ich fürchte es, in der tschechischen Schriftsprache nicht anerkannt. Es mag Slang sein, ordinärer Fuhrmannsjargon, mit humoristischem Einschlag. Ein Vokativ, quasi unter Zechbrüdern. Im dunklen, drohenden Spelunkenton ausgesprochen, mit geballter Faust. »Člověk« heißt Mensch, hochtschechisch, transkribiert: Tschlowjek. Und nun: »člobrdo«, »Du armes, klappriges, verdammtes Menschlein«, wobei für den deutschen Sprecher und Hörer auch noch etwas Schlotternd-Skelettartiges, An-den-Tod-Gemahnendes mitschwingt, schon der beiden O wegen und wegen der vielen Konsonanten danach.

Lasse ich dieses Wort »člobrdo« vor meinem inneren Ohr erklingen, so steht der junge Franz Kafka vor mir, grinsend, lustig, übermütig. Und unsere ganze großartige, mehr als 20 Jahre ungebrochen dauernde intime Freundschaft — bis zum traurigen Ende, doch ohne Enttäuschungen von Mann zu Mann.

Und das bringt mich auf eine der größten Enttäuschungen meines Lebens, auf den Fall Werfel. Mit Franz Werfel war ich allerdings nie so innig befreundet, so spitzbübisch verschworen wie mit Kafka, mit Werfel gab es kein durchtrieben vieldeutiges Kennwort à la člobrdo. Aber dennoch waren Signale da, die herüber und hinüber blinkten, und unsere Freundschaft, unser Einverständnis erschien jugendlich kräftig und ging tief genug. Um so vieler Liebe willen war denn auch die Enttäuschung doppelt bitter.

Heute, nach zwei Weltkriegen und anderen kollektiven Katastrophen, erscheint einem ja manches nichtig, was damals Herz und Sinn bis zum Ersticken anfüllte. Aber ich würde lügen, wenn ich behauptete, daß ich diese Enttäuschung jemals vollständig überwunden habe.

Ich lernte den 19jährigen Werfel durch Vermittlung von dessen etwas jüngerem Schulkameraden und bestem Freund kennen, durch Willy Haas.

Der Weg war sehr einfach. Die Mutter von Willy Haas und meine Mutter kannten einander. Einmal sagte Frau Haas, ihr Sohn wolle sich mit mir in einer wichtigen Angelegenheit beraten. Darauf lud ich ihn ein, mich zu besuchen.

Werfel ist 1890 geboren, Haas 1891, ich gehöre dem Jahrgang 1884 an. — Ein Altersunterschied von sechs oder gar sieben Jahren bedeutet in den Anfangsstadien des Lebens ungeheuer viel. Mit zunehmendem Alter gleicht sich das auf die erstaunlichste Art aus.

Haas erzählte mir, in seiner Klasse, der Oktava des Stefansgymnasiums, gebe es ein Phänomen, einen großen Dichter, von dem noch kaum jemand etwas wisse, nur ein paar Klassengefährten blickten zu ihm auf. Die Oktava österreichischer Gymnasien entsprach der Oberprima in Deutschland, war die letzte Klasse vor der Maturitätsprüfung (Abitur) und dem allfälligen Hochschulstudium. Ich selbst war gleichfalls »Stefanese«, das heißt: Absolvent des Gymnasiums in der Stefansgasse, und habe mir noch eine lange Reihe von Jahren nach der Matura, als junger Doktor juris und angehender Staatsbeamter, ein gewisses Interesse an den Angelegenheiten des Instituts bewahrt.

Haas zeigte mir einige Gedichte, von denen keines leer war, keines phrasenhaft wie fast alle Lyrik, die mir sonst Anfänger gebracht hatten. Hier bewegte sich alles in neuem Licht. Haas erzählte beredt von dem traurigen Los seines Schützlings, der angeblich sehr schlecht stehe, »am Durchfallen war«, wie man in Prag sagte — der aber unerschöpflich neue Verse von der vorgelegten Art improvisiere und einer Ermunterung wohl wert sei.

»Aber ganz gewaltig«, rief ich, entzückt von den Proben. »Bringen Sie ihn mir nächstens mit.«

Franz Werfel kam, mittelgroß, blond, hochstirnig, ziemlich dick, zerwühlt-kindliche Miene und sehr gedrückt, ja schüchtern. Sein Habitus aber änderte sich sofort, als er zu deklamieren anfing. Er wußte alle seine Gedichte auswendig. Er sagte sie, ohne zu stocken, fehlerlos aus dem Kopf, feurig, mit dröhnender oder, je nachdem, inniger oder aber jauchzender Stimme her, bald in lauten, bald in stillen, stets aber in sehr reichen vielfältigen Modulationen. Und er fand gar kein Ende. — So etwas hatte ich noch nie gehört. Ich war einfach erobert. Wie immer, wenn ich mit großer Kunst in Berührung kam, fühlte ich mich unermeßlich beschenkt, und zwar auf eine Art beschenkt, die es sonst im Bereich des Lebens nicht gab.

Von Werfel lag nichts gedruckt vor, obwohl damals, als ich ihn kennenlernte, schon eine Fülle wundervoller Gedichte fertig war und nach Rhapsodenart mündlich zum Vorschein gelangte. Bezauberndes Phänomen! Wenn ich nicht irre, waren schon unter den Gedichten, die ich bei unserer ersten Begegnung zu hören bekam, Verse des späteren Buches »Der Weltfreund« mit dabei. So etwa das intime Gedicht auf die Jungenzeitschrift »Der gute Kamerad«, das mir dann tagelang nicht aus dem Kopf ging, so originell und ehrlich war es.

Zur Deutlichwerdung meiner Position dem viel jüngeren Werfel gegenüber (»viel« jünger? Viel! Siehe oben) muß hier einiges über mich bemerkt werden: Meine Stellung in der Welt hatte sich bereits durch einige Bücher angedeutet, von denen das erste, »Tod den Toten«, Novellen, erstaunlich starke Beachtung, die Zustimmung von Max Mell, Felix Braun, Stefan Zweig, Blei gefunden, ein späteres, »Schloß Nornepygge« (ein Roman, den ich heute in vielen Einzelheiten ablehne, in den auf Berlioz-Musik bezüglichen Partien allerdings nicht), mir ganz unerwartetermaßen in Berlin einen Kreis leidenschaftlich debattierender Leser, mit Kurt Hiller an der Spitze, geschaffen hatte, 1907 war mein erstes, ziemlich gewagtes Gedichtbuch »Der Weg des Verliebten« erschienen, über das mir damals Rainer Maria Rilke schrieb, er sei sicher, dieser Weg des Verliebten werde sich bald in einen »Weg des Liebenden« verwandeln.

1910 war das wesentlich schlichtere und, wie ich glaube, persönlichere »Tagebuch in Versen« gefolgt. An diese Verse knüpfte Werfel mit seinen Weltfreund-Gedichten an — wie später, unter anderen, Heinrich Eduard Jacob in seiner Vorrede zu der von ihm herausgegebenen Anthologie »Verse der Lebenden« hervorheben sollte. Es ereignete sich also der seltene Fall, daß damals der Lehrer vor seinem Schüler auf den Knien lag.

Einige Jahre später habe ich diese merkwürdige Beziehung in meinem Roman »Tycho Brahes Weg zu Gott« zur Grundanregung genommen. Und noch einige Dezennien später in einem König-

Saul-Drama, das in hebräischer Sprache erschienen ist, in der Übersetzung meines in Israel gewonnenen Freundes, des Dichters Sch. Schalom, jedoch vorläufig nicht im deutschen Original. — Daß mir damals, in den Zeiten des stürmischen Erlebnisses von allen Seiten mein geistiges Verliebtsein in den jungen Werfel übelgenommen, daß mir abgeraten wurde, daß man mich warnte, ich zöge mir einen »gefährlichen Nebenbuhler« heran, ist selbstverständlich. Ich erwähne es nur nebenher. Übrigens kamen diese »wohlgemeinten« philiströsen »Warnungen« meist von entfernten Bekannten, nicht von meinen beiden wirklichen Freunden: von Felix Weltsch und Kafka. Wir drei haben nie verstanden, was auf dem Gebiet der Kunst und Philosophie politische Schachzüge und Taktiken zu suchen haben.

Mit dem Auf-Knien-Liegen begnügte ich mich aber nicht. Ich schickte einige der Gedichte Werfels an Camill Hoffmann, der Einfluß mit Hilfsbereitschaft verband. Es gab in Wien vermutlich einflußreichere Männer als ihn, aber keinen hilfsfreudigeren. Er war um fünf Jahre älter als ich, stammte aus einer tschechischen Kleinstadt (Kolin) und hatte in jungen Jahren mit Stefan Zweig Freundschaft geschlossen. Mit ihm gemeinsam hatte er einen Band von guten Übersetzungen Baudelairescher Gedichte herausgegeben, der lange meine Bibliothek geschmückt hat, dann aber leider verlorengegangen ist. Die Übersetzung eines der schönsten Gedichte (»Spleen« «Ein König gleicht mir, doch verregnet ist sein Reich ...«) hat sich in meiner Abschrift erhalten, da ich es in Musik gesetzt habe, und ist heute meine einzige materiell faßbare Erinnerung an den gütigen Camill Hoffmann, der auch späterhin auf die freundlichste Art in mein Leben eingriff. So verdanke ich ihm meine erste Theateraufführung, er empfahl meinen Einakter »Die Höhe des Gefühls« dem Dresdener Hoftheater-Intendanten Wolf, der ihn (mit Iltz und Marlé in den Hauptrollen) als Uraufführung brachte. Das geschah ungefähr 1917 und half mir zwar nicht, das schwere Herz der Weltkriegszeit zu entlasten, war aber doch für einen Moment ein kleiner heller Punkt inmitten jener Düsternis.

Ein weiteres Mal nahm ich später Camill Hoffmann in Anspruch, der inzwischen Presseattaché der tschechoslowakischen Gesandtschaft in Berlin geworden war; ein Teil des Nachlasses von Franz Kafka war (trotz meiner heftigen Abmahnungen) in Berlin bei Frau Dora Dymant geblieben und wurde von den Nazi-»Kulturbehörden«

beschlagnahmt; ich bat Hoffmann um Nachforschung und Intervention. Seine Mühe war diesmal vergebens. Bald verschwand er selbst in den Stürmen jener Zeit; Genaues über sein Ende habe ich nie erfahren. Auschwitz? — Der Berliner Nachlaß Kafkas ist wohl endgültig als verloren anzusehen.

An den wackeren Camill Hoffmann schrieb ich also damals, vermutlich 1910, und legte ihm den eben entdeckten jungen Werfel mit dithyrambischen Sätzen ans Herz. Bei der Auswahl der Gedichte half uns in jenen Tagen und später, als ich mich an den Verleger Axel Juncker wandte, in unvergleichlich sachverständiger Weise Werfels treuester Freund Willy Haas, schon damals unglaublich belesen und reif (der erste, von dem ich bald nachher das Wort »Kierkegaard« vernahm). »Werfels Kurwenal« nannte ich ihn bei mir im stillen. Aber literarische »Verbindungen« hatte der Gymnasiast Haas nicht — nach dem leidigen Gesetz der Anciennität waren sie damals mir vorbehalten.

Hoffmann redigierte das Feuilleton der Wiener »Zeit«, die nicht lange vorher als neue Tageszeitung, als Gegenschlag gegen die allmächtige »Neue Freie Presse« Benedikts, als Sammelplatz jüngerer Kräfte in die papierene Welt eingetreten war. Man setzte große Hoffnungen auf sie: als auf einen Ausdruck der Freiheit, der literarischen Moderne und einer weniger chauvinistischen Wiener Politik. Sie konnte sich indes nicht langen Bestehens rühmen, nach einigen Jahren hatte sie ausgelitten. — Ich glaube mich zu entsinnen, daß vorübergehend auch Hermann Bahr und der damals sehr berühmte und heute allzu wenig geschätzte Dichter Otto Julius Bierbaum als Herausgeber wirkten und daß eine der ersten Nummern ein Zeit-Gedicht von Bierbaum, komponiert von Humperdinck, gebracht hatte, das mir noch heute in Wort und Melodie nachklingt.

An dieses vertrauenserweckende Organ empfahl ich Werfels Gedichte. Ich berief mich stolz auf meine Mitarbeiterschaft an der »Zeit«, ich hatte ja seit 1910 einiges dort veröffentlicht.

Hoffmann brachte das am wenigsten charakteristische Gedicht aus dem ganzen eingesandten Konvolut. Die von uns erwartete sensationelle Wirkung auf das öffentliche Leben blieb aus. »Die Gärten von Prag« hieß das Gedicht, das der Dichter meines Wissens in keine seiner Sammlungen aufgenommen hat. Ich habe es außer in jener Sonntagsbeilage der »Zeit« nie wieder gesehen.

Haas schickte mir das eben erschienene Gedicht Werfels mit einer Visitenkarte, die ich unter meinen alten Postsachen und Erinnerungsstücken nun wiedergefunden habe. Sie lautet:

Ich habe Ihnen, hochverehrter Herr Doktor, den aufrichtigsten Dank meines Freundes Franz für Ihre so freundliche Aufmunterung zu übermitteln, welche, wie Sie sehen, ein für ihn äußerst erfreuliches Resultat hatte.

Ihr ergebener Willy Haas

Freundschaft und erste Konflikte
Werfels kaustische Witze

»Mit einzelnen Gedichten geht es nicht«, entschieden wir. »Dieses Außerordentliche, das da heranwächst, kann sich nur in einem Buch offenbaren.«
Und Werfel gestand, daß er an einem Gedichtband arbeite. Immer deutlicher schlossen sich seine vielen Gedichte zu einer Einheit zusammen. So entstand der »Weltfreund« — eines der eigenartigsten, unverwechselbarsten lyrischen Gebilde der Weltliteratur.
Auch heute noch stehe ich bewundernd vor so viel Leichtigkeit, Herzenswärme, Gelöstheit. Hier, wenn irgendwo, ist Kindheit, Überschwang, Sehnsuchtsglück und sehnsüchtiges Unglück. Welches Gedränge scharf geschnittener Bilder in einem einzigen Gedicht, wie etwa in dem schon erwähnten, das »An den guten Kameraden« betitelt ist, eine in Werfels Kinderzeit (und auch in der meinen) von Knaben vielgelesene Zeitschrift. Ich hatte vor allem die Erzählung »Die schwimmende Insel« und den »Gefangenen auf der Trausnitz« in liebender Erinnerung. Ebenso herrlich erschienen mir die Zeilen, die der Beschreibung einer Rettung aus Seenot folgen: »Einer brennenden Teertonne Trümmer — und über der See der allmächtige Gott«. — Das alles lebte unvergänglich in meinem Herzen weiter. Und nun erklangen Werfels Verse, die Knabenzeit aufweckend mit reichen Wortmitteln, neuem Klang. Welche Präzision in dem Gedicht, und wie stürmisch wallte die junge Seele.

An den guten Kameraden

Guter Kamerad, den ich unter alten illustrierten Büchern aufgespürt,
Dein herrlicher Titel hat mich heute so gerührt!
Guter Kamerad! — Ich schlug Dich auf — was ich da alles sah:
Bilder, wie Schlacht bei Waterloo; dann wieder nützliche Ratschläge:
»Wie baue ich mir eine Kamera?«
Geschichten: Die Buren, Ferienreise, Onkel Fritz, Kaiser Julian
Und vor allem von Franz Treller der treffliche Seeroman.
Kleiner Schiffsjunge! Erich (hieß er nicht so?) mutig, gescheit, treu
und sonnengebräunt.
Edler Lebensretter, tapferer Knabe, Kamerad und erster Freund!
Wir beide, wir wußten damals, in jener guten Zeit,
In Schiffstakelung, Windnamen und Matrosenliedern wohl Bescheid ...
Und all die Nachtwachen, Schatzinseln, Überfälle, Elternbriefe,
Blatt für Blatt!
Kaiser Wilhelms Geburtstag und das süße Heimweh nach der kleinen, fernen Gartenstadt!
Guter Kamerad! Ich war Dir dankbar für all die Gaben, die ich
von Dir empfing,
Und Du wußtest es auch, denn mir war's, als ob eine leichte Brise
von Kindheit und Seeluft durch die bewegten Blätter ging.

Es liegt mir ganz fern, mit anderen zu plärren, daß Werfel nur
einmal, im ersten Wurf eine solche Höhe der Schaffenskraft erreicht
hat. Nein, sein Gesamtwerk hat viele Höhepunkte (auch einige
schwächere Stellen, zugegeben), es ist nicht etwa so, daß er sich mit
der ersten und einzigen originellen Schöpfung ausgegeben hätte wie
Mascagni mit der »Cavalleria rusticana«. Es gibt bei Werfel viele
Gipfel — und gerade in seinem letzten Buch, im »Stern der Ungeborenen«, ragen einige der steilsten, die fahlen dantesken Visionen
der unterirdischen Stadt, in der auf so ingeniöse Art gestorben wird.
Nun war es ganz eigentümlich: Von alldem, was er später geschaffen
hat, gingen gleich am Anfang wie Vorahnungen geheimnisvolle
Wirkungen aus, machten den Umgang mit ihm zauberhaft, strahlend, denn alles, was später im Laufe der Jahre hervortrat, war von
Anfang an zugleich da, war in ihm »vorgegeben«, war in ihm
zumindest skizziert vorhanden.

Es kann daher nicht wundernehmen, daß ich vor Begeisterung über den neuen Stern, der an meinem Horizont aufgestiegen war, einfach außer mich geriet.

Es entstand ein Freundschaftsbund, wie er nur in jungen Jahren möglich ist, in denen das gegenseitige Vertrauen grenzenlos pulsiert und von einer naiven, ebenso wechselseitigen Bewunderung allmächtig getragen wird.

Die höchste Auszeichnung, die ich zu vergeben hatte, war die Bekanntschaft mit meinen beiden Freunden Franz Kafka und Felix Weltsch. Mit ihnen hatte ich bald nach Antritt meiner Hochschulstudien die herzlichste gegenseitige Beziehung begonnen, die niemals eine ernstliche Störung erfuhr. Die Bindung an Kafka wurde nur durch dessen Tod gelöst, dauerte also ungefähr 22 Jahre lang in unverminderter Intensität. Mit dem Philosophen Felix Weltsch stehe ich auch heute noch, zu meinem großen, innig empfundenen Glück, in engster Verbindung, die durch die Nähe unserer Wohnorte (er arbeitet an der Universitätsbibliothek Jerusalem) mächtig gefördert wird. — Eine Freundschaft von ähnlichem Tiefgang sollte meiner Sehnsucht nach auch die Beziehung zu Werfel werden. Freundschaft anderer als dieser leidenschaftlich beharrlichen Art kannte ich nicht. Sie lag außerhalb meines Vorstellungskreises.

Ich stellte also Werfel den beiden »alten« Freunden vor und bot ihm in der Folge, etwa nach einem Jahr, das »Du« an. Beim »Du« blieb es dann für immer, wiewohl unsere Freundschaft bald einige Stöße erlitt. In den letzten Lebensjahren Werfels kamen wir einander dann doch wieder näher. Ich werde darüber noch berichten. — Kafka und Weltsch waren von Werfels Gedichten und seinem kraftgenialischen, freimütigen Wesen ebenso stark beeindruckt wie ich. Wir trafen einander bei mir oder in der schönen Wohnung Werfels (beide wohnten wir noch bei unseren Eltern, hatten nur je ein Zimmer dort für unseren Gebrauch) oder auch bei dem weisen blinden Dichter Oskar Baum, der seltsamerweise als erster von uns einen eigenen Hausstand begründet und einen »Brotberuf« außerhalb der Literatur gefunden hatte. Er war Organist und Musiklehrer, seine beiden ersten Bücher »Uferdasein« und »Das Leben im Dunkeln« hatten das günstigste Echo gefunden. Ein Kritiker von Rang schrieb damals: »Er ist der erste moderne Denker und Dichter unter den Blinden. Sein Roman ›Das Leben im Dunkeln‹ wird in der Reihe der großen Entwicklungsromane seinen Platz finden.« Das tückisch-tragische Schicksal dieses zart und rein gesinnten, immer mutigen Vorkämpfers, der von Geburt an auf einem Auge nichts sah und das zweite als Elfjähriger bei einer Prügelei unter Gymnasiasten verlor, hat mich immer sehr bedrückt, zum Nachgrübeln über irdische und himmlische Gerechtigkeit geleitet und eine gleichfalls lebenslange Freundschaft, bis zu seinem Tode unter Hitler, zwischen uns gestiftet.

Werfel hinwieder führte mich in seinen Kreis ein. Da war außer Haas der gedankenreiche, aber merkwürdig unentschlossen wirkende Ernst Popper, den ich später noch als Autor eines seltsamen Projektes zur Lösung der Judenfrage vorführen werde. Immer saß ein höchst verbindliches Lächeln auf seinem runden, dicken, bebrillten Gesicht. Das weiche Lächeln aber bedeutete »nein«, nicht »ja« — ich habe nie einen Menschen kennengelernt, der zarter, höflicher, aber auch eigensinniger widersprochen hätte als er. Ich glaube, daß Werfel in seinem »Abituriententag« diesen Ernst Popper als Modell für die gespenstische Figur seines Franz Adler herangezogen hat. — Und die spiritistische Sitzung in dem gleichen Buch Werfels geht auf Erlebnisse zurück, die wir gemeinsam in seiner Wohnung und in der von Paul Kornfeld (genauer: in denen ihrer Eltern) gehabt haben. Die Tische hoben sich wie Kähne im Seesturm, unter unseren Fingern hoben sie sich und gaben unseren entsetzten Sinnen Klopfzeichen, die zu Worten und vernünftigen Sätzen zusammentraten. Eine Frau in Semlin verlangte rasche Hilfe, sie befand sich am Donauufer und fror in ihren leichten Kleidern, starb beinahe. Gegenüber von Belgrad, also sehr weit entfernt von Prag. Diese Frau teilte mit, daß sie arm und schwanger sei, daß sie knapp vor ihrer schweren Stunde stehe, daß die Donau im Winde schäume — »Hilfe!«, »Rettung!« ließ sich der Tisch vernehmen. Wir gerieten in die wildeste Aufregung. Schließlich beschlossen wir, an das österreichisch-ungarische Gendarmeriekommando in Semlin ein Telegramm zu senden, in dem wir baten, der unglücklichen Frau zu Hilfe zu eilen. Es mochte gegen drei Uhr nachts sein, als wir aufbrachen und durch die schweigenden kalten Straßen Prags zum Haupttelegraphenamt zogen. Die Depesche ging ab. Eine Antwort ist nie eingetroffen.

So steht diese wirre Nacht in meinem Gedächtnis. Werfel hat den Vorgang ein wenig anders erzählt, mit hoher Phantasie und dichterischer Lizenz, wie es sich für einen Roman gebührt.

Die sehnsüchtig ins Transzendente langenden Sitzungen wurden fortgesetzt.

Ich finde in meiner Werfelmappe ein Brieflein vom »5. April«, leider ohne Jahreszahl, aber es muß noch aus dem Jahre 1909 stammen, denn es zeigt Werfels Gymnasiastenschrift; die Isolierung der Buchstaben, für den späteren Werfel und sein Freiheitstemperament so charakteristisch, ist nur erst angedeutet. Diese Einladung in sein Haus zu einer spiritistischen Séance ist auch noch ganz in dem nahezu devoten Ton gehalten, in dem diese Gymnasiasten am Anfang mit mir verkehren zu müssen glaubten. Der Brief lautet:

5. April

Sehr geehrter Herr Doktor!

Wenn es Ihnen halbwegs möglich ist, bitte ich Sie vielmals, Donnerstag abend zu mir zu kommen. Ich habe bei einigen neuen Versuchen so frappante Erscheinungen erlebt, daß ich speziell kraft Ihrer Anwesenheit auf ganz besondere Sachen rechne. Verzeihn Sie mir bitte diesen wenig formellen Einladungsbrief, aber ich bin seit drei Tagen so verwirrt, daß ich mich wundere, überhaupt schreiben zu können. Ich hoffe, daß unsere Experimente gelingen werden, trotzdem sich (leider) eine ganze Anzahl von Skeptikern bei mir angemeldet hat. Aber wir haben ein ziemlich starkes Medium, das diesen fühlbaren Widerstand leicht überwinden dürfte. Ich glaube, sehr geehrter Herr Doktor! daß ich Sie für Donnerstag bestimmt erwarten darf.

Ihr dankbarer

Franz Werfel

Mariengasse 41

Ich habe diese Wohnung in der Mariengasse später sehr liebgewonnen — nicht nur um des Freundes willen, sondern auch weil alles in ihr so weiß und sauber war, von weißem Lack förmlich blitzte, alles viel feiner und moderner als in der wesentlich bescheideneren Wohnung meiner Eltern. Die beiden auffallend schönen Schwestern Werfels waren ein weiterer attraktiver Schmuck. Die vielen Fenster gingen auf die dichtbelaubten Baumwipfel des von Werfel im »Weltfreund« so oft besungenen Prager Stadtparks hinaus.

Die »Sitzungen« konzentrierten sich immer deutlicher um Paul Kornfeld, der damals für eine Weile die beherrschende Figur in unserem Doppelkreis wurde. Doppelkreis: Denn Kafka und Weltsch nahmen gleichfalls an den Séancen teil. Kornfeld war unter uns am stärksten medial veranlagt. Oft, wenn die Sitzung mit der typischen Frage an den Tisch begann: »Ist ein Geist im Tisch?«, neigte sich der Tisch, auf dem unsere Hände lagen, mit deutlich bereitwilliger, mehr als höflicher Verbeugung sofort ihm zu. Oder aber es geschah überhaupt nichts. Ich glaube, daß damals niemand geschwindelt hat; aber unbewußt nachgeholfen hat wohl manch einer, schon aus Ungeduld, besonders wenn der Tisch sich anfangs stundenlang völlig unbeweglich und gefühllos zeigte. Die schaurige Freude, wenn er schließlich nachgab und zuckte und scharwenzelte, spüre ich noch heute in den Fingerspitzen. Die Zahl der Neigungen wurde dann mit den Buchstaben des Alphabets in Verbindung gesetzt. *Eine* Neigung bedeutete A, zwei Neigungen B, und so fort. »Wie heißt du, Geist?« Es war immer eine Martha (oder wie sie sonst hieß), in die zu jener Zeit der kleine Jüngling verliebt war. Kornfeld hatte offenbar unter uns allen den stärksten Willen. Das hatten wir nicht gewußt; es kam in diesen Séancen überraschenderweise zum Vorschein. Aber Martha langweilte uns mit ihren familiären oder zart erotischen Eröffnungen. Sie war schuld daran, nur sie, daß wir unsere okkultistischen Experimente, nachdem sie eine maniakalische Hochblüte erreicht hatten, vorzeitig abbrachen. Gegen Martha war einfach nicht aufzukommen, wesentlich interessantere Spirits wie Schiller und Schopenhauer nahmen vor ihr Reißaus. – Übrigens konnte ich Kornfeld nie leiden. Unter den vielen Menschen, die mir begegnet sind, gehört er zu den recht wenigen, mit denen ich überhaupt keinen Zusammenhang fand. Vielleicht war das meine Schuld. Ich habe ihn auch nicht für mein Jahrbuch »Arkadia« eingeladen, das ich 1913 im Verlag Kurt Wolff herausgab. Kornfeld hat mir das nie verziehen. Und das war, wie ich heute einsehe, sein gutes Recht. Arkadia erschien übrigens ein einziges Mal – das darauffolgende Jahr machte allen arkadischen Anwandlungen ein Ende. – Und Kornfeld: Er wurde bald nachher berühmt; seine »expressionistischen« Dramen, die mir äußerst leer, unlebendig, gekünstelt, humorlos erschienen, beherrschten eine Zeit lang die Bühnen. Mit all seinem gewollt Exzentrischen, das mit manchem, was heute als moderner Tragi-Spaß über die Theater geistert, eine fatale Ähnlichkeit aufweist, schien er mir eines jener »forcierten Talente« zu sein, vor denen Goethe warnt. Es war vermutlich ein Fehler von mir, ein Versagen, daß ich mich gerade um ihn so wenig gekümmert habe.

Die Nachricht über seine Ermordung durch die Nazis in Auschwitz hat mich erst viele Jahre nach Schluß des Krieges erreicht.

Die begabte Klasse aber, in der Werfel, Haas, Kornfeld saßen, brachte noch, wunderbar genug, Hans Janowitz hervor, der durch seine Mitarbeit am Caligarifilm Aufsehen erregte, und schließlich in derselben Altersstufe (allerdings an einem anderen Gymnasium) Ernst Deutsch, der unter uns zunächst als Star des Tennisspiels und seiner schönen Schwester wegen berühmt war, bald aber auch als großer Schauspieler, als »jugendlicher Held« katexochen, wie wir ihn träumten und zu unserer namenlosen Seligkeit unter uns, bei Vortragsabenden, bald auf der Szene sahen; Ernst Deutsch, der mit Hasenclevers »Sohn« strahlend und unwidersprochen aufstieg. Daß ich ihn viele, viele Jahre später als »Nathan den Weisen« bewundern würde, lag damals völlig außerhalb meiner äußersten Vorstellungskraft. —

Es gab noch einen anderen Sport unter uns, nicht bloß die Ausschweifungen ins Reich schwül spukender Gespenster, nicht bloß in die Gebiete von Parnaß und Hippokrene — Weltsch, Kafka und ich waren rüstige Fußgänger, jeder Sonntag, oft auch schon der Samstag, sah uns in den Wäldern der Umgebung Prags, deren Schönheit uns zu einem unschuldig-überschwänglichen Kult aufforderte. Die Zahl der tapfer zurückgelegten Kilometer war dabei von großer Wichtigkeit, die ich heute nicht mehr so recht nachfühlen kann. Doch Nachklänge jener glücklichen Zeit findet man in kleinen Prosastücken von mir, in Gedichten, in der »Szene im Dorf«, einem bescheidenen lyrischen Drama in meinem Buch »Die Höhe des Gefühls«, über das mir Hofmannsthal helle Lobesworte schickte — das Buch wurde 1912 gedruckt, die besondere Szene ist »Meinem lieben Freunde Franz Werfel« zugeeignet. »Hier will ich wohnen, hinter kleinen Fensterscheiben« heißt es in meinen Versen. Doch der Städter besinnt sich zuletzt: »In meine Stadt, dort ist mein Weg gewiesen — dort litt ich viel, dort war ich stürmend jung.« — So schwankten wir damals zwischen rustikalen tschechischen Einflüssen und der Großstadt Prag, unserer Heimat, die uns zunächst und in erster Linie deutsche Kultur bot. In Kafkas Briefen an mich kann man viel von diesen weit ausgedehnten Ausflügen lesen, die für mich von den Melodien Smetanas, von den Eingebungen der Berlioz-Lieder umklungen waren — welch letztere noch heute zu den kaum entdeckten Teilen seines ungeheuren Nachlasses gehören und die dem Vergleich mit den Liedern von Schubert, Schumann, Hugo Wolf und Brahms glorwürdig standhalten.

Wir fuhren mit dem Dampfer zu den Moldau-Stromschnellen; oder mit der Bahn nach Senohrab, wo sich das liebliche Tal der rasch strömenden Sazawa erschloß; oder an den Beraunfluß, mit Wanderung zur berühmten Burg Karlstein. Wir badeten in den Waldbächen — denn Kafka und ich lebten damals des seltsamen Glaubens, daß man von einer Landschaft nicht Besitz ergriffen habe, solange nicht durch Baden in ihren lebendig strömenden Gewässern die Verbindung geradezu physisch vollzogen worden sei. So haben wir später auch die Schweiz durchzogen, indem wir in jedem erreichbaren Seengebiet unsere Schwimmkünste übten.

Nun also wurde Werfel in unseren Geheimbund froher Naturanbeter eingeführt. Wir fuhren eines schönen Sommer-Sonntags an die reinen silbernen Strömungen der Sazawa, entkleideten uns mitten im Wald, in einem »Freibad«, das wir jedesmal den zivilisierten Badeanstalten weit vorzogen, hörten als nackte Fluß- und Baumgötter die klingenden neuen Verse des »Weltfreundes« an, schwammen dann viele Stunden lang in den Fluten. In meiner Erinnerung nimmt dieser erhabene hellenische Sommertag überhaupt kein Ende. — Am nächsten Morgen stürmte Mama Werfel meine Wohnung. Sie war eine elegante, hochgewachsene, schöne, schwarzhaarige Dame, immer sehr überlegen, sehr formell; nur dieses eine Mal habe ich sie aufgeregt gesehen. Was mir denn eingefallen sei, rief sie. Ich sei doch der Ältere und müsse eigentlich Verstand haben! Ihr Junge sei puterrot vor Sonnenbrand heimgekehrt und liege jetzt an hohem Fieber darnieder! Er werde die Maturitätsprüfung nicht machen können...

So schlimm kam es nun nicht, immerhin warf ich mir vor, daß ich an die besonders weiße zarte Haut des jungen blonden Alkaios nicht gedacht hatte. Wir anderen waren abgehärtet.

In späteren Jahren ist mir dann dieser Sonnenbrand Werfels wie ein erstes böses Vorzeichen erschienen, durch das der Unstern über unsere Freundschaft sich ankündigte.

Vorläufig jedoch schwelgten wir noch im Glück — bei jedem Zusammensein trug Werfel in großer Form neue schöne, soeben entstandene Gedichte vor. Da war der unsterbliche »Tschibuktürke überm Ladenschild«. —

Nur wer das alte Österreich gekannt hat, kann den Zauber dieses hold melancholischen Kindergedichts nachfühlen. Das typische, handwerksmäßig gemalte Bild eines Türken, mit Hellblau und Braun, womöglich mit Turban und Nargileh, gehörte zur Ausstattung jedes ordentlichen Tabakladens (den man auf gut österreichisch »Tabaktrafik« nannte). Auch ich hatte mich einst vor solch einem Gemälde gefürchtet — und es heimlich sehr geliebt. Von meinen Essays, die ich etwas später zu dem Buch »Über die Schönheit häßlicher Bilder« vereinte, führten zu diesem Gedicht Werfels manche Fäden. Ebenso von meiner 1909 erschienenen Laforgue-Übersetzung »Pierrot, der Spaßvogel«. Die Prosarhythmen der Langverse kommen in Werfels Gedichten weniger von Walt Whitman her als aus Laforgues improvisatorischen Versen, die Werfel in meiner Übersetzung lieben gelernt hatte. Doch nicht dies war das eigentliche Band zwischen uns. Vor allem begeisterte mich Werfels These, daß das Gute im Menschen interessanter und besingenswerter sei als das immer wieder angestarrte und bewunderte Böse. Sehr Ähnliches hatte ich, wenn auch nicht so energisch, schon seit langem behauptet, in meiner Polemik gegen Nietzsche und anderwärts. So erlebte ich Werfels Gedicht »Erzherzogin und Bürgermeister« mit der herrlichen Zeile »Da doch eigentlich Einanderfreudemachen schönster Menschenberuf« (und mit den vielen intim malenden Einzelheiten vorher); es war eine Art Erfüllung meiner Träume. Und ebenso das Gedicht von dem Dienstmädchen, das bei einer großen Abendgesellschaft eine Schüssel fallen läßt und dann in die Küche geht.

»In der Küche setzte sie sich auf die Kohlenkiste, legte die Hände in den Schoß
Und weinte vielfach, in allen Lagen, nach aller Kunst, voll Genuß, laut und grenzenlos.«

Welch eine heulende Melodie in dieser zweiten Zeile. Die Zeile selbst weint.

Es täte uns heute ein neuer Werfel not, mit seiner offenen, gar nicht tiefgekühlten Kunst, mit seiner Menschenfreundlichkeit, mit seinem unwiderstehlichen guten Willen. »Mein einziger Wunsch ist, Dir, o Mensch, verwandt zu sein.«

Die ganze Philosophie des schlichten Gutseins, die ich heute im Werk Tolstois finde (z. B. in seiner »Auferstehung«) — all diese weltfreundliche Gesinnung sah ich bei Werfel klarer ausgedrückt als bei allen Zeitgenossen.

Die gelegentlich falschen Töne, die Übertriebenheiten, das allzu Virtuose, die gewollten Naivitäten, die da und dort den rauschenden Strom Werfelscher Verse aufstauen, übersah ich großmütig. Richtiger: Ich merkte die Fehler gar nicht. Das war es ja, was später die Tragödie unserer Beziehung mit herbeiführen half. Ich schäme mich dieses Irrtums nicht. Wie gern würde ich nochmals irren — wenn ich noch könnte, wenn ich seitdem nicht so »ausgewitzt« worden wäre (»ausgewitzt«, ein Lieblingswort Werfels im Gespräch). — Übrigens wird heute der Hinweis auf die »falschen Töne« Werfels arg überakzentuiert. Diese Töne treten nur selten auf; viele Gedichte sind ganz frei von ihnen und gehören zu den Meisterstücken aller Dichtkunst.

Es gab jedoch ein Gebiet, auf dem wir einander von Anfang an nicht verstanden — und zwar ein sehr wesentliches, das uns beiden Herzenssache war: das Gebiet der Musik. Werfel liebte Verdi, ganz besonders den jüngeren Verdi. Ich verehrte vor allem Brahms, Schubert, Schumann, Berlioz, Wagner, Gustav Mahler, zu denen sich später Debussy, Strawinsky, Bartok gesellten. Für diese Musik hatte Werfel kein Verständnis; wobei es mir manchmal vorkam, als unterdrücke er ein mir selbstverständlich erscheinendes Wohlverstehen auf künstliche Art, zugunsten vorgefaßter Meinungen. Zuweilen schien es mir aber auch, als ob seine nicht genügende musikalische Ausbildung diese Vorurteile verursache. Er spielte damals sehr schlecht Klavier (ich weiß nicht, ob sich das in der Folge gebessert hat), und wenn er seinen geliebten »Troubadour« vortrug, mit recht annehmbarer Tenorstimme herausschmetterte, so erleichterte er sich die ohnedies primitive Begleitung vollends zu Leierkasten-Figurationen. Für das Einfallsreiche, Komplizierte, in Nuancen Neue hatte er keinen musikalischen Sinn, nur für con fuoco, con sentimento. Es war gewiß etwas Elementares dabei mit im Spiel, es erschien mir aber gleichzeitig banal und langweilig. Das mag nun teilweise an mir, an meiner Begrenztheit liegen; ich entwickelte mich ja später zu einem immer radikaleren Verfechter der neuen Musik, freilich ohne die klassischen Grundlagen (angebeteter Scarlatti, geliebter Bach) je zu verleugnen. Was Verdi anlangt, unterschied ich mit möglichster Gewissenhaftigkeit (und unterscheide es auch heute weiterhin) den jungen Verdi mit seinem mtata-mtata-mtata, mit einigen gewaltigen Genieblitzen, die da und dort im Troubadour, fast im *ganzen* Rigoletto und im herrlichen Finale des 2. Aktes der Traviata (dai rimorsi

Dio ti salvi allor) durchschlagen — unterschied ihn von dem großen Meister der reifen Zeitperiode, die mit »Maskenball« und »Don Carlos« beginnt, dann zu Schöpfungen von unbegreiflicher Vollendung emporsteigt, um derentwillen man eigentlich auch die Anfänge in versöhnlicherem Licht sehen muß. Theoretisch sagte ich mir das oft vor, doch praktisch konnte man mich mit »Macbeth«, mit »Boccanegra« und mit anderen Opern der später von Werfel inaugurierten »Verdi-Renaissance« zur Verzweiflung bringen.

Werfel dagegen verfolgte Wagner mit grimmigem Haß, der vielleicht Haßliebe war, zurückgedrängte Bewunderung, verleugnete Gemeinsamkeit mit manchen eigenen Wesenszügen. Mir war Werfels lässiges Hinabschauen auf Wagner ein Ärgernis. Trotz all seiner manchmal zu nachdrücklichen Theatralik blieb mir Wagner durch seine von Anfang an dem Herkommen trotzbietende und späterhin immer freiere Harmonik verehrungswürdig, durch seine Entdeckung von neuen konsequenten Verwendungen der Quart und der None, sein hinreißendes Melos, seine atemberaubende Rhythmik, seinen differenzierten Orchesterklang mit Hunderten von bahnbrechenden Erfindungen, blieb mir eine Meisterpersönlichkeit des allerhöchsten Ranges. Seine antisemitischen Schriften las ich nicht und habe sie bis heute nicht gelesen, um mir diesen reinen Eindruck einer beispiellosen Kunstoffenbarung nicht zu beflecken. Vielleicht kommt mit jetzt abnehmendem Jugendfeuer die Zeit, mich mit der Widersprüchlichkeit in der Gestalt dieses meines Urhelden abwägend zu befassen. Werfel aber ließ gar nichts von ihm gelten; um Verdi zu feiern, gab er Wagner den Hunden preis.

Was wandte er gegen Wagner ein? Vor allem fand er ihn langweilig, monoton. »Aber die Meistersinger«, replizierte ich. »Ach Meistersinger«, erwiderte er nonchalant. »Das ist doch die Oper, bei der man in der Loge sitzt, und viertelstundenlang hört man nichts als dieses eine Motiv:

Man steht also verdießlich auf und begibt sich ins Büffet, um sich an einer Schinkensemmel zu rekreieren. Nach einer Weile kehrt man in die Loge zurück. Und was bekommt man zu hören:

Ich erwähnte einmal, daß ich für die Karfreitagsszene und die Glocken in Wagners »Parsifal« zehn komplette Jugendopern Verdis gern hingäbe. So dumm spricht man ja in jungen Jahren. »Jaja, Parsifal«, nickte Werfel gnädig. »Ich entsinne mich, daß Parsifal zwei dramatisch höchst spannende Momente hat. Im letzten Akt, im ersten Bild, wenn der schwarze Ritter auftritt und schon von der Kulisse aus mit krampfhaften Blicken die Luke im Bühnen-Fußboden sucht, in die er seinen Speer einpflanzen wird. Ferner im nächsten Bild die Szene, in der Amfortas nach dem elektrischen Knopf und manchmal auch daneben tastet, um, im Gebet versunken, den Gral sanft erstrahlen zu lassen.«

Es gab damals einen richtigen Wagner-Krach zwischen uns, in unserem Verkehr trat eine kleine Pause ein.

Es ist wenig bekannt, daß Werfel nicht bloß ein Hymniker, sondern zugleich ein großer Humorist war — obwohl ja seine Werke für diese Doppelbegabung in vielen Episoden klärlich Zeugnis ablegen. Ich denke an das grell hervortretende »Trauerhaus«, an die unübertrefflichen »Kleinen Verhältnisse« (»Mein Fräulein, Sie haben mich petschiert«). Werfel war der witzigste Mensch, mit dem ich je zusammengetroffen bin — viel scharfsichtiger und einfallsreicher als beispielsweise der durch seine Unterhaltungsgabe berühmte Egon Erwin Kisch, der meiner Meinung nach aus politischen Gründen sehr überschätzte, immer höchst reklamehungrige »rasende Reporter«. Die Verszeile, die von manchen (wohl mit Unrecht) Karl Kraus als Karikatur auf die damalige Prager Literatur und ihre angebliche Betriebsamkeit, die es in Wirklichkeit gar nicht gab, zugeschrieben wurde: »Es werfelt und brodelt, es kafkat und kischt«, soll Kisch selbst erfunden haben, um für sich Propaganda zu machen. Zuzutrauen ist es ihm. Ich kann mir aber kaum eine weniger zutreffende Charakteristik des immer stillen, aufs äußerste zurückhaltenden Kafka vorstellen als diese Zeile. — Werfels Witz traf immer den Nagel auf den Kopf. Neben all den Geschenken der erhabenen Muse war er auch mit immerwachem Spott begabt, mit einer satirischen Phantasie, die im Gespräch das Fernste mit dem Nächsten, das

Erhabenste mit dem Niedrigsten bedeutsam verband. Die schwierigsten philosophischen, sozialen und »leider auch theologischen« Themen wechselten blitzgeschwind mit scharftreffenden Bemerkungen über Politiker oder literarisch Mitstrebende. Pardon wurde nicht gegeben. Von einem Lyriker, der heute noch keine Ahnung davon hat, daß er gemeint sein könne, sprach er als von einer »tönenden Null«. Auch über mich hat er sich, als mein Lustspiel »Klarissas halbes Herz« aufgeführt wurde, nicht gerade liebevoll geäußert. Das geschah in späteren Jahren, nicht zur Blütezeit unserer Jugendfreundschaft. Es wurde mir zugetragen, und ich ärgerte mich, begreiflicherweise. Rechtzeitig aber erinnerte ich mich an Heine, der sich auch nie einen Witz verkneifen konnte und nachher nie verstand, daß jemand ihm sein loses Mundwerk übelnahm. Wieviel wird in der Hitze des Augenblicks hingeworfen, was gleich nachher zu verpuffen, auszukühlen bestimmt ist!

Es scheint dies überhaupt eine Eigenschaft witziger Menschen zu sein: Sie haben nie die richtige perspektivische Einstellung, um die Wirkungen, die ihre Worte hervorrufen, angemessen beurteilen zu können. So erinnere ich mich eines Vorfalls aus der Zeit, da ich im »Prager Tagblatt« werkte. Der hochbedeutende Philosoph und Essayist Theodor Lessing war unser ständiger Mitarbeiter; er schickte einmal einen Essay über Maximilian Harden, in dem unter vielem anderen ausführlich dargelegt war, wie der gefeierte Autor sich in Vorbereitung seines Vortrags vor dem Spiegel die Falten und Stirnlocken zurechtrückte, schauspielerische Gesten einstudierte etc. Unser Chefredakteur Dr. Blau, der Harden sehr hoch schätzte, hatte Bedenken, diesen Artikel abzudrucken, da er in der Hinter-den-Kulissen-Darstellung eine Beleidigung Hardens sah. Theodor Lessing war zufällig gerade zu Besuch in Prag. Er lachte uns aus. Offensichtlich in gutem Glauben gelang es ihm, uns restlos zu überreden: »Was fällt Ihnen ein! Ich habe Harden den Artikel vorgelesen. Er versteht doch Spaß. Und er legt höchsten Wert darauf, daß meine Skizze bald erscheint. Es würde ihn kränken, wenn Sie sie zurückhielten.« Wir brachten den Artikel. Am nächsten Tag war ein tieftrauriger Brief Hardens da: Warum wir ihm das antäten! Zu einer Zeit, da alle über ihn herfielen, würden nun auch wir, die Treuesten der Treuen, ihm untreu.

Werfel schonte bei seinen Späßen weder sich selbst noch Menschen, denen er im übrigen, im »unwitzigen« Zustand, die größte Verehrung entgegenbrachte. Von sich selbst erzählte er einmal, er habe eine befreundete Familie, die ihn zur »Macht des Schicksals« in die Loge mitgenommen hatte, dadurch gestört, daß er leise, aber eindrücklich-begeistert seine Lieblingsmelodien mitsang. Als man sich zum Schluß verabschiedete, habe eines der Familienmitglieder nebenhin erwähnt, daß in der nächsten Woche »Traviata« gespielt werde. »Ach, könnte ich da vielleicht wieder in die Loge kommen?« fragte der Entzückte. Die Antwort: »Bitte, kommen Sie nur, Herr Werfel. In Traviata haben wir Sie noch nicht gehört.«

Das Seltsame war, daß Werfel auch da, wo er bewunderte, mit scharfer Ironie nicht sparte. Und sie ging nie ganz daneben, diese hellseherische Ironie. So zum Beispiel im Falle Gerhart Hauptmanns, vor dessen Kunst er sonst immer andächtig wurde. Das hinderte ihn nicht, gern seine berühmten Hauptmann-Anekdoten zu erzählen, die er wohl größtenteils (so scheint es mir) frei erfunden, aber glänzend erfunden hat. Zwei seien hier aufbewahrt — man muß sich sie allerdings mit dem ganzen schauspielerischen Impetus dargestellt denken, über den Werfel verfügte.

Die erste Anekdote: Am Morgen nach der Premiere eines Hauptmanndramas sitzt die ganze Familie rund um den Frühstückstisch in einem Dresdener Hotel. »Also, was da die Neuesten Nachrichten schreiben«, beginnt Benvenuto, der Sohn, »das läßt sich hören. Schiller und Goethe sind durch Papa in den Schatten gestellt; ein neues klassisches Zeitalter, das eigentliche, ist angebrochen.« — »Das ist noch gar nichts gegen das Berliner Tageblatt«, trägt die Gemahlin ihrerseits zur Unterhaltung bei. »Hier werden Homer und Aischylos zum Vergleich herangezogen — und verworfen.« Vater Hauptmann nickt und lächelt zurückhaltend. Da nähert sich ihm der servierende Diener und zischt ihm leise ins Ohr, während er den Braten vorlegt: »Seniles Machwerk — schreibt die Vossische.«

Die zweite: Hauptmann diktiert bei einer Flasche Sekt seine Dramentexte, sieht das Diktierte niemals durch. Aus dem gesprochenen Diktat wird der Text ins reine getippt, wandert ungelesen als Typescript in die Druckerei, von da direkt in die Rollenbücher. Das »Unreine« wird nie kontrolliert. Und so ist es passiert, daß Hauptmann im Wiener Burgtheater der Uraufführung eines seiner Werke beiwohnt — und folgende Worte einer leidenschaftlichen Liebesszene schlagen von der Bühne in seine Loge empor:

»Celia, wenn Sie nicht ja sagen, so spreche ich Zauberworte, die den Mond vom Himmel reißen. Wenn Sie nicht mein werden, so wird mein Schrei die Flüsse bergauf strömen lassen. Fräulein, wo sind wir stehengeblieben?«

Vom Vater eines Kunsthändlers, der sein Transportgeschäft ausgezeichnet führte, den kulturellen Agenden seines Sohnes aber mit gelangweilter Indifferenz gegenüberstand, erzählte Werfel, er habe einmal widerwillig einen Vortrag Martin Bubers mit anhören müssen, in der gleichen Woche sei er zu einer Aufführung von Hauptmanns »Dorothea Angermann« mitgenommen worden. Man fragte ihn nach seinem Urteil. Der Alte erklärte, nach einigem Zögern: »Da war noch Buber Gold dagegen.«

Ähnlich behauptete Werfel, im Parterre bei einer Aufführung von Stefan Zweigs »Jeremias« folgendes Gespräch zweier Bürger belauscht zu haben. Der eine schickte sich nach dem ersten Akt an, das Theater zu verlassen. Der andere: »Wie, Sie gehen schon?« Der erste: »Mein Bedarf an Jeremias ist gedeckt.«

Man wird nicht fehlgehen, wenn man Werfels besonderen Witz als eine Ausdrucksform seiner Gestaltungsgabe und Charakterisierungskraft begreift, die sich wie in seinem Werk so im Gespräch kundtat. Mit einem Ausspruch, zwei, drei treffenden Worten stellte er einen Menschen, eine Situation hin. Einige weitere dieser Dicta haben sich meinem Gedächtnis fest eingeprägt. — Von Prag kam Werfel nach Hamburg, wo er in einem seinem Vater nahestehenden großen Handelshaus Dienst machte. Ein kurzes kommerzielles Zwischenspiel (auch hier die Analogie zum Schicksal Heines). »Jetzt schreibe ich«, so erzählte er mir, »unter dem Schreibpult Verse, wie ich in der Schule unter dem Lateinheft Gedichte gemacht habe. Die Tochter meines Prinzipals, die vielleicht etwas für mich übrig hatte, bemerkte einmal die Ergebnisse meiner Geschäftsuntüchtigkeit. Sie nahm mich ordentlich ins Gebet. ›Nee, Herr Werfel, dat versteh ick nich, wie Sie sich mit so wat befassen können. Aber ick hab einen Vetter‹, fügte sie, sich besinnend, hinzu, ›der schwärmt och für Bilder und Märchen und Reisen und lauter so'ne legere Sachen.‹«

Es dauerte nicht sehr lange, und der Kriegsausbruch 1914 spülte (nach kurzem, glücklichem Faulenzen als Lektor bei Rowohlt und Kurt Wolff in Leipzig) alle anderen Probleme in den Orkus. Kam der junge Krieger zu kurzem Urlaub von der Front heim, so war er, der Weltfreund, von Sarkasmen und Menschenverachtung verzehrt. Einmal schilderte er mir, wie er sich im Feld immer vorgestellt habe, selbst gleichgültige Personen (wie zum Beispiel die Besitzerin des

Hauses, in dem er bei seinen Eltern wohnte) würden ihn mit Mitleid und froher Rührung begrüßen, den aus schweren Gefahren Heimgekehrten. Und was sagte die Hausbesitzerin in Wirklichkeit beim Wiedersehen? Werfel ahmte prachtvoll die langsame, asthmatische, mühsame gralzende Baßstimme der Alten nach: »Gun Tag, Herr Werfel. Wissen Sie schon das Neueste? Der Herr Reitler im dritten Stock hat gekündigt.«

Endlich befreite eine gütige Hand den Dichter aus dem Lehm und Kot der galizischen Straßen, der Karpaten, der Schützengräben. Er kam nach Wien, ins Kriegsarchiv. Dort fand er nicht nur den gewandten Roda Roda, der sich selber »Schriftstellereibesitzer« titulierte, seines ausgebreiteten Kurzgeschichten-Versands wegen — sondern auch Rilke, Stefan Zweig, Hofmannsthal. Die Aufgabe dieser Spitzengruppe der österreichischen Literatur bestand darin, wichtigen Nachrichten vom Kriegsschauplatz den letzten stilistischen Schliff zu geben. Einmal kam — ich folge nun Werfels grausamem Bericht — die traurige Meldung, die Italiener hätten Österreichs größtes Panzerschiff an der Küste Dalmatiens torpediert und versenkt. Man beriet. Wie war das dem Volk patriotisch beizubringen? Ein Matrose, der letzte, taucht ins Flutengrab. Noch schwingt er die schwarzgelbe Fahne, ehe er untergeht. Mit letzter Kraft schreit er seine letzten Worte . . . nun welche? Man war in Verlegenheit. »Am passendsten wäre vielleicht«, sagte Roda Roda, »man läßt ihn als letzte Worte die Devise unseres österreichisch-ungarischen Wappens in die Lüfte schreien. ›Unteilbar und untrennbar‹ — oder noch besser im lateinischen Original: Der Matrose rief mit verlöschender Kraft: In-di-vi-si-bi-li-ter ac in-se-pa-ra-bi-li-ter.«

Damit vergleiche man noch die respektlose Darstellung Werfels von seinem Zusammentreffen mit dem König von Sachsen, dem »Geenich«. Werfel und Hasenclever werden zum Hofball befohlen. Sie sind die letzten in einer langen Reihe von Würdenträgern, Gelehrten, Universitätsprofessoren etc., die dem König vorgestellt werden, denen er die Hand drücken, mit denen er mühsam einige Sätze wechseln muß. Ganz erschöpft langt der Potentat bei ihnen an. Der Adjutant flüstert ihm Nam' und Art der Betroffenen zu. Der König faßt sie wütend in den Blick, blitzt auf sie los. »Na ihr zwee beede« — fährt er sie an, macht rasch kehrt und verläßt ärgerlich den Saal.

Ich habe weit vorgegriffen.

Vorläufig wächst noch der »Weltfreund«. Es entstanden die Gedichte aus der Kinderstube, aus der Domäne der guten Kinderfrau,
der Werfel dann später in »Barbara« und im »Veruntreuten Himmel« so groß gehuldigt hat.

> Woran erinnre ich mich heut?
> An mein Kinderzimmer, wenn jemand an der Nähmaschine saß.
> Vergessenes Duett: Nähmaschine und fistelndes Gas.

Verse dieser Art zähle ich zu den schönsten der deutschen Sprache.
Das ganze Gedicht »Erster Frühling« ist gemeint, in dem dieses
zarte Bild seinen Platz findet. Die Unordnung auf den Beeten des
noch nicht geordneten Stadtparks im Vorfrühling — verglichen mit
der Unordnung im einstigen Kinderzimmer.

> Lagen da nicht auch, wie heute Laub, Spreu und anderes mehr,
> Bunte Streifen, Flicken, Bänder und Seidenreste umher? —

Werfel brachte mir das fertige Manuskript des »Weltfreund« und
ich sandte es an meinen Verleger in Berlin, Herrn Axel Juncker.
Nichts schien mir klarer und festbegründeter als die Freundschaft
zwischen uns beiden Dichtern, die gemeinsame Gesinnung der guten
Tat — verbunden mit kleiner zärtlicher Ironie allem anderen gegenüber, was wir ablehnten und abwehrten. Auch diesem Fremden
wollten wir uns damals nicht ganz verschließen; wir fühlten uns mit
unseren jungen Kräften stark genug dazu, auch das Nicht-eben-Gute
oder Gewöhnliche in unsere Sphäre einzubeziehen, sei es auch nur
scherzend. Keinesfalls wollten wir wütend, keinesfalls keifend sein.
Das eigentlich Böse aber war noch nicht in meine Sicht getreten.
Willy Haas sagte mir, sehr früh und damals beinahe richtig: »Ihnen
fehlt der schwarze Blick.« Ich war gänzlich unpolemisch gestimmt.
Daher schrieb ich »Über die Schönheit häßlicher Bilder«. Und Werfel
das folgende Gedicht:

Das Grab der Bürgerin

An Max Brod

Gegrüßt ihr Vöglein auf gebrochener Säule Schaft,
Gegrüßt, Symbole, beliebt und alt,
Gegrüßt, ihr mürben Schleifen, verlebtes Drahtgeflecht,
Gegrüßt, mein Eisenengel, betender!   usf.

Dies war das *einzige Gedicht* aus dem Buch »Der Weltfreund«, das
eine Widmung trug. — In den folgenden Ausgaben hat Werfel dieses
Gedicht weggelassen — vielleicht der Schlußzeilen wegen, die in der,
sei es auch ironischen Lobpreisung des Philiströsen zu weit gehen.
Übrigens haben wir uns beide von unserem gemeinsamen Haupt-
stamm, der Prager halb-parodistischen Idyllik, in recht entgegengesetzte Richtungen weiterentwickelt. Und die bösen Vorzeichen,
deren erstes der Sonnenbrand gewesen war, erschienen nun in immer
reicherer Menge. Meinem Verleger gefiel der »Weltfreund« ganz und
gar nicht, er wollte ihn nicht bringen. Es entstand ein bewegter, teilweise heftiger Briefwechsel, der lange Zeit hin und her ging. Schließlich wurde ich sehr energisch, fuhr nach Berlin und erklärte dem
guten Axel Juncker, ich könnte in einem Verlag nicht weiter erscheinen, der ein solches Meisterwerk nicht versteht und es zurückstößt.
Hatte ich nicht Oskar Baums erste Werke ihm empfohlen und ihm
damit einen guten Erfolg verschafft? — Der Verlag Axel Juncker
war damals führend, hatte Lyrik von Max Mell, die ersten Bücher
von Rilke, Schickele, Verhaeren, Johannes Schlaf, Else Lasker-Schüler gebracht. Dennoch wollte ich ihm in ehrlicher Entrüstung ade
sagen. Ich setzte meine letzte Energie ein. Das wirkte. Die Gedichte
wurden angenommen. — Später habe ich es oft leichter gehabt, zum
Beispiel genügte für Friedrich Torbergs dramatisch mit Sprengstoff
geladenen Erstlingsroman »Der Schüler Gerber hat absolviert« ein
einfacher Empfehlungsbrief an den Verlag Zsolnay.
Etwas von dem bitteren Kampf zwischen mir und Axel Juncker,
der nur ungern, fast unter Zwang nachgegeben hatte, mußte zu
Körperlichkeit gerinnen, mußte sich irgendwie materialisieren. Darüber später mehr, anläßlich des verunglückten Weltfreund-Titel-
blatts.
Wer war dieser Verleger Axel Juncker? Ein dänischer Grandseigneur,
der, obwohl schon lange in Berlin ansässig, durch seine weiche, zärt-

liche, dänische Aussprache spaßig auffiel. Außer der erwähnten Lyrik hatte er auch das »Tagebuch eines Verführers« von Kierkegaard veröffentlicht, ferner Essays von Oskar A. H. Schmitz und ein Buch, das auf mich den denkbar stärksten Eindruck machte: Jules Laforgues »Sagenhafte Sinnspiele« in der sorgsamen, aber einigermaßen manierierten Übersetzung von Paul Wiegler. Ich las bald nachher das Original und war erstaunt, um wieviel einfacher es war als die Nachdichtung, trotz aller Komplexität der Gedanken und Stimmungen. — Außerdem arbeitete für Juncker ein besonders einfallsreicher Buchkünstler: Lucian Bernhard. Wovon Axel Juncker eigentlich lebte, war unerfindlich. Er klagte nur immer, in gleichmäßig stillem Tonfall, wie schlecht die Bücher gingen, die er liebte. Auch die meinen. Für mich allerdings habe er diesmal einen besonderen Trost — gerade gestern sei ein Exemplar meines letzten Romans (»Jüdinnen«) aus Tokio bestellt worden —, und nun könne es ja nicht fehlen, nun würden wir rasch den ganzen ungeheuren asiatischen Markt erobern. Prosit! Sooft ich ihn aufsuchte: stets hatte er irgendeine winzige erfreuliche, allerdings zu nichts verpflichtende Botschaft für mich. — Er ließ immer, wenn ich in seinem unordentlichen, kleinen, von Buchpaketen überfüllten Laden auf dem Kurfürstendamm erschien, eine Flasche vortrefflichen Rheinweins auftragen. Da vergaß ich gern, das ohnehin so geringfügige Honorar zu erwähnen. Ein eleganter Imbiß für uns beide wurde gebracht. Alles war schönwetterlich. Und dazu glitzerte Axels buntbestickte Weste, leuchtete sein gutmütiges Grandseigneur-Gesicht mit den angegrauten Schläfen. Nichts konnte uns etwas anhaben. Prosit! — Ich habe ihn in bester, wenn auch etwas verschwommener Erinnerung, glaube auch, daß ihn sein Erfolgsautor Gustav Wied ($2 \times 2 = 5$) und andere skandinavische Ware aus Leichtmetall über seine dauernde Krise glückhaft davongetragen haben. Ich hoffe es.

Endlich war der Vertrag mit Werfel geschlossen. Nun wollte Axel Juncker das Buch kürzen, dieses und jenes Gedicht sollte weggelassen werden. Ich kämpfte um jedes einzelne. — Um jene Zeit kam ich zu meiner ersten Vorlesung nach Berlin. Ich las mein Drama »Höhe des Gefühls«. Zu meiner Überraschung war auch Alfred Kerr erschienen, den ich seit jeher bewunderte. Vor der Vorlesung begrüßte er mich sehr freundlich im »Künstlerzimmer«. Es war unser erstes persönliches Zusammentreffen. Er mahnte mich, vor der Rezitation solle ich eigentlich niemanden empfangen. »Wie der Stier aus einer dunklen Kammer in die Arena gelassen wird, so muß man sich aus der schwarzen Einsamkeit auf das Publikum stürzen« — eine Regel, die ich dann immer gern befolgt habe. — Werfel war aus seiner Hamburger Verbannung nach Berlin entwichen, eigens nur um meine Lesung zu hören und um nachher mit mir beisammen zu sein. Es war einer der Höhepunkte unserer Freundschaft. Nach der Vorlesung waren wir dann zu zweit in der Nacht des Tiergartens, gingen in der »Siegesallee« auf und ab, die häßlich akademischen Denkmalsgruppen aus der brandenburgischen Geschichte gaben uns manchen Stoff. Überall erschien der in den weitesten Kreisen vergessene Regent, auch wenn er noch so unbedeutend war (wie etwa Otto »der Faule«), den bedeutenden Geistesgrößen seiner Epoche architektural übergeordnet. Der Herrscher in ganzer Figur — einfache Leute wie Kant, Hegel nur als Büste. Das forderte unseren Spott heraus; wir beschlossen, gemeinsam, d. h. mit verteilten Rollen, einen Gedichtzyklus über diese steinerne Parade des Byzantinismus zu schreiben. Glücklicherweise wurde der Plan nicht ausgeführt, die Sache wäre wahrscheinlich höchst problematisch und mißdeutbar ausgefallen, da wir unseren gemeinsamen Stil, für den Werfel den Namen der »ironischen Idyllik« gefunden hatte, hier auf die Spitze treiben wollten. Diese »Schönheit häßlicher Bilder« wäre die andere, gleichfalls vernunftferne, gleichfalls antinomistische Alternative zu dem damals noch ungeborenen Dadaismus geworden — so erscheint es mir heute.

Daß wir wirklich an einen solchen gemeinsamen Stil dachten, kommt mir heute freilich nur noch wie eine ungewisse Traumerinnerung vor. Und doch war es so. Vor mir liegt eine Ansichtskarte aus Marienbad, vom 2. 8. 1910, Etablissement Egerländer. Ein raffiniert gewähltes Kitschbild, wie es meiner damaligen Devise von der »Schönheit häßlicher Bilder« entsprach: Mondsichel über dunklen Fichtenwäldern, ein Dirndl und ein Bua, bei dem außer der adretten Tracht besonders der aufgezwirbelte Schnurrbart auffällt. Das Ganze ein Kompliment Werfels für meine seltsame Neigung zur einigermaßen verliebt und staunend beobachteten Geschmacksverirrung; dazu schrieb Werfel: »Eine Myriade von Grüßen und Bitten um einen baldigen Ausflug nach Marienbad. Ihr treuer F. W.«

In jener Zeit tendierte ich überhaupt zu gemeinsamem, freundschaftlich unterbautem Arbeiten: Mit Felix Weltsch schrieb ich (etwas später) das exakt philosophische Buch »Anschauung und Begriff«, mit

Kafka entwarf und begann ich den Reiseroman »Robert und Samuel«, mit Blei gemeinsam übersetzte ich Laforgues »Pierrot, der Spaßvogel«. So sollte hier als Gemeinschaftswerk mit Werfel eine skurrile, spitzbübische Patriotismus-Parodie aus märkischem Sand erblühen, gleichsam ein geheucheltes Einverständnis mit der wilhelminischen Gloria, Satire unter dem Deckmantel der Verbündung mit dem Feind, mit der Reaktion. Ein Arkadien nicht ohne Offenbach-Tücken — doch getreu dem Leitwort Laforgues »Ah! que tout n'est-il opéra-comique!«, »Ach, warum ist nicht alles operettenhaft!« — Oder nach dem Herzen des später von Torberg entdeckten altösterreichischen Barden Herzmanovsky. — Noch in der Nacht fuhr Werfel nach Hamburg zurück. Und ich blieb den Gleichgültigen überlassen, die mich in irgendeinem Weinlokal erwarteten. Wie gleichgültig? »Es ist erstaunlich, mit wie geringem Akzent dieser tschechische Dichter aus Prag deutsch spricht«, hieß es völlig mißverständlich in einer Kritik; tatsächlich habe ich es nie so weit gebracht, wirklich tadellos tschechisch zu sprechen.

Als ich zu meiner zweiten Lesung einige Monate später nach Berlin kam, überreichte mir Axel Juncker die Korrekturbogen des »Weltfreund«. Beglückt nahm ich die Bogen zur Vorlesung mit. Während des Lesens meiner eigenen Werke (»Szene im Dorf«, andere Gedichte, »Arnold Beer«) kam mir plötzlich der Einfall, den Abend mit einem improvisierten ausführlichen Potpourri aus Werfels Buch zu beschließen. Ich sprach den Hörern von dem genialen jungen Dichter (der diesmal nicht anwesend war). Dann las ich eine Anzahl seiner Gedichte. Das Ganze machte mir ein ungeheures Vergnügen. »Ein Autor, der bisher eigentlich noch nichts veröffentlicht hat und dessen Buch innerhalb der nächsten vierzehn Tage erscheinen und alle aufhorchen machen wird« — so begann ich. Ich sehe noch den leuchtenden Vortragssaal vor mir, in den ich diese Worte hineinrief. Ich war selig. »Ich habe eine gute Tat getan«, frohlockte es in mir mit Werfels Worten. »Nun bin ich nicht mehr einsam.« — Der Beifall erhob sich zum Sturm. Von diesem Berliner Abend an war Werfel in seiner Größe erkannt und durchgesetzt.

Es wäre nun alles gut gewesen. Blieb auch einige Tage gut. Dann erschienen die Kritiken, alle so ziemlich einsichtsvoll — bis auf eine, die aber in einer besonders wichtigen Zeitung stand (dem »Berliner Tageblatt«) und von besonderer Bosheit war. Geschrieben von einem aus tiefstem Seelengrunde geschmacklosen Witzbold und Wortverdreher, von Albert Ehrenstein (dem aber doch in seinen besten Stunden einige gute, melancholische Gedichte gelungen sind). Er war damals mit Karl Kraus befreundet, glaubte daher, mich angreifen zu müssen. (Über dieses Feindschaftsverhältnis zu Karl Kraus im folgenden mehr.) Das tat er, soweit ich mich an die ganze Sache erinnern kann, auf die Art, daß er mein Eintreten für Werfel damit erklärte, der ganze Vortragsabend sei schwach und uninteressant gewesen, daher hätte ich das Bedürfnis empfunden, die Darbietung zu retten, indem ich zum Schluß die Gedichte eines »wesentlich Größeren« vorlas.

Ich brauche kein Wort darüber zu verlieren, daß das eine völlige Verdrehung der Fakten war, daß mir natürlich jede kontrastierende Gegenüberstellung der Gedichte Werfels mit meinen eigenen meilenfern lag. Dies hätte mir schon mein natürliches Selbstgefühl verboten. Ich liebte meine Lyrik, namentlich die »Szene im Dorfe«, die ich damals las, und meine Komposition »Variationen auf ein tschechisches Volkslied«, von der ich am Klavier eine Probe gab. Es war mir um neue Schönheit, um Ausdruckskühnheit zu tun. Diese »Richtung«, wenn man sie so nennen kann, sah ich bei Werfel wie in meinen Versen und Tongebilden in gleicher Weise wirksam. Ich genoß in naiver Andacht unseren *gemeinsamen* Sieg. Dabei war ich meiner guten Sache so sicher, daß ich, nach Prag heimgekehrt, im Gespräch mit Paul Wiegler, dem ersten Übersetzer und Biographen von Jules Laforgue, offen und vielleicht etwas überschwenglich meine Entrüstung über Ehrensteins bissige Mißdeutung aussprach. Ich entwickelte eine ganze umfassende Theorie; selbstverständlich nur für mich, ohne sie niederzuschreiben. So macht man es in jungen Jahren. — Die Theorie ging so: Die Welt und der Trieb des Menschen in ihr ist böse. Schopenhauer hielt mich mit Eisenklammern in diesem Punkt als Schüler fest, wie sehr ich mich in anderer Hinsicht schon selbständig neuen Durchblicken und Ausblicken zugewandt hatte. So in Hinblick auf den Trieb zum Guten, zur Liebe, den ich damals als schon vollwertigen und beseligenden Miterbauer des Menschenherzens anerkannte — wie ich es später in meinem Hauptwerk »Diesseits und Jenseits«, mit Annäherung an die Naturwissenschaft, ausführlich dargelegt habe. Meine neue Erfahrung aus dem damaligen Ehrenstein-Zwischenfall 1911 war noch recht unklar, wolkig, ließ sich nur gefühlsmäßig auf folgende Linien bringen: Tust du etwas Gutes, so tust du etwas, wogegen sich die ganze böse Natur der Welt

(Schopenhauer!) aufbäumt. Sieh dich vor. Die Natur, der du deine Verachtung ausgesprochen hast, schlägt zurück. Wer Gutes tut, befindet sich in einem Gefahrenfeld. Es ist nicht etwa bloß sein gutes Recht, es ist seine Pflicht, sich zu schützen; sich auf Abwehr einzustellen. Und kindlich schloß ich an solch spirituale Erwägungen die äußere Bitte, die Prager deutsche Zeitung »Bohemia«, deren Kunstteil und Literaturbericht Paul Wiegler redigierte, möge, wenn sie überhaupt auf das Berliner Begebnis zu sprechen käme, ihrem Bericht nicht die verzerrende Darstellung Ehrensteins zugrunde legen. — Diese allzu geradeaus und unvorsichtig vorgebrachte Äußerung sollte in späteren Jahren Folgen haben, die mich nahezu zur Verzweiflung trieben.

Meine ganze Unerfahrenheit zeigte sich in der Heftigkeit, mit der ich auf Ehrensteins Heimtücke reagierte. Ich lief förmlich in das für mich vorbereitete Netz. Für meine rezitatorische Eruption, die von der Liebe zum Genie Werfels und von nichts anderem sonst diktiert war, hatte ich nicht etwa Dank erwartet. Diese Tat fand wie alles Gute in sich selbst ihren Lohn, lebte in eigenem Licht. Es gehört zu meinen tiefsten Überzeugungen, daß jeder, der Dank beansprucht, sich schon selber gerichtet, sein anständiges Tun ins Gegenteil verkehrt, wertlos gemacht hat. — Aber daß mir diese immerhin reine Bewegung meiner jungen Seele nun auch noch zum Bösen angerechnet werden sollte, daß wenigstens dem äußeren Scheine nach jene öden, nüchtern praktischen Ratgeber recht bekommen sollten, die mich immer davor gewarnt hatten, allzu stürmisch für Werfel einzutreten, weil ich »dadurch mir selbst schade, einen Rivalen großziehe« — das war mir schlechthin unerträglich. Daher die Selbstverständlichkeit, mit der ich mein schmerzliches Gefühl der Empörung vor Wiegler ausschüttete, den ich für eine Art Freund hielt; und dabei einen älteren, ruhigeren, weit einsichtsvolleren Freund, als ich es war. Ich ahnte nichts von den Konsequenzen, die Paul Wiegler aus meinen Eröffnungen zog — Konsequenzen, die erst Jahre nachher in Erscheinung treten sollten.

Paul Wiegler genoß damals als der Mann, der *Laforgue* entdeckt hatte, bei mir ungemeine Verehrung. Einem Autor, der eine solche Großtat vollbracht hatte, die noch dazu von wenigen gewürdigt wurde, vertraute ich auch im Menschlichen unbedingt — vor allem auch seiner sanften großen graublauen Augen wegen, die ihm bei

Franz Blei den Spitznamen »Mutters schönes Paulchen« eingetragen hatten. — Es ist mein Fehler, daß ich mich immer wieder von Schönheit des Äußeren allzu sehr habe beeinflussen lassen. Es waren natürlich nicht bloß die Augen; Wiegler stellte ein hervorragendes Ingenium in den Dienst immer großer Aufgaben, wie sein Buch über den Hohenstaufen Friedrich II., über französisches Theater, seine Geschichte der Weltliteratur, seine zweibändige deutsche Literaturgeschichte (hier besonders aufschlußreich die Kapitel über Goethe, über die Romantik), seine Novellensammlung »Figuren« mit der unvergeßlichen Skizze »Chateaubriand in Prag« und dem Exkurs über die berühmten Köche glänzend beweisen. Wahre Wunder an Fleiß und Einblicken, ich lerne auch heute noch gern aus ihnen; obwohl der an Harden geschulte geschraubte Stil an manchen Stellen die Freude stört. — Nun aber Laforgue, einer der vier großen Lyriker Frankreichs, wie Wiegler in der meisterhaften Vorrede zu seiner Übersetzung (1905) konstatiert (nebenbei bemerkt: ich komme auf eine weit höhere Zahl als vier — wie sind mir diese numerierten Begeisterungen zuwider!) — Laforgue, der »seine tuberkulöse Seele in die Luft stöhnte: ›Astres, je ne veux pas mourir, j'ai du génie‹« (Sterne, ich will nicht sterben, ich habe Genie) und der im Alter von 27 Jahren als junger Ehemann seiner geliebten Englischlehrerin verblich. Das geschah 1887, in Paris. Er hatte als Nachahmer der feierlich regelmäßigen Zeilen Baudelaires begonnen, dann erschrieb er sich völlige Freiheit in flutend klingenden Versen und bestürzender Prosa. Er gibt folgende Selbstcharakteristik: »Bilder eines Kaspar Hauser, der nichts in der Schule gelernt hat, aber in den Tiefen des Todes war, Botanik getrieben hat, mit Himmeln und Sternen vertraute Zwiesprache hält und von den Tieren weiß, von den Farben, den Straßen, den guten Dingen wie Kuchen, Tabak, wie Küssen und Liebe.« Die Vergänglichkeit aller Schönheit, das Unbewußte, die Philosophien Schopenhauers und Hartmanns inspirieren ihn; doch es siegt immer wieder der Scherz der Pariser Boulevards, die melancholische Drehorgel, die Vorortballade, das Winzerlied, der natürliche Witz des »guten Bretonen, der zufällig unter den Tropen zur Welt gekommen ist.« Dann wieder schluchzt er: »Nicht mehr sein, nicht mehr sein! Nicht mehr da sein! Nicht einmal, an irgendwelchem Nachmittag, die Jahrhunderttraurigkeit an sein Menschenherz mehr pressen zu können, die in einem ganz kleinen Pianoakkord beschlossen ist.« — Friede mit ihm, dem Ruhelosen! — Damals, als ich sein Werk kennenlernte, überwog in mir (nebst dem Respekt vor den lodernden dichterischen Schönheiten) das Gefühl, er zeige mir mit seinem Spott den Weg, der aus meiner von Schopenhauer und mißverstandenem Spinoza-Determinismus beeinflußten Verzweiflung, aus meiner »Indifferentismus«-Weltschau hinausführte, ins Leben zurück. Der lockere Pierrot, Laforgues Liebling, der über alles ironisch-zarte, halbtraurige Späße macht, nichts ernst nimmt, schien mir über den schlicht lebensverneinenden Buddha hinauszuweisen. »Von Buddha zum Pierrot« — nannte ich (vielleicht etwas zu sicher) die Wendung, die mein Leben unter Laforgues Einfluß nehmen sollte — und oft sagte ich mir entzückt die Worte vor: »Ah! que tout n'est-il opéra-comique«. »Warum ist nicht alles operettenhaft! Warum spielt sich nicht alles im Takte des englischen Walzers Myosotis ab, den man während jenes Jahres im Kasino hörte — jenes schicklich-wehmutsvollen Walzers, der so unwiederbringlich letzte, letzte schöne Tage bedeutete!«

1905 war mit besonders schöner Titelzeichnung von Lucian Bernhard (auf pathetisch schwarzem Grund) im Axel Juncker Verlag (damals noch Stuttgart) Wieglers Buch erschienen. Ich lernte es erst einige Jahre später durch Franz Blei kennen, übersetzte dann ausgewählte Gedichte Laforgues (1908, 1909) und gab gemeinsam mit Blei einen Band Laforgue »Pierrot, der Spaßvogel« bei Juncker heraus.* Ein Band, der so unbekannt blieb (im kleinen Kreis hat er aber doch starke Wirkung gehabt, z. B. gerade auf Werfel), daß die Kritik bis heute einen groben Übersetzungsfehler nicht bemerkt hat, den ich verbrochen habe. Auf Seite 41 soll es heißen »Genovevchen, ach will sie nicht — mein kleines Herz, das bricht« — nicht aber: »Die Kleine aus Genf«. Auch die Gattungsbezeichnung »Complaintes« habe ich irrigerweise nicht als »Bänkellieder« übertragen. Und noch manches von dieser Art wäre zu erwähnen. — Meine ungemeine Bewunderung galt meinem Vorgänger Wiegler, der die bizarre und tiefsinnige Prosa »Moralités Légendaires« (»Sagenhafte Sinnspiele«) nebst Vorrede von Maeterlinck entdeckt hatte. Und über Wiegler hinweg galt meine Hingabe dem Dichter selbst, der beispielsweise in einer kühnen Hamlet-Paraphrase, in der Beschreibung eines unmodern gewordenen Badeortes (»Das Rosenwunder«) meisterstückmäßig exzelliert; es steht in der letzteren Beschreibung die Sicht auf

---

* Neuausgabe 1966, Insel.

ein verlassenes, vergessenes Musikzimmer, die ich immer wie zum Herzenstrost hervorhole und die in den Zeilen gipfelt: »O ihr unheilbar romantischen Balladen von Chopin, schon eine Generation brachtet ihr unter die Erde! indes das junge Mädchen, das euch heute morgen spielt und liebt, wirklich glaubt, man habe vor ihm die Liebe nicht gekannt, nicht gekannt vor seines edlen, unvergleichlichen Herzens Ankunft, und indes es, o Balladen, über eure unbegriffenen Exile sich erbarmt.« — Es gehört zu meinen Schwächen, daß ich oft in meinem Leben der Meinung war, es könnte jemand, der mit mir das Verständnis für solche durchdringend reale Schönheit teilt, keiner feindseligen oder auch nur kaltsinnigen Handlung gegen mich fähig sein. — Es gab eine Korrespondenz zwischen Wiegler, dem Berliner, und mir, voll von Freude an Laforgue. Plötzlich eine gute Nachricht: Der Verehrte war in Prag eingetroffen, und sogar (welch ein unerwarteter Glücksfall!) zu ständigem Aufenthalt, er hatte eine Redakteurstelle an der angesehenen Tageszeitung »Bohemia« erhalten. Er besuchte mich, es entstand ein kameradschaftlicher Verkehr. Um die gleiche Zeit meldete sich auch ein blasser, junger tschechischer Schriftsteller bei mir, ein Elegant, Herr einer schönen Junggesellenwohnung, in der ich ihn dann öfter besuchte. Er hieß Zděnek Záhoř und hatte Laforgues »Hamlet oder Die Folgen der Sohnestreue« ins Tschechische übersetzt und in einer exquisiten Ausgabe ediert, die er mir brachte, da er meine Übersetzung schätzte. Natürlich war er auch ein Verehrer Wieglers. Ich bin mit dem zarten, kränklichen Mann oft längs der Moldau und auf den Wyschehrader Schanzen herumspaziert. Er veröffentlichte auch Essays über Laforgue. Es schien sich eine kleine Prager Verschwörung im Namen Laforgues anzuspinnen. Záhoř geriet mir aber dann aus dem Gesicht. Ich glaube, er litt an derselben Krankheit wie Laforgue (und später Kafka). Er starb jung.

Ein anderes schlechtes Omen rückte mir an die Kehle. Der »Weltfreund« war erschienen, aber mit einem ganz scheußlichen, ironischen Titelblatt. Irgendwie mußten wohl die Abwehrgefühle des Verlegers gegen den ihm aufgezwungenen Autor durchbrechen, wie gesagt. Sie taten es in der Figur eines glattköpfigen Dandy, der erstaunt vor einem Goldkäfig stand. Im Goldkäfig saß kaulquappenähnlich ein schreiender oder singender Vogel. Dieser Vogel stimmte vermutlich laut Absicht des Zeichners Szafranski (warum nicht Lucian Bernhard?) das Lied des freien Waldvogels an, das Werfels Mund entströmte — aber im Käfig! Was sollte das bedeuten? Und was sollte der vier Fünftel des Titelblatts einnehmende dürre Lebemann mit Monokel, in Biedermeierhabit, mit Zylinder und gedrehtem, geknauftem Spazierstock? Ich schämte mich, das Buch, das bei mir anlangte, dem Freund zu zeigen. Ich glaubte, er müsse mir die schlechte Zeichnung übelnehmen. Recht geschah mir — ich hätte einen Entwurf einfordern, auch dieses Detail überwachen sollen. — Übrigens muß ich bemerken, daß mir heute das Titelbild von Szafranski gar nicht so mißfällt wie damals. Der Dandy hat eine gewisse senile Grazie, wenn man so sagen darf. Und sein Kontrastwert gegenüber dem lauten Vogel springt in die Augen. Doch so sehe ich es heute. Und es kommt ja nur darauf an, wie ich es damals empfunden habe. Damals war es mir wie ein Faustschlag ins Gesicht. Der geliebte Weltfreund — und diese Karikatur! Was würde der arme Werfel dazu sagen! Es trat aber eine Überraschung ein. Werfel schien über das Buch einfach glücklich zu sein, er beanstandete nichts. Im Gegenteil: Er brachte mir wenige Tage später ein Exemplar mit einem handschriftlichen Widmungsgedicht. Es ist nie erschienen, wird hier zum erstenmal reproduziert.

An Max Brod

Menschen rasseln in Erz und blicken verächtlich und herrschen.
Siehe, und dein Geschick fügt sich im menschlichen Wort.
Tugend heißt Streben und Kampf. Und weiß doch ein jeder: Ich
  sterbe!
Wen wohl riß dieses Wort weinend in Liebe dahin?
Liebend bebt' ich empor. — Da wies Verachtung und Kälte,
Macht und Pflicht und Gesetz mich in den Unsinn zurück.
Ja, da griff ich die Stirn, und trocken ward Zunge und Gaumen,
Doch hinschmelzend in Lust, löste die Seele sich bald.
Tränen kamen, den Lippen entrang sich in heiligem Stammeln
In die Welten hinaus, seligster Seufzer: Du bist!
Irgendwo weiß ich dich atmen, und dein gerundetes Wesen
Wirkt bei Tag und Nacht treulich durchs Leben mir hin.
Nicht mehr sinken die Worte unendlich, ohne zu landen;
Denn gekräuselten Munds faßt sie ein gleiches Gemüt.
Was berauscht und verlegen noch keiner dem andern gesprochen,
Seele, im zarteren Sein, fühlet der Seele es zu.

Einsam bin ich nicht mehr. Ich jauchze, daß wir uns haben.
Wunder! In gleicher Zeit und auf gleichem Gestirn!

Mit allen guten Trieben des Herzens

Dein

Franz Werfel

Ich muß nun noch der Konsequenzen gedenken, die Ehrensteins giftige Besprechung jenes Rezitationsabends einige Jahre später für mich hatte. Ich war in einen Konflikt mit einem Redakteur der »Bohemia« verwickelt, ein Konflikt, der an sich ganz unwichtig war und den ich vergessen habe. Aber dieser Redakteur verbreitete dann in »ganz Prag« (worunter man immer nur jene Kreise verstand, mit denen man zufälligerweise verkehrte), ich hätte an die Redaktion der »Bohemia« einen anonymen Schmähbrief gegen ihn geschrieben. Einen anonymen Brief! Das erschien mir als ein Gipfel aller Schändlichkeit. Die Anschuldigung solchen Frevels fraß an meiner Wurzel.
Ich klagte mein Leid meinem Gewissensrat, meinem Freunde Kafka, der mir damals und immer in allen schwierigen Lebensfragen maßgebend war und hilfreich zur Seite trat.
Auf wie knabenhafte Art maß ich der ganzen Affäre eine besonders tiefgehende Wirkung bei! Ich kam mir in den Schmutz getreten vor, entehrt.
Kafkas Rat war sehr einfach. Und sehr klug. »Veröffentliche in einer anderen Zeitung ein bezahltes Inserat, etwa des Inhalts: Jemand geht in Prag herum und erzählt jedem, der ihm zuhören will, ich hätte einen anonymen Brief mit diesem und jenem Inhalt geschrieben. Ich erkläre, daß das, was dieser jemand sagt, eine Unwahrheit ist. Man möge mir den angeblichen anonymen Brief zeigen, dann würde die Lüge an den Tag kommen.«
Ich folgte dem Rat und ließ im Konkurrenzblatt der »Bohemia«, im »Prager Tagblatt« ein solches Inserat erscheinen. Damals gehörte ich dem Redaktionsstab keines der beiden großen deutschen Blätter an, schrieb hie und da, sehr selten, abwechselnd für beide. Vielleicht wollte man mich schon damals im »Prager Tagblatt« mit Haut und Haar gewinnen, wie es viel später dann tatsächlich geschah. Jedenfalls rückte man die ziemlich ungewöhnliche Kundgebung an ordentlicher Stelle ein.
Ein paar Tage lang fühlte ich mich beruhigt, gerechtfertigt. Ich hatte den Kot von mir gestreift.

Kommt da ein Brief, gezeichnet: Redaktion der »Bohemia« — ich möge mich dort einfinden, wenn es mir beliebe, und mir gefälligst das Beweisstück selbst anschauen.

Also keine Ruhe! Obwohl ich selbstverständlich niemals schon aus Stolz auf meinen guten Namen, etwas Anonymes geschrieben habe, quält man mich mit dem Gespenst eines solchen Briefes.

Ich ging also hin. Kafka wollte mich als getreuer Sekundant begleiten. Ich lehnte ab; es erschien mir falsch, den entscheidenden Kampf nicht allein zu bestehen.

In der »Bohemia« erwartete mich eine schwere Überraschung. Der Redaktionssekretär empfing mich und zeigte mir zunächst ein Schriftstück von Wieglers Hand. Paul Wiegler hatte damals längst die Bohemia-Redaktion und Prag verlassen; nach kurzem Gastspiel war er in sein heimatliches Berlin zum Ullstein-Verlag zurückgekehrt. Nicht ohne mir — mein verehrter Laforgue-Wiegler, Entdecker des mir so wichtigen Bretonen und sein nahezu kongenialer Übersetzer —, nicht ohne mir ein sonderbares Kuckucks-Ei zurückgelassen zu haben. Es war ein sogenanntes Gedächtnisprotokoll. Unmittelbar nachdem ich mich bei Wiegler über Ehrensteins tatsachenverdrehendes Referat beklagt hatte, war dem im Grunde überlegsam kühlen und für Kuriosa aller Art eingenommenen Zeitungsmann nichts anderes eingefallen, als meine vermutlich ziemlich heftigen Ausfälle gegen den Berliner Skribenten zu den Akten zu nehmen, ja einen Akt Max Brod anzulegen. In dem erschien ich nun wahrscheinlich als junger leidenschaftlicher Ehrgeizling; dem man alles mögliche zutrauen konnte — warum also nicht auch einen anonymen Brief? Bemakelt mit diesem Verdacht hatte ich ins Hauptverhör einzutreten. Wiewohl völlig unschuldig stand ich im Schatten eines einstigen Temperamentsausbruchs, dem ich mich im Vertrauen auf einen wohlwollenden Zuhörer hingegeben hatte, damals durchaus nicht im Bewußtsein, mich vor einer Untersuchungskommission zu befinden. So hatte also mein uneigennütziges Eintreten für Werfel in diesem speziellen Fall nicht nur keinen wohltuenden, sondern im Gegenteil einen mich im ungünstigsten Licht darstellenden Effekt. Und stürmische Gedanken zogen mir wohl damals im Anblick des heimtückischen »Protokolls« durch den Kopf, Gedanken, wie sich das Reine und Gutgedachte auf dieser Welt unter Beihilfe stets vorhandener Mittelsleute sehr leicht in Abscheulichkeiten verwandelt. — Doch damit war die Sache noch nicht zu Ende. Es lag wirklich ein anonymer Drohbrief im Akt, gegen den Redakteur gerichtet, der mir irgend etwas angetan hatte. Im ersten Augenblick atmete ich auf. Meine Schrift war das nicht. Doch im zweiten Augenblick kam mir die Schrift bekannt vor. Zu meinem Entsetzen erkannte ich die Schrift meines Vaters.

»Kennen Sie diese Schrift?« fragte der Sekretär mit geschäftsmäßig maßvoller, aber schrecklicher Stimme.

Ich zögerte keinen Augenblick und log. Obwohl ich sonst die Lüge verabscheue — hier war es eine Notlüge, die mir sofort absolut unerläßlich schien. »Ich habe den Brief nicht geschrieben. Und die Schrift ist mir völlig unbekannt.«

In späteren Jahren erschien mir diese Szene, an die ich noch oft zurückdachte, wie der Hauptauftritt aus einem Kriminal-Drama oder Film: »Dem eigenen Vater auf der Spur.« Der Held forscht nach dem Urheber eines Verbrechens. Im Moment, da er diese Ursache aufdeckt, erkennt er zu seinem Grausen, daß sein Vater der Täter ist. Nie vorher hat er sich einen Argwohn in dieser Richtung gestattet. Vor ihm ist die Wahl: Soll er nun weitergehen oder, gegen seine Pflicht handelnd, die Spur zuschütten?

Ich habe meinen Vater immer sehr geliebt. Er war sanft und bescheiden, immer etwas an die Wand gedrückt von dem wild dahinfegenden Vulkanismus meiner Mutter — durchaus nicht die Vaterfigur aus den Werken von Freud, die »Imago«, vor der man sich fürchtet und die man insgeheim haßt. Mein Vater war ein stiller Gerechter, mit dem ich eher Mitleid hatte, als daß ich irgendwelche noch so entfernte Ödipusgefühle gegen ihn empfunden hätte. Daher vielleicht meine einsame, isolierte Stellung innerhalb der expressionistischen Literatur, die vom Ödipuskomplex des unterdrückten Sohnes lebte. Ich war nie von meinem hochkultivierten, zartfühlenden, vielseitig gebildeten Vater unterdrückt worden, der mir vielmehr, soweit es in seinen Kräften lag, jede mögliche Förderung angedeihen ließ. Ähnlich wie der Vater Hofmannsthals seinem begabten Sohne. Mein Vater war freilich stets sehr zurückhaltend und hat meine tieferen Konflikte, mit denen ich mich damals herumschlug, vielleicht besser verstanden, als ich in jugendlichem Selbstgefühl annahm. Richtig ausgesprochen hat er sich nie mit mir. Er nahm von weitem lebhaften Anteil, den er aber nur registrierend, sich mitfreuend, nicht etwa anregend zum Ausdruck brachte. Seine stille Vornehmheit machte jede intensive Annäherung unmöglich. — Was ihn bewogen hat, in jenem Sonderfall aus seiner Reserve herauszutreten und gegen den verhältnismäßig harmlosen Plagegeist, der mir aus irgendwelchen Gründen mißgünstig war, gleich mit einem hahnebüchenen Schimpfschreiben vorzugehen, ist mir immer ein Rätsel geblieben. Meinem Beleidiger wurden sogar Prügel angedroht. Wenn er nachts heimgehe, solle er sich vorsehen — die gerechte Strafe werde ihn schon erreichen. Nein, der liebe, sanfte Vater — und solch ein Brief, noch dazu anonym!

»Der Brief scheint Sie aber doch ganz besonders zu interessieren«, bemerkte der Redaktionssekretär trocken.

Tatsächlich las ich und las, wurde nicht fertig, endlich stellte ich das Papier zurück. »Es ist nichts. Jemand hat sich einen Spaß erlaubt. Ich habe keine Ahnung, wer das sein kann.«

Damit ging ich. — Innerlich aber konnte ich Tage und Nächte lang mit der Sache nicht fertig werden. Nun also stand etwas zwischen meinem Vater und mir. Ohne es zu wollen, hatte er mich in eine Gefahr gebracht, deren Tragweite er sich nicht überlegt hatte. Es war ganz einfach eine Dummheit. Zum erstenmal fühlte ich mich meinem Vater überlegen. Und das war mir unheimlich. Noch etwas: Ich spürte auch eine Art von unedler Gesinnung in dem fatalen Brief ausgedrückt, und in meiner hochgespannten Denkart demütigte mich dieses Unedle, ohne daß ich vernünftige Gründe dafür hätte angeben können. Am Ende würde ich nun meinen Vater hassen müssen? Also doch »Ödipus«? Der Schmerz über diese Möglichkeit drückte mich vollends zu Boden. Es war die schlimmste Tragödie meiner jungen Jahre. Jedenfalls fand ich nicht die Kraft, dem Vater von der Unterredung in der Redaktion zu erzählen — ihn für die gute Absicht, die er im Übereifer verfolgt hatte, auch noch zu blamieren. So schwieg ich und trug lange ein quälendes Geheimnis mit mir herum. Natürlich sprach ich auch zu keinem anderen über die Sache — nur mit Kafka, der in seiner puritanischen Überstrenge alles so wendete, daß zu meinem Erstaunen für mich doch noch eine Schuld dabei herauskam. Ich hätte mich von Anfang an ruhiger benehmen, mich nicht so laut über die mir zugefügte Beleidigung durch den Redakteur bei meinen Eltern beschweren sollen. »Das ist kein Thema für einen Abendessentisch. Mit den Eltern spricht man nicht von so etwas, was sie ja doch nicht kapieren.« — Kafka war im Gegensatz zu mir eine in sich verschlossene Natur, die niemandem, auch mir bei weitem nicht immer, Einblick in seine Seele gewährte;

ich wußte sehr gut, daß er manchmal Wichtiges zurückhielt. Übrigens geht das gar nicht anders. Das Letzte kann man in gewissen Fällen nicht sagen, selbst wenn man es versucht. Ich versuchte es im allgemeinen allzuoft, ging dabei vielleicht über das Maß hinaus. Und mußte im vorliegenden Fall Kafkas Belehrung einstecken, obwohl mir dabei recht bitter zumute war. Fast wäre aus dem Wiegler-Zwischenfall, wie ich ihn im stillen nannte, auch noch ein kleines Zerwürfnis mit Kafka entstanden; doch lenkten wir kraft der zwischen uns herrschenden Wohlgesinntheit schließlich beide ein und sahen, von dem häßlichen Begegnis unabgeschreckt, mit Fassung der Zukunft entgegen.

Judentum als Problem

Mit den Versen des oben abgedruckten Widmungsgedichtes und einigen sich anschließenden Gesprächen war die Höhe des wechselseitigen Freundschaftsrausches mit Werfel erreicht.
Bald nachher zeigten sich die ersten Lücken und Stockungen. Eine Meinungsverschiedenheit von großem Gewicht, weit ernsthafter als der Verdi-Wagner-Streit, begann sich zwischen uns geltend zu machen. Es war die Zeit, in der sich Werfel christlichen Betrachtungsweisen zuneigte, während mein Weg immer entschiedener der jüdischen Gemeinschaft zustrebte.
Über meine jüdische Entwicklung, in der mein kleiner Roman »Ein tschechisches Dienstmädchen« eine seltsame Rolle gespielt hat, will ich in einem späteren Kapitel berichten. Hier nur leicht angedeutet: drei Punkte, die letzten Endes in mein langes Hin- und Hergerissensein die Entscheidung brachten.
Erstens die armselige ostjüdische Schauspielertruppe, die ich gar nicht in einem richtigen Theater, sondern in dem kleinen »Café Savoy« entdeckt hatte und die mir doch zum erstenmal als wahrer Begriff von jüdischem Volkstum, erschreckend, abstoßend, zugleich magisch anziehend, sternhaft aufgeleuchtet war, in einem Sinn, der für uns beide dann durch Kafkas Enthusiasmus vertieft wurde.
Zweitens (und das schon vorher) die Vorträge Martin Bubers sowie die glühende Erscheinung des Bekennners Nathan Birnbaum, dem

aber die rechte Standfestigkeit fehlte. Auf Buber dagegen konnte man bauen, selbst wenn man in mancher Einzelheit mit ihm nicht übereinstimmte. Richtig schrieb später Hans Kohn in seinem 1930 bei Hegner erschienenen Buch »Martin Buber. Sein Werk und seine Zeit«: »Der Zionismus Herzls, die Sehnsucht nach einem Judenstaat hatten ihre Ursache ausschließlich in den Beziehungen der Juden zu ihrer Umwelt. Buber stellte in seiner ersten Rede über das Judentum die Frage auf eine andere Grundlage: Welchen Sinn hat es, daß wir uns Juden nennen? Was bedeutet es in jedes einzelnen Leben, in dem inneren Recht und Wesen jedes Lebens, daß wir Juden sind? Hier taucht wieder Bubers Grundfrage auf: Was ist die Wirklichkeit des Judentums in jedem einzelnen? Wozu verpflichtet sie uns, nicht in äußerem Zwange, sondern in der Notwendigkeit der Erfüllung unseres inneren Sinnes, die zu werden, die wir sind? Buber hatte schon 1904 die Erkenntnis geäußert, ›daß die wahre Judenfrage eine innere und individuelle ist, nämlich die Stellungnahme eines jeden einzelnen Juden zu der ererbten Wesensbesonderheit, die er in sich vorfindet, zu seinem inneren Judentum, und daß dieses allein das Volk statuiert‹.«

Buber hat seine »Drei Reden über das Judentum« 1909 in Prag im Kreise des Studentenvereins Bar-Kochba gehalten, dem ich als Gast und Opponent angehörte. Sie erschienen als Buch in dem gleichen Jahr wie Werfels Weltfreund (1911). Um sie zu verstehen, mußte man allerdings schon einige Erlebnisse auf jüdischem und politischem Gebiet hinter sich haben. Zu diesen Kenntnissen kam ich (und das ist das *Drittens* in dieser Reihe) durch ein Bild im Wohnzimmer Hugo Bergmanns.

Es geschah in dem hübschen Villenvorort Podbaba, vor den Toren Prags, im lieblichen Scharka-Tal. Dort wohnte mein Freund Hugo Bergmann zur Miete; mit seiner jungen Frau verbrachte er den Sommer in der Nähe seiner Schwiegereltern. Mit ihm hatte ich oft über philosophische Fragen gesprochen, über den mich heftig erregenden Gegensatz zwischen dem Atheismus Schopenhauers und dem völlig rationalen Theismus Brentanos. Brentano beherrschte von seinem Exil Florenz aus die Prager Universität, auch Hugo Bergmann war ein Schüler Brentanos; eigentlich ein Enkelschüler — der in Prag lehrende Schweizer Professor Marty bildete das Zwischenglied, Marty, der Ordinarius für Philosophie an unserer Universität und in seiner allzu klar hervortretenden Primitivität die eigentliche Ursache, daß ich mich nicht gänzlich der Philosophie verschrieben habe. Sein trockenes rechthaberisches Wesen bewirkte, daß ich in meiner Unreife seine zweifellos hervorragende Bedeutung damals nicht erkannte. Ich stieß mich daran, daß er »Schopenhauer und Nietzsche« in einem einzigen unobligaten Kolleg von seinem unbedeutendsten Assistenten behandeln ließ — das Thema, das mir das lebenswichtigste war. — Bei jenem Besuch nun in Podbaba besprachen wir unsere Probleme in unserem engsten Kreis, auf dem Balkon der Villa sitzend. In einer Gesprächspause kam mir der Einfall, mir die Wohnung Bergmanns anzuschauen (der dann später Professor für Philosophie an der Universität Jerusalem wurde und u. a. Kants »Kritik der reinen Vernunft« hebräisch herausgegeben hat). Da bemerkte ich an einer Wand das Bildnis eines schwermütig ernsten Mannes, der doch sehr befehlshaberisch, ja königlich dreinblickte, ein König mit assyrischem Vollbart, ein Halbgott, doch modern gekleidet. »Wer ist das?« »Theodor Herzl.« »Und wer ist Theodor Herzl?« »Der Begründer des Zionismus.« »Ich habe das Wort schon gehört, verstehe es aber nicht.«

Jahrelang verkehrte ich schon, diskutierte ich schon über die wesentlichsten philosophischen Probleme mit Bergmann; aber ins eigentliche Heiligtum seiner Seele, den Zionismus, hatte er mich noch nicht eingeführt. Er war kein Propagandist. Gerade diese außerordentliche Zurückhaltung gewann mich.

Ich lieh mir von ihm Bücher jüdischen Inhalts aus, darunter auch Herzls formal ziemlich mittelmäßigen Roman »Alt-Neuland«, aus dem aber dennoch eine hochsinnige und umwälzende Denkart sprach, ein Neubeginn jüdischen Bewußtwerdens. Konzentration, Heimat als Postulate — genauso wie bei anderen normalen, glücklicheren Völkern. Eigentlich nichts als das, was die Natur befiehlt. Dazu trat nun bald Bubers Hinweis auf das besondere religiöse Wesen des Judentums, das er »Verwirklichung« nannte, im Gegensatz zur rein verstandesmäßig praktischen »Orientierung«. Bald nachher las ich unter Assistenz Bergmanns die Schriften von Achad-Haam, der in Palästina eine Elite von Juden zusammenbringen, kein politisches, sondern ein geistiges Zentrum gründen wollte, also Herzls Gegenspieler war. Neue Fragen überfluteten mich. Das schon Gewonnene wurde in Zweifel gestellt. Es waren Leiden des theoretischen Erkennens, die durch alle Nerven schnitten. Noch eines blieb von nun an für alle Zeiten sicher: Von den drei Völkern, die in Prag wohnten — Deutsche, Tschechen, Juden —, war es das drittgenannte, zu dem ich gehörte. Das wußte ich nun mit allen meinen Sinnen. In diesem Punkte hatten mich das Bildnis und die Gespräche, die sich anschlossen, entschieden belehrt.

Die Sache war freilich komplizierter, als ich anfangs geahnt hatte: Unter den Juden gab es solche, die sich als Angehörige des deutschen Volkes fühlten und die dafür die gewichtigsten Argumente anzuführen wußten — dann andere, die mit sehr ähnlichen Beweisgründen für den Satz kämpften, daß sie zur tschechischen Nation gehörten — und schließlich Juden, die sich einfach und ohne Ziererei zum Judentum bekannten. Diese »jüdischen Juden« waren anfangs eine geringe Minorität; es ging das Witzwort um: Wenn in einem bestimmten Café die Zimmerdecke einstürzt, dann ist der ganze Prager Zionismus untergegangen. So klein war anfangs die Zahl der Getreuen. Das hatte wohl für eine Periode gegolten, die noch vor meiner Zeit lag. Ich erlebte es mit, wie die zionistische Bewegung wuchs und in Prag allmählich eines ihrer Zentren ausbildete. Der Grund für diese Merkwürdigkeit ist wohl darin zu suchen, daß sich in Prag, der Stadt, in der zwei Sprachen gesprochen wurden, Deutsch und Tschechisch, in der zwei Volkstümer in offenem Wettbewerb miteinander lagen, die Fragwürdigkeit der Assimilation jüdischer Eigenart an die Umgebung leichter aufdrängte als in einem einsprachigen Milieu. Dazu aber kam als fester Tatbestand etwas sehr Eigentümliches, Seltenes: das Faktum, daß sich als Anreger und Hauptorganisatoren der zionistischen Strömung junge Männer von einer einzigartigen Reinheit des Charakters und von intensivster Geistigkeit zusammengefunden hatten, eine Gruppe von leuchtender Vorbildlichkeit, wie ich sie in meinem weiteren Leben nie wieder angetroffen habe — nur eben im Prag jener stürmischen und erwartungsvollen Jahre. Der Studentenverein Bar-Kochba war die Kristallisationsmitte. Es traten auf (ohne Vollständigkeit anzustreben, führe ich einige an): Hugo Bergmann; Viktor Kellner; Hans Kohn (jetzt Professor in New York und angesehener Verfasser soziologischer Werke); Robert Weltsch; der höchst eigenwüchsige, ja eigenbrötlerische Theoretiker Oskar Epstein, der alles, nur keine Theorie wollte; Hugo und Leo Hermann; Siegmund Kaznelson; Viktor Mathias Freud, dessen Lebens- und Sterbegang ich in meinem Roman »Beinahe ein Vorzugsschüler« (mitsamt der ganzen gärenden Periode) zu schildern versucht habe, nicht ohne von mancherlei dichterischer Lizenz Gebrauch zu machen. Und noch andere Beispielträger gleichen Schlages tauchten damals vor meinen begeisterten Blicken auf, beinahe alle gleichzeitig — es war wie ein Wunder.

Was wollten wir? Was wollte ich inmitten dieses Kreises? — Es war unsere Überzeugung, daß es mit Welt und Menschheit schlecht stehe, daß alles dem Untergang zueile, wenn es nicht gelänge, eine Mauer vor dem Nichts zu errichten, vor dem schwarzen Nichts, auf das alles zustrebt. Man hörte für diese Abwehrmauer, diesen letzten Schutz verschiedene Namen: neue Herzen, reinere Seelen, eine Erneuerung des Glaubens, Aufhören der Ausbeutung einer Volksschicht durch die andere. Viele unter uns waren Sozialisten. Andere übten Buße und Umkehr in einsamen Zonen. Doch was uns alle einte, war die Überzeugung, daß unsere Arbeit durch persönliche Opfer und Taten, durch ein von Grund auf verändertes Leben jedes einzelnen geschehen müsse. Nicht durch Leitartikel, nicht durch Agitationsreden, sondern in stillem Bemühen, im engsten Kreise des Volkes. Also in erster Linie auf eine Versittlichung der erniedrigten, gelästerten, durch die Diaspora auch in der Tat vielfach verderbten jüdischen Gemeinschaft hinzielend — und daher auch universal-sittlich in der Tendenz, *der ganzen Menschheit* zum Heile gereichend, eine echte Brüderschaft, die zwischen den entsühnten Völkern zu stiften war. — Der jüdische Staat, den wir »drüben«, in Palästina, vorbereiteten, sollte auf Gerechtigkeit und selbstloser Liebe jedes einzelnen zu jedem einzelnen begründet sein und selbstverständlich unseren nächsten Nachbarn, den Arabern, Freundschaft und Hilfe bringen, Rettung aus ihrer demütigenden materiellen Not. — Die Antwort der Welt auf dieses fleckenlos lautere und ernste Programm, das nichts mit dem durchschnitthaft üblichen, gruppenegoistischen Nationalismus zu tun hatte und für das die Besten unter uns (in Prag wie anderwärts) ihre äußersten Anstrengungen, ihr Herzblut gaben, die Antwort war: zwei Weltkriege und wohldurchdachte Vorbereitungen für den dritten und letzten, ferner der Haß der Araber.

Wir waren nicht etwa schwärmerische Idealisten — ein Ausdruck, der heute etwa soviel wie ein Bählamm, einen Dummkopf bedeutet, damals allerdings noch nicht so entwertet war, dennoch aber mit einiger Skepsis betrachtet wurde. Wir waren Realisten, so fern aller Illusion wie nur möglich. Kaznelson hat in Debatten, später in einer Schrift »Idee und Organisation« (unter dem Pseudonym

Albrecht Hellmann) auf die schmerzliche Notwendigkeit hingewiesen: Jede große Idee bedarf zu ihrer Verwirklichung (und auf »Verwirklichung«, »Realisierung« kam ja nach Buber *alles* an) einer Organisation — aber die sehr irdisch verankerte Organisation zog die Idee herab, entstellte, verunreinigte das Gute.

Diese Gefahr sehen, ihr offenen Auges entgegentreten, entgegenwirken, die nötigen Korrekturen an der materiellen Organisation, am Staat, immer wieder rechtzeitig vornehmen: Gerade darin bestand die große, schwere Aufgabe.

Der jüdische Staat sollte all das beachten und vermeiden, was Werfel, in einem anderen Zusammenhang, mit einer seiner genialen Formulierungen den »Mißlungenheitskoeffizienten der Welt« nannte — er sollte um die Gefahr der Verwirklichung wissen und trotzdem ein Musterstaat sein.

Für mich persönlich ergab sich aus der Revolutionierung, die ich damals durchmachte, zweierlei: Mein Verhältnis zum Deutschtum definierte ich als Kulturverbundenheit, denn aufs vertraulichste und entschiedenste war ich in deutscher Kultur erzogen worden, das bedeutete aber von nun an nicht mehr, daß ich mit dem deutschen Volk in eins zu verschmelzen hoffen durfte. Schmerzlicher Abschied, der mich durchtobte. Namentlich als eine Diskussion in der Zeitschrift »Der Kunstwart« mir Klarheit gebracht hatte. Es konnte Freundschaft mit dem deutschen Volk geben, Dankbarkeit für die von deutschen Genies geschaffenen geistigen Werte, etwas, was ich (in viel späterer Zeit) als »Distanzliebe« bezeichnete — mit diesem dialektischen, in sich Widerspruch und fruchtbare Spannung bergenden Terminus meinte ich, daß ich das Deutschtum, das deutsche Wesen liebte, doch mir zugleich einer gewissen Distanz von ihm bewußt war, die mir beispielsweise verbot, fessellos scharfzüngige Kritik in der Art Tucholskys zu üben. Meine Kritik mußte von zurückhaltenderer, ernsthafterer Art sein. Diese meine diffizile, nach Kräften konsequent festgehaltene Einstellung hat mir sehr viel Feindschaft zugezogen, und zwar von deutscher wie von jüdischer Seite (worüber ich hier nicht ausführlicher werden will, obwohl — oder weil — diese Feindschaften mich in gewissen Perioden meiner Arbeit nahezu erdrückt haben). Ich blieb bei meiner Überzeugung, daß die Distanzen und Unterschiede der Völker, wenn sie an der Oberfläche unserer menschlichen Beziehungen nur recht offen und klar ausgesprochen würden, eine desto innigere menschliche Gemeinschaft im Kern, in den allerwesentlichsten Zusammenhängen stiften würden. Diese neue Art dialektischen Zusammenhangs nannte ich eben Distanzliebe; ihr erhofftes Endresultat sollte ein alle Menschen umfassender Bund sein, der die Verschiedenheit der Völker nicht verschleiern, aber in verstehender Liebe überbrücken sollte und den ich »Nationalhumanismus« nannte.

Auch hier gab die Welt ihre Antwort: Es kam der »Nationalsozialismus«, Orgien des hassenden, statt des bescheiden verehrenden und liebenden Nationalismus der Distanz.

Ein weiteres Ergebnis der Umwälzung, die ich erlitt: Ich reifte langsam zur freien Willensentscheidung, zum tätigen Leben, wie ich es dann später in meinem Roman »Tycho Brahes Weg zu Gott« (nicht theoretisch, sondern im konkreten Beispiel) dargestellt habe. Die Überwindung der Schwere Schopenhauers durch Laforgues tänzelnden Spott war doch nur eine Zwischeninstanz gewesen (wodurch natürlich die bleibenden dichterischen Werte des Lyrikers und lyrischen Erzählers Laforgue nicht etwa in Frage gestellt wurden). Das »Operettenhafte« als Weltanschauung — ein Notbehelf, ein etwas krampfhafter Rettungsversuch, ein vorübergehendes Heilmittel gegen die Jugendschwermut, von der ich ausgegangen war; doch kein definitiver Ausweg. Jetzt aber wußte ich eine Aufgabe, der ich zu dienen hatte. Und von da ab bis heute habe ich meine Grundeinstellung eigentlich nicht mehr wesentlich ändern müssen. Ich konnte daran festhalten, daß es der beste Dienst an der Menschheit ist, wenn man in aller Demut zunächst an der Vervollkommnung des eigenen Volkes arbeitet, ohne dabei sein eigenes Ich, die Strenge gegen das zu vervollkommnende Individuum zu vernachlässigen und ohne einem anderen Volkstum auch nur im geringsten Abbruch tun zu wollen. Im Gegenteil: Die Ehrfurcht vor dem eigenen Volkstum muß auch Ehrfurcht vor jedem fremden Volkstum hervorrufen; man müht sich (mit wechselndem Erfolg), es zu verstehen. Man beginnt, jedes Ich, jeden Stand und jede Klasse, jede Gemeinschaft zu achten und zu lieben, sofern sie nicht räuberisch, nicht ausbeuterisch in Erscheinung treten, also Abwehr auf den Plan rufen. — Ich kam (nach vielen Rückfällen) zu Ergebnissen, die ich nach einer Reihe von Jahren am umfassendsten und deutlichsten in Tolstois »Auferstehung« ausgedrückt fand, wo er sagt: »Dasjenige, was durch unser Leben erfüllt wird, das ganze Werk, sein ganzer Sinn ist mir unverständlich und kann mir gar nicht verständlich sein.

Und meine Verrücktheit und mein ganzes folgendes ausschweifendes Leben? Alles das zu begreifen, das ganze Werk des Herrn zu verstehen, liegt nicht in meiner Macht. Aber seinen Willen tun, der in meinem Gewissen geschrieben steht — das liegt in meiner Macht, das weiß ich gewiß. Wenn ich seinen Willen tue, dann bin ich unzweifelhaft ruhig.«

Es ist das gleiche, was der Prophet Micha in den Worten ausspricht: »Gesagt hat man's dir, Mensch, was gut ist. Und was fordert Gott von dir sonst, als Gerechtigkeit üben, Gnade lieben und demütig wandeln mit deinem Gotte.«

Gewiß ist das nur ganz im allgemeinen umrissen, kann gar nicht anders als im allgemeinen angedeutet werden. Welche einzelne Maßnahme in jeder speziellen Situation getroffen werden muß, um der Unterdrückung eines Volkes durch ein anderes — und eines Teils des Volkes durch einen anderen Teil vorzubeugen, um, kurz und gut, jegliches Unrecht zu verhindern — das ist in jedem einzelnen Fall Sache des Gewissens und der freien Willensentschließung. Die Freiheit der menschlichen Tat, dem Gewissen gemäß, in das keine verfälschende Stimme eindringt, diese Freiheit ist das Fundament jeder humanistischen Kultur.

Hugo Bergmann und Oskar Epstein, meine beiden neuen Lehrmeister, waren sehr streng. Buber war etwas konzilianter, gab mehr Offenheiten des Weges. Doch die beiden schieden scharf zwischen einem nur formalen Nationalismus, der sich in Propaganda, im Vereinsleben genugtat, und einem wesenhaften, der einen neuen Menschen des Geistes bilden wollte, das ganze Sein des Individuums, auch seine privatesten Beziehungen, seine Sexualität, seine seelischen Dispositionen mitumfaßte. All das, was nicht den ganzen Menschen und seine wirklichste Wirklichkeit ergriff, wurde als »zu billig«, als Phrasenhaftigkeit, als »Papier« abgelehnt.

Ich kann nicht sagen, daß diese Philosophie mich glücklich machte. Dazu gab es zu viel der abzustellenden Übel. Vor allem im engsten Kreis, im Judentum. So vieles sollte und mußte verbessert werden. Und ich selbst war der elendste, Verbesserung am dringendsten benötigende Kern. Alles in mir wurde umgepflügt, auf den Kopf gestellt. — Aber nun hatte ich doch ein Ziel, hatte zu tun. Hatte nur selten Zeit, über das Gesamt-Unglück des Daseins nachzudenken; vor allem in den ersten Jahren nicht, da ich recht eifrig damit beschäftigt war, einzelne Änderungen in der Umwelt anzustreben, in der Gemeinschaft (z. B. in Erziehungs- und Kulturfragen) tätig zu sein, soweit meine äußerst schwachen Kräfte reichten. Alles sollte zu einem Ziel, einem in jeder Hinsicht neuen ganzheitlichen Dasein bewegt werden. Es bedurfte einer langen und schweren Besinnung, um allmählich in mir ein gewisses Gleichgewicht zwischen altruistisch-aktiv wirkenden und kontemplativen Neigungen herzustellen. Anfangs wollte das gar nicht gelingen. In der ersten Begeisterung hätte ich mich am liebsten für das Gedeihen guter Werke, für Werke der Nächstenliebe hingeopfert. Es schien mir absolut dringend. Auf mich selbst kam es gar nicht an. Die große Sache sollte geschehen. Das Goethesche Weisheitswort »Was machst du an der Welt, sie ist schon gemacht« lag damals weit außerhalb meiner Sicht. Und auch heute lasse ich es nur bedingt gelten.

Mit diesen meinen Ansichten (die mehr als bloße Meinung waren: nämlich zwingende, mich selbst bezwingende Forderungen, die an mich gleichsam ohne meinen Willen wie riesige Ahnenfiguren herantraten), mit all diesem höchst beschwerlichen Apparat konnte ich bei Werfel nicht durchdringen. Er hatte sich damals ganz anderen Stimmungen und Kümmernissen ergeben; und das war es recht eigentlich, was die Mißverständnisse zwischen uns herbeiführte und für lange Jahre unheilbar machte. Ihm schien es natürlich, daß alles auf Erden unglücklich und verfehlt zuging. Es hatte keinen Sinn, hiegegen einen Finger zu rühren. Sich so zu betätigen, hieß ihm: kleinlich sein, dem Utilitarismus huldigen, auch dann, wenn dies gleichsam unter der Maske des Altruismus geschah. Seine Leitidee war, daß ein Zustand dauernden Leidens und unabwendbaren Sündigens (Erbsünde) dem Menschen angemessen sei — dies trotz des »Weltfreunds«, der einen anderen, zu guter Hilfe gern und froh bereiten Kameraden gezeigt hatte. Erst nach dem Krieg, in einer langen Zeit, in der ich ihn nicht gesehen hatte, wahrscheinlich unter dem beruhigenden Einfluß von Alma Mahler, veränderte sich Werfel, ging im »Gerichtstag« seiner Debilität und Mittelpunktslosigkeit tapfer und rauh zu Leibe; da standen wir einander wohl wieder näher, aber seine Haltung hatte sich inzwischen dogmatisch-christlich umstellt und war mir unzugänglicher als je.

Ich neigte damals einer Auffassung zu, für die es viele Ausdrucksformen gab, die aber alle darauf hinausliefen, die in alle Winde zerstreute Judenheit (zumindest großenteils) in einem einzigen Lande zu sammeln, den Heimatlosen die alte Heimat, Arbeitsberuf und Erde, den Nährboden ihrer Geistigkeit wiederzugeben und auf diese Art viele Unzulänglichkeiten und Gebresten unseres Volkstums zu heilen, die sich infolge der Jahrtausende währenden Entwurzelung und Naturferne bei uns eingeschlichen hatten und den ursprünglich großartigen Charakter der jüdischen Lebensform und jüdischen Dichtung (siehe Herders Studie »Vom Geist der hebräischen Poesie«) verdunkelten. Eine solche Renaissance des Judentums würde auch für die gesamte Menschheit Früchte tragen. Wenige Jahre später schrieb Buber in seiner Zeitschrift »Der Jude« eine scharfe Polemik gegen den Neu-Kantianer Hermann Cohen, in der es u. a. mit einer besonders treffenden Herausarbeitung dieser uns allen gemeinsamen Grundüberzeugung hieß: »Wir wollen Palästina nicht ›für die Juden‹: wir wollen es für die Menschheit, denn wir wollen es für die Verwirklichung des Judentums. Damit das Judentum verwirklicht werde, d. h. damit es seinen Dienst an der Menschheit wahrhaft vollziehen könne, muß es seine Kraft in Palästina einsammeln und fruchtbar machen. Die Menschheit braucht das Judentum, aber dieses zersprengte, zerrissene, haltlose hier kann ihr nicht geben, was sie von ihm braucht, sondern erst ein im eigenen Lande regeneriertes.«

Man kann sich nun etwa ausmalen, in welchen Schmerz mich Werfels Entwicklung versetzte, der in den Jahren zwischen dem Erscheinen des »Weltfreunds« und dem Kriegsausbruch 1914 immer klarer den Standpunkt einnahm, daß die Welt verderbt und hoffnungslos verloren sei, daß es keinen Sinn habe, Rettungsversuche für einen mehr oder minder begrenzten Teil der Menschheit zu unternehmen, da das Ganze des Weltlaufs ja doch heillos ins Nichts renne. Rettung liege nur im Glauben. Sola fide justificamur. Von den »guten Werken« hielt Werfel damals, nach Überwindung seiner weltfreundlichen Anfänge nicht viel. Er war, wohl ohne sich davon Rechenschaft zu geben, zunächst mehr Protestant als Katholik — oder doch mehr Anhänger des unerbittlichen Augustinus als des umfassend milden Thomas von Aquino; dessen Satz, daß das Reich der Gnade das irdische Reich der Natur nicht aufhebt, nicht zerstört, sondern vervollkommnet, ich erst viel später würdigen und lieben gelernt habe (gratia naturam non tollit, sed perficit). Jedenfalls tendierte Werfel zu christlichen Lehren vom Unheil der Welt und vom Heil des isolierten Einzelmenschen, den auch wieder nur der Glaube aus seiner Einsamkeit erlösen könne. Es war, so erschien es mir damals, eine totale Hoffnungslosigkeit, ohne die Verpflichtung, im Kampf gegen das Böse in der Welt (das nach Werfel ohnehin nicht zu überwinden war) mit einzugreifen — ein prunkvoller Ästhetizismus der Hoffnungslosigkeit, weit weg von einer herzhaft anzufassenden Tat für das gemeine Wohl. All dies, was mir so entschieden gegen den Strich ging, sang Werfel in betörenden Hymnen, die mich immer aufs neue bezauberten.

> Flucht ist mir nicht gegeben.
> Wohin ich mich wende, Leben!
> So will ich mich denn verweben
> Ins Ewige, ins Allein!
> Auf dieser Erde eben
> Sitzen und sein und schrein!

Ich war (oder wurde) ein Gegner des »schreienden« Expressionismus, gegen den ich mich in einem programmatischen Gedicht: »Ihr plakatiert euer Güte-Plakat«, wandte. In diesem damals viel nachgedruckten Gedicht, das ich später in meine Gedichtsammlung »Buch der Liebe« aufgenommen habe, hieß es u. a.

> Wäre nur eure Unterschrift nicht so giftgrün, —
> Gern glaubt' ich euch! In euren Augenwinkeln
> Wär' eigensüchtig nicht dies Lächeln und Verblühn!

> Ihr kennt nicht den Sonnenaufgang in des Nebenmenschen Aug,
> Wenn man spricht, wonach ihn verlangt, tut, was er will.
> Ihr sprecht nur immer selbst, winket den andern: Still!

> Ihr versteht nicht zuzuhören. Zu verstehn versteht ihr nicht.
> Wart ihr je zu zweit? Zu zweit, wenn man nicht mehr spricht,
> Wie Sonne und Mond zu zweit — zu zweit wie Mann und Weib —

> Zu zweit wie du und ich. Kein Gott gibt mehr. Zu zweit
> Tönt die Welt und krönt der Himmel höchsten Palast —
> Und zu zweit ist so tief innen, daß man es kaum erfaßt.

Dieses ideologische Stellungnehmen gegen Werfel und den Expressionismus verminderte aber keineswegs meine objektive Bewunderung seiner Kunst und meine persönliche Liebe zu ihm. Ich habe ähnliche personale Differenzierungen in der geistigen Welt, die mir die Seele zerrissen, nachher noch öfter erlebt. Es muß wohl etwas in mir und in meinem Schicksal liegen, was immer wieder Konstellationen herbeiführt, die mich von meinen Freunden trennen und uns in entgegengesetzte Weltgegenden entführen — Konstellationen, in denen es auf ähnlich schmerzliche Art wie im Falle Werfel zu Bruch und Abschied kommt. Die Neigung sagt weiterhin jaja — aber die Überzeugungen trennen. In manchen Fällen (wie bei Werfel) kommt es später wieder zu Annäherung, zu wenigstens teilweisem Übereinstimmen oder zur Toleranz, wie sie gereifteren Jahren ansteht. In anderen Fällen geht die anfangs so schöne Beziehung ohne meinen Willen, ja gegen meinen innigsten Wunsch in tödliche Kälte über.

Den Höhepunkt erreichte mein Gedankenkampf mit Werfel, als ich in Bubers Zeitschrift »Der Jude« den Essay »Unsere Literaten und die Gemeinschaft« veröffentlichte (1916). Bald nachher schrieb Werfel seine »Christliche Sendung« (»Neue Rundschau« 1917), und ich antwortete wieder im »Juden«, in einem der letzten Hefte des 1. Jahrgangs (»Franz Werfels christliche Sendung«).

Doch vorher gab es die eigentlichen, die ganz persönlich beschwörenden, drängenden Debatten, die Nachtspaziergänge über die Kleinseite zur Königsburg Hradschin. Es gab daneben auch einiges leichtere Geplänkel, das mir heute recht kindisch erscheint. Während der Zionismus zu seinen leitenden Sätzen zählte, daß die Judenheit oder doch ein beträchtlicher Teil von ihr sich in Palästina konzentrieren sollte, um im Laufe einiger Generationen Ansätze zu einer eigenwüchsigen Kultur hervorzubringen und die alte Gottesidee der Gerechtigkeit zu erneuern, erschien im Kreise Werfels ein Druckschriftchen, das verlangte, man müsse die Juden weit mehr als bislang in alle Länder der Erde zerstreuen. Denn es gebe einen gewissen Sättigungsgrad, einen Prozentsatz der jüdischen Minorität, von dem ab der Antisemitismus der Majorität sich geltend mache. Um das Auftreten des Antisemitismus zu verhindern, müsse also überall der Prozentsatz des jüdischen Anteils der Bevölkerung unter eine bestimmte, noch genauer zu errechnende Ziffer hinabgedrückt werden. Verfasser dieses Projekts war der überaus kluge Ernst Popper. — Diese Thesen widersprachen so flagrant allen beobachteten Tatsachen, daß ich heute den Eifer gar nicht mehr begreife, mit dem wir die neue Soziologie unseres Volkes bekämpften. Erbitternd wirkte wohl die rationale Nüchternheit, mit der hier nicht die sittliche und kulturelle Hebung des seelischen Niveaus, die Verinnerlichung des halb schon darniederliegenden, dekadenten Judentums, sondern trickartig eine Art von melancholischer Rettung vereinzelter Individuen in den Blick genommen wurde.

Wir sahen des Übels Wurzel in der »Zerstreuung unter den Völkern«. Jene aber wollten die Zerstreuung noch steigern.

Ich erinnere mich, daß manche meiner Auseinandersetzungen mit Werfel eine unnötige Schärfe annahm, da er gleichsam als »Gegenwartsaufgabe« den Popperschen Vorschlag der Unsichtbarwerdung des Judentums, sei es auch nur versuchsweise, akzeptierte. Für die weitere Zukunft hatte er für unsere Stammesgenossen den Übergang zum Christentum in Aussicht genommen . . . (ähnlich wie heute Pasternak in »Dr. Schiwago«).

Zum Ausbruch kam der schwelende Konflikt durch die Affäre Karl Kraus, die (meiner Erinnerung nach) ungefähr zu gleicher Zeit ihre Fledermausflügel auszuspannen begann. Die Nummern der »Fackel«, in der die Dokumente dieses Zerwürfnisses da und dort (nicht eben häufig) auftauchen, sind mir nicht zur Hand, und es widerstrebt mir, in alten Jahrgängen dieser zwar in vielen Punkten wichtigen, oft sehr witzigen, oft auch nützlichen, im ganzen aber doch ziemlich unsympathisch egozentrischen Zeitschrift herumzusuchen. Einige Nummern der »Fackel« besitze ich und werde sie zitieren; im übrigen berichte ich aus dem Gedächtnis, das mich vielleicht in Einzelheiten, nicht aber in der Hauptsache im Stiche lassen kann. — Wie hatte es begonnen? Im Anfang war ich ein Verehrer von Kraus; seinem Kampf gegen einige heuchlerische Erscheinungen der halbzivilisierten Umwelt, gegen forensische Mißstände, gegen Korruption, gegen Dummheit und Käuflichkeit, gegen die Kommerzialisierung des öffentlichen Lebens, seiner Stellung gegen den übergeschäftigen Journalismus, seinem Pazifismus (»Die letzten Tage der Menschheit« sind ein großartiger Protest gegen den Krieg) habe ich bis heute die Treue gewahrt. Ich besitze einen Brief von ihm (3. Juli 1907), in dem er mir seinen besten Dank ausspricht »für die freundliche Absicht, in der Sie mir Ihr Buch dedicierten«. Ich schließe daraus, daß es einmal auch eine zwar laue, aber doch nicht unfreundliche, zumindest höfliche Beziehung zwischen uns gegeben hat. Persönlich kennengelernt habe ich Kraus nie, habe dies auch nie gewünscht und gemeinsamen Bekannten, z. B. Peter Altenberg, die ein Zusammentreffen vermitteln wollten, stets abgesagt. Denn damals, als diese Angebote erfolgten, hatte ich bereits eine umfassende Kenntnis des von Kraus Veröffentlichten, wußte also schon, daß er manche Gestalt, die mir besonders teuer war, in seiner gehässigen Art anzuschwärzen versucht hatte. Auch von seiner berühmten Vortragskunst kann ich persönlich nichts Rühmliches berichten. Ich habe eine einzige seiner Lesungen gehört; und da habe ich wohl eben Pech gehabt, denn während so viele von seiner rezitierenden Muse schwärmen, bin ich vielleicht zufällig auf eine Darbietung gestoßen, die ihn nicht von der vorteilhaftesten Seite zeigte. Sie war, um es mit nüchternen Worten zu sagen, schlechthin scheußlich. Es handelte sich um den Vortrag einer Offenbach-Operette; und da ich Offenbachs leichtsinnige und dämonische Welt immer fanatisch geliebt und im Himmel meiner Sterne (trotz Wagner) beheimatet gewußt habe, ging ich hin. Kraus las und »sang« aus dem fröhlichen »Pariser Leben«. Ich sah ein ältliches welkes Männlein, das sich vergebens bemühte, üppig mühelose Champagnerstimmung zu erzeugen. »Ich stürz' mich in den Strudel, Strudel 'rein — ich stürz' mich in den Strudel, Strudel 'rein — und Metella soll die Losung sein.« So »sang« Kraus und lächelte angestrengt, es war ihm aber kein Wort der dionysischen Frohlaune zu glauben. Die Stimme klang klapprig und hohl, quasi zahnlos, jedenfalls gar nicht heiter. — Ich ging also traurig heim und tröstete mich damit, daß mein Begleiter unaufhörlich eine Nestroy-Lesung von Kraus lobte. Diese selbst aber anzuhören, fehlte mir der Mut.

Karl Kraus hatte einen Hauptfehler: Seine Waffe des rücksichtslosen Spottes richtete er wohl oft gegen Verfallserscheinungen, die Bekämpfung verdienten; aber oft auch gegen das Edle und Vorzügliche. So hat er (ich ziehe hier auch seine späteren Publikationen mit in Betracht) nicht nur Hans Müller oder die knieweichen Wiener Operetten mit Recht vermöbelt, sondern leider auch Herzl, Heine, Freud, Hermann Bahr, Werfel, Stefan George, Hofmannsthal angefallen, die bedeutendsten Autoren und Wegweiser neben dem Schund satirisiert — und in einer Skizze »Burgtheater« (31. Dezember 1907) schreibt er: »Die Persönlichkeit jenes Stils, der aus dem Mangel an Persönlichkeit geschaffen wurde, ist Herr Kainz.« Wie treffend! Und wie originell und beweisend ist das Mittel, das Kraus so gern benützt, um jemanden lächerlich zu machen: Er setzt einem berühmten Namen einfach das Wort »Herr« oder auch den bestimmten Artikel »der«, »die« vor — und der oder die Betreffende ist sofort eine komische Figur, ist offenkundig vollständig vernichtet. »Wo Herr Kainz mit seiner tüpfelnden Humorlosigkeit die ganze

Figur in der steifleinenen Vermummung der einen Szene spielt«, heißt es denn auch weiter in der kleinen Glosse, die von der Urteilsfähigkeit dieses Kunstrichters ein klares Bild gibt. Humorlosigkeit? Man braucht nur Kainz als Küchenjungen Leon in Erinnerung zu haben! Die schwerkalibrigen Einwände gegen Kraus, z. B. wegen seiner würdelosen Attacken gegen Herzl, Heine etc., braucht man gar nicht zu erwähnen.

Der große Polemiker. Die bewegte Zeit bis in die Anfänge des Ersten Weltkrieges

Als Karl Kraus einmal gegen Kerr einiges Häßliche vorbrachte (es war noch lange vor der Epoche von Kerrs Kriegsgedichten, die dann meine Freude an Kerr bedenklich trübten), trat ich recht unbesonnen in die Schranken und fing den Kampf an. Ich forderte einen der schärfsten Polemiker der Zeit heraus, dem übrigens ein eigenes Blatt zur Verfügung stand. Ich stritt ihm das Recht ab, den einfallsreichen und lebensvollen Kerr zu beleidigen, dem mein jugendlicher Überschwang galt. Ich hatte nicht bedacht, daß mir im ganzen Polemisches nicht lag, daß ich eher mein Augenmerk auf das Bejahenswerte richtete. Die Bekämpfung der Mißstände gehörte allerdings auch in mein Programm, und in Krisenzeiten bin ich immer wieder in die Arena getreten. Es ist aber meine Überzeugung geblieben, daß der, der liebt, mehr sieht und Richtigeres sieht als der, der haßt.
Was ich an Kerr schätzte und weiterhin zuhöchst schätze, sind seine Landschaftsbilder. Weniger seine Kritiken, durch die er einst soviel von sich reden gemacht hat. In den Kritiken fällt er fast so viele Fehlurteile wie Karl Kraus. Das haben die beiden Todfeinde miteinander gemein. Liest man heute Kerrs Kritiken, so staunt man, was für ein Unsinn einmal über Hofmannsthal, Werfel, Thomas Mann gedruckt werden konnte und wie unrichtig beispielsweise die späteren Dramen Gerhart Hauptmanns als unvollendet, als zu rasch fertig gemacht abgetan werden, mit ermüdender Eintönigkeit eins nach dem anderen als ein »Film, der nicht herausgekommen ist«, klassifiziert sind. Sogar unsterbliche Meisterwerke wie »Michael Kramer«, »Die Ratten«, »Rose Bernd«, »Gabriel Schillings Flucht«

fallen unter diese Nomenklatur Kerrs. Ein Armutszeugnis! Doch dem Peinlichen, das den makellosen »Ewigkeitszug« Hauptmanns in manchen Höhenwerken verkennt, stehen die Kritiken gegenüber, die mit wahrer Hingabe an diesen Genius geschrieben sind: die Würdigungen von »Florian Geyer«, von »Fuhrmann Henschel«. Dann auch die Erkenntnisse, die aus der sorgfältigen, noch nicht sensationell zurechtgemachten Betrachtung Ibsens und Hebbels gezogen sind. Und nun die besonders schönen Digressionen: eine klarsinnige Nachzeichnung en miniature von Flauberts »Education sentimentale«, die Veduten: Venedig, Ägypten, Nordsee, Jerusalem, Schilderung von possierlichen Tieren, von Jagden. Das war der Kerr, den ich verehrte. Und bis heute ist mir der Eindruck geblieben (und durch häufiges Wiederlesen aufgefrischt worden), daß das zweibändige Werk »Verweile doch, du bist so schön« mit seinen bunten bayrischen, fränkischen, norddeutschen Städte- und Dorfbildern (nebst ergänzender Beschreibung ihrer eßbaren und alkoholischen Spezialitäten), ferner mit den Seiten, die der Erinnerung an seine frühverstorbene bauernkluge Frau gewidmet sind, zu den schönsten Büchern deutscher Sprache gehört. Dieses Meisterbuch war freilich damals noch nicht geschrieben. Aber es gab schon Landschaftsepisoden inmitten der Kritiken und erzählende Stellen, aus denen man den eigentlichen dichterischen Kern des Gesamtwerks erschließen konnte. Jedenfalls wußte ich mit aller Kraft meines Herzens, daß man einen Autor vom Range Kerrs nicht so verachtungsvoll von oben herab behandeln durfte, wie Kraus es tat. Man hat heute Kerrs Kritiken neu erscheinen lassen; viel wichtiger wäre aber eine Neuausgabe seiner Reiseabenteuer, seines Blicks in Alpen und Meere, seiner stillen und oft ziemlich gefräßigen Humorstunden, kurz: des erwähnten Zweibändewerks, das übrigens mit dem weniger treffenden Obertitel »Die Welt im Licht« heißt. Parallele zu »Die Welt im Drama« — etwas zu künstlich. Aber für ein dralles Prosastück wie »O schöne Schleswig« bin ich bereit, eine kleine Bibliothek wegzugeben.

Ich lernte Kerr auch persönlich kennen, wie oben erwähnt, besuchte ihn in seiner Grunewaldvilla. Der berühmte Kater und der abgerichtete oder auch schon ausgestopfte Seehund wurden mir vorgestellt. Lebemännisches wurde diskret angedeutet. Ich war von Kerrs Freundlichkeit, seinem heiteren Wesen, seinem weltanschaulichen Ernst, der in Witzen versprühte, herzlich entzückt. Nur seine Eitelkeit störte mich. Übrigens erzählte man ja auch von Krausens Eitelkeit nicht gerade geringes. Und nun gar Harden! Es war kein schöner Eindruck, wie diese drei Prominenten in ihren Feuilletons einander gegenseitig wie Hausknechte anpöbelten. Eine Zeichnung des »Simplicissimus« ist mir im Gedächtnis: Die drei überschütten einander aus vollen Nachtgeschirren. Nein, der dritte war ein anderer: vielleicht Sudermann oder Jacobson. Das Bild erschien im Zusammenhang mit Sudermanns Essay von der »Verrohung der Kritik«. Die Situation des Kampfs aller Kritiker gegen alle blieb aber auch in der Folgezeit die gleiche.

An Kerr gefiel mir ferner, daß er sein Judentum nie verleugnete. Die Art aber, in der er diese Nicht-Verleugnung praktizierte, lehnte ich wiederum ab, da er oft so sprach, als habe er, der Jude, die Deutschen zu belehren, was sie tun sollten, in welchem Tempo sie fortzuschreiten hätten usf. Er hatte alle Weisheit mit Löffeln gefressen. Praeceptor Germaniae. — Ich unterschied damals vier Typen von jüdischen Autoren: solche, die ihr Judentum ganz unter den Scheffel stellten, es am liebsten völlig gestrichen hätten (Lissauer) — solche, die als Juden keine Distanz gegenüber den Deutschen fühlten, die sich berufen glaubten, den Deutschen zu zeigen, was allein richtige Kunst, richtige Politik, richtiger Geschmack, kurz, was eine Harke ist (in grellster Fasson: Tucholsky) — dann der Gegentyp, der als Jude andachtsvoll auf die Germanen blickte und sich ihnen völlig unterordnen, anpassen wollte, melancholisch, ja tragisch, da ohne Hoffnung, dieses Ziel zu erreichen, ein Minderwertigkeitskomplex in Erdenwallen und Druckerschwärze (Rathenau). Salus per Germanos. In der Emigration erschien ein sehr zartes, wehmutsvolles Buch von Kerr über Rathenau. In den Gesprächen der beiden taucht immer wieder der Gegensatz auf: Kerr ist jener praeceptor, er allein kennt den Weg für die Deutschen, er weiß, was sonst allen verborgen ist — Rathenau betet die Deutschen an und ist bereit, von ihnen soviel wie möglich (aber natürlich lange niemals genug) zu lernen. Daß sie beide irrten, jeder in entgegengesetzter Richtung — auf diesen Gedanken sind die beiden wohl nie gekommen. Und so ist es ein vertracktes, zwischen den Zeilen höchst ironisches Buch, dessen eigentlicher unausgesprochener Sinn sich einem erst erschließt, wenn man dem vierten Typ, dem der Distanzliebe (siehe oben), angehört. Man sollte dies Buch, auch um seiner geistigen Landschaft (Grunewald) willen, neu drucken.

»Der Judaismus hat das Geschlecht erniedrigt und in den Kot getreten, er hat die Liebe kastriert und erlaubte ihr nur als einer lächerlichen verbalen Kategorie zu leben in den Höhlen der Anachoreten, in den kranken Hirngespinsten hysterischer Nonnen, in dem Gestammel zahnloser Mönche, als Liebe zu Jesus und Maria . . . Der Judaismus hat der schönen menschlichen Seele das Gift eingeimpft, das bis auf den heutigen Tag die Menschheit zersetzt . . . Aber schon braust von fern die rückkehrende Woge, schon schlägt sie hier und da ans Ufer, und der Tag naht, da die Seele sich von dem Unrat des Judaismus zu reinigen beginnt.« — Dies alles findet man nicht etwa in einer Hakenkreuzzeitung gedruckt, sondern Karl Kraus hat es als Leitartikel in einer Doppelnummer der »Fackel« veröffentlicht (Nr. 239–40, es ist die bereits oben zitierte Nummer mit den famosen Ausfällen gegen Kainz). Der Artikel selbst stammt von Stanislaw Przybyszewski. Aber da Kraus ihn ohne Kommentar, ohne einschränkende Bemerkung als ersten Artikel in seinem Blatt publiziert, drückt das saubere Konkokt ohne Zweifel, ebenso wie die anderen Beiträge des Heftes, die teils von Kraus, teils von anderen Autoren geschrieben sind, das aus, was der »Herausgeber und verantwortliche Redakteur der Fackel« seinen Lesern als empfehlenswerte Wahrheit darzubieten sich bemüßigt fühlt. Ein Beweis für diese meine Behauptung findet sich im gleichen Heft. Denn bei einem anderen Artikel (»Die Hinrichtung der Sinne« von Kurt Hauer) liest man eine Fußnote folgenden Wortlauts: »Eine Auffassung, die sich in vielen, nicht in allen Zügen mit der des Herausgebers deckt.« Der Hetzartikel von Przybyszewski ist mit keiner einschränkenden Fußnote versehen. Er deckt sich also vollinhaltlich mit der Meinung des Herausgebers Karl Kraus. Er bringt überdies, damit man nur ja wisse, was unter Judaismus zu verstehen sei, auch noch die folgenden von Judenhaß erfüllten Zeilen: »Was ist überhaupt Ethik? Doch nichts weiter als: das ist mein, das ist dein, das darfst du nicht anrühren. Stehle nicht, töte nicht, begehre nicht das Weib deines Nächsten. Viel Schwereres verlangt man schon in dem Satze: Du sollst dem andern das nicht antun, was du nicht möchtest, daß dir angetan wird. Aber auch das Befolgen dieses Gesetzes ist ein sicherer und bequemer Weg zu einem wohlgeordneten und hochgeachteten Leben. Das ist so ziemlich das Wesentlichste, worauf sich die alte Ethik beschränkt. Der Dekalog konnte zwar einige tausend Paragraphen in dem deutschen Reichsgesetzbuche gebären, aber all das juridische

Geplärre läßt sich auf ein sehr armseliges Schema zurückführen. Wie anders wird sich das Leben darstellen, wenn die Menschheit sich nur nach einem einzigen ethischen Prinzip richten wird: Lebe so, wie es deine Schönheit verlangt.«

So verkündet im 9. Jahrgang der »Fackel« 1907. Es ist nur ein simplifizierter, verdummter Nietzsche, der da in der Person Przybyszewskis predigt. Immerhin merkwürdig, daß der Jude Karl Kraus einer solchen Stimme der Judenhetze in seinem Blatt an prominenter Stelle Raum gewährt. Hier macht sich das Phänomen des »jüdischen Selbsthasses« geltend, wie Theodor Lessing es genial dargestellt hat. Dem Judaismus, den Zehn Geboten, also auch dem Christentum wird mit diesem Artikel in der »Fackel« der Krieg angesagt. Wozu das alles etwas später, im Jahre 1933, geführt hat, haben wir ja erlebt.

Eine Sammlung von antisemitischen Bemerkungen aus der Feder Karl Kraus' ist in der Broschüre von Z. F. Finot »Karl Kraus im Spiegel des Selbsthasses« vereinigt. Unter den Zitaten sind besonders jene erstaunlich und bösartig, die über das literarische Gebiet ins praktisch-politische übergreifen. Namentlich die Ostjuden hat Karl Kraus immer wieder dem Hohn preiszugeben gesucht. Er braucht einem Eigennamen nur den Beisatz »aus Kolomea« anzuhängen – so glaubt er schon, den Träger eines ehrlichen Namens ebenso unmöglich gemacht zu haben, wie wenn er statt »Kainz« »Herr Kainz« schreibt. Primitiv. Aber gegenüber den Ostjuden war die Hetze gefährlicher, weil sie die in Wien ohnehin verbreiteten Haßinstinkte schürte.

Wenig bekannt ist es, daß Karl Kraus auch während der Dreyfusaffäre auf der falschen Seite stand, daß er jenen, die für die Unschuld des ungerecht angeklagten und auf die Teufelsinsel verbannten französischen (jüdischen) Offiziers Dreyfus eintraten, publizistisch in den Rücken fiel. In Frankreich, ja in allen Ländern ging damals ein Riß durch das gesamte Lager der geistig Verantwortungsvollen, Dreyfusards und Anti-Dreyfusards traten auseinander, zwischen Wahrheit und Lüge wurde die Entscheidung gefällt. Im deutschen Sprachgebiet hielt es Kraus für zweckmäßig, eine Sensation zu schaffen (er, der sich immer so anstellte, als bekämpfe er jede journalistische Sensationsmache): indem er den Politiker Wilhelm Liebknecht in der damals noch wenig bekannten »Fackel«, einem jungen Unternehmen, Dreyfus angreifen und diejenigen, die für die Ehre und Rettung des verleumdeten und unmenschlich behandelten Offiziers eintraten, verspotten ließ. Man glaubt es nicht, man hat es vergessen. Es ist aber wahr! Einer dieser Angriffe erschien auch als Sonderdruck im Verlag der Fackel (neben einem Buch von Houston Stewart Chamberlain über ein anderes Thema). Noch im Jahre 1926 (Fackel Nr. 717–723) hatte Kraus den geschmacklosen Eigensinn (zu einer Zeit, in der die Unschuld des Hauptmanns Dreyfus längst feststand, der einst Verurteilte rehabilitiert und an seiner Statt der wirkliche Spion überführt war), sich auf den glorreichen Kampf triumphierend zu berufen, den er vor Jahren gemeinsam mit Liebknecht *gegen* Dreyfus geführt hatte. Liest man das oben zitierte Heft der »Fackel«, so traut man seinen Augen nicht und kann es einfach nicht fassen, daß der Verfechter der Lüge heute wieder fast allgemeines Ansehen in kulturell anspruchsvollen Kreisen genießt, daß man in diesen Kreisen, die sich neuerdings in Verehrung um das Andenken von Karl Kraus zu sammeln beginnen, so tut, als habe er niemals mit den Verleumdern des schicksalverfolgten Offiziers gemeinsame Sache gemacht. Kraus zitiert in diesem Heft seine eigene Glosse aus der Kampfzeit, in der es heißt, daß es »Liebknecht besser gelang, Argumente für seinen Unglauben (sc. an die Unschuld von Dreyfus) beizubringen, als den Gerechtigkeitskämpfern Argumente für ihre Ehrlichkeit«. Liebknecht nennt in den von Kraus veröffentlichten Briefen höchst witzig die Kämpfer für die Wahrheit: »Dreyfüßler« und bezeichnet einen von ihnen in bewährtem Tonfall, wie er sonst nur Radauantisemiten zur Verfügung steht, als »Nordau alias Südfeld«. Es ist bekannt, daß der zionistische Führer (und schlechte Feuilletonist) Max Nordau tatsächlich ursprünglich Südfeld geheißen habe – ob das ein Argument ist, bleibe jedem zu entscheiden überlassen. Ähnlich titulierten ja auch antisemitische Skribenten Heinrich Heine mit dem Namen: »Chajim Bückeburg«. – Die reaktionäre »Action française« verbreitet Liebknechts Artikel in »angeblich mehr als hunderttausend Exemplaren«, und Liebknecht hat dazu den erlösenden Einfall, der Verlag der Fackel möge ein Nachdruckhonorar verlangen. Was auch geschah. Ergebnis: 10 Francs. Eine würdige Art, Weltanschauungskonflikte auszutragen.

Reizend ist auch ein von Kraus zitiertes Brieflein Liebknechts, in dem Liebknecht seiner Freude darüber Ausdruck gibt, daß das Totschweigen (seiner Angriffe auf den unschuldigen Dreyfus) mißglückt und daß die Kampagne für die Anerkennung der Unschuld Dreyfus (angeblich) ein Versager ist. Hier das Brieflein, dessen zustimmende Veröffentlichung in der »Fackel« kaum zu den Großtaten des unentwegten Wahrheitssuchers Kraus gezählt werden kann:

»23. 12. 99. Lieber H. College! In Paris wird's immer lebendiger. Die Todtschweigerei ist gerade so mißglückt wie die ›Campagne‹. Der Dreyfus-Schwindel ist vollständig klatsch. Nun hat auch Clemenceau das sinkende Schiff verlassen. Von allen Seiten regnet es Zuschriften aus Frankreich. Mit Weihnachtsgruß. Ihr W. L.« — Auch stilistisch ein superbes Dokument. Und überdies unwahr; denn Clemenceau hat bis zum siegreichen Ende für Dreyfus gekämpft.

Ich habe also die Unvorsichtigkeit gehabt, den Streit mit Kraus zu beginnen, als er Kerr angriff. Ich tat dies, wenn ich mich richtig erinnere, in der von Pfemfert herausgegebenen Berliner Zeitschrift »Die Aktion«. Ich sprach in ein paar Zeilen meine Meinung aus, Kerr sei ein bedeutender Künstler und es gehe für einen anständigen Menschen nicht an, stillschweigend der Behandlung zuzusehen, die Kraus ihm in Schmähworten zuteil werden ließ. (Seine Kriegsgedichte hatte, wie schon erwähnt, Kerr damals noch nicht geschrieben.)
Hier knüpfte nun eine Kette von Begebenheiten an, die mir heute (nach all den Greueln, Metzeleien und giftigen zwischenstaatlichen Propagandalügen, deren Zeitgenosse ich geworden bin und vielleicht nochmals sein werde) als eine Aufeinanderfolge lächerlicher Kindereien erscheint. Doch diese Betrachtungsweise ist falsch. Man muß die Dinge in der Perspektive jener Zeit sehen, in der sie sich tatsächlich zugetragen haben. Und da ist eben zu bedenken, daß mein Gesichtskreis damals eng, fast gänzlich auf Prag (mit Berlin und Wien als fernen Perspektiven) eingezwängt war, daß überdies ein äußerst hochgespanntes Ehrgefühl und eine bis dahin unverletzte Empfänglichkeit für reine Freundschaft in mir lebten. — Kraus druckte mit bissigen Bemerkungen eine Stelle aus meinem Roman »Jüdinnen« ab, der damals (1911) erschienen war, eine meinem (auch heutigem) Erachten nach durchaus nicht banale oder komische, nur auf billige Art ironisierbare Stelle; und daneben Gedichte aus Werfels »Weltfreund«. Zum Vergleich, zur höheren Glorie Werfels. Kraus verehrte damals Werfels dichterische und menschliche Erscheinung, was vielleicht nicht allgemein bekannt ist, denn bald nachher ergoß er seinen ganzen Wortunflat und Hohn über ihn — derartig

überraschende Wendungen liebte der berühmte Kunstrichter. Es war seine Art, jungen Autoren durch großes, manchmal auch verdientes Lob den Kopf zu verdrehen, und sie dann, wenn er sie gründlich und leidenschaftlich an sich gezogen hatte, durch einen plötzlichen, unerwarteten Stoß in eiskaltes Wasser zu stürzen — wie es die Rittersfrau in Wielands ausgelassener Verserzählung von der »Wasserkufe« (sie ging einige Jahre vorher unter uns heimlich von Hand zu Hand) mit dem liebeslüsternen Mönch tut. Kraus hatte stets einen Hofstaat bewundernder junger Literaten um sich, rasch wurden die Leutchen in seine Gunst aufgenommen und — hast du nicht gesehen — ebenso rasch aus ihr hinausgesetzt. Sie wußten gar nicht, weshalb. So erging es, um nur von schon Genannten zu reden, Werfel, so erging es Haas und Ehrenstein, doch auch mit ganzen Gruppen Wiener und Berliner Ruhmesaspiranten, die mich nicht sonderlich interessierten, wurde von Kraus kurzer Prozeß gemacht. Bei einigen mit Recht, bei anderen ohne objektive Ursache ... Ich selbst hatte Abscheu vor diesem Teufelsreigen und tat da von Anfang an nicht mit. Werfel aber erlag zunächst den Verführungskünsten des um so viel älteren, literarisch wie menschlich erfahreneren Mannes. Werfel und Haas luden Kraus zu seinen ersten Vorlesungen in Prag ein, ohne darauf Rücksicht zu nehmen, daß zwischen Kraus und mir offene Gegnerschaft bestand. Man trug mir zu, daß Kraus für die ganze Dauer seines Prager Aufenthalts in der Wohnung von Werfels Eltern freundschaftlich untergebracht war. Mit den jungen Prager Schriftstellern, von denen mir nur Kafka, Baum und Felix Weltsch treu blieben, verbrachte er die Nächte nach seinen angeblich so faszinierenden Lesungen in der Bar des Hotels Ambassador und in anderen Lokalen, wo er ununterbrochen, bis ins Morgengrauen, bis zu vollständiger Erschöpftheit aller Beteiligten das große Wort führte und die juvenilen Herzen, die vor kurzem noch mir gehört hatten, bezauberte.

Die Gastfreundschaft, die ihm Werfels Familie vornehm gewährte, hat Kraus später damit quittiert, daß er in seinem Pamphlet »Literatur« ein entstelltes, meiner Erfahrung nach gänzlich unzutreffendes Schandporträt von Werfels Vater entworfen hat. Denn dieser Vater, wie ich ihn in Erinnerung habe, war ein kluger, ja weiser und durchaus maßvoller Mann. Kraus läßt ihn ein häßliches, in Geschäftsjargon erstickendes Jüdisch-Deutsch radebrechen. Kein Zug der Karikatur stimmt, dieser aber am wenigsten. Er ist frei erfunden. Ebenso ist der Sohn, Werfel selbst, gänzlich verzeichnet. Aber die Schadenfreude, die stets Krausens dankbarstes Publikum beistellte, jubelte.

»Literatur« von Kraus war die Antwort auf Werfels »Spiegelmensch«. Über die Ursachen des Bruches zwischen Werfel und Kraus besitze ich keine Kenntnisse aus erster Hand. Es ergab sich von selbst, daß ich eine Zeitlang Werfels Gesellschaft mied und auch mit Haas nicht zusammentraf.

Doch eines Tages erlebte ich etwas Unerwartetes, das mich mit einem Übermaß von knabenhafter Genugtunng erfüllte. Ich erhielt mit der gleichen Post zwei Briefe, einen von Werfel und einen von Haas, die damals als Lektoren bei Kurt Wolff in Leipzig angestellt waren. Beide Briefe, inhaltlich einander sehr ähnlich, enthielten das Eingeständnis: Wir haben uns von Karl Kraus und seinem imponierend geistreichen Auftreten kläglich verwirren lassen, wir bekennen, daß wir geirrt haben, wir möchten die gute Beziehung zu dir wiederhergestellt sehen.

Vielleicht war ich damals noch der Überzeugung, daß der »Sieg des Guten« auf so einfach irdische Art in Erscheinung treten muß.

Später lernte ich begreifen, daß das nur ganz ausnahmsweise geschieht und den Wert eines rührenden Kuriosums inmitten tausend fortdauernder oder neuer Ungerechtigkeiten und Gemeinheiten behält, die das Leben ständig mit sich führt und mit denen es einen bedrängt. »Sehe jeder, wie er's treibe — Und wer steht, daß er nicht falle« — heißt es immer wieder.

Ich bin aber zum Glück nicht eben nachträgerisch, das gestehen mir selbst meine Gegner zu, sei es auch mit einem mitleidigen Zucken um die Lippen. Gut, auch dieses Mitleid nehme ich hin. Beleidigungen, die mir angetan wurden, vergesse ich meistens, ohne mich sonderlich anzustrengen. Das ist meine angeborene Art, sie zu erledigen — von einigen ganz krassen Fällen abgesehen. Mit Werfel und Haas kam ich bald wieder völlig in Ordnung. Der alte Freundschaftsüberschwang in der Beziehung zu Werfel wurde freilich nicht wieder erreicht. Dieser Anfang war etwas ganz Einzigartiges, Bezaubertes, Bezauberndes gewesen. Er kehrte nicht zurück. Es gab aber immer noch Ansätze, Aufschwünge, es blieb vor allem meine Bewunderung für Werfels Dichtergenie. Und ganz zuletzt . . .

Melancholisch blättere ich in einer Mappe, die meine Erinnerungen an Werfel enthält. Etwa fünfzig Briefe, Karten, Telegramme. Sehr viele Feldpostkarten und Feldpostbriefe. »Schweres Feld-Haubitzenregiment 19, Feldpost 94.« Und andere Adressen, Absendedaten aus unwirtlichen Gegenden während des Ersten Weltkrieges. Erschütternde Klagen über die Ungunst der Zeit. Dann eine Ansicht vom »Haus Mahler, Breitenstein a. d. Südbahn«: »Liebster Max Brod, wir sitzen in diesem Hause alle beieinander und denken Deiner in Freundschaft. In alter Herzlichkeit.« Alma Mahler, meine Frau und Paul Zsolnay sind mitunterschrieben. Ein anderer Brief aus Breitenstein, sehr ausführlich, aus der Zeit des Verdi-Romans, beginnt so: »Ich danke Dir herzlich für Brief und den schönen Aufsatz über Borchardt. Du bist heute der Einzige, der sich eines andern Dichters annimmt und ihn zu preisen wagt. — All die andern sind grauenvoll überheblich. Ich habe das Gefühl, daß Autoren (dies ist keine Übertreibung) im Durchschnitt die *bösesten Menschen* sind, die es gibt.«

Das ist nun eine der echt Werfelschen Übertreibungen. Ich führe es nur an, um den Grad unseres Übereinstimmens und Nicht-ganz-Übereinstimmens zu zeigen. Daneben hatte sich Werfel leider von Reinhardt dessen snobistisch-praktische Telegraphier-Methode angewöhnt. Derart grell und primitiv-eindeutig wie in einem Telegramm kann man brieflich gar nicht sein. Und so kamen denn Ausbrüche wie: »Innigen Herzensdank für Deine wunderbaren Worte tiefsten Verständnisses« und ähnliches. Dazwischen Verstimmendes. So erschien Spechts Werfel-Biographie, und in ihr (soweit ich mich entsinne) war meiner Bemühung für Werfels erste Siege gar nicht Erwähnung getan. Ich kann nicht annehmen, daß Werfel dieses Buch nicht vor der Drucklegung gekannt habe. Ich habe ihn nie danach gefragt. Und so ist mir diese allerdings minimal wichtige Angelegenheit ein Rätsel geblieben. Um seiner Bizarrerie willen kann ich das Faktum nicht vergessen. — Einige Briefe sind sehr lang, theologische Traktate, unsere alten Streitfragen Judentum-Christentum werden gründlich durchgenommen. Die Funken stieben. Werfel entwickelt die kühnsten, ins Jenseits weisenden Geschichtstheorien. — Tief berührt mich heute eine Briefstelle aus dem Jahre 1923 (also ein Jahr vor Kafkas Tod), in der es heißt: »Was macht Kafka? Wie geht es ihm gesundheitlich? Ich denke so oft an ihn, sehe ihn, wie er in einem schrecklich unpersönlichen Zimmer im Bett liegt. — In einer solchen traurigen dunklen Umwelt kann man nur auf Besuch oder krank sein. — Kann nichts geschehen, diesen seltenen Menschen zu retten? Er wird die herrlichsten Dinge schreiben, aber sie werden immer weiter vom Leben weg sein und deshalb untergehen. Der *Traum* allein kann einen Menschen nicht ernähren, wenn er vierzig Jahre wird. So lange kann kein Hungerkünstler hungern.« — Wenn schon Werfel, der einer der aufrichtigsten frühen Bewunderer Kafkas war, damals in dieser, doch eigentlich nicht voll verstehenden Art urteilte, so kann man vielleicht begreifen, warum ich in meinen Kafka-Ausgaben ein paar Jahre später nicht jeden Beistrich, den ich der Grammatik gemäß einsetzte oder abänderte, in Anmerkungen und Fußnoten vermerken und begründen konnte. Eine solche Ausgabe hätte Leser abgeschreckt, nicht allmählich herangezogen und erzogen. Meine erste Aufgabe aber nach Kafkas Tod sah ich darin, ihn bekannt zu machen, nicht durch den Schleiervorhang eines minutiösen pedantischen, dabei prinzipiell unrichtigen, unfundierten Wissenschaftsbetriebs zu verhüllen. Prinzipiell unfundiert — denn in diesem Fall, da die Werke von Kafka nicht vollendet, nur flüchtig (sei es auch mit genialer Sicherheit) hingeworfen, niemals für den Druck durchkorrigiert waren, handelte es sich darum, ihnen in Zweifelsfällen (z. B. bei Interpunktionen, offenkundigen Pragismen) jene Form zu geben, die der unendlich gewissenhafte Autor selber ihnen gegeben hätte, wenn er zur Korrektur der (überdies geringfügigen) Abweichungen Zeit und Lust gefunden hätte.

Über seinen Verdi-Roman schreibt Werfel u. a.: »Jedenfalls hat mich diese Arbeit mehr Angst, Zweifel, Mühe gekostet als meine früheren zusammen genommen. Ich habe oft an den ›Tycho Brahe‹ denken müssen, den ich leider hier nicht besitze. Es kommt mir vor, als hätte sich ein Satz aus Deinem Roman in meinen eingeschlichen.« Das stimmt insofern, als das Grundmotiv Werfels (Rivalität zweier bedeutender Männer, die auf einem bestimmten Gebiet alle Zeitgenossen überragten) von meinem »Tycho Brahe« beeinflußt ist.

In seinem letzten Brief an mich stehen ergreifende, wahrhaft von Seele zu Seele redende Stellen. Zunächst wieder ein langer theologischer Ansturm, der mit den Worten beginnt: »Welche Freude war Dein ausführlicher Brief für mich. Deine der meinigen entgegengesetzte Ansicht über Christus und die Kirche kenne und ehre ich. Ich erfreue mich um so mehr an den Wahrheiten, die uns verbinden. Daß mein Kapitelchen ›Von Christentum und Israel‹ auf dem Seil tanzt, weiß ich selbst. Werde da mehr von Jesuiten und Dominikanern angegriffen als von Juden. Aber wie im Himmel Liebe, auf

Erden Leid, so ist nur in der Hölle Gerechtigkeit.« Nach einem ausführlichen Exkurs über Jesus wird der Brief ganz persönlich. »Bitte sei nicht böse, daß ich ins Theologische geraten bin. Man solls nicht. Und ich solls am allerwenigsten. Denn ich bin noch immer krank, oder vielleicht für immer; und alles strengt mich schrecklich an. Ich wünschte mir's sehr, aber werde es nimmer können: Mit Dir im Stadtpark debattieren. Auf und ab gehen wie einst in unsagbarer Zeit. Prag!? Ich hab einen Herzmuskelknax, lebe immer bedroht von cordialem Asthma und Lungenstauungen. Gottseidank aber gehts mir besser heuer und sofort hab ich in sträflicher Vermessenheit und mit dilettantisch falschem Augenmaß ein ›leichtes‹ Buch begonnen, das mein schwerstes (zum Schreiben) zu werden droht und ein sehr dickes dazu. Es ist eine phantastische Geschichte in fernster Zukunft (100 000 Jahre von jetzt), zum Teil humoristisch.« (Es folgen Details über den »Stern der Ungeborenen« und auch über den Erfolg und Sinn des »Jacobowski«). »Was ›Jacobowski‹ betrifft, so liegt der Widerstand gewiß in dem Mißverständnis, daß die jüdische Tragödie in meinem Stück ›unheroisch‹ dargestellt sei. *Ich wollte* aber gerade *das*. Deshalb habe ich einen durchschnittlichen Geschäftsjuden zum Helden gemacht und keine Ausgeburt irgendeines ›Undergrounds‹. *Dies gerade* hat das Glück des Stücks gemacht, überall. In New York hat es gerade sein zweites Jahr begonnen (mehr als 400 Aufführungen) und geht jetzt über das ganze Land. Auch in Schweden und Schweiz hat es den größten Erfolg. Versteh mich bitte recht, ich schreibe diese eitlen Tatsachen nur, damit Du den Habimahleuten davon erzählen kannst. Bemühe Dich aber bitte nicht länger, wenn die Einwände in tieferen Schichten des jüdischen Gefühls liegen. — Hoffentlich schreibst Du mir das nächstemal auch über Dein persönliches Leben. Das meine spielt sich dank der Krankheit in ziemlich engen Grenzen ab. Augenblicklich bin ich in Santa Barbara, einem Ort 80 Meilen von Los Angeles entfernt, sehr schön, rivieraartig. Auch mein Buch droht tausendseitig zu werden, jedoch mit weniger Recht als das Deinige. Ich bin, wie ich fürchte, auf eine monströse Mischung von Philosophie und Entertainment verfallen. — Wenn Du Martin Buber und Hugo Bergmann sehen solltest, so drücke ihnen in meinem Namen freundschaftlichst die Hand. Ich lasse auch Felix Weltsch herzlich grüßen und Pollitzer und wer sonst noch in Deiner Nähe ist und mich nicht gerade haßt. Von mir aber sei umarmt in alter Jugendtreue. Vielleicht gibt es Gott, daß wir uns doch noch einmal wiedersehen in dieser verrückten Welt. Beabsichtigst Du in Tel Aviv zu bleiben? Oder denkst Du manchmal, Prag sei noch eine Möglichkeit? – Ich selbst kann keine Pläne machen.«

Während ich jetzt den Passus über das Abklingen meiner Entfremdung von Werfel schreibe, lese ich in seinen Werken und bin wieder einmal von seiner Größe überwältigt, heute namentlich von den Krankheits- und Todesgedichten. »Totentanz«, »Eine Stunde nach dem Totentanz«, »Gesammelt in elfter Stunde«, »Fünf Sinngedichte«, »Höhe des Lebens«, »Der Kranke« etc. – das sind in der ganzen Weltliteratur unübertroffene Verse. Wie gerne würde ich Werfel noch einmal entdecken. Doch das ist ja unmöglich, sein Ruhm füllt ja gerade jetzt die Kinotheater. Aber vielleicht ist es dennoch möglich – und sogar nötig –, denn dieser Ruhm heftet sich heute zuweilen an Nebensachen, an Mißverständliches. Wenig bekannt ist gerade das kostbarste Vermächtnis: der Auswahlband aus den Gedichten der Jahre 1908–1945, der unter dem schlichten Titel »Gedichte« als Privatdruck der Pazifischen Presse 1946 von Alma Maria Mahler herausgegeben wurde. »Er hat in den letzten Monaten seines Lebens aus seinen Gedichten diejenigen ausgewählt, die ihm die schönsten dünkten, und bis zum allerletzten Augenblick an dieser Auswahl gearbeitet – immer wieder gefeilt – und neue Dichtungen für dieses Buch, das ihm sehr am Herzen lag, geschaffen«, heißt es in der Einleitung.

Der Zufall wollte es, daß ungefähr zur gleichen Zeit, in der die eine Sache durch die beiden Briefe aus Leipzig auf den Weg zur versöhnlichen Aussprache einlenkte, eine andere Angelegenheit schlimme Wendungen nahm.

Franz Janowitz: Ich hatte den jungen Dichter zur Mitarbeit an meinem Jahrbuch »Arkadia« eingeladen. »Ein Jahrbuch für Dichtkunst« lautete der Untertitel – und wirklich sollte sich »Arkadia« laut dem Programm, das ich an der Spitze verlautbarte, von ähnlichen Publikationen dadurch unterscheiden, daß sie »nur Gestaltungen« brachte, keine Kritik, keine wirtschaftlichen oder soziologischen Betrachtungen, keine Politik, selbstverständlich auch keine Kunstpolitik und keinen Bilderschmuck, von der Titelseite abgesehen. Sie war als strenges Beispiel reiner, wie man heute sagen würde, »nicht engagierter Kunst« gedacht. Vollständig unaktuell sollte »Arkadia« sein — und vielleicht ist es nicht unerheblich, den Erscheinungstermin zu beachten: das Jahr 1913. Ein letzter Versuch (so dünkt es mich im Rückblick), die bauenden bewahrenden friedlichen Kräfte der Zeit zusammenzufassen. Ein Jahr später brach der Weltkrieg aus und verschlang »Arkadia«. Ein einziger Jahrgang meines Jahrbuchs liegt vor. Ich hatte mit verblüffender Instinktlosigkeit genau den Zeitpunkt abgepaßt, in dem die seit Jahrzehnten schwelende Krise sich zu entladen anschickte. »Arkadia« ist denn auch mein einziger Versuch geblieben, als «Herausgeber« einer periodischen Veröffentlichung in Erscheinung zu treten.

Indessen brauche ich mich, wie mir scheint, der einen vorliegenden Nummer nicht zu schämen. Ein Buch von 241 Seiten großen Formats, vom Verleger Kurt Wolff mit aller erdenklichen Sorgfalt buchtechnisch umhegt; die schöne Zeichnung auf dem zart blaugrauen Umschlag stammt von E. R. Weiß, ein anmutsvoller nackter Mädchenkörper, an der Seite der Schlafenden ein völlig bekleideter junger Mann, der schwärmend Oden aus einem Buch deklamiert. — Die Zusammenstellung wirkt groß, poussinhaft, naturbegeistert, nicht im geringsten obszön, wie man es in zwei ähnlichen Fällen vom Zusammenstoß des Nackten und Bekleideten bei Manet (Olympia und Le déjeuner sur l'herbe), übrigens mit Unrecht, behauptet hat. Allerdings hat der rezitierende Jüngling neben der Schlafenden etwas leicht Lächerliches oder doch Manieriertes, vielleicht einen letzten Rest, eine Nachwirkung meiner Theorie von der »Schönheit häßlicher Bilder«. »Unser Jahrbuch ist ein Versuch«, heißt es in der Vorbemerkung, »ausschließlich und in Reinheit die dichterisch gestaltenden Kräfte der Zeit, und zwar auf allen Gebieten der Dichtkunst wirken zu lassen: die dramatische Szene, die Erzählung, die poetische Betrachtung und die Lyrik.«

Demgemäß gliedert sich der Inhalt (23 Beiträge) in drei Abteilungen: Dramatisches — Episches — Lyrisches.

Ein einziger Autor war in allen drei Abteilungen vertreten: Robert Walser, der schwelgerisch genußfrohe und leidumflorte Schweizer Naturbursche, den sein bis zum Äußersten folgerechtes Abseitsstehen schließlich ins Irrenhaus getrieben hat — als in die adäquateste Lebensform eines Poeten in unserer wüsten Zeit. Dort wurde er von Carl Seelig umsorgt, der kürzlich in den »Wanderungen mit Robert Walser« ein redliches und redlich geschriebenes Stück Eckermann-Arbeit an einem fast Unbekannten, Schwer-Erkennbaren geleistet, auch »Unbekannte Gedichte« Walsers 1958 herausgegeben hat, ganz abgesehen von den vielen anderen Ausgaben, mit denen er sich um das Werk des Handlungsunfähigen und um den Ruhm des Toten weiter müht. — Von Walser brachte »Arkadia« die entzückende und tief einhakende zehnseitige Szene in Versen »Tobold«, die meines Wissens seither nicht wieder abgedruckt worden ist, ferner zwei seiner köstlichen »Aufsätze« (das ist eine von ihm erfundene und von keinem fortgeführte Form ironischer und zugleich naiver, begeisterter, gleichsam schwereloser und doch hochbedeutender dichterischer Aussage): »Rinaldini«, »Lenau« — schließlich eines seiner eigenwüchsigen Gedichte.

Der Stolz von »Arkadia« ist heute im Rückblick natürlich der Urabdruck von Kafkas Novelle »Das Urteil«. Zum erstenmal wurde ein dem äußeren Umfang nach größeres Werk Kafkas der Leserschaft vorgelegt. Das im Januar des gleichen Jahres 1913 erschienene erste Buch Kafkas enthielt nur kurze (wenngleich unendlich bedeutsame) Prosastücke. Nun leitete »Das Urteil« den erzählenden Teil ein, wie Walsers »Tobold« den dramatischen und damit das ganze Buch führte.

Auch sonst stand Bemerkenswertes genug in dem schlichten Pappband. Werfel steuerte eine wichtige dramatische Szene bei, »Das Opfer«, Max Mell eine stilisierte, buntschillernd österreichische Erzählung »Jugendgeschichte Zeno Balderonis von Jeruditz« — ich liebte ihn um seiner Gedichte, um seines Apostelspiels und um einer Erzählung willen, »Barbara Naderers Viehstand«, und noch wegen einer anderen ergreifenden Novelle, die auf dem »Fetzenmarkt« von Graz spielt, aber später flatterten Gerüchte über seine Zuwendung zu Hitler auf, die leider meine Liebe töteten. Ferner las man in »Arkadia« Gedichte von dem genialen Lautensack und von Franz Blei, eine friedliche Heerschau all dessen, was mir damals lieb war, bot sich dar — gute Prosa von Moritz Heimann, Willy Speyer, Oskar Baum, Heinrich Eduard Jacob und Kurt Tucholsky, der ja außer seiner mir peinlichen politischen Aggressivität auch eine träumerisch dichterische Seite sein eigen nannte, wie sie in »Rheinsberg« und »Schloß Gripsholm« hervortrat. Es hatte vor vielen Jahren eine Zeit gegeben, in der ich mich mit ihm innig verbündet geglaubt hatte. Bald nach Erscheinen meiner Geschichte vom »Tschechischen Dienstmädchen« war ein junges Paar, das so aussah, wie man sich zwei reisende Handwerksburschen vorstellt, bei mir erschienen. Die beiden brachten aus Berlin nach Prag gleichsam als Huldigungsgeschenk eine Riesenschachtel mit; öffnete man die, so sah man einen Karton, auf dem winzige Hütten aus Papier aufgeklebt standen, dito Baumalleen und allerlei Tiere wie Kühe, Schweinchen, Gänse nebst einigen Männern, Bäuerinnen, Kindern. Ein tschechisches Dorf, wie es sich in der Phantasie der beiden Berliner Handwerksvagabunden darstellte, auf Grund vorerwähnter Dienstmädchennovelle, namentlich aber des dort zitierten erotischen Liedchens von der schönen Andulka, der Schafferstochter und Gänsehüterin, die nachts so gut küssen kann. Als Zeichen der Verehrung wurde mir das komplizierte Spielzeug überreicht, das Händewerk der beiden Strolche — und diese waren niemand anderer als Kurt Szafranski, derselbe, dem später das Titelblatt zum »Weltfreund« so mißglücken sollte, und Kurt Tucholsky, damals noch idyllischer Dichter und weit entfernt davon, den Deutschen gute Lehren über politisches Benehmen zu geben, worin er ja zu einem gewissen Teil recht haben mochte; es war aber eben dennoch (so schien es mir) nicht seines Amtes, zumindest in dieser schroffen und provokanten Art nicht. Juden sollen wenn nicht ausschließlich, so doch in erster Reihe Politik des jüdischen Volkes machen, nicht die anderer Völker oder doch nur sehr zurückhaltend, in Distanzliebe. Dies, wie schon erwähnt, mein Credo. »Arkadia« war freilich ohne alle Politik als die des Friedens. Tucholsky also paßte schließlich doch mit einer Hälfte seines Wesens herein.

Nicht alles andere, das im Jahrbuch Platz fand, entsprach dem Titel. Die Zahl der Morde, Selbstmorde und Wahnsinnsszenen, die sich in meinem Arkadien zusammenfanden (meine eigene Erzählung »Notwehr« miteingeschlossen), war erstaunlich. Ich mußte mich über das, was einlief, recht sehr wundern. Es war wie Wetterleuchten. Das furchtbare Gewitter des Jahres 1914 kündigte sich unter fernen dunklen Wolken an, ob die bukolisch gesinnten Autoren wollten oder nicht. So rumorte ahnungsvoll der Zeitgeist auch gegen Willen und Vorsatz des Herausgebers, preschte vor, machte aus schäferfromm intendierten Gefilden blutige Schlachtfelder. — Daß dennoch der Geist stiller Größe im ganzen gewahrt blieb, ist außer Walser und einigen der oben mit ihm Genannten zwei Mitarbeitern zuzuschreiben, die ich besonders wert hielt. Otto Stoeßl und eben jenem vordem so gut wie unbekannten Franz Janowitz. Otto Stoeßl, einer der wenigen großen österreichischen Erzähler seit Stifter, kernig, dabei differenziert und mit der Gabe des Humors beschenkt, sandte ein Romanbruchstück »Aus der Villa Obweger«. Von Franz Janowitz hatten bereits im Mai 1912 die Prager »Herderblätter« ein Gedicht »Der sterbende Baum« gebracht. Es war unsagbar schön, einfach, volkhaft. »Sanften Englein vor die Nasen — schüttle ich meine Äpfel los.« In diesem Ton.

Franz Janowitz, um ein oder zwei Jahre jünger als Werfel, gleichfalls Schüler des Stefansgymnasiums, brachte mir dann ein ganzes Bündel Gedichte, in denen das Motiv der wachsenden und der Axt des Holzfällers erliegenden Bäume in mannigfacher Abwandlung neben Themen böhmischer Sage deutlich und charakteristisch hervortrat. Janowitz war eine Erscheinung, die sich an lyrischer Kraft mit der des jungen Werfel vergleichen ließ; was ihr bei dieser Gegenüberstellung an Explosivkraft abzugehen schien, das ersetzte sie durch innere Ausgeglichenheit, eine weit über das Alter des Dichters hinausreichende Geschlossenheit und Reife, ein mildes klares Licht, eine klassisch ruhige Sprache. Janowitz war nicht zerrissen, nicht sündhaft und nicht gleich mit der dazugehörigen Portion von Reue ausgestattet — er erschien wahrhaft demütig und schlicht, sein Gesicht war feingeschnitten, ebenmäßig, schön, die Gestalt schlank und widerstandssicher. Er machte einen naiven, glücklichen Eindruck. Werfel war, wie wir alle, Kind der Großstadt, gegen die er sich mit seinen traulich-farbenreinen Jugenderinnerungen auf ingeniöse Art wehrte; Janowitz aber stammte aus dem Märchenland der Wälder und Wiesen, aus dem kleinen böhmischen Landstädtchen Podiebrad, in dem seine Familie einen Gutshof, ein Haus, eine Fabrik besaß. Er war im besten Sinne des Wortes eine rustikale, gesunde, dabei sanfte, unkämpferische Natur. Ein deutscher Jude, inmitten slawischer Umgebung in jener Harmonie aufgewachsen, die es da und dort in versteckten Winkeln noch gab. Ich bin überzeugt, daß er sich zu einem der größten Dichter unserer Zeit entwickelt hätte, hätte ihn nicht wie einen seiner jungen Bäume ein früher Tod zu Boden geworfen.

Sechzehn Gedichte von Janowitz nahm ich sofort für »Arkadia« an. Neben Walser und Kafka waren sie der Mittelpunkt meiner Entdeckerfreude (Werfels »Weltfreund« hatte ja dem sich sträubenden Verleger schon einen großen Erfolg gebracht). Ich räumte den schönen Versen einen auffallenden Platz ein, sie standen am Schlusse des Jahrbuches und waren dabei in der Abteilung »Lyrisches« der weitaus größte Beitrag. Sie schienen zusammen, ungewollt, eine entzükkende kleine Pastoralsymphonie in neuen Tönen zu bilden. Von den anderen Autoren dieser Abteilung brachte ich nicht mehr als zwei bis vier Gedichte. In vielen Briefen, die ich nach Erscheinen von »Arkadia« erhielt, auch in Kritiken, wurde Franz Janowitz als das eigentliche Ereignis innerhalb des Jahrbuchs aufgefaßt. (Um Kafka kümmerte sich damals noch keine Menschenseele.) — So hatte ich dem blutjungen Menschen doch noch eine Freude in seinem kurzen Leben verschafft. Wenige Monate später brach der Krieg aus, und Janowitz rückte ein. Zu den Kaiserjägern in Südtirol. Aus dem Feld schrieb er mir noch mehrmals auf die freundschaftlichste Weise. Bald kam die Nachricht, daß er im Kampfe gefallen sei. Er war kaum viel älter als zwanzig Jahre. Unmöglich, sich mit so sinnlosen, entsetzlichen Verlusten abzufinden.

Es verging einige Zeit, dann fand ich in der »Fackel« eine boshafte Notiz, in der ich angegriffen wurde: Ich hätte für eine üble Zeitschrift dem jungen unerfahrenen Dichter Franz Janowitz eine Anzahl Gedichte auf listige Art entlockt. An den genauen Wortlaut erinnere ich mich nicht, doch dem Sinne nach kam es auf ein listiges Entlocken heraus. Gleichzeitig publizierte Kraus Gedichte des Toten in der »Fackel«, gab auch gleichzeitig (oder etwas später) einen dünnen Gedichtband von ihm heraus. — Wer je mit einem jungen Autor und mit dessen ungedruckten Werken Umgang gepflogen hat, weiß ja wohl, welche Schleichwege und übermenschlich feine Intrigen dazu nötig sind, um solche Werke zum Erstdruck, zum nahezu ersten Abdruck überhaupt einem noch Unbekannten für eine große Zeitschrift zu »entlocken«, die in einem der angesehensten deutschen Verlage erscheint (denn das war Kurt Wolff damals). Fürwahr, eine Arbeit, einer der Taten des Herakles vergleichbar. — Ich beriet mich damals mit meinem Freunde Kafka, ob ich diese Beleidigung auf mir sitzen lassen könne. Kafka war mir, wie schon anläßlich der Wiegler-Sache dargelegt, in Fragen der Lebensbeurteilung, des literarischen und allgemeinen Taktgefühls absolut maßgebend, mein Mentor — und vielleicht ist es nicht unwichtig, an einem praktischen Fall die Lebensweisheit dieses jungen Menschen zu erhärten, der heute so vielen irrigerweise als Nihilist erscheint, faktisch aber für jeden Rat wußte, der sich ihm, um Rat bittend, näherte, vornehmlich für seine vertrauten Freunde — für jeden, außer für sich selber. Selbstverständlich widerstrebte es mir, über einem offenen Grab eine literarische Polemik zu eröffnen. Ausdrücklich hatte ich in der »Vorbemerkung« zur »Arkadia« geschrieben: »Eine Gruppenbildung ist nicht im entferntesten beabsichtigt, eine persönliche Übereinstimmung der Dichter untereinander und mit den hier vorgetragenen Richtlinien wurde weder vermutet noch angestrebt.«

»Ich werde an Hans Janowitz schreiben, er ist dir wohlgesinnt«, sagte Kafka. »Auch von ihm hast du in ›Arkadia‹ zwei hübsche Skizzen gebracht. Übrigens willst du ja nichts als die Wahrheit. Und ich halte ihn für gerecht.« Hans Janowitz war, wie schon erwähnt, der ältere Bruder des Getöteten, der Mitschüler Werfels, der spätere Mitverfasser des Caligari-Films. Die beiden Janowitz, übrigens auch Otto Stoeßl, saßen als Verehrer zu Füßen von Karl Kraus, das wußte ich wohl, es hatte selbstverständlich mein Urteil über ihre Begabungen nicht im geringsten beirrt (gegenüber Hans Janowitz war ich freilich zurückhaltend, unentschlossen, doch nicht ganz ohne Hoffnung, die beiden anderen bewunderte ich). Ihretwegen hatte ich die Klausel, daß keine Gruppenbildung beasichtigt sei, in meinen Arkadia-Vorspruch mitaufgenommen.

Das Gespräch mit Kafka über diese Angelegenheit, der Spaziergang mit ihm in den Moldau-Auen, der weiträumigen Ebene hinter dem Baumgarten, dem »Prater« Prags, steht mir genau vor Augen. Im Jahre 1913 hatte Kafka, die pomologische Schule bei Troja, unweit Prags, besucht, dort stellte er sich auch in späteren Jahren öfters ein, ich pflegte ihn zu langen peripatetischen Besprechungen abzuholen, wenn er seine gartenbauerische Arbeit hinter sich hatte. Wir gingen im Abendwind längs des ruhigen breiten Flusses. Es war manches zu überlegen, abzuwägen. Zart, zerbrechlich war die Aufgabe. »Hast du nicht ein Dokument«, fragte Kafka, »aus dem unzweifelhaft hervorgeht, daß Franz Janowitz dir für deine ihm geleistete Hilfe herzlich zugetan war, daß also von List und Ähnlichem nicht die Rede sein kann?«

Ich versprach, zu Hause nachzusehen. Ich habe mir nie Archive angelegt. Erledigte Briefe pflegte ich oft, nicht immer, wegzuwerfen. Ich ließ ziemlich sorglos den Zufall walten. Die Feldpostbriefe von Franz Janowitz fand ich nicht, wohl aber einen sauber auf Elfenbeinpapier handschriftlich in ängstlich steifen Lettern verfaßten Brief aus dem Anfang unserer Beziehung. Er lautete:

»Sehr geehrter Herr Doktor!
Heute wurde mir Ihr Brief hierher nachgeschickt. — Meinen besten

Dank für seine Ausführlichkeit, Ihr freundschaftliches Interesse an meinen Sachen und für Ihre liebenswürdige Einladung. Daß Ihnen einige meiner Gedichte gefallen haben, hat mich ganz ungemein gefreut; ebenso, daß Sie sich die Mühe genommen haben, mir die schwachen Stellen meiner Verse zu sagen. Für diesen Dienst besonders danke ich Ihnen wärmstens.

In Verehrung und Dankbarkeit

Poděbrad, 23. März.«   Franz Janowitz

Das war eindeutig. Offenbar die Antwort auf die von mir getroffene Auswahl für »Arkadia«.

Kafka schrieb den Brief ab, schickte ihn an Hans Janowitz mit einem Schreiben, für das er mir im Laufe einer Woche mehrere Entwürfe brachte. Er war sehr genau, ja pedantisch in derartigen Dingen, nahm ja überhaupt, wie wir auch aus anderen Bezeugungen wissen, alles, auch das kleinste sehr wichtig, hatte nichts von genialem Schlendrian an sich (außer in unvollendeten, nicht oder noch nicht für die Veröffentlichung bestimmten Niederschriften). Wir wählten nach sorgfältigen Beratungen die zahmste Version. Kafka schrieb, daß mir an Polemik oder öffentlicher Richtigstellung nichts liege; er ersuche aber Herrn Hans Janowitz, die beiliegende Abschrift Herrn Kraus zu dessen persönlicher Kenntnisnahme zur Verfügung zu stellen.

Lange keine Antwort. Endlich kam ein Edikt, das so recht den in jenem Kreis herrschenden Hochmut, die krasse Gleichgültigkeit und Verhärtung gegen die Wahrheit hervortreten ließ. »Sehr geehrter Herr Kafka! Ich bin nicht in der Lage«, hieß es kurz, »Ihren Brief an Herrn Karl Kraus weiterzuleiten. Herr Kraus würde auch keinesfalls eine Erklärung von Herrn Brod entgegennehmen.«

Da war nichts zu machen. Man stieß an eine Wand. Man hatte nur zwei Wege: Skandal zu schlagen, juristisch unter Vergewaltigung jedes Zartgefühls dem teuren Toten gegenüber den Versuch zu machen, eine Richtigstellung zu erzwingen — oder stumm seiner Wege zu gehen. Ich zog das Letztere vor. Über den Wahrheitsgehalt der auf den Druckseiten der »Fackel« witzelnden und heulenden Tiraden hatte ich aber seit jenem unarkadischen Nachspiel meines arkadischen Versuchs meine strikte Meinung.

Kleinliche Kämpfe, kleinlicher Haß — kleine Bemühungen, der Liebe und dem Verständnis unter den bösartig irrenden Menschen eine Gasse zu schlagen. Da trat etwas Fürchterliches ein und warf jene kindlichen Ansätze zu Haß und zu Haßabwehr wie Schulhefte aus der ersten Volksschulklasse hohnlachend zur Seite. Ein neues Buch von ganz anderem Format wurde aufgeschlagen. Der Krieg brach aus. Wir stehen im Jahre 1914.

Talleyrand hat einmal geäußert: »Wer nicht vor 1789 gelebt hat, weiß nicht, was die Süßigkeit des Daseins ist.« Ähnlich könnte ich sagen: »Wer nicht vor 1914 gelebt hat, weiß nicht, was die Süßigkeit des Daseins ist.«

Tatsächlich habe ich es nur noch ein einziges Mal — also im ganzen zweimal — erlebt, daß das ganze Leben von einem gewissen Punkt ab, binnen einer Stunde, eine ganz andere Färbung angenommen und daß es diese Färbung von dem bestimmten Punkt an nie mehr verloren hat. Alles ist viel düsterer geworden, es hat sich wohl gelegentlich vielleicht um einige Nuancen, nie mehr aber zu dem früheren Grad der Klarheit aufgehellt. Denn der Krieg, der 1914 begann, hat bis heute nicht aufgehört; es ist kein vollständiger Frieden mehr eingetreten. Ich kann das genau beurteilen; denn als der Umbruch eintrat, war ich bereits dreißig Jahre alt, hatte vieles erlebt und verstand, es zu beobachten. Der Unterschied zweier Epochen ist mit Händen zu greifen. Wir leben seit 1914 in einem vorläufig 45jährigen Krieg.

Wer hatte denn 1914 an die Möglichkeit eines Krieges gedacht! Ein paar Fachleute vielleicht, Strategen, Diplomaten. Man faßte sie als Witzblattfiguren, Typen aus dem »Simplicissimus« auf. Völlig irrig, denn bald sollten sie ihre sehr ernste Gefährlichkeit erweisen.

Wer ahnte aber 1914 etwas von ihrer Macht? Was waren sie denn, was bedeuteten einem vergleichsweise noch humanen Zeitalter diese kriegerischen Karikaturen? Eine winzige Minorität innerhalb von vielen Menschenmillionen, denen nichts ferner lag als ein Krieg. Namentlich in Mitteleuropa und Amerika war es so. Seit vierundvierzig Jahren, seit dem Deutsch-Französischen Krieg von 1870 hatte es keinen Krieg mehr im Herzen der Welt gegeben. Krieg war für uns ein Wort, das geradezu mittelalterlich klang, mit einem Beigeschmack von Lächerlichkeit und Ritterrüstung. Auf die Gegenwart bezogen, schwebte es wie eine unwirkliche schillernde Kugel durch die Luft, eine Seifenblase. Man dachte daran als an etwas Historisch-Abgetanes, an etwas Phantastisches, etwas, woran frühere Geschlechter der Menschen (die Unglücklichen!) geglaubt hatten — nicht aber wir, die vernunftbegabten Realisten.

Ein Zustand des Nicht-Wissens beherrschte uns, den man sich heute, nach zwei Weltkriegen und einer Reihe kleinerer Waffengänge gar nicht mehr vorstellen kann.

Krieg stand für uns etwa auf *einer* Linie mit anderen, heute halbvergessenen Traumideen der Menschheit, auf der gleichen Linie also wie: das Perpetuum mobile oder das große Elixier, die Goldmacher-Tinktur der Alchimisten, die Arznei, die ewiges Leben gibt. Allenfalls war Krieg an der Peripherie zivilisierten Lebens möglich, in zurückgebliebenen Balkanländern, in den Kolonien. Unter friedlich arbeitenden, durch und durch kultivierten Völkern aber wirkte er als utopischer Unsinn. Obwohl unsere Väter ihn noch 1866 und 1870 erlebt hatten. Wir aber waren die verwöhnte Generation. Eine der längsten Friedensperioden der Weltgeschichte, fast ein halbes Jahrhundert ohne Krieg, hatte uns jeden ernstlichen Gedanken an diese ärgste Sklavenpeitsche der Menschheit außer Sicht gerückt. Auch mit Politik beschäftigten sich damals nur wenige von denen, die etwas auf sich hielten. Der Streit um Richard Wagners Musik, um die Grundlagen von Judentum und Christentum, um impressionistische Malerei etc. war viel wichtiger für uns. Und nun hatte diese Friedenszeit plötzlich ihr Ende gefunden, über Nacht. Nie ist eine Generation so brutal von den Tatsachen überrannt worden. Wir waren ganz einfach dumm, und alles, was wir im Gymnasium gelernt und in den Weltgeschichten gelesen hatten, hielten wir, ohne viel darüber nachzudenken, für Märchenliteratur. Ich glaube, daß die starke Anziehungskraft, die nachher das Historische auf mich gehabt hat, zu einem großen Teil daher kommt, daß ich mich zu meinem Entsetzen im entscheidenden Jahr 1914 ohne alles Gefühl für weltgeschichtliche Zusammenhänge vorfand. (Stimmt nicht ganz, denn den Tycho Brahe hatte ich wie in Vorahnung schon 1913 zu schreiben begonnen.)

Aber jedenfalls waren wir nicht einmal Pazifisten. Denn der Pazifismus setzt doch einen klaren Begriff voraus, daß es so etwas wie Krieg gibt und daß man sich gegen ihn wehren, die Abwehr vorzubereiten habe. Der Krieg war ein Atavismus, den unsere verrückte, aber wenigstens in diesem *einen* Punkte zu Verstand gekommene Zeit definitiv überwunden hatte. Die Bemühungen der guten alten Bertha von Suttner (ihr Buch »Die Waffen nieder!«) hatten für uns einen Anstrich von Komik. Mochte man doch ruhig die Waffen aufrecht tragen, wenn man sie ja ohnehin nur im Manöver benützte. Zu etwas anderem als zu Manövern würde sie ja doch keiner verwenden, keinem könne etwas so Vertrotteltes zugemutet werden. Das war unsere Meinung. Daß gerade in jenen Tagen, in denen das Ultimatum Österreichs an Serbien erging, die Suttner starb, schien für niemanden eine symbolische Bedeutung zu haben.

Ultimatum. Ein neues Wort. In unserem Alltagslexikon war es bis dahin nicht vorgekommen. Am 24. Juli 1914 aber las man ganz unerwarteterweise an der Spitze der Zeitung zum erstenmal in ungebräuchlich dicken Lettern, deren Verwendung von da an Mode werden sollte:

Österreichs Note an Serbien — Österreich stellt äußerst scharfe Forderungen — Die Note gestern nachmittags überreicht — 48stündiges Ultimatum — Österreich fordert . . .

Bisher hatten die Zeitungen hauptsächlich vom Prozeß der Madame Caillaux in Paris gesprochen. Das war die Frau eines Ministers, die den politischen Gegner ihres Mannes niederschoß, weil dieser Gegner etwas schwer Verunglimpfendes veröffentlicht hatte. Über diesem Prozeß hatte man ganz vergessen, daß Ende Juni der österreichische Thronfolger, der immer düster und gewissermaßen mit spanischer Grandezza dreinblickende Erzherzog Franz Ferdinand, in Sarajewo erschossen worden war. Gavrilo Prinzip (Gavriel Prinzip) hatte der serbische Attentäter geheißen — es war auch keinem aufgefallen, daß dieser Name aus zwei heiligen Sprachen übersetzt, soviel bedeutete wie etwa: Die Kraft Gottes ist der Anfang — oder auch: ist das Um und Auf aller Dinge. Ein paar Tage lang hatte man über das Unglück geredet, dem auch die Frau des Thronfolgers, die Herzogin von Hohenberg, gleichzeitig zum Opfer gefallen war. Dann hatte man die Sache vergessen. Der Erzherzog war in vielen Kreisen unbeliebt, bei den Tschechen, den Ungarn, den Südslawen, bei allen Fortschrittlern. Man fürchtete den Tod des als nicht gerade geistvoll verschrienen, aber populären Kaisers Franz Joseph, weil man sich vor der Regierung seines Nachfolgers fürchtete. Es zeigte sich später (Karl Tschuppik hat es in seiner vortrefflichen Biographie des alten Kaisers nachgewiesen), daß Franz Joseph gar nicht so beschränkt war, wie man ihm nachsagte. Namentlich die Tschechen spotteten gern über ihn, nannten ihn immer nur den »alten Procházka«. Procházka ist im Tschechischen ein häufiger Personenname, heißt wörtlich »Spaziergang«, und der Name hatte den Nebensinn von etwas Bürgerlich-Spießigem, etwas von einem alten Invaliden oder Hausmeister – hübsch langsam und gemütlich. Aber Tschuppik stellt die These auf, daß der Kaiser in seiner adelsstolzen Zurückhaltung im Alter sehr weise war und immer weiser wurde, daß er um die innere Schwäche der Doppelmonarchie sehr genau Bescheid wußte, das gebrechliche Gebäude um jeden Preis vor Stürmen bewahren wollte (deren er in seiner Jugend einige der schlimmsten durchgestanden hatte), daß er vor allem bestrebt war, jeden Zusammenstoß mit den anderen Großmächten abzudämpfen, womöglich ganz zu vermeiden. Dagegen gehörte der Thronfolger einer Gruppe an, die mit dem einstigen Außenminister Graf Ährenthal, mit dem gegenwärtigen Generalstabschef Konrad von Hötzendorf und dem ungarischen Ministerpräsidenten Graf Tisza anachronistischerweise nach einem »starken Österreich« schrie. Grund genug, ihm keine übergroße Volkstümlichkeit zu sichern, namentlich in unserem Böhmen nicht, das zum Teil antihabsburgisch und zur Gänze, wie dann der »Schwejk« bewies, unkriegerisch dachte. Der Mord in Sarajewo wurde allerdings in weiten Kreisen als rote Untat verurteilt. Daß aber die Massen bei Eintreffen der Schreckensnachricht »vor Empörung gerast« hätten, war einfach eine Lüge – eine erst viel später, von Wiener Hofhistoriographen verbreitete Geschichtsfälschung. Das einfache Volk (zumindest in Prag) und mit ihm fast die Gesamtheit der Bevölkerung reagierte auf die vor Monaten eingetroffene Meldung sehr einfach: Man vergaß sie. Man war völlig überrascht, als sie an jenem Freitag, bei schönstem Juliwetter, wieder auftauchte und die vordem praktisch unbekannte Ultimatum-Gestalt annahm.

So hieß es denn in der gleichen Zeitung unter der Überschrift »Die voraussichtliche Stellung der Mächte« (ich habe das Blatt bis heute aufbewahrt): »Die österreichisch-ungarische Regierung ist entschlossen, wenn ihre Note binnen 48 Stunden nicht zustimmend beantwortet wird, die Folgen zu ziehen. Das Deutsche Reich steht als Verbündeter mit Herz und Hand vollständig auf unserer Seite. Es hat diese Gesinnung bereits halbamtlich kundgegeben und wird nicht unterlassen, auch amtlich überall für die Lokalisierung des Streites einzutreten. Italien wird jedenfalls seinen Bundespflichten gerecht werden. In England ist das Wort von der Lokalisierung zuerst ausgesprochen worden.« — In dieser Tonart ging es weiter. Wobei »Lokalisierung« bedeutete, daß das zaristische Rußland seinem Bundesgenossen Serbien nicht beispringen und den Österreichern die Hegemonie über den ganzen Balkan glatt und kampflos abtreten werde — »au delà de Mitrowitza«, über Mitrowitza hinaus, wie die damals viel gehörte Parole lautete. Solche alberne Phrasen geben einem in der Erinnerung die Stimmung einer gewissen Zeit besser wieder als vielbändige Geschichtswerke. Was die vielbesprochene »Lokalisierung des Konflikts« anlangt, so konnte freilich gleich am ersten Tag eine bedenkliche Notiz, klein gedruckt, in dem wahrheitsbeflissenen Journal auffallen: »Wien, 24. Juli. Ein hierher telegraphierter Artikel der ›Times‹ macht in politischen Kreisen unliebsames Aufsehen, weil er die Lokalisierung des Konflikts mit Serbien für unmöglich erklärt.«

»Unliebsames Aufsehen!« Man konnte in politischen Dingen nicht naiver und unerfahrener sein als ich. Aber dieser Ausdruck schien selbst mir nicht sehr treffend gewählt.

Der nächste Tag. Samstag. Was brachte die Zeitung? »Rußland ergreift Partei für Serbien. — Kronrat in Petersburg. — Man hält den Krieg für unvermeidlich.« — Ja, war denn der Teufel leibhaftig in die Welt gefahren! Am Ende machten die atavistischen Witzblatttypen diesmal Ernst? Aufmerksam las ich nun jedes Wort des Blattes. Die Verwirrung war groß. »Österreichs Note in Belgrad verschwiegen. — Kronprinz Alexander will nachgeben? — Was das englische Regierungsblatt sagt.« Nun, die »Westminster Gazette« äußerte sich freundlich für uns. Serbien müsse, Serbien werde nachgeben. Es handelte sich um eine Menge von Postulaten; eines davon lautete, daß Österreich auch auf dem Boden Serbiens polizeiliche und gerichtliche Untersuchungen werde durchführen können, um die Vorgeschichte des Attentates zu ermitteln. Das schien uns nicht gerade sehr schlimm. Nur Ruhe, nur Frieden! — Eine angstvolle Spannung begann in mir zu pulsen — eben jene Verfärbung ins Dunkle, die seither von der Erdoberfläche, von der Summe meiner Erlebnisse Besitz ergriffen hat und nie mehr ganz gewichen ist. — Ich lief auf die Straße, ging durch die Stadt, in der sich kein Mensch um die Zeitungsnachrichten zu kümmern schien. Ich bezichtigte mich übergroßer Erregbarkeit. Sicher war nur, daß heute um sechs Uhr abends in Belgrad die Antwort der serbischen Regierung dem österreichischen Gesandten Baron Giesl übergeben werden mußte.

Nachmittag. Weekend. Ich war mit meiner jungen Frau (1913 hatte ich geheiratet) bei dem Ehepaar Hugo Bergmann in seinem Sommersitz Podbaba eingeladen. Ich entsinne mich deutlich, daß wir in der Abfahrtshalle des Staatsbahnhofs in der Hibernergasse eine Abendzeitung kauften. Es war gegen vier Uhr. Wir nahmen den Vorortzug nach Podbaba. Die Abendzeitung, die ich gleichfalls noch heute besitze, lautete beruhigend. Eine große Zeile über die ganze Seite hin: »Serbien will die Note annehmen«. Dann hieß es: »Wir veröffentlichen im Nachstehenden eine von unserem Spezialkorrespondenten über Semlin und Budapest uns übermittelte Nachricht von höchster Bedeutung. Der Spezialkorrespondent hat diese Mitteilung, wie sich aus dem Wortlaut der Depesche ergibt, vom serbischen Ministerium des Äußeren erhalten. Im Bewußtsein der Verantwortung möchten wir jedoch die Leser ausdrücklich aufmerksam machen, daß bis zu dieser Stunde eine amtliche Bestätigung fehlt. Die Nachricht lautet: »*Belgrad, 25. Juli. (Priv.) Der Friede kann als gesichert gelten.* Die serbische Regierung wird die Note der österr.-ungarischen Monarchie tel quel annehmen. In den ersten Nachmittagsstunden wird dem Gesandten Baron Giesl die Antwort der serbischen Regierung überreicht werden. Im Ministerium des Äußeren, wo auch der Ministerrat versammelt ist, wurde mir erklärt, daß Serbien auf keinen Fall vereinzelt einen Krieg führen werde, in welchem Falle es zu einem Weltkrieg kommen könnte. Diese Auffassung wird mir von anderer, sehr guter, diplomatischer Seite bestätigt. Serbien wird zur Note Österreichs-Ungarn aber erklären, daß es nur unter dem Zwange der Verhältnisse dies tue und so wie im Jahre 1909 Protest erhebe.«

Nun also! Die bösen Ahnungen hatten sich als falsch erwiesen. Ein großspuriges Wort wie »Weltkrieg« tauchte freilich zähnebleckend auf. Verschwand aber sofort wieder im Nichts, in das es hineingehörte. Allerdings war die Stelle, an der es auftauchte, recht unklar und womöglich in noch schlechterem Deutsch stilisiert als der Rest der Meldung. Man mußte es dem Reporter zugute halten, der gerade in diesen Tagen von seinem Beruf so geplagt, so überbeansprucht war (das häßliche Wort »überfordert« existierte damals noch nicht). Die Hauptsache: Es schien, daß die Kriegsgefahr vorbei war.

Der Nachmittag bei Hugo Bergmann verlief, wie immer, in ruhigem

Philosophieren; der Gegensatz Kant—Brentano wurde erörtert. Bergmann verehrte beide. Ich wurde hin und her gerissen. — Zwischendurch nochmaliges Studium der Zeitung: »Soeben (zwei) Uhr«, hieß es da, »sind in Wien Gerüchte verbreitet, daß Serbien nachgeben wolle. Es heißt, Serbien wolle zunächst unter Protest die Bedingungen Österreichs-Ungarns annehmen, was natürlich einer Ablehnung gleichbedeutend wäre. Andererseits verweist man, daß dieser Protest nur eine Formalität sei und bis abends von Serbien zurückgezogen sein werde.«

Den Rückweg machten wir zu Fuß. Hugo begleitete uns, über Felder und Hügel hin nach Prag. Es wurde Abend, wir verabschiedeten uns von Hugo. Als wir uns der Stadt näherten, glaubte ich ein langes dumpfes unterirdisches Trommeln zu hören, das unter den Berglehnen hinstreifte — jener geheimnisvollen, lärmenden, unsichtbaren Musik vergleichbar, mit der im 76. Kapitel des »Marcus Antonius« von Plutarch der Gott Bakchos, »welchem Antonius sich immer am meisten hatte gleichstellen wollen und den er zum Muster genommen hatte«, ihn für immer verläßt — eine Szene, die Shakespeare in einer winzigen unvergeßlichen Episode nachgebildet hat. Bei Shakespeare sind es Oboen in den Lüften und im Boden, bei Plutarch viele Instrumente und Jauchzen der Satyrn, bei uns waren es Trommeln. Das Gemeinsame: Uns verließ das Glück. Alle Menschen verließ es.

Denn fremd und böse blickten die Wände Prags mit den ersten Lichtern, als wir einbogen. Die erste Straße der Vorstadt Dejwitz. Jetzt war es ganz dunkel geworden. Vor allen Haustoren standen Menschen und flüsterten miteinander. Angst, Angst. Unwillkürlich gingen wir schneller. Was war denn vorgefallen? Unmöglich. Nein. Ich trat an einen der Männer heran; der reichte mir mürrisch, mit erloschenem Blick ein tschechisches Extrablatt und sagte nichts als »Bude válka«.

»Es wird Krieg sein.«

Serbiens Antwort hatte Österreich nicht befriedigt. Baron Giesl war knapp nach sechs Uhr abends (also während wir mit dem Blick auf den dörflichen Frieden über Kant gesprochen hatten) von Belgrad abgereist.

Ich werde zu Masaryk gehen, leuchtete es in mir in diesem Moment auf. Ich kannte ihn nicht persönlich, hatte nie mit ihm gesprochen. Er hatte den Ruf eines gerechten Mannes. Der einzige unter den Parlamentariern, dem ich vertraute. Ein Philosoph. Einer aus dem

Geschlecht jener, die »vom ewigen Frieden« ratschlagten, wie Kant. — Mein Gott, es mußte doch einen, wenigstens einen Menschen geben, der half.

Bemerkenswert, daß Serbien »unser« Ultimatum in allen Punkten angenommen hatte, nur in einem einzigen nicht, der uns vergleichsweise geringfügig erschienen war: Die österreichische Untersuchung auf serbischem Boden wurde abgelehnt. Als Beeinträchtigung der Souveränität. Das genügte, um die erste Kriegserklärung auszulösen — und mit ihr all das folgende ungeheure Unheil. So war man anscheinend eigentlich haarscharf am Frieden vorbeigegangen. Die Kriegserklärung erging allerdings erst am 28., also drei Tage später, da erst sah sich, wie es im geschraubten Advokatenstil der offiziellen Kundmachung hieß, »die k. u. k. Regierung in die Notwendigkeit versetzt, selbst für die Wahrung ihrer Rechte und Interessen Sorge zu tragen und zu diesem Ende an die Gewalt der Waffen zu appellieren. Österreich-Ungarn betrachtet sich daher von diesem Augenblick ab als im Kriegszustand mit Serbien befindlich . . .«

Wahrscheinlich wäre die Kriegserklärung auch erfolgt, wenn der serbische Ministerpräsident Pašić zu allem ja gesagt hätte. Zu viele starke Kräfte drängten damals zum Krieg, wie ich in viel späteren Jahren einsah. Damals erblickte ich in dem ganzen Unglück nur einen zufälligen Regiefehler, einen vermaledeiten Tintenklecks und Lapsus in den Akten.

Bald nachher erschienen an den Straßenecken die großen Plakate: »An meine Völker«. Gezeichnet: Kaiser Franz Joseph I. Mit den berühmten Worten: »Ich habe alles geprüft und erwogen.« Man kann sich denken, mit welchen Gefühlen ich sie las.

Die beträchtlichen Reste meines österreichischen Patriotismus schwanden dahin. Ich war österreichisch erzogen, in gewissen Perioden meiner Jugendzeit war ich ein geradezu fanatischer Österreicher gewesen — und die österreichische Kultur ist mir immer lieb und herzensnah geblieben.

Ja heute, seit vielen Jahren sogar schon, betrachte ich es als ein europäisches Mißgeschick, daß man Österreich hat zugrunde gehen lassen. Wenn es sich aber selbst zerstörte, wenn es sich durch eine tollkühne Politik selbst vor die Hunde warf: wie konnte man seinem Weg vertrauen, wie konnte man anders als in trostlosem Bedauern diesen Aufbruch in den Untergang mitansehen!

Hier und jetzt höre ich noch das leise unterirdische Trommeln unter den Hügeln von Prag, als wir uns in der Abenddämmerung dem schwarzen Stadtbezirk näherten. Ich habe nie eine Erklärung für dieses seltsame Phänomen gefunden. Und die unheimliche Erinnerung an den entscheidenden Augenblick, an den Beginn des stählernen Zeitalters, in dem wir jetzt leben, vielmehr vegetieren, überfällt mich oft, verbindet sich mit zwei anderen Gedächtniseindrücken, über die ich hier berichten will, da auch sie nicht weiter erklärbare Vorahnungen des Krieges darstellen.

Es handelt sich nicht um eigene Erlebnisse, beide wurden mir berichtet, aber von absolut glaubwürdigen Personen, die beide nie irgendwelche Neigung zu Phantastik gezeigt hatten. Um so seltsamer das Erzählte. Man kann überdies auf beide Begebenheiten eine Bemerkung anwenden, die Goethe in seinen »Unterhaltungen deutscher Ausgewanderten« mit folgenden Worten macht: »Als der Erzähler einen Augenblick innehielt, fing die Gesellschaft an, ihre Gedanken und Zweifel über diese Geschichte zu äußern, ob sie wahr sei, ob sie auch wahr sein könne. Der Alte behauptete, sie müsse wahr sein, wenn sie interessant sein solle, denn für eine erfundene Geschichte habe sie wenig Verdienste.«

Mit dem Vorbehalt also, der in dieser Ironie Goethes liegt (sie ist in ein leicht durchschaubares Sophisma eingekleidet), mit dem gleichen Vorbehalt sei mitgeteilt, daß wir einmal, bald nach Kriegsende, auf einem Spaziergang in einem Wald des Salzkammerguts begriffen waren, einige Männer und Damen, und daß wir auf all das Schaurige zu sprechen kamen, das wir eben erlebt hatten, jeder in seinem besonderen Winkel. Man berichtete allerlei Seltsames, kam auf Gedankenüberrtagungen zu reden, Vorahnungen, erwähnte die merkwürdige Erfahrung, daß Sterbende sich manchmal über weite Entfernungen hin ankündigen, im Moment des Verlöschens sich ihren geliebten Menschen in weit entlegenen Gegenden zeigen. »Eine solche Sache habe ich einmal erlebt«, sagte ganz schlicht einer der Freunde. »Ein paar Monate vor Kriegsausbruch war es. Und auch damals wanderten wir im geliebten Salzkammergut, irgendwo in der Nähe des Attersees. Damals aber flanierten wir nicht am Seeufer, auf gebahntem Weg; wir kletterten zwischen Wiesen und Steinhalden herum, im Arvenstruppicht und Knieholz der Gipfel. Ich trat in einen Heustadel ein, in ein verlassenes, baufällig armseliges Holzgebäude. Da sah ich, als ich die Gattertür öffnete, ein breites schwarzes Bett im fensterlosen Raum. Der unerwartete Anblick bewog mich näher heranzugehen. Zu meinem Erstaunen lagen auf dem Bett zwei mächtige Körper, ein männlicher und ein weiblicher. Trotz dem in der Scheune herrschenden Dunkel war das Bild deutlich genug, und die Regungslosigkeit der beiden ließ an Schlaf, wo nicht an den Tod denken. Eine riesige schwarze Decke hüllte beide Körper bis an den Hals ein und reichte in Falten bis auf den Fußboden hinab, die bleichen Gesichter waren aufwärts gekehrt, der Stubendecke entgegen. Ich glaubte durchaus unaufgeregt zu sein (man täuscht sich ja manchmal über den Grad seiner Nervenspannung). Eine gewisse Unruhe aber machte sich doch darin bemerkbar, daß ich an die Bahre nicht ganz nahe herankam, sondern rasch zunächst einmal ins Freie zurückkehrte. Die Gattertür fiel knallend hinter mir zu. Nach einer Weile faßte ich mich und ging wieder ins Dunkel zurück. Keine Spur von einem Bett, der Stadel war vollständig leer. Ich strich mir über Stirn und Augen, aber damit wurde die Sache nicht besser! Das alles beweist nun allerdings nicht viel oder gar nichts. Eine Sinnestäuschung, nicht wahr? Unerklärlich aber das, was jetzt kommt. Wir stiegen von den Bergen in den nächsten größeren Ort ab, da gab es auf dem Marktplatz gerade eine große Aufregung: Der österreichische Thronfolger Erzherzog Franz Ferdinand von Este und seine Frau waren in Sarajewo ermordet und dann in der Statthalterei aufgebahrt worden. Die Aufbahrung aber war genau in derselben Stunde geschehen — das ließ sich im nachhinein feststellen —, in der ich in der einsamen Scheune auf dem Felsgrat die Vision gehabt hatte.«

Den zweiten Bericht hörte ich während des gleichen Spaziergangs, ein anderer Freund gab ihn gleichsam als Fortsetzung der ersten Anekdote. Er ist noch geheimnisvoller als der erste Bericht, weil er nicht mit etwas zusammenhängt, was gleichzeitig geschah, sondern mit einem damals noch in der Zukunft liegenden Zustand. »Die Zeit dürfte ungefähr dieselbe sein wie die, in der sich dein Erlebnis abgespielt hat.« So wandte sich der zweite Freund dem zu, der eben geendet hatte. »Nur begibt sich meine Sache in Mähren. Auch dort eine heiter gestimmte Wandergruppe, am Saum eines Waldes, allerdings in der Ebene. Da packte mich die Lust, etwas tiefer in Gebüsch und Haselstauden hineinzukriechen. Warum ich mich auf dem Bauche liegend vorwärtsbewegte, gleichsam anschlich — das wüßte ich nicht zu sagen. Es gehört, wenn ich so sagen darf, schon in den Bann und

Zauber des Geschehens mit hinein, wie mir natürlich erst nachträglich zum Bewußtsein kam. Damals, als es sich zutrug, geschah es wie unter einem selbstverständlichen Zwang, und ich achtete nicht darauf. Ich pirschte mich also durch hohes Gras und hartes kratzendes Gesträuch an ein unbekanntes Ziel heran. Da sah ich, wie mir gegenüber, wie im Spiegel, am anderen Rand einer Waldlichtung, ein Soldat sich in ähnlicher Weise liegend näherarbeitete. Zwischen den von der Sonne beschienenen Baumstämmen war er deutlich zu erkennen. Er trug eine olivgrüne, ins Gelbe spielende Uniform, die ich nicht kannte. Jetzt merkte ich, daß er zum Unterschied von mir bewaffnet war. Nun legte er sein Gewehr auf mich an. Wir waren im tiefsten Frieden, seit Jahrzehnten. Niemand dachte an Krieg. Ein Räuber vielleicht? Ich suchte mich mit ihm durch Zeichen, durch Zuruf verständlich zu machen. Er zielte immer deutlicher auf mich. Da schrie ich heftig auf – die Erscheinung verschwand. Zwischen den Baumstämmen lagen leer die tiefgrünen Waldgewächse, üppige Blaubeerenstände, Erdbeerblätter.

Als ich im August desselben Jahres mobilisiert und an die galizische Grenze geschickt wurde, sah ich zum erstenmal russische Soldaten als Gefangene — und erkannte sofort die olivgrüne Uniform, die ich im mährischen Wald zum erstenmal erblickt hatte. Ich muß erwähnen, daß damals, als ich den imaginären Soldaten sah, mir der Begriff einer Felduniform noch völlig unbekannt war. Selbst unser eigenes österreichisches ›Feldgrau‹ lernte ich erst später, eben bei der Mobilisierung kennen; bei jener Rast am Waldessaum hatte ich keine Ahnung von Anpassungsfarben, zur Waffenübung war ich knapp zuvor noch in buntester Adjustierung, blau und rot, eingerückt. Und von der Ausstattung der russischen Armee war zu mir ebensowenig wie zu sonst einem von uns auch nur eine Andeutung gedrungen.«

Merkwürdigerweise dauerte es damals (Ende Juli, Anfang August 1914) einige Tage, ehe sich die riesigen Vernichtungsmaschinen gegeneinander in Bewegung setzten. Heute würde das ja (der Himmel verhüte es) ganz anders vor sich gehen. Zuerst gab es eine Zeitlang nichts als literarische Auseinandersetzungen in Gestalt maßvoller Kriegserklärungen: Deutschland an Rußland und Frankreich, England und Österreich an viele usf. Das war gleichsam die letzte Atempause, in der das große Unheil knapp noch zu verhüten war. Es wurde nichts verhütet. Die angeblich genial und seit langem eigens gegen die belgischen Festungen konstruierten österreichischen Skoda-Mörser begannen ihr Werk, im Dienst der deutschen Armee. »Siege in Ost und West«, hieß es im offiziellen Zeitungsjubel, »Libau von deutschen Kriegsschiffen beschossen. Kreuzer ›Magdeburg‹ gesunken.« Schon waren Tausende von Menschen verstümmelt, Tausende tot. Ein »Witz« wurde erzählt: Ein österreichischer Soldat habe einem Russen, der mit dem Gewehr auf ihn zielte, aufgeregt zugeschrien: »Was schießen Sie! Sehen Sie nicht, daß da ein Mensch steht?«

Ein Mensch! Letzter Schrei eines scheidenden Zeitalters, in dem ein einzelner noch etwas galt.

Und ebenso einzelne Völker. — Die Tschechen waren von Anfang an gegen den Krieg. Er sollte für Habsburg, das unter den Tschechen einige, aber nur wenige Freunde hatte, zusammen mit den deutschen »Feinden« gegen die in verklärendem Licht gesehenen Slawenbrüder geführt werden, gegen die Russen und Serben. Hochparadoxe Situation, in der der »Schwejk« entstand. Das erste Zeichen, in dem ich ihn sah (der Schwejk selbst war damals noch ungeschrieben), waren die nassen Fahnen an den Hauswänden Prags. Die Tschechen entwickelten eine ungeahnte symbolische Kraft, ihr Mißfallen am Krieg auszudrücken. Wurde amtlich ein Sieg gemeldet, so war es Pflicht der Hausbesitzer, schwarzgelbe österreichische Fahnen auszuhängen. Manche fügten auch die rotweißen Farben des Landes Böhmen hinzu. Dagegen war die tschechisch-panslawistische Fahne (rot-weiß-blau) verpönt; sie erinnerte ja auch an Frankreich. Die Prager Deutschen flaggten mit Begeisterung schwarz-gelb, die Tschechen höchst ungern. Aber wer es nicht tat, wurde schwer bestraft. Wie unterscheidet man gern geflaggte Fahnen von widerwillig geflaggten? Im allgemeinen gar nicht. Wenn aber ein tüchtiger Regen zu Hilfe kommt, dann zeigt sich die Unterscheidung klatschend-deutlich. Die Deutschen ziehen ihre lieben geschonten Fahnen ein, die Tschechen lassen sie tagelang, eigentlich unbegrenzt lang hängen. Bald baumelten von den meisten Prager Hausdächern traurige nasse Gespenster. Die Fahnen wurden dreckig, unansehnlich. Die Tschechen entfernten den Verwesungsschmuck nicht. Er flatterte nicht mehr. Bleiern hingen die Falten. Ganz Prag war bedeckt mit den ewig triefenden Begräbnistüchern. Ein Gefühl grenzenloser Preisgegebenheit hauchte kalt durch die stumm sich wehrende Stadt.

In Deutschland ging das alles ganz anders vor sich. Leute, die von den Sommerfrischen an der Ost- und Nordsee daheim in Prag anlangten und das »Reich« durchfahren hatten, erzählten Wunderdinge von der ruhigen Festigkeit, mit der man drüben zu den Regimentern einrückte. Wir inmitten einer skeptischen, feindseligen, ja zynischen Umgebung verstanden das gar nicht. Nur Kafka war vom Endsieg der Deutschen überzeugt, er hatte auf einer solchen Sommerfrischen-Heimreise durch Deutschland in diesen Mobilisierungstagen die besonnene, kraftvolle, tapfere Entschlossenheit der Bevölkerung erlebt, und sie hatte den tiefsten Eindruck auf ihn gemacht. Diese Einfachheit und Selbstverständlichkeit, so sagte er, muß siegen. Wir hatten damals manches Streitgespräch miteinander. Ich erinnerte ihn daran, was wir im Geschichtsunterricht gelernt hatten: England hat wohl Schlachten, aber noch niemals einen Krieg verloren.

Darin aber waren wir einig, daß es richtig wäre, jetzt etwas zu tun, statt verschreckt im Café herumzusitzen und auf die Zeitungen, die Extrablätter zu warten. — Ich kam damals wieder öfters ins Café Arco, das ich eine Zeitlang (wegen des Konflikts mit Werfel) gemieden hatte. Was übrigens dieses Café Arco anlangt, das in der Geschichte der sogenannten »Prager Dichterschule« einen gewissen Namen erlangt hat, so macht man sich in der Regel falsche Vorstellungen von dieser an sich recht unbedeutenden Lokalität. Es hatte zweimal ein Café Arco gegeben: zuerst das »alte Café Arco«, das eigentlich »Union« hieß, in der Ferdinandstraße, die nach 1918 in Národní (Nationalstraße) umbeannt wurde, dort hatte ich oft allein oder mit tschechischen Künstlern gesessen, in das Studium exotischer Zeitschriften, erotischer Bücher (z. B. japanischer Drucke oder Zeichnungen von Beardsley) vertieft — später zog der Oberkellner dieses Cafés in die Hibernergasse um, das Lokal verbürgerlichte sich zusehends, wurde aber die Bastion Werfels und seiner Anhänger, bekam wenigstens in einer Ecke einen Schimmer von Bohème. Ich kam mit Kafka nur selten hin, dann während einer langen Zeitspanne gar nicht; doch jetzt zu Beginn des Krieges fühlte ich das Bedürfnis nach Zusammensein mit Menschen, die am Krieg genauso litten wie ich.

Ins Café Arco trug ich den Gedanken, den Professor Masaryk ins Vertrauen zu ziehen. Werfel war gleich Feuer und Flamme für diesen Einfall.

Es kristallisierte sich folgendes aus der langen Diskussion hervor:

Wir sind völlig ohnmächtig. Wir können eigentlich gar nichts tun, wir, ein Häuflein weltunkundiger Friedenswilliger. Aber vielleicht können wir doch unsere Stimme hören lassen, wiewohl auf keine Organisation, keine Partei gestützt. Dem Fluch der Lächerlichkeit trotzen — das gehört mit zu unserer Pflicht. Wir können an die Neutralen appellieren. Wenn eine neutrale Macht jetzt, gleich nach den ersten Schlachten, mit einem Friedens-Vermittlungsvorschlag hervorträte — warum sollte sie nicht gehört werden? Vielleicht Italien, als größte der neutralen Mächte? Italien erschien uns damals in unserer Unkenntnis politischer Realitäten als wirklich neutral, ja österreichfreundlich, durch den Dreibund an uns geheftet. Daß es sich bereits zum Krieg gegen uns vorbereitete, ahnten wir nicht. Das Problem war also: die öffentliche Meinung Italiens zu einer solchen wahrhaft vernünftigen Rolle der Friedensvermittlung aufzurufen. Vielleicht durch einen Artikel in einem Schweizer Blatt. Oder im »Corriere della Sera«? Aber rasch. Ehe unnütz noch mehr Blut vergossen wird. Jeder Tag schien unwiederbringlichen Schaden zu bedeuten. — Wir warfen Schlagworte aufs Papier. Und nur ein Gerechter, ein echter Menschenfreund konnte die Verbindung mit Italien herstellen. — Masaryk! Selbst seine Gegner nannten den Namen mit Achtung. — Wir gingen alle anderen Möglichkeiten durch, soweit sie von Prag aus erreichbar waren. Sie waren gleich Null. Die deutsch-österreichischen Politiker steckten in ihren Kriegsideen, die Tschechen hatten sichtlich ihre eigenen Pläne panslawistischer Art, genauso kriegerisch wie die Deutschen, nur mit umgekehrtem Vorzeichen. Masaryk dagegen war ein Einzelgänger, mit einer eigenen kleinen Partei, der kleinsten Partei unter den Tschechen. Sie nannte sich »Partei der Realisten« und hatte sich, so nahmen wir an, immer als human, liberal, gegenüber ihren Volksgenossen oppositionell erwiesen. Wir wußten nicht, daß dieser ihr Humanismus nur im innertschechischen Kampf galt, nicht außenpolitisch. Außenpolitisch waren gerade die »Realisten« die schärfsten Gegner Österreichs, strebten einen eigenen Staat an, während sich die anderen tschechischen Parteien, die großen erfolgreichen Volksführer, wie Kramář und Klofač, mit einem Kompromiß, einer Autonomie innerhalb einer österreichischen Föderation zufriedengegeben hätten. Das intransigent Antihabsburgische des politischen Sonderlings Masaryk war all die Jahre lang weniger hervorgetreten, dafür hatte schon die wachsame österreichische Zensur gesorgt; wir in unserer großen politischen Unberatenheit sahen nur die andere, die innerpolitische Seite des Philosophen, seinen furchtlosen Kampf gegen die tschechischen Chauvinisten, die immer noch an die Echtheit der gefälschten »Königinhofer Handschrift« glaubten, welch letztere überdies auch bei Goethe noch Begeisterung geweckt und ihn zu dem Glauben veranlaßt hatte, die Tschechen hätten nun auch ein altes Heldenepos wie das Nibelungenlied — tatsächlich hatte der große Sprachforscher und nicht geringe Dichter Václav Hanka 1817 diese Handschrift mit beträchtlicher Kunst verfertigt, in der Kirche von Königinhof in eine Orgelpfeife praktiziert und dann dort »gefunden«. Das Volk teilte sich in zwei große kulturelle Parteien, wie die Franzosen während der Dreyfus-Affäre. Es galt als unpatriotisch, als untschechisch, die Echtheit der »Handschrift« zu bezweifeln; bis sich die wissenschaftlichen Bedenken gehäuft und die allgemeine Meinung zum Umkippen gebracht hatten. — Ebenso unerschrocken trat Masaryk auf, als große Teile der tschechischen Nation einen armen unschuldigen Hausierer des Ritualmords bezichtigten. Das war nun wirklich Dreyfus da capo. Die antisemitisch verhetzte Studentenschaft demonstrierte damals im Kolleg gegen Masaryk, er mußte seine Vorlesungen unterbrechen. Mein Freund, der Komponist Adolf Schreiber, besuchte dieses Kolleg als außerordentlicher Hörer. Er hatte mir in frühen Jugendjahren Bericht gegeben, der nachschwang, Bericht von dem tapferen Professor der Philosophie, der bewundernswert mutig, einer gegen alle stand.

Ein vertrauenswürdiger Bürger der Menschheit — so dachten wir. Und beschlossen, ihn sofort aufzusuchen. — Grotesk: Drei junge Leute ohne politische Erfahrung regen Friedensvermittlung an. Nur weil ihre Herzen es nicht aushalten, daß Krieg in der Welt ist. Grotesk aber erscheint es heute eben vor allem, weil man die Fieberhitze jener Tage, den Überrumpelungsschock, der von den Waffen ausging, den plötzlichen Sturz aus tiefstem Frieden in den nie mehr für möglich gehaltenen Krieg nicht mehr nachfühlen kann. Wir hatten eine Deputation gewählt: Max Wertheimer, Werfel und mich. Wir sollten im Namen aller den Gang unternehmen. — Max Wertheimer war ein junger Gelehrter, der schon hohes wissenschaftliches Ansehen genoß, wir beiden anderen waren in der Welt noch kaum bekannt. Der Gelehrte, ein Schüler des stürmisch originellen Professors Christian von Ehrenfels, hatte dessen »Gestalttheorie« weitergebildet, hatte dann bei Professor Hornbostel, dem Nietzsche-

Enthusiasten und exakten Beobachter psychologischer Phänomene, sowie mit Wolfgang Köhler studiert, dessen Experimente mit Menschenaffen in der Folgezeit dauerndes Aufsehen erregten. Wertheimer brachte etwas Neues, das wir in Prag noch gar nicht kannten: experimentelle Psychologie. Er verwarf unsere spekulativen Methoden, steckte voll von Handwerkertricks, von praktischen, manchmal humoristischen Ideen, die den Menschen, das Versuchsobjekt, zu foppen bestimmt waren, murkste mit derber Lustigkeit an seiner Arbeit herum. Ein weiser temperamentvoller junger Gnom. Das war Wertheimer, überdies ein geheimnisvoll faszinierender Mensch, klein, energisch, eigenwillig, schönäugig, mit mir auch durch Liebe zur Musik, zum Klavierspiel verbunden. — Doch existierten für ihn nur drei Musiker: Bach, Brahms und Reger, was ich mit Vorbehalt zur Kenntnis nahm, da ich auch noch etlichen anderen Meistern in Bewunderung diente. Unter anderen Umständen hätte sich zwischen uns eine schöne Freundschaft entwickeln können; man merkt seinen Einfluß in dem einzigen exakt-psychologischen Buch, das ich (gemeinsam mit Felix Weltsch) geschrieben habe — in »Anschauung und Begriff«. Ich lernte viel von ihm, doch er kam nur besuchsweise in seine Heimatstadt Prag, arbeitete in Laboratorien an Universitäten Deutschlands, an denen er später zu höchsten Würden und Weltruhm aufstieg. Im Krieg leistete er mit seinen Schallmeßmethoden, dem damaligen Radar, dem Vaterland bedeutende Dienste. Zum Dank vertrieb ihn Hitler, er starb in Amerika, im Exil. — Jetzt hatte ihn der Kriegsausbruch nach Prag gescheucht; er war der richtige Mann, als angehender akademischer Kollege mit Masaryk zu reden.

Wir machten uns vom Kaffeehaustisch auf, zur Redaktion des »Čas« (»Zeit«), den Masaryk zwar nicht redigierte, in dem er aber der Hausgeist, der Spiritus rector war. Ein kleines Blatt, nur von Masaryks Sekte gelesen, gegenüber den großen tschechischen Zeitungen wenig beachtet. Drei oder vier Zimmer in einem düsteren Hinterhaus in der Hauptstraße, dem Wenzelsplatz.

Auf der Straße konnte man sich kaum durchdrängen. Gerade zog ein Regiment, Musik voran, zum Bahnhof. Die Gehsteige dicht blockiert von stummem Volk. Hochrufe hier und da (deutsch). Die Kanonen mit Blumen und Reisig herausgeputzt, wie Lauben bei einem Sommerfest. Fürchterlichste Ironie. Und das Gesicht des Kommandanten, der voranreitet, kommt mir bekannt vor. Wieder

Stimmung eines Sommerfestes — etwas längst Versunkenes, etwas wie Rasenfläche, Melodie des Friedens, harmlose Unterhaltung, Überfluß. Längst versunken? Es ist doch erst wenige Wochen her. Garten einer Villa — ich erkenne in dem stolzen Reiter einen Obersten, der bei Bekannten, bei einem gesellschaftlichen Anlaß, allerlei Unsinn geschwatzt hatte! Ein netter, anständiger Mann vermutlich, dieser Friedensoberst; aber daß er jetzt zu erzener Tätigkeit erweckt ist, daß gerade ihm in seiner biederen Einfalt das Leben von ein paar tausend Heloten bedingungslos anvertraut sein soll — das ist ein Gedanke, der einem kalte Schauer über den Rücken jagt und zur Eile, zur Eile drängt.

Werfel trägt schon die Uniform. Wir bitten ihn, im Hof unten zu warten. Für ihn wäre es gefährlicher als für uns Zivilisten, bei einem Gespräch ertappt zu werden, das als Staatsverrat zu deuten nicht schwerfallen dürfte, wenn man wollte. Das hatten wir im Café nicht überdacht.

Der Gelehrte und ich steigen erwartungsvoll die Treppe hinauf. Wir werden gleich gemeldet und vorgelassen. Ein langer hagerer Mann tritt von der anderen Seite ins Sprechzimmer ein, grau gekleidet, sehr einfach, er scheint eilig, man setzt sich nicht. Dr. Wertheimer entwickelt sofort den Plan. Professor Masaryk schaut von einem der seltsamen Besucher zum anderen, greift mit der Rechten nach dem Schnurrbart, schiebt ihn zurück, wobei die Hand auf dem Mund bleibt, als wolle sie ein spöttisches Lächeln verbergen — die Augen sind teilnehmend, sehr aufmerksam, prüfend, als sagten sie: »Was ist da zu machen?« Aber es geht zugleich eine Magie des Du und Ich von ihnen aus. Nichts: Was soll ich machen? sondern: Was wollen wir *beide*, wir *drei* nun anfangen? — Man versteht, daß dieser teilnehmende Blick dem Mann viel Einfluß sichert. Oder ist es nur ein Ausdruck, ein Resultat oft geübten Einflusses, der sich klugerweise als Zusammenarbeit maskiert? Doch liegt auch Güte, Bescheidenheit in seinem Gesicht, nichts Diktatorisches. Es vereint Gegensätze: eine imponierende Bescheidenheit, wenn man so sagen kann — die vornehme Zurückhaltung eines Lehrers, der eigentlich ununterbrochen zu lehren hätte.

Während Dr. Wertheimer sprach, waren immer wieder Leute stiefelknarrend durch das Zimmer gegangen. Plötzlich wandte sich einer, ein großer backenbärtiger Mann, an Masaryk, sagte etwas leise zu ihm. Masaryk drehte sich ihm erregt zu. Es dauerte ein Weilchen.

Unten war soeben (so sagte der Ankömmling) ein altes tschechisches Weiblein verhaftet worden. Auf Anzeige eines Deutschen, eines Juden. Sie hätte gesagt: »Schön kleidet man die an, fürs Grab.« Nun war der Bericht des Backenbärtigen zu Ende. Dr. Wertheimer nahm das Wort, nannte den »Corrierre della Sera«. Wir entwickelten kurz den Plan einer italienischen Friedensvermittlung. Masaryk habe ja bestimmt Verbindung mit italienischen Gelehrten. Man möge eine gemeinsame Deklaration herausgeben, um den Krieg zu stoppen. Und diese Friedens-Deklaration, eine Aufforderung an alle kriegführenden Parteien, solle in ein neutrales Blatt lanciert werden, jetzt, sofort, noch ehe alle bösen Leidenschaften losgebrochen sind und sich eingespielt haben, jetzt, sofort, solange noch ein Rest von Vernunft in den Gehirnen regiert. So ging unsere jugendliche Rede. Aber Masaryk unterbrach uns rasch, unfreundlich: »Sie sollten lieber sehen, daß Ihre Landsleute nicht provozieren.« — Damit drehte er uns »Delegierten« den Rücken und ging mit dem Backenbärtigen ins Nebenzimmer, aus dem er gekommen war.

Das war eine schlimme Enttäuschung! Masaryk hatte ja ganz recht. Aber er hatte als nationaler Tscheche gesprochen, nicht als Weltbürger. Wir waren anderer, höherer Dinge von ihm gewärtig gewesen.

Es sollte aber bald noch schlimmer kommen. Kurze Zeit nach unserer Unterredung verschwand Professor Masaryk aus Prag. Das Gerücht verbreitete sich, daß er das Staatsgebiet verlassen, sich zu den Gegnern geschlagen hatte. Das Gerücht hatte diesmal nicht gelogen. In der Folge erwies sich Masaryk als einer der energischesten politischen und organisatorischen Arbeiter; doch arbeitete er durchaus nicht in unserem Sinne des Friedens, sein Ziel war vielmehr eine Verschärfung des Krieges, die Zertrümmerung Österreichs. Die Versöhnung der Gegensätze, die uns damals, in den ersten Kriegstagen zum Greifen deutlich vorschwebte, lag weitab von seiner Bahn. Er war radikaler Anhänger der Idee eines selbständigen tschechischen Staates. — Nachträglich sieht man, daß es den Tschechen und der ganzen Welt viel Unglück erspart hätte, wenn Masaryks Plan der Verwirklichung des tschechischen »Staatsrechts« weniger geglückt wäre, wenn ein lebensfähiges Österreich als eine Föderation freier Völker, als eine Art »Völkerbund im Kleinen« den Krieg überdauert hätte. Allenfalls in sehr modifizierter Form, aber doch als ein Großstaat, der, wie es seiner ursprünglichen Idee, dem Namen »Ostmark« entsprach, als Bollwerk die westliche Welt gegen den Osten (sowie auch im Notfall gegen großdeutsche Herrschaftsansprüche) geschützt hätte. Ich habe Masaryk späterhin als Philosophen, als Ethiker, als praktischen Staatsmann in Einzelfragen bewundert; seine Grundkonzeption der Kleinstaaterei in Mitteleuropa mußte ich aber ablehnen. Ich kenne genau die Geschichte des tschechischen Volkes, weiß auch, was andere Völker zuzeiten unter der Regierung Habsburg gelitten haben, z. B. das italienische in Venedig und in der Lombardei (man lese die aufpeitschende Darstellung im »Risorgimento« von Ricarda Huch): dennoch bin ich zur Überzeugung gelangt, daß die guten Impulse, die vom Zentrum Wien ausgingen, die bösen Gewalttriebe meist überwogen, daß Figuren wie Kaiser Joseph II., Grillparzer, Stifter, Raimund in ihrem humanen Glanz den Weg zu einer wahrhaft menschenwürdigen Politik gezeigt haben, einen Weg, den wir leider im Dienst der Zeitereignisse nicht gegangen sind.

1914 sank diese Welt guter Erwartungen in Trümmer. Ohne Möglichkeit, je wieder aufzuerstehen — oder nur nach vielen Qualen und in sehr veränderter, verminderter Gestalt. Wir wußten es nicht. Doch ahnungsweise lag wohl das Wissen um künftiges Unheil schon damals in uns. Anders kann ich mir unser hartnäckiges Festhalten an der ganz aussichtslosen Idee einer Friedensvermittlung nicht erklären als aus solcher Ahnung. Ich sehe mich nochmals in jenen Tagen an einer leidenschaftlichen Friedensdiskussion, einem gleichfalls zum Scheitern bestimmten Organisationsversuch beteiligt. Ich sehe nur undeutlich, die Erregung jener Tage betäubt noch heute die Klarheit meines Gedächtnisses. Es ist eine schlichte Berliner Wohnung, die Wohnung Max Schelers, den ich damals für einen der Lichtbringer des Zeitalters hielt und den ich noch heute, mit Nachsicht einiger Mißgriffe, als führenden Denker ansehe. Anwesend waren außer Scheler Martin Buber und Gustav Landauer, der dem Marxismus einen anderen Sozialismus, den des freien Willens, der religiös-ethischen Umkehr, der Neugeburt und der Verwirklichung im engsten Kreis, des Anfangens bei jedem einzelnen entgegensetzte. »Vom Individuum beginnt alles; und am Individuum liegt alles«, hieß es in Landauers »Aufruf zum Sozialismus«, den wir nicht zur Gänze bejahten, der aber in unserer Entwicklung doch von großer Bedeutung war. Ich hatte Landauer durch die gütige alte Auguste Hauschner kennengelernt, die ich in Berlin in ihrer schönen Wohnung »Am Carlsbad« zu besuchen pflegte, wenn ich in die Weltstadt kam. Die Hauschner beschützte und unterstützte mit echt patrizischer Grazie und Geistesfreiheit den ihr innerlich so wenig verwandten, turbulenten Landauer. Sie erinnerte sich wohl, die feine alte Dame, daß sie immerhin die Nichte Fritz Mauthners war, des revolutionären Sprachkritikers — und daß in ihrer Familie, wie sie mir erzählte, ein höchst geheimnisvolles Schwert aufbewahrt wurde, das bei den Mysterien der Frankisten, einer längst erloschenen jüdischen pseudomessianischen Geheimsekte, eine Rolle gespielt haben sollte. Sie lernte redlichen Sinnes von Landauer, in ihrer stets aufnahmebereiten Art eine Sinnesverwandte von Frau Bertha Fanta in Prag, mit der sie allerdings äußerlich nicht in Verbindung stand. Irgendwie war es aber doch der Geist von Alt-Prag, der in diesen beiden, sonst so verschiedenartigen Frauen zum Ausdruck kam. Der Roman »Die Siedlung« von Auguste Hauschner läßt erkennen, wie weit sie sich in die menschheitsbefreienden Ideen Landauers eingelebt hat.

Da saßen also Buber, Scheler, Landauer und ich und berieten angestrengt über das furchtbare Unglück des hereingebrochenen Krieges; und was man allenfalls dagegen machen könne. Werfel war nicht mitgekommen, er war ja bereits beim Militär, stand knapp vor dem Abtransport an die Front. Aber ich hatte noch in Prag unser Friedensprogramm Punkt für Punkt mit ihm besprochen, und ich war mit seinem Segen gefahren; schon lange waren wir nicht so vollendet einig gewesen wie in jenen schweren Tagen.

Die Unterredung in der Wohnung Schelers ging erfolglos aus, sie *konnte* zu keinem Ergebnis führen. Vergebens bemühten wir uns um Formulierung unserer Herzenswünsche, wir fanden keine gemeinsame Sprache. Der Grund wurde erst einige Wochen nach der Beratung offenbar, dann aber überdeutlich, blutrot. Es erschien nämlich ein Buch von Scheler, glänzend geschrieben wie alles, was aus seiner Feder kam, jedoch völlig im Bann nationalistischer Anschauungen, die keinen Ausgleich mit den Ansprüchen der Entente zuließen. Der »Genius des Krieges« hieß das pamphletartige Büchlein, ideologisch wohl das schwächste, das Scheler je veröffentlicht hat; es enthielt sehr scharfe Angriffe auf den britischen Geist und auf dessen »cant«. Es war eine sehr geschickte Propagandaschrift für den hemmungslosen Krieg der Mittelmächte, mit allerlei psychologischen Feinheiten und Sophismen kunstvoll ausgestattet. Die

Vorzüge des Krieges wurden im Zeichen Nietzsches gepriesen. Eine Ohrfeige für jeden Pazifisten. Wie Scheler, der damals seine Streitschrift schon fertig, schon in der Druckerei haben mußte, an unserer Debatte, sei es auch mit einigen Einwänden, teilnehmen konnte, ist mir immer rätselhaft geblieben. Voll Empörung antwortete ich mit einer dramatischen Szene »Der Genius des Friedens«, die aber nie erschienen ist und die ich jetzt bei einer Suche in meinen Manuskripten nicht finden kann, zumindest bei bloß flüchtigem Nachsuchen nicht. Damals konnte sie der Zensur wegen nicht veröffentlicht werden. Und als sie hätte erscheinen dürfen, war sie nicht mehr aktuell. Sie war immerhin, da sie das Zeichen der Entrüstung jener kochenden Tage an der Stirne trug, vielleicht nicht ohne einigen Wert. (Ein Teil dieser Szene ist dann in der »Aktion« gedruckt worden.)

Die Unterredung mit Masaryk hatte aber noch ihre Nachwirkungen. — Es begannen in Wien die Prozesse gegen die tschechischen Parteiführer Kramář, Staněk und die übrigen. Unter den Beweisstücken gegen sie figurierte ein Notizbuch Masaryks, das er in Prag vergessen hatte. Masaryk war in absentia angeklagt. »Er ist eben ein richtiger Kantor«, sagte mir damals ärgerlich einer der Mitbeschuldigten, wobei »Kantor« dem tschechischen Sprachgebrauch gemäß einen Dorflehrer mit all seinen weltfremden Eigenheiten bedeutete. »Alles schreibt er auf und läßt er irgendwo liegen.« — In dem Notizbuch hatte man auch die Bemerkung gefunden: »Heute Unterredung mit Dr. Max Brod — wegen des Friedens.« Um dieser Bemerkung willen wurde ich nach Wien vor das Militärobergericht geladen. Als Zeuge nur. Aber man wußte ja damals aus mancherlei Erfahrungen, wie kurz oft der Weg von der Zeugenbank zur Anklagebank war. — Der Prozeß war als politischer Kriminalfall aufgezäumt, die Anklage lautete auf Hochverrat. Meine Eltern weinten, als ich nach Wien fuhr; meine junge Frau suchte mir tapfer ihre Aufregung zu verbergen.

Der Prozeß gehörte dann freilich (im Widerspruch zu seiner stets drohenden Tragik wie auch zum Ernst des Schauplatzes, zum düsteren ärarischen Soldatengericht) — gehörte zum Komischesten, was ich je erlebt habe. Die Situation spitzte sich grotesk zu. Die Verteidiger der tschechischen Hochverräter gingen darauf aus, die Glaubwürdigkeit der Masarykschen Notizen zu entkräften und auf diese Art ihre Klienten reinzuwaschen; infolgedessen vereinten sie ihre Bemühungen dahin, den Mann, den sie einige Jahre später als Blüte der tschechischen Nation und als ihren Präsidenten anerkennen sollten, zunächst einmal und zum Zweck des österreichischen Gerichtsverfahrens als Phantasten, ja als Schwachsinnigen hinzustellen. Sie ließen alle einstigen Gegner Masaryks aufmarschieren, aus den verschiedensten Affären, die er je gehabt hatte, unter anderem auch einen Herrn Professor Flajšhans aus der Zeit des Streits um die Königinhofer Handschrift und ihre Echtheit, also aus einer recht weit zurückliegenden Periode. Der wackere Herr Flajšhans in wallendem Silberhaar war einer der letzten, die noch an die Echtheit der ins 13. Jahrhundert datierten, aus den Orgelpfeifen der Königinhofer Kirche hervorgezogenen Pergamentblätter glaubten. Fast alle anderen einstigen Streiter hatten sich inzwischen dem Beweise gefügt, daß man unter den vom Fälscher Hanka benützten Farben (bei Anerkennung all seiner kalligraphischen, philologischen, grammatikalischen Künste, die so viele Gelehrte getäuscht hatten) auch ein modernes Preußisch-Blau chemisch herausanalysiert hatte, das frühestens aus dem Jahr der Erfindung (1704) stammen konnte. — Nun also hatten die Advokaten dies längst vergessene Petrefakt eines Wahrheitsfanatikers, eben den auf verlorenem Posten kämpfenden Herrn Flajšhans, wieder ans Licht gezogen und in den Gerichtssaal gebracht. Der Zeuge holte weit aus. Es war damals noch die glückliche Zeit, in der der Begriff eines Schauprozesses unbekannt war — alles ging seinen Weg, ohne vorher auf den oder jenen Endeffekt hin vorbereitet und abgezielt zu sein. Man suchte die Wahrheit, nichts anderes. So beginnt denn Herr Flajšhans alle Fehler und Irrtümer breit darzulegen, deren sich Professor Masaryk während seiner langen Laufbahn schuldig gemacht hat. Masaryk wird zerfetzt, nichts bleibt von ihm übrig als ein Häufchen Leichtsinn und wissenschaftlicher Unzuverlässigkeit, ad majorem gloriam der Angeklagten, deren Ehre natürlich durch die Aufzeichnungen eines solch unzurechnungsfähigen Faselanten nicht angetastet werden kann. »Da hat dieser Ignorant ein Buch über den Selbstmord publiziert«, ließ Flajšhans sich vernehmen, »in dem hat er nach seiner schulmeisterlichen Art kunterbunt alles zusammengetragen, was er in der Weltliteratur zum Thema des Selbstmordes aufstöbern konnte. Unter anderem zitiert er eine dramatische Skizze von Alfred de Musset, die mit den Worten schließt: Er verstummt in Betrachtung des Meeres. »Il se tait en regardant la mer.« Das übersetzt er falsch: »Er tötet sich in Betrachtung des Meeres.« Auf solche Art hat er eine neue Nummer im Register klassischer Selbstmorde. — Das war aber dem Oberrichter denn doch zuviel, und er rief hinein: »Nun möchte ich aber wissen, was das alles mit dem angeklagten Abgeordneten Dr. Kramář zu tun haben soll.«

Der Prozeß verlief im Sande. Das alte, schwarzgelbe, angeblich so autoritär-diktatorische Österreich blieb doch der liberalste Staat, den ich je aus der Nähe erlebt habe. Kramář wurde allerdings zum Tode durch den Strang verurteilt, aber sofort begnadigt, er überlebte den Krieg und wurde gleich nachher der erste tschechische Ministerpräsident. Die Folgen des Prozesses für mich waren weniger sichtbar, aber betrüblich genug. Ich stand während des ganzen Krieges unter geheimer Überwachung. Schon daß ich als Staatsbeamter in einen solchen Prozeß verwickelt war, machte den nachteiligsten Eindruck auf meine Vorgesetzten. Überdies war ich ein sehr schlechter Beamter. Meine Führungsliste wurde durch den Hinweis auf den Kramář-Prozeß nicht gerade verschönt. Dazu kam anderes: Ich merkte nichts, aber meine Post wurde streng zensuriert. Infolgedessen kamen viele meiner Briefe nicht an, ich wunderte mich über die Schlamperei meiner Korrespondenten, selbst auf dringende Bitten um Nachricht erfolgte manchmal keine Antwort. Manchmal hatte ich das Gefühl, völlig abgeschnitten zu sein. Ich erhielt keinen Bericht, keine Ermunterung von außen. Für einen Dichter im ersten Stadium seines Erfolgs (Tycho Brahe) ein unleidlicher Zustand. Dabei war ich schon ohnehin vorsichtig, gab nichts Verfängliches auf die Post. Denn daß es neuerdings eine Briefzensur gab, war ja allmählich durchgesickert. Immerhin sah ich nichts Staatsgefährliches darin, wenn ich meinem Verleger und Freund Kurt Wolff gegenüber klagte, daß mich der schreckliche langweilige Beruf in einer der juristischen Personalabteilungen der Prager Postdirektion an allen Nerven ruiniere, daß er mich einfach umbringe. Ein paar eifrige Zensoren gedachten wahrscheinlich, den Sieg Österreichs, der auf den Schlachtfeldern nicht zu bewerkstelligen war, durch Konfiskation derartiger Sack- und Asche-Briefe herbeizuführen. Einige Jahre nach Beendigung des Krieges bekam ich von der nunmehr tschechoslowakisch gewordenen Post ein ganzes Bündel meiner zurückgehaltenen Briefe zugestellt. Ein ganz beträchtliches Paket. Die Briefe trugen allerlei tadelnde Glossen der Zensoren wie z. B. »Unzeitgemäße Friedenswünsche. Nicht zugelassen!« oder gar den welterschütternden Vermerk eines der angestellten Überwacher: »Nicht befördern! Unzuverlässige Bemerkungen eines Staatsbeamten über seinen Beruf.«

Dieser skurrile Ausklang meiner Intervention bei Masaryk, die eigentlich nur der Versuch einer Intervention war, blieb aber nicht das einzige, was im Raum der Geschichte nachschwang. Als der Zusammenbruch der österreichisch-ungarischen Monarchie schon vollzogene Tatsache war und die Tschechen zunächst in der Form eines Nationalrats ihren Staat bauten, verhandelte ich als einer der Führer des jüdischen Volkes mit ihnen. Kulturpolitische Arbeit während der Kriegsjahre hatte mir immerhin schon mehr Verständnis für die wirkenden Kräfte der Welt verschafft. Unerwarteterweise kam ein persönlich an mich adressiertes Telegramm aus Amerika — Masaryk hatte sich meiner erinnert, und seine Depesche sagte mir zu, daß in dem neuen, in Bildung begriffenen Staate die jüdischen Rechte vollen Schutz genießen würden. In der Folge, sobald Masaryk als Präsident der tschechoslowakischen Republik in seine Heimat zurückgekehrt war, konnte ich dann wiederholt in kritischen Momenten bei ihm als Fürsprecher der jüdischen Sicherheit und kulturellen Entwicklung wirksam sein. Das Telegramm Masaryks aus Amerika wurde zu einer der Basen der zionistischen Politik in der Tschechoslowakei.

Doch ehe ich die Darstellung jener heillos verworrenen Tage des Kriegsbeginns verlasse, sei noch einer anderen Episode gedacht. Öfter als einmal fragten wir uns: »Was wird Karl Kraus in seiner ›Fackel‹ zu alldem sagen?« — Ich liebte die Fackel nicht, sie erschien mir, wie hier bereits dargelegt, in vielen Fällen höchst ungerecht — sie hatte mich ein oder das andere Mal angegriffen, wenn auch vergleichsweise glimpflich (d. h. verglichen mit dem wüsten Ton, in dem Kraus über andere Autoren zu schreiben pflegte — und allmählich hörten späterhin die Angriffe gegen mich ganz auf). Aber in einigen Grundfragen, z. B. in der Idee eines radikalen Pazifismus, schienen mir seine Überzeugungen denn doch mit den meinen gleichlaufend zu sein. Die grauenhafte Not des Kriegsanfangs und dann des Krieges, all die schlaflosen Nächte, die ich jetzt durchwachte, ließen mir persönliche literarische Streitigkeiten als etwas höchst Unwichtiges, ja als lächerlich erscheinen. Ich weiß nicht, wie es kam, aber ich *hoffte* damals auf die »Fackel«. Karl Kraus als unabhängiger Journalist, dem sein eigenes Blatt unbegrenzt zur Verfügung stand, wird die Wahrheit schreiben — dieser Gedanke bohrte sich mir im Gehirn fest. Er wird den Krieg, die Diplomatie, die Regierungen, die Helden der Blutbäder, die Ursachen der in Bewegung gesetzten Flüchtlingsströme anklagen — wenn auch nicht direkt (das würde ja die Zensur nicht zulassen), so doch durch Andeutungen, Anspielungen, zwischen den Zeilen. Er macht doch in *allem* Opposition, wendet sich immer gegen die Routine der Öffentlichkeit; er wird auch jetzt in diesem wichtigen Umbruch der Weltgeschichte Mittel finden, um seine vom Trend der Zeit abweichende Meinung zu demonstrieren. Irrsinnige Hoffnungen beflügelten mich. Ein offenes Wort konnte, wie ich auch bei der Berliner Beratung und vorher im Gespräch mit Masaryk ersehnt hatte, Ansatzpunkt für eine große Wendung werden, für eine Wendung zum Guten, einen Ausweg aus der Hölle...

Aber die »Fackel« schwieg.

Erst vier Monate nach Ausbruch des Krieges erschien ein dünnes Heftchen, 19 Seiten stark. Es enthielt eine Anrede, die Kraus am 19. November vor einer Vorlesung in Wien gehalten hatte — also auch bereits dreieinhalb schicksalsschwere Monate nach dem Ausbruch des verbrecherischen Irrsinns.

Die Ansprache und das Heftchen führten den Titel: »In dieser großen Zeit«.

Wie ein Halbverhungerter auf die erste Mahlzeit stürzte ich mich auf die Lektüre. — Und ich erhielt einen der ärgsten Schläge, die mir das immer toller werdende Leben zugedacht hatte.

Kraus schrieb kein Wort gegen die eigentlichen Drahtzieher des Krieges, die leitenden Politiker in allen Staaten, die regierenden Cliquen, die ersten Ursachen des Unheils. Er wandte sich gegen Nebenerscheinungen, z. B. gegen ein sinnloses Plakat, das einen Säugling mit Gummiabsätzen an den Beinchen darstellte. Als ob es heute auf derartige Entgleisungen einer herzlos blöden Reklame angekommen wäre, auf derartige Geschmacklosigkeiten niederen Ranges, wenn sie natürlich auch auf jeden Fall bedauerlich blieben und auf Böses hinwiesen. Grausam, menschenfresserisch aber waren sie nicht. Man muß gerade in entscheidenden Momenten die Kraft haben, zwischen ästhetisch Peinlichem und ethisch Verderblichem, direkt Mörderischem eine klare Unterscheidung zu ziehen, darf nicht die Grenzlinien snobistisch verwischen. — Wie erklärte sich Kraus, von rhetorischem Glanz seiner Anklagerede gegen Nebensachen abgesehen, im Hauptpunkt? In wirklich wichtigen Fragen redete er ziemlich deutlich die offiziösen Redensarten nach. Dem mutigen freien Schweizer Hodler, der (wie Spitteler) gegen die Verletzung der belgischen Neutralität durch Deutschland protestiert hatte, wurde von Kraus ausdrücklich bestätigt, daß er »unrecht hat« (wenn er auch im übrigen als Künstler gelobt wird). Und was sagt man zu dem Satz: »Ich weiß wohl, Kathedralen werden mit Recht von Menschen beschossen, wenn sie von Menschen mit Recht als militärische Posten verwendet werden«? Mußte man da nicht, zumindest für einen Augenblick, glauben, die »Fackel« verteidige den Frevel, der damals überall Aufsehen machte: die Artillerie-Beschießung der Türme der Kathedrale von Reims durch die Deutschen, den Frevel, der mit Hinweis auf die angeblich militärische Ausnützung der Kathedrale durch die Franzosen offiziell verteidigt wurde? Es folgten dann freilich ein paar zweideutige Zeilen, die das eben Gesagte halb und halb zurücknahmen, d. h. die recht dunkle Drohung enthielten, die Kathedralen könnten nun gegen die Menschen Krieg führen. Was das eigentlich bedeuten sollte, wußte niemand. Das Entmutigendste aber waren die Ausführungen, die der Kathedralen-Episode vorangingen. Sie bezogen sich auf die Plakate, die an den Straßenecken hingen: Der alte Kaiser Franz Joseph rief alle Nationen Österreichs zum Krieg auf (»An meine Völker« war das Manifest vom 29. Juli betitelt), er versicherte den Völkern, daß er »alles geprüft und erwogen« habe, ehe er sich entschloß, vom jahrzehntelangen Frieden zum Krieg überzugehen. Nebenbei bemerkt: Eine seltsame Ironie wollte es, daß dieses gefühlsstrotzende Manifest von dem tschechisch-jüdischen Journalisten Moritz Bloch in braver Dienstfron hervorgebracht war, der damals in der kaiserlichen Kabinettskanzlei saß. Bloch hat es mir selbst erzählt, viele Jahre nach dem Krieg, als er mein Chef im Pressedepartement des tschechoslowakischen Ministerratspräsidiums war, ein gütiger alter Herr, übrigens sehr schlau und ein großer Bewunderer von Krausens satirischer Kunst. Er hielt sich die Hand vor den Mund und lächelte masarykhaft im verborgenen – wie immer, wenn er etwas Medisantes äußerte, der gute Alte, der mein besonders hilfsbereiter Freund wurde. Er genoß gern und gründlich die Ironie der Tatsachen. Denn hätte Kraus gewußt, daß das besagte Schriftstück nicht hochadeligen, sondern jüdischen Ursprungs war, so hätte er es bei seiner bekannten Einstellung gegen Juden und gegen Berufsjournalisten wohl nicht so überlebensgroß gelobt. Gerade das war ja das Erstaunliche: Dem Kriegsmanifest widmete

Kraus in der »Fackel«, die mich so entsetzte, die folgenden begeisterten Worte:

Über jenem erhabenen Manifest, jenem Gedicht, das die tatenvolle Zeit eingeleitet, dem einzigen Gedicht, das sie hervorgebracht hat, über dem menschlichsten Anschlag, den die Straße unserm Auge widerfahren lassen konnte, hängt der Kopf eines Varietékomikers, überlebensgroß. Daneben aber schändet ein Gummiabsatzerzeuger das Mysterium der Schöpfung, indem er von einem strampelnden Säugling aussagt, so, mit dem Erzeugnis seiner, ausgerechnet seiner Marke, sollte der Mensch auf die Welt kommen.

Jeder, der diese Zeilen las, mußte sie dahin deuten, daß Karl Kraus in dem kaiserlichen Manifest etwas Erhabenes sah, dagegen in der Gummiabsatz-Reklame ein Unheil der Zeit, den eigentlichen Krebserreger des Krieges (während diese Reklame in Wahrheit wohl etwas für die verderbte Gesinnung der Neuzeit Symptomatisches, Ekelhaftes, etwas Unangemessenes, aber doch im allgemeinen Zusammensturz der Welt Nebensächliches darstellte).
In späteren Jahren, bereits lange nach dem Krieg, ist Kraus nochmals auf diese blamable Fackel-Nummer zurückgekommen. Vermutlich hat man ihn aufmerksam gemacht, daß er selber, der so vielen Autoren (z. B. Kerr, Hauptmann, Dehmel, Hofmannsthal) stürmisch vorwerfe, sie hätten während des Krieges oder zumindest am Anfang des Krieges militaristisch anfeuernd geschrieben — daß er selber in jener Dezembernummer, der ersten nach Kriegsausbruch, dem kaiserlichen Manifest, das den Krieg verkündete, Beifall geklatscht habe — und dann verstummt sei. Denn es ist, nach dieser vereinzelten Nummer, jahrelang keine »Fackel« erschienen (wenn mich mein Gedächtnis nicht trügt), und erst als es in Österreichs leitenden Kreisen, unter dem jungen Kaiser Karl, eine Partei gab, die einem Sonderfrieden ohne Deutschland zustrebte, erschien wieder die »Fackel« mit pazifistischen, teilweise sehr gesunden Glossen — und später jene »Letzten Tage der Menschheit«, die ein erschütterndes Dokument bleiben, ob man sich nun sonst zur Figur von Karl Kraus im ganzen negativ oder positiv einstellt. — Was antwortete nun Karl Kraus auf die Vorwürfe, er hätte mit seiner Anrede »In dieser großen Zeit« der Sache des Friedens einen schlechten Dienst erwiesen? Bekanntlich muß Karl Kraus immer recht behalten.

Er hat nie geirrt, er darf nie irren, der Bedauernswerte. Statt also schlicht und einfach zu sagen »Pater, peccavi«, schrieb er in einer neuen, bereits mitten im Frieden oder gegen Ende des Krieges erscheinenden »Fackel« einen sehr langen und sehr komplizierten Essay, in welchem er nachwies, man habe seine Worte über das kaiserliche Manifest mißverstanden, er habe es nicht gelobt, vielmehr sich darüber lustig gemacht, es ironisiert — und das gehe klar aus seinen Worten hervor, in denen er von dem »Anschlag« spreche, der unseren Augen widerfahren sei. »Anschlag« bedeute doch nicht bloß »Plakat«, sondern zweideutigerweise auch »Attentat«. Er habe ein Attentat gemeint. — Den Beweis ist er allerdings schuldig geblieben, daß auch seine Worte von dem »einzigen Gedicht, das sie (die Zeit) bis nun hervorgebracht« habe, einer doppelten Auslegung fähig seien oder daß das Adjektiv »menschlichsten« (vor dem Wort »Anschlag«) ironisch aufgefaßt werden könne. Oder daß die Übergangsworte »Daneben aber schändet...« etwas anderes bedeuten könnten, als daß vorher von etwas Anerkennenswertem, nachher von etwas Häßlichem die Rede gehe.

Die Sache ist viel zu einfach, als daß über sie viel Worte gemacht werden müßten. Selbst falls es Kraus gelungen wäre, den Nachweis zu erbringen, daß für einzelne seiner Worte eine andere Deutung als die militaristische möglich sei, bleibt die Tatsache bestehen, daß in kritischen Wendepunkten der Geschichte die einfachste, die nächstliegende Deutung die einzig natürliche ist, auf die man denn auch bei allen Beteiligten rechnen kann. Daß jenes Dezemberheft der »Fackel« damals im Sinne der Regierenden, der Kriegsverursacher und eigentlich über die Köpfe der Völker hin Kriegführenden wirkte — daß es von allen, die es lasen, so und nicht anders aufgefaßt werden mußte, wie wir es dem einfachen Wortlaut nach auffaßten — nur das zählt. Und nicht die Ausrede, daß einige Jahre später, wenn alles vorbei ist, einige Sätze (und übrigens durchaus nicht alle) unter Anwendung mühsamer Sophistik auch anders, auch friedliebender gelesen werden können.

ZWEITER TEIL

Vom Anfang an. Ein Rückblick und Fortführung des Berichts

Der Kriegsausbruch verwandelte die Welt. Was vor 1914 lag und was dann folgte, das sah einander gar nicht ähnlich, spielte nur nominell auf derselben Erdoberfläche. In Wahrheit blickte alles physiognomisch verändert drein. So wie in unseren Tagen durch die Atombombe alles eine zweite, entschiedene Verdüsterung erfahren hat.

1914, einschneidende Lebenswende. Eine Paßhöhe. Von hier aus, ehe ich weitergehe, einen Rückblick auf das Tal meiner Jugend zu werfen, scheint mir durch eine geradezu topographische Notwendigkeit geboten — nochmals muß ich sie wie in Übersicht vor mir haben, die Kindheit vor allem, die wohl auch leidend und leidenschaftlich genug, im Verhältnis aber zu dem, was folgte, eigentlich ein Meer der Ruhe gewesen war. Glücklich und geschützt.

Den Schutz dankte ich meinen guten Eltern. Ja, sie waren beide grundgute Menschen, wiewohl die Mutter mehr als billig die rauhe und stürmische Seite, der Vater ebenso übertrieben (in der entgegengesetzten Richtung) die vornehme und höflich zurückhaltende hervorkehrte. Seltsam, daß durch ein geheimnisvolles Naturgesetz zwei so entgegenstehende Charaktere einander angezogen hatten wie mein Vater und meine Mutter. Ja, man hätte schwerlich zwei Familien mit so weit voneinander entfernten Anlagen finden können wie die Familien gerade dieser beiden. Die Mutter stammte vom Lande, aus Nordwestböhmen, wie es hieß, doch habe ich die Großmutter immer in Gablonz, vorher in dem nahe bei Gablonz gelegenen Morchenstern besucht, also im nördlichen Grenzgebiet Böhmens, im Isergebirge. Dort lebte sie einsam, alle waren ihr fortgelaufen, niemand hatte es bei ihr aushalten können; sie machte auf mich den Eindruck einer alten Hexe mit weißen zerrauften Haaren, die aber mit mir merkwürdig süß und zart sprach, mit einschmeichelnder Stimme. Sie benahm sich überhaupt, wenn man zu ihr kam, recht manierlich. Und wären nicht so schreckliche Dinge über sie und ihre Geldgeschäfte in Umlauf gewesen, so hätte man sie für ein schlichtes gemütliches Dorfmütterchen halten können. Sie redete eines schönen Tages den Leuten in Gablonz ein, daß sie hundert Jahre alt sei, veranstaltete zu ihren eigenen Gunsten eine Sammlung für das hundertjährige Geburtstagskind. Mein Vater suchte durch Vorlage von Geburtsdokumenten die Vorbereitungen für das Jubiläum abzustoppen. Aber die tüchtige Großmama siegte, die Ortsgemeinde ließ sich das Fest nicht nehmen, der Bürgermeister hielt eine Rede, und die Summe, die man gesammelt hatte, wurde überreicht. — Der Mann dieser Heldin, mein Großvater, war ihr schon in jungen Jahren durchgebrannt, hatte in den Reihen der aufständischen Ungarn unter Kossuth bei Világos gegen die vereinigten Russen und Österreicher gekämpft. Viel Rühmens machte er indessen nicht aus seinen Waffentaten des Jahres 1849, wie überhaupt seine ganze Existenz in Halbdunkel gehüllt blieb. Ich entsinne mich eigentlich nur seines Gebetmurmelns, mit dem er in der Morgendämmerung an mein Kinderbett trat, wenn er unerwartet zu uns zu Besuch gekommen war. Von niemandem ließ er sich in diesem Beten stören, auch von meinen frohen Begrüßungsworten nicht. Er nickte mir freundlich zu und murmelte eifrig weiter. Nachts war er aus Budapest, wo er lebte, in Prag eingelangt. Um seine Frau kümmerte er sich nicht. Er hatte es vorgezogen, sich in Budapest in glücklicher Naivität nochmals zu verheiraten, Kinder und Enkel aufzuziehen, die ich nie kennengelernt habe. Meine Eltern fuhren manchmal nach Ungarn, um ihn in seinem neuen Familienkreise zu sehen. Er war klein und stämmig, gar nicht gebildet und wohl auch nicht sehr klug, rotbackig, mit kurzgeschorenem weißem Bart, immer guter Laune; als besondere Eigenschaft wurde ihm ein grenzenloser Leichtsinn nachgesagt, der mit seiner traditionellen Frömmigkeit eine eigenartige Mischung einging. Ich erinnere mich auch, daß er bei seinen seltenen Besuchsfahrten zu uns stets ungarischen Wein in großen Bouteillen und Leckerbissen aller Art mitbrachte, vor allem die weltberühmten ungarischen Gänselebern, ferner wundervoll süße gelbliche Weintrauben. In seiner Art war er ein Lebenskünstler. — Durch einen Zufall erfuhr die Großmutter von seiner zweiten Heirat. Sie drohte mit einem Bigamieprozeß. Doch rechtzeitig starb der gute alte Mann, und der Skandal wurde gerade noch knapp vermieden.

Auch meine Mutter war von zu Hause ausgerissen, um der zankwütigen Alten zu entgehen. Sie war von Morchenstern in die Hauptstadt Prag gefahren, von ihrer älteren Schwester Sophie begleitet. Beide Mädchen fielen durch ihre Schönheit auf, Sophie war schwarz und feurig, mit üppiger Haarkrone, meine Mutter so blond und blauäugig, daß sie immer für eine Nichtjüdin gehalten wurde. Man schimpfte vor ihr ungeniert auf die Juden; dann aber gab die Mutter sich immer tapfer zu erkennen und setzte die Angreifer durch ihren Stolz und ihr unbändiges Temperament in Schrecken. — Der dritte im Bunde der Flüchtlinge aus unfroher Heimat war ein Bruder, Siegmund genannt und entsprechend stattlich; mit seiner hohen Gestalt, seinem geteilten blonden Vollbart sah er wie ein germanischer Recke aus. Im bürgerlichen Beruf war und blieb er stets ein nicht sehr erfolgreicher Reisender. Dieser Recke — so ging die Familienlegende — war einmal während seiner Militärdienstzeit auf Wache eingeschlafen, und man hatte ihm sein Gewehr gestohlen. Er wurde zu langjähriger Festungsstrafe oder gar, wie andere raunten, zum Tode verurteilt. Seine Braut mußte vor dem Statthalter einen Kniefall tun, dann wurde der Delinquent begnadigt. So ging es in jener legendären Zeit zu.

Meine Mutter wurde ihrer schönen Figur wegen Vorführdame in einem großen Damenmodengeschäft, also das, was man heute Mannequin nennt. Schon in ihrem Heimatdorf Morchenstern hatte man sie die »Fanny mit den schönen Beinen« genannt. Sie sang gern und gut, wiewohl ihr nie Musikunterricht zuteil geworden war, sie spielte auf der heimischen Liebhaberbühne, und namentlich war es, wie sie später gern erzählte, eine Wiener Posse »Staberl auf Reisen«, in der sie Triumphe feierte. Name und Inhalt verschwimmt mir im Helldunkel der Vergangenheit. Ich habe auch noch zwei Lieder im Ohr, die sie mir oft sehr zart und lieblich vorsang, das Wiegenlied: »Schlaf, Herzenssöhnchen« und das andere, kecke, das ich nirgends gedruckt finden kann und dessen Anfang ich deshalb aus dem Gedächtnis hier aufzeichne, da er mir, einem hoffentlich nicht ganz von Erinnerungen verzauberten Sinn, viel Anmutiges heranzuwehen scheint:

> Mädchen, wollt ihr werden
> Wie Märzveigerln schön,
> Müßt ihr in der Märznacht
> Still zum Bache gehn — haha —
> Still zum Bache gehn.

Dieses Lied konnten mein Bruder Otto und ich immer wieder hören. Es hatte für uns einen weit über seine Worte und seine Melodie, über das von ihm Berichtete hinausgehenden Zauber. Oft baten wir die Mama, es uns vorzusingen, auch dann und gerade dann, wenn sie schlecht aufgelegt war und zankte. Und siehe da, sofort heiterte sich ihre Miene auf, und mit silbern süßer Stimme begann sie: »Mädchen, wollt ihr werden.«

Ich möchte wohl gern wissen, wer dieses Lied komponiert hat und wo ich es finden könnte. Vielleicht schreibt mir einer meiner Leser darüber.*

Mein Vater, der ein junger Bankbeamter war, verliebte sich in das frische hübsche Mädchen, das er im Restaurant (man nannte das damals: »Trakteurhaus«) oder bei gemeinsamen Bekannten kennengelernt hatte. — Meine Mutter war, auch schon als Mädchen, von sehr strengen Grundsätzen, und einer aus der Gesellschaft meines Vaters, der sie einmal küssen wollte, bekam handfertig eine Ohrfeige von ihr verabreicht — welcher Heldentat sie sich auch noch in späteren Jahren gern zu rühmen pflegte, wenn das Gespräch auf etwas Ähnliches kam. Die Brautzeit scheint fröhlich gewesen zu sein. Dann begannen die Sorgen, denn mein Vater hatte bald mit finanziellen Schwierigkeiten zu kämpfen. Bis er sich langsam, durch Fleiß und überlegene Einsicht, zu den höheren Graden, zuletzt zum Direktorstellvertreter einer Großbank hinaufarbeitete, so daß dann alles in Fülle vorhanden war, was wir brauchten oder zu brauchen glaubten. Aber es war, als ob in gleichen Maßen, mit zunehmendem Alter die anderen Schwierigkeiten sich vermehrten, die aus dem Kontrast der beiden Temperamente meiner Eltern entsprangen. Es war eine Ehe aus elementarer beiderseitiger Liebe. Gerade deshalb die Streitigkeiten. Gleich am Anfang der Ehe stand überdies das Unglück, daß Sophie, die ältere Schwester meiner Mutter, einige Jahre früher an einen Mann geraten war, der sie allzusehr begehrte. Obwohl die Doktoren erklärt hatten, daß eine weitere Schwangerschaft (es war die dritte) ihr tödlich werden müßte, erwies sich die heiße Liebe stärker als alle Raison. Sophie starb im Wochenbett; meine Mutter, die ihre Schwester vergötterte, war fast dem Irrsinn preisgegeben; so maßlos, wie sie in allem war, gab sie sich dem Unglück hin. Es war ihr erstes Ehejahr, der Todesfall lag knapp vor meiner Geburt. Viele glaubten späterhin, daß die schwächliche Konstitution meines Körpers in der Jugendzeit, die vielen schweren Kinderkrankheiten, an denen ich zu leiden hatte, und das Ärgste: die im vierten Lebensjahr aufgetretene Wirbelsäulen-Verkrümmung eine Folge jener Aufregungen meiner Mutter gewesen sind. Die beiden unerfahrenen

* Die Komposition stammt von W. Taubert. Ich erhielt sie von vielen Lesern zugesandt, auch freundliche Hinweise. Dank!

jungen Mädchen, die dem Fluch ihrer dörflichen Mutter entlaufen waren und, heroisch allein, mittellos, schwer arbeitend, den Lebenskampf in der fremden Großstadt begonnen hatten, sind beide von diesem Fluch nicht unversehrt davongekommen. Ja, auch mich hat vielleicht noch ein Blitzstrahl jener gewittermäßigen großmütterlichen Entladungen erreicht.

Auf dieser Seite des Bildes also Hölle, Pech und Schwefel. Ganz anders die Sippschaft meines Vaters. Sie war städtisch, auch im Sinne der Urbanität, sie war gebildet, abgezirkelt, friedfertig, gesittet. Hier gab es keine Wildlinge, keine skurrilen Schicksale. Seit vielen Generationen in Prag ansässig — der Stammbaum ist bis in die Zeit des Dreißigjährigen Krieges verfolgbar —, so hatte das Erbgut, wie ein Archivar in einem Essay 1934 feststellte, ehrsame Handwerker, einen Schriftsteller (über Themen der heiligen Überlieferung), einen »Badchen« oder Hochzeits-Spaßmacher (Schalksnarren), ferner den Musiker Brod hervorgebracht, den Berlioz in seinen Schriften als hervorragenden Bläser der Pariser Oper lobt. — Mein Großvater väterlicherseits, gleichfalls ein frommer Mann wie jener gelehrte Schreiber einer früheren Generation — er selbst ein Schneider, der durch einen Gewinn in der »Kleinen Lotterie« zu einigem Vermögen, zum Besitz eines »Teilhauses« im Prager Ghetto gelangt war, ging fleißig in die Betstube, doch noch lieber ins Deutsche Theater zu den Stücken Lessings und Schillers. Goethe wurde damals von den Juden weniger geschätzt, er war ihnen zu »unmoralisch«. Sie verstanden ihn nicht oder bemühten sich nicht gehörig, ihn gründlich zu verstehen. Daher gibt es denn alte Juden-Familiennamen aus der Josephinischen Ära wie Schiller, Lessing, auch Klopstock, aus Verehrung für diese Großen angenommen, als den Juden in gewissem Maße die Namenswahl freistand; aber keiner nannte sich Goethe. — Allbeherrschend dagegen war die Musik, namentlich die »Stumme von Portici« und Meyerbeers »Hugenotten«! — das war das eigentliche Glück. Nebenbei bemerkt: Man tut heute Meyerbeer ebensosehr Unrecht, wie man ihn einst vielleicht überschätzt hat. Man höre nur etwa Neluscos Zaubergesang: »Dir, o Königin, bin ich ergeben«. Von jenem Großvater erzählte man die Anekdote, er sei einmal nach Wien gekommen, und, wie natürlich, bei erster, sich darbietender Gelegenheit an die Theaterkasse gestürzt: »Was wird heute gespielt?« Die Antwort des Kassiers: »Was ihr wollt.« Darauf der Großvater begeistert: »Dann selbstverständlich die Hugenotten.«

Die Mutter tyrannisierte das Haus, auch den Vater. Sie tat es nicht aus bösem Willen, irgend etwas zwang sie dazu. »Die Hausordnung über die Weltordnung« — so hat Peter Altenberg, der seltsame Mensch und liebenswerte Dichter (heute gleichfalls unverdientermaßen ins Halbvergessensein zurückgesunken), eine ganze Klasse von Frauen gekennzeichnet. In den ersten Jahren der Ehe hatte es bei uns noch brave treue Dienstboten gegeben, in zunehmendem Maße verwandelte sich das ganze Dienstmädchengeschlecht in »Ludern«, die es darauf abgesehen hatten, die Anordnungen der Mutter nicht zu befolgen und ihr »das Herz abzustoßen«, wie sie es nannte. Es war ein ewiger Kampf, der die Einigkeit des Hauses untergrub, meinem allzu schwachen Vater alle Ruhe nahm. Ich habe eine bestimmte Etappe dieses Kriegszustandes in meinem Buch »Der Sommer, den man zurückwünscht« geschildert. Noch nicht einmal die schlimmste Stufe; denn es wurde immer ärger. Und schließlich traten sogar körperlich-pathologische Züge an der Mutter hervor, die wahrscheinlich von langer Hand, in allmählichem Heranreifen, das ganze Übel verursacht hatten, ohne daß wir es ahnten.

Und dennoch bleibt mir die Mutter eine verehrungswürdige Erscheinung, so sehr ich mich zuweilen vor ihr ängstigte und so deutlich mir später bewußt wurde, daß ihr aggressiver Dynamismus, ihr Eigensinn und ihre Genauigkeit, die an Pedanterie grenzte und die zuletzt die Erscheinungsformen einer wahnhaften Strenge annahm, unser Familien-Zusammenleben mehr und mehr vernichtete. All dieses drückte sich in ihrem zu grotesken Formen verzerrten Umgang mit dem Vater aus, mit uns drei Kindern, deren ältestes und Sturmbrecher ich war, ferner in ihrem Wüten gegen die ewig alle acht oder vierzehn Tage wechselnden Dienstmädchen, wie ich in dem eben genannten Roman dargelegt habe. Doch möge man vorsichtig sein und das erwähnte Buch, wie auch die artverwandten unter meinen erzählenden Schriften, nicht als autobiographisch ansehen. Es ist viel Autobiographisches in jenen Werken *mit*verwendet, eingearbeitet, so in dem besagten Sommer-Roman, ferner in »Jugend im Nebel« (Kindheitserinnerungen und anderes), in »Stefan Rott« wie im Roman »Beinahe ein Vorzugsschüler« und in der »Rosenkoralle« (Gymnasium) oder in dem Roman »Prager Tagblatt« (Fischer-Bücherei). Aber das macht diese Werke noch nicht zu Biographien, da sie nach einem anderen Formgesetz, dem der Dichtung und der frei schaffenden Phantasie aufgebaut sind, wenn auch viel Erlebtes und

Erlittenes mit unter das Baumaterial aufgenommen ist. »Möge man doch«, sagt Stefan George, vielleicht um eine Nuance zu scharf, in der Vorrede zur 2. Ausgabe des »Jahrs der Seele«, »(wie ohne Widerrede bei darstellenden Werken) auch bei der Dichtung vermeiden, sich unweise an das menschliche oder landschaftliche Urbild zu kehren: Es hat durch die Kunst solche Umformung erfahren, daß es dem Schöpfer selber unbedeutend wurde und ein Wissen darum für jeden andren eher verwirrt als löst.« — In dem hier vorgelegten Buch wollte ich dagegen, für meine Person zum erstenmal, die Wahrheit und nichts als die reine Wahrheit geben, soweit ich mich ihrer erinnern kann und soweit es überhaupt menschenmöglich ist, sie in Worten nachzubilden. Der Erfindung wird also hier aus dem Wege gegangen. In den anderen Büchern dient die Wirklichkeit nur dazu, die Erfindung anzuregen. Die Wirklichkeit trägt dort Knospen, blüht, reift ins Märchen hinein. Und oft weiß ich selbst nicht oder könnte es nur mit größter Mühe feststellen (wozu ich aber weder Veranlassung noch Lust habe), wie weit das treue Gedächtnis reicht und wo die Phantasie beginnt. Oft ist beides so ineinandergewoben, daß der größte Meister das Gespinst nicht trennen könnte. »Wer die biographische ›Wahrheit‹ . . . sucht, der wird früher oder später auf das Recht, auf das souveräne Bewußtsein der dichterischen Einbildungskraft stoßen, die nach einem eigenen Wahrheitsbegriff mit ihren Erinnerungen verfährt«, sagt richtig Hans Egon Holthusen in seiner vortrefflich abgewogenen und verständnisstarken Studie über Rilke (Rowohlt 1958).

So steht es auch um jene meiner Romane, in denen ein autobiographischer Einschlag bald deutlicher, bald weniger deutlich hervortritt. Hier aber, in meinem Buch der Erinnerungen, gehe ich grundsätzlich auf etwas ganz anderes aus. Die Intention ist auf reine Wirklichkeit gerichtet. Zumindest die Intention. Ob sich nicht auf dem Umweg über die Darstellungsschwierigkeiten, aus einer anderen Dimension gleichsam, eine Art Dichtung in die Wahrheit einschleicht, ist eine schwer zu entscheidende Frage. Es ist ein Versuch auf einem mir neuen Gebiet, den ich unternehme. Dem der reinen Wirklichkeit. Ob er gelingt, weiß ich nicht. —

Die Mutter also war in ebenso starker Weise ein aufbauendes wie ein zerstörendes Element. Durch ihre Energie rettete sie mein Leben — mehr als mein Leben: den Hauch von Schönheit, ohne den das Leben mir zur äußersten Qual geworden wäre.

Zuerst machte ich alle Kinderkrankheiten durch, Diphtherie, Scharlich, Masern, alle in unerhört starkem Ausmaß. Meine Mutter konsultierte Arzt um Arzt, schließlich trug sie mich zum Universitätsprofessor Hofrat Gussenbauer, der, wie ich glaube, aus Bayern an die Prager Hochschule gekommen war. Er soll nach kurzer Untersuchung meine Mama angedonnert haben: »Was wollen Sie, gute Frau – was nicht leben kann, muß sterben.« Die Mutter ließ sich nicht abschrecken, kämpfte viele schlaflose Nächte lang an meinem Bettchen mit dem Tode. Im vierten oder fünften Lebensjahr trat die Kyphose oder Rückgratsverkrümmung ein. Über die Gründe ihrer Entstehung gibt es mehrere vage Hypothesen. Jedenfalls besitze ich zwei Photos von mir aus der Zeit vor der Erkrankung. Eines mit der schönen Mama Wange an Wange – ein zartes, aber graziöses Kind. Auf dem anderen Bild bin ich, gleichfalls noch ohne Spur der bösen Erkrankung, mit meinem Lieblingsspielzeug aufgenommen, mit einer kleinen Pferdebahn aus Blei, an die ich mich auch sonst deutlich erinnere. Jedes der Bänkchen in der Tramway hatte zwei Löchlein, jeder Passagier hatte einen Stachel im Popo – mit Hilfe dieser sinnreichen Erfindung konnte er fest und unfallsicher in das Bänkchen eingesteckt werden. Auf dem Photo steht diese kleinwinzige Bahn neben mir, zwischen zwei Fingerchen halte ich Ungeschicktchen einen der Passagiere, presse ihn an die gestickte Verzierung meines Hals-Saums, übrigens trage ich ein Mädchenkleid und bin ganz Anmut und Gesundheit. »Solche Sanftmut war mir eigen«, darf ich mit Conrad Ferdinand Meyer über mein Jugendbildnis wohl sagen. Und auch die nächsten Zeilen:

> Durfte sie nicht lang behalten,
> Sie verschwand in harten Falten.

Es kam die Kyphose und bedrohte alles. Sie hätte, wenn man sie sich selbst überlassen hätte, mich zum unglücklichsten aller Menschen gemacht. Denn sobald ich zum Bewußtsein der Welt kam, dürstete ich nach Schönheit. Ich glaubte ein Recht auf sie zu haben. Habe auch die Frauen von ganzem unbändigem Herzen geliebt. – Und nun, ein Krüppel! Ewig von dieser kristallenen Quelle der Schönheit ausgeschlossen, ewig verbittert sein? Meine Mutter hatte es nicht nötig, so weit in die Zukunft vorauszublicken. Sie handelte aus ursprünglichem Gefühl. Ich durfte nicht anders, nicht schlechter sein als alle übrigen. Sie ließ es einfach nicht zu, sie legte sich mit ganzer

Macht ins Zeug, sie machte das Unmögliche möglich. Der wackere Hausarzt erklärte das Übel für unheilbar. Immer entschiedener versank mein armer Hals zwischen den Schultern (auch dies ist auf Bildern, traurigen Bildern festgehalten). Was half es da, daß ich in allen übrigen Richtungen begabt, fast eine Art Wunderkind war? Gut, daß meine Mama sich nicht zufrieden gab. Sie entdeckte Hessing in Göggingen bei Augsburg, den genialen Schlosserlehrling, der es aus eigener Kraft, im Ansturm gegen die Schulwissenschaft zum Meisterorthopäden und Millionär gebracht hatte. (Nebenbei war er auch ein vorzüglicher Orgelbauer. Ich habe, anläßlich eines Vortrages in Augsburg, 1956 die von ihm begründete »Anstalt« – so nannten wir sie – besucht und vieles wiedererkannt, obwohl ich als Patient nicht mehr als sechs Jahre gezählt hatte, als mich Mama hinbrachte.)

Es hatte eine einzige Frau in Prag gegeben, eine reiche Apothekersfrau, die von Hessing wußte und mit ihrem Söhnchen jährlich hinfuhr. Seltsamerweise führte sie den symbolischen Namen »Adam«. Wie die Mutter die Tatsache und die Adresse dieser Pionierin in Erfahrung gebracht hatte, weiß ich nicht. Genug, mein guter Geist in Gestalt der Frau Brod verschwor sich mit Frau Apotheker Adam, packte mich zusammen und reiste mit mir ins ferne Deutschland. Es wurde in unseren Kreisen damals als eine abenteuerliche Fahrt angesehen. Hoch die Initiative! – Mein Vater mußte Schulden machen, eine mühselige Nebenarbeit übernehmen, um die für den Mittelstand unerschwinglichen Kosten zu decken. Denn Hessing verlangte, daß das Kind für lange Zeit ihm allein und seinem Personal, seiner Diät und Pflege, seinem Internat anvertraut werde. Nach einem Monat fuhr Mama nach Prag zurück. Ich blieb allein in der Fremde, mit den Märchen von Grimm, die nebst den vielen Spielsachen des Internats mein Trost waren. Die Märchen hatte mir die Mutter auf der Durchreise in Augsburg gekauft.

Mit seinen starken Bauernfäusten schmiedete der riesige Hessing an mein kümmerliches nacktes Körperchen Schienen eines Korsetts, auch einen sogenannten »Halsapparat« oder »Kopfapparat«, der seinen eisernen, lederumwickelten Teller mir von den Hüften her entgegenstreckte, an denen er festgeschnallt wurde. Ich habe das Zeug viele Jahre lang getragen, noch im Gymnasium. Es hat mir wohl auch geholfen: meine unglückselige Figur wurde nicht ganz, aber doch wenigstens teilweise normalisiert. Namentlich der Hals wurde frei

— was der Hausarzt als ein schieres Wunder ausposaunte. Nur brav das Mieder bei Tag nicht ablegen, auch den Kopfapparat nicht!

Man sollte nun glauben, daß die fortdauernde Qual mich unglücklich gemacht oder daß ich mich der auffallenden Erscheinung geschämt hätte, die ich mit dem sichtbaren Teil der Armatur, mit der Halsschiene darbot. Aber solange ich Kind blieb, war das Gegenteil der Fall — ich war noch stolz auf meinen Kopfapparat und ebensosehr auf den stoischen Gleichmut, mit dem ich die aufrecht gespannte Haltung meines Leibes, den immerwährenden Schmerz ertrug. Ich war stets gern bereit, jedem Beliebigen, vor allem den Kindermädchen im Stadtpark, die mich mitleidig nach dem Zweck des eisernen Halskragens fragten, mit wissenschaftlicher Gründlichkeit die ganze Konstruktion des seltsamen Instruments zu erklären und am eigenen Leib in aller Naivität vorzuzeigen, bis mich das eigene Kinderfräulein, vermutlich peinlich berührt von meiner anscheinenden Fühllosigkeit, mit sich fortzog und mich an der Verbreitung volkstümlicher Bildung hinderte.

Allüberragend erscheint mir heute, erschien mir seit Eintritt der Überlegung immer die Liebestat, die meine Mutter an mir gewirkt hat. Sie hat sich in der entscheidenden, der ärgsten Zeit meiner angenommen und hat mich, der ich die drohenden Gespenster gar nicht sah, nicht verlassen, hat die Gespenster verscheucht. Wahrscheinlich wäre mit meinem Körperchen auch meine Seele ins Verderben geraten, wenn die Mutter mich nicht so eifervoll bewacht und bewahrt hätte. Als die wesentliche Hilfe geleistet war, hatte ich ja immer noch viel zu kämpfen, viele Klippen zu vermeiden. Ich habe nicht die Stirn zu behaupten, daß es mir auch ohne diese Anfangshilfe in Göggingen halbwegs geglückt wäre. Die göttliche Gnade hätte freilich genügt. Nun, sie hat auch so, wie es gekommen ist, ein gehöriges Stück Arbeit mit mir gehabt.

Der vielen Leiden, die mir später mit Zutun meiner Mutter (aber ohne ihren bösen Willen) erstanden sind, will ich nicht gedenken. Zu einem richtigen Ödipuskomplex hat es bei mir nicht gelangt, das habe ich schon oben anläßlich des »anonymen Briefes« erwähnt; dazu erschien mir mein Vater immer viel zu beklagenswert. Auf allen Gebieten des Berufs, des täglichen Lebens leistete der Vater mit seiner Einsicht, seiner Bildung, seiner Güte, seinem Fleiß ganz Hervorragendes. Die Mutter aber konnte er nicht bändigen, sie schlug immer wieder über die Stränge. Um so beseligender wirkten auf mich die kurzen Minuten, in denen sie zur Besinnung kam, wie aus einem bösen Traum erwachend, und die Verbindung mit einer Welt fand, die sonst in ihr verschüttet war. Es war die Musik, die auch noch in späteren Jahren meinen Eltern gemeinsam blieb. Sie besuchten gern beide miteinander die Oper, mein Vater hatte etwas wie eine unwillige Schwärmerei für die »Meistersinger« — nie versäumte er, etwas über Wagners »schlechten Charakter, seinen Egoismus, seine Treulosigkeit gegen Freunde« zu murren, aber er ließ keine Aufführung der »Meistersinger« aus (dabei liebte er auch die italienischen Opern, Meyerbeer, Offenbach, Johann Strauß, Beethoven, Mozart). Ich erinnere mich aus meiner frühesten Jugend, daß mein Vater am Morgen gern mit starker Stimme Opernarien sang. In bunter Folge: »Fra Diavolo« oder die Barcarole aus der »Stummen von Portici« (»Ihr Fischer, habt acht, und fahrt mit Bedacht, dem Meertyrannen gilt die kühne Wacht«) oder Walthers Preislied oder aus der »Verkauften Braut«. Am Sonntag blieb er länger im Bett. Da galt es als die höchste Gunst, die das Schicksal zu vergeben hatte, daß mein Bruder Otto und ich (meine Schwester Sophie war viel jünger) zu ihm ins warme Bett schlüpfen durften und daß er uns Märchen erzählte. Welche Märchen? Den Text von Lohengrin, Tannhäuser. Oder König Lear.

Meine Mutter dagegen war von den sanften Melodien der »Traviata« entzückt, »Traviata« war ihre Lieblingsoper. Ich kann eine Episode aus ihrer traurigsten Periode nicht vergessen, schon nahe ihrer Auflösung. Ihre Unverträglichkeit den Dienstmädchen gegenüber hatte den Höhepunkt erreicht, wir mußten sie aus ihrer Wirtschaft, die sie absolut nicht mehr führen konnte, kurzerhand herausnehmen, es hatte sogar den nie ganz aufgeklärten Selbstmord eines Dienstmädchens im elterlichen Hause gegeben — das unglückliche Mädchen war vom Küchenbalkon in die Tiefe gesprungen. Daraufhin polizeiliche Untersuchung, es wurde nichts eigentlich Belastendes gegen die Mutter vorgefunden, dagegen trat entlastend ein Liebeskummer des Mädchens ans Licht — doch die Zank- und Schreiszenen mit anderen Mädchen wirkten nach und ließen den Verdacht gegen die böse Patronin nicht zur Ruhe kommen, ein eifriger Volkstribun (übrigens ein guter Tanzstunden-Bekannter von mir) arrangierte Demonstrationen einer kommunistischen Volksmenge in der Gasse des Geschehnisses, deutlich im Zuge einer Wahlpropaganda und ohne Zusammenhang mit wirklicher Gerechtigkeit. Einige Zeitungen hetzten immer deutlicher. Meine Mutter mußte zu meiner in Breslau verheirateten Schwester verschwinden. Als sie nach einigen Monaten heimkehrte, lebte sie nur noch in Pensionen, in Krankenhäusern. Sie wollte natürlich in ihre Wohnung zurück. Wie viele Ausflüchte, um sie davon abzubringen! Sie konnte ja aber in ihrem seelischen Zustand nicht wirtschaften. Schließlich verschlechterte sich auch ihr körperliches Befinden. Sie war halb gelähmt. Öfters nahm ich ein Auto-Taxi und führte die alte leidende Frau spazieren, suchte ihren halberloschenen Geist anzufachen, machte sie auf dies und das in Prag aufmerksam; sie folgte kaum mehr. Auf einer dieser Fahrten kamen wir am Film-Restaurant vorbei, das oben auf den Barrandovfelsen liegt. Ich ließ halten, wir traten ein. Sehr langsam, es erregte einiges Aufsehen. Ich stützte die Mutter, plötzlich leuchtete ihr Auge auf. »Musik«, rief sie leise. Sie weinte. Zart summte sie »Traviata« mit. Unbekümmert, lächelnd, erlöst. So blieb sie eine Weile stehen, ehe wir uns setzten. Das war einer dieser glücklichen Momente, in denen sie auf der Ebene eines anderen als ihres sonstigen Lebens ihre wahre Heimat wiederzufinden schien. Es wirkte um so erstaunlicher, als sie im übrigen von den rein praktischen Besorgungen und Sorgen des Daseins ganz ausgefüllt war. Diese Traviata-Stelle bildete einen der letzten »unpraktischen«, glücklich selbstverlorenen Momente ihres Lebens.

Meinem Vater verdanke ich die ersten Hinweise auf entscheidende Tatsachen der Kunst wie der Bevölkerungsschichtung und Soziologie Prags. Er erzählte mir, daß noch zur Zeit meines Großvaters Prag als deutsche Stadt gelten konnte. Die Hauptstadt des österreichischen Kronlandes Böhmen erschien zwar schon damals von Einwohnern besiedelt, die der Majorität nach zur tschechischen Nation gehörten. Doch die offizielle und die allgemeine Verkehrssprache war die deutsche. Tschechisch wurde, von Ausnahmen abgesehen, hauptsächlich in den ärmeren Bevölkerungsschichten gesprochen. Seit der Schlacht am Weißen Berg (1620) war das Tschechische in den Städten immer mehr zurückgedrängt worden, hatte sich zuletzt nur noch auf dem Lande gehalten. Konsequenterweise war die Nationaloper der Tschechen »Die verkaufte Braut«, uraufgeführt knapp vor dem Krieg 1866, dieses Werk, mit dem sich das aufsteigende Tschechentum zu internationaler Geltung emporarbeitete, in all ihrer triumphalen Schönheit eine Bauernoper.

Viele Einwohner Prags, unter ihnen mein Vater, der oft davon gesprochen hat, wurden erst durch die »Verkaufte Braut« darauf aufmerksam, daß sie inmitten einer künstlerisch hochbegabten, andersnationalen Umgebung lebten. Die Juden in Prag rechneten sich seit dem Toleranzpatent Josephs II. (des Mozart-Kaisers) zum deutschen Volk, den Grundsätzen ihres Gönners folgend, und sprachen fast ausschließlich deutsch. Man findet in den Romanen meiner mütterlichen Freundin Auguste Hauschner (»Die Familie Lowositz«, »Rudolf und Camilla«) eine naive, von manchen Vorurteilen getrübte, aber subjektiv aufrichtige und im ganzen lebenswahre Darstellung der Verhältnisse, die in der Zeit vor meiner Generation herrschten.

Natürlich war die »Verkaufte Braut« bereits eine Höchstleistung als Folge einer langen, fast hundertjährigen Entwicklung, an deren Ursprung merkwürdigerweise ein Deutscher stand, der großartig stürmische Herder mit seinen bahnbrechenden Gedanken über die »Stimmen der Völker«, die im Palaste der Humanität alle eine gemeinsame Heimat haben. Die »Erwecker« der tschechischen Sprache und Literatur wie der Abbé Dobrovský, Jungmann, Kollár und die anderen sind von Herder beeinflußt, in der Folge dann ebensosehr von Goethe wie von den deutschen Romantikern. Noch die Revolution gegen Metternich 1848 war zweisprachig; mit der tschechischen Delegation, die in Wien dem Monarchen eine ziemlich bescheidene Petition überreichte, fuhr der deutsche Student Uffo Horn mit, um die Forderungen der akademischen Jugend zu überbringen. Ein konkretes Andenken jener Zeit trug ich mit Stolz auf der Brust: das schwarz-rot-goldene Band des Studentenvereins »Lese- und Redehalle der deutschen Studenten«, das mit einer Ziffer, der ruhmvollen Jahreszahl 1848 geschmückt war. – Erst heute kann ich ermessen, wie weit entfernt wir in unseren Entwicklungsjahren von einem wirklichen Verständnis der demokratischen Postulate des Jahres 1848 waren. Heute erst gewinnt auch meine Klage den rechten Tiefgang, wenn ich bedenke, wie das, was anfangs im Sinne Herders als freundliches Zusammenwirken der Völker in Österreich intendiert war, allmählich in bitteren gegenseitigen Haß hinüberwechselte und durch die Schuld chauvinistischer Schwachköpfe aller Schattierungen in Chaos unterging.

Zwei ganz verschieden geartete Familien waren in meinen Eltern zusammengetroffen, man könnte sagen: feindlich geartete Familien. Ich habe oft mit Kafka darüber gesprochen, wie ähnlich bei ihm wie bei mir die Dinge lagen, nur mit umgekehrtem Vorzeichen. Bei ihm war, wie man in seinem »Brief an den Vater« nachlesen kann, die Linie der Mutter die stille, sensible, dem geistigen und religiösen Bewegtsein hingegeben, aristokratisch versickernd — die Vitalität von Vaters Seite her kam praktisch, derb, einfach, plebejisch aufstrebend in die Mischung hereingesprudelt, eine Generationsfolge von schönen, starken Tatmenschen. Bei mir war es gerade entgegengesetzt: Die Vorfahren von Mutters Seite her rustikal, elementhaft, schön, unbeherrscht aus der Fülle der Leidenschaft hervor; die von Vaters Seite her bei abnehmender Naturhaftigkeit »aufgeklärt«, kultiviert, geistig, leise, literarisch im damals engbegrenzten Rahmen des Ghettos, Stadtmenschen mit allen Fehlern ihrer Schwachheit und mit den Vorzügen der Arbeit an sich selbst. — Es war unausweichlich, daß wir beide, Franz und ich, von solchen Betrachtungen aus über die seltsamen Kombinationen nachdachten, die so konträr einander widersprechende Erbmassen der Eltern in den Nachkommen annehmen mochten.

Kinderfreundschaften

Seltsam, daß es eine Epoche der Freundschaften gab, in der diese unsere Beziehungen nur kollektiv denkbar waren, nicht von einzelnen zu einzelnen, sondern von Familie zu Familie, von Kinderschar zu Kinderschar.

So wuchsen im Hause meines reichen und sehr tätigen, geschäftlich unternehmungslustigen Onkels Josef Koretz (das Wort »korec« mit kurzem O ist tschechisch und bedeutet ein Ackermaß) fünf Cousinen neben zwei Cousins auf. Die älteste, Elsa, war mit mir gleichaltrig, und ich verehrte sie heiß. Da sie, nach Art der Mädchen, rascher reifte als ich, wurde ich ihr bald höchst gleichgültig, und so ging meine andachtsvolle Liebe auf die zweitälteste und dann sogar für eine kurze Weile auch noch auf die drittälteste über. — Für die beiden jüngsten war vom Feuer meiner Seladonschaft nichts mehr übriggeblieben; da hatte ich auch schon begonnen, mich dem außercousinenhaften Gebiet der Frauenwelt zuzuwenden.

Von der Leidenschaft zu der ältesten aber ist mir manches in Erinnerung geblieben, erste Ansätze zu einem brennend unaufhaltsamen, dabei sanften und gerade in seiner Sanftheit gefährlichen Gefühl, zur ersten Liebe — dieser ältesten mußte ich immer wieder ein Stück vorspielen, das ich um seiner Trivialität willen nicht leiden konnte, in das sie aber vernarrt war. Auch wollte sie mich wohl durch das Anbefehlen dessen, was mir widrig war, unbewußt quälen oder demütigen. Es war leichte Wiener Gebrauchsmusik, das Stück hieß »Mein liebster Jodler« (von C. Lorenz), und sein Text ist mir noch heute erinnerlich: »Mein allergrößte Freud — is doch zu jeder Zeit — wann i a Musik hör — verlang i mir nit mehr. — Wann d' Geigen gstrichen wird — das geht eim so ins Gmüt — a Klarinett dazu — da gibt das Herz ka Ruh. — Da stimm i glei — mein Jodler an ...« Von da ab nur Klavier, mit einer bemerkenswert rhythmisierten, echt volkstümlichen Figur, dem einzig Erträglichen in dem Abwasch. Aber in das schmutzige Wasser mußte ich immer wieder hineinsteigen, da wurde mir sogar ganz allerliebst der Hof gemacht und die Hand gestreichelt. Das durchzuckte mir Mark und Bein; wiewohl ich noch nicht zwölf Jahre zählte. So raffte ich mich dann eines Tags auf: »Ich spiel' dir den Blödsinn zwanzigmal hintereinander vor, aber dann darf ich dir einen Kuß geben, da auf die Wange.« Sie hatte pfirsichzarte blasse Wangen, die Elsa, und Grübchen, die mir engelhaft erschienen. Der Vorschlag wurde angenommen. Ich spielte, unter gewaltigem Widerwillen, zwanzigmal hintereinander den argen Kitsch. Dann aber wurde mir der Kuß doch nicht gewährt. So begann meine Laufbahn als Liebhaber mit einem betrügerischen Schnippchenschlagen. — Wir Kinder sprachen wochenlang nicht miteinander, bis uns die gute zarte Großmutter Babette (des Vaters Mutter) in ihrem kleinen behaglichen Salon endlich wieder versöhnte. Es war ein Geheimnis, um das nur die Engstbeteiligten wußten. Das erstaunlichste bei alldem war, wie sich die Triebwallungen erster jugendlicher Leiden und Begierden unter der schützenden Decke von harmlosen Familienzusammenkünften verbargen; das gab ihnen viel von dem Rätselhaften, Zauberbeladenen, das weh tat und dem ich einige Jahre lang nicht entrinnen konnte. Äußerlich war nichts zu merken; das Herz schlug wild, aber äußerlich spielte sich alles sehr ordentlich ab. Wir selber vom Hause Brod waren drei, außer mir mein jüngerer Bruder Otto und die Jüngere, meine Schwester Sophie, nach der unglücklichen, geliebten, schönen Schwester meiner Mutter genannt und auch selber ebenso schön. Freundschaft verband den Nachwuchs, aber nicht etwa paarweise (wiewohl bei mir die erwähnten erotischen Bindungen des kindlichen Alters abwechselnd mitwirkten), sondern von Gesamtheit zu Gesamtheit. Eine Woche, in der wir nicht einen Spielnachmittag mit den »Koretzischen« eingeschaltet hätten, konnten wir uns nicht vorstellen. Einmal, daran erinnere ich mich noch recht gut, rief ich als begeisterter Knirps aus: »Laßt uns schwören, daß wir von diesem herrlichen Brauch auch in Hinkunft niemals abgehen werden.« Ich weiß nicht, ob dieser Vorschlag eines familiären Rütlischwurs angenommen wurde. Deutlich aber steht vor meinen Augen das dunkle, uralte hussitische Bürgerhaus in der Schwefelgasse, die dann später Melantrichgasse hieß, das seine mittelalterliche Giebelmasse nicht weit vom Altstädter Rathaus und von Egon Erwin Kischs Stammburg »Zu zwei Goldenen Bären« zwischen Laubengängen und hallenden Korridoren ausbreitete. Die Wohnungen waren freilich für meinen unerfahrenen Sinn unübertreffliche Stätten der Behaglichkeit und Eleganz; doch schon im Stiegenhaus, in den breiten Hallen der Stockwerkfluren begann der Spuk. Die Haupttreppe ging zwei oder gar drei Stock hoch ohne Brechungen oder Zacken steil empor, in einem einzigen Anstieg — das machte auf mich, sooft ich im ersten Stock die Bergbesteigung begann, immer den erhabensten Eindruck. Die Treppe stammte unverändert aus den ältesten Zeiten des Bauwerks. Im ersten Stockwerk befand sich die Spinnerei des Unternehmens Koretz, im Erdgeschoß gab es die lichtglänzenden Verkaufsläden, die durch immer neue Durchbrüche in die Nachbarhäuser erweitert wurden. Alt-Prag. Mein Oheim schien die urehrwürdigen Häuser mit den dicken Mauern als so etwas wie Bergwerke oder Steinbrüche zu betrachten, in denen er seine von den Verwandten oft verspottete, oft aber auch bewunderte Bauwut in immer neuen Gestalten und Modernisierungen sich austoben ließ. Von alldem verstand ich damals nichts. Ich sah und fühlte nur die merkwürdige fromme gotische Landschaft der gewaltigen Steintreppe. Diese endlose, gerade, geräumige Stiege ist die Himmelsstiege, sagte ich mir. Und ich habe tatsächlich in meinem ganzen Leben ein auch nur halbwegs ähnliches Treppenhaus nie wieder gesehen. Es führte direkt ins Paradies kindlicher Fröhlichkeit und Ausgelassenheit hinauf. Zur Cousine Elsa mit den Wangengrübchen führte es auch. Und wenn der scheppernde Glockenton oben an der mächtigen Holztür mit ihren vielen vorhangbespannten Glasfenstern erklang, wenn diese Türe sich öffnete und der wohlbekannte warme saubere Geruch mich umfing, dann wankte das junge Herz vor Glück.

Alle meine fünf Cousinen bis auf die jüngste, die Selbstmord verübte, endeten in den Vernichtungslagern der Nazis. Einige hatten Kinder; doch nur drei dieser nachfolgenden Generation überlebten die grausige Zeit, der auch mein Cousin Hugo (nebst vielen mir ebenso nah Verwandten von der anderen Seite) zum Opfer fiel. — Soviel über die Himmelsstiege meiner Kindertage.

Die Verwandtenfreundschaft hatte längst, noch in der Jugendzeit, einer anderen Kollektivfreundschaft Platz gemacht. Wo wir die Familie Trier kennenlernten, weiß ich nicht mehr. Es ist mir auch entfallen, wer uns zusammengeführt, welcher glückliche Zufall alles gelenkt hat. So weit ich nach hinten spähe, in die Zeit des Ursprungs zurückgewendet: Ich sehe keinen Anfang. Und doch waren »die Triers«, wie wir sie nannten, klarerweise nicht immer dagewesen. Genug, eines Tages erschien die fröhliche Schar von Kindern und nahm von uns Besitz; und wir von ihnen. Es war wohl im Ostseebad Misdroy, wohin wir, kraft Mamas Organisationsgabe, immer zu den Ferien fuhren, vor allem da sie fast abergläubisch an die gesundende Kraft des Salzwassers für alle und speziell für mich glaubte. Es war damals etwas durchaus Ungewöhnliches, Expeditionen von der Mitte des europäischen Kontinents aus an die Meeresküste zu veranstalten. Mama brachte es zustande. Und unabhängig von uns war die Familie Trier da, die sich in allem viel auf ihren Pioniergeist zugute tat. Wir beiden Familien — die einzigen Prager am Strande. Es war wie eine vom Anfang aller Tage her vorbestimmte Freude. Bei Trier gab es in einer kaum glaublichen Symmetrie zur Familie Koretz (gedichtet wäre es ein Fehler — aber da ich hier die pure Wirklichkeit darzustellen versuche, kann ich es nicht verschweigen), gab es also fünf Söhne und eine Tochter. So war's, ohne mein Arrangement. Und wie schön und gut war es doch, daß es so war. Es erschien nämlich bei Trier auch sonst alles genau im Gegensatz zu dem im Hause Koretz Gebräuchlichen eingerichtet; ebenso zu dem in unserer Familie herrschenden ernsten System des elterlichen Regimes. Bei Trier herrschten die Kinder, und zwar unter begeisterter und durchaus wohlwollender Zustimmung ihrer Eltern. Diese Merkwürdigkeit hatten wir zuvor nicht kennengelernt.

Sie zeigte sich schon darin, daß von den vielen Zimmern der großen Trier-Wohnung nur zwei nicht dem ausschließlichen Walten der Kinder überlassen waren: das eine für die erwachsene Tochter Grethe, die als sehr schön galt, aber für uns Kinder nicht in Erscheinung trat, für die wir einfach nicht existierten — und sie nicht für uns. Das andere reservierte Zimmer war das Schlafzimmer der Eltern. Alle anderen, sehr behaglich großen Räume — es waren fünf oder sechs — erschienen durch Spielsachen der entlegensten Art und Größe, auch der verschiedensten Grade von Neu und Alt in Rumpelkammern und Ansammlungen von Trödelwaren verwandelt, wobei da und dort ein brandfrisches oder ein besonders ansehnliches, mächtiges Stück per contrastum die Aufmerksamkeit auf sich zog. Das meiste blieb rücksichtslosem Gebrauch ausgesetzt, halb ruiniert, nicht wie bei uns geschont und bewacht. Hier wurde eben immerfort Neues hinzugekauft. Alles war in ununterbrochener Bewegung begriffen. Es gab Dinge zur Unterhaltung der Kinder, wie sie in anderen Wohnungen gewiß zu den Seltenheiten gehörten, zum Beispiel einen riesigen Globus, Schmetterlingssammlungen, alte Münzen, Mineralien, mehrere Puppentheater, eines davon so groß, daß wir selbst darauf agieren konnten — andere wirklich nur für Puppen geeignet, die in ganzen Heeren an Drähten einige Zimmerecken überschwemmten —, ferner ein Billard, nicht für Kinder, sondern in Originalgröße für Erwachsene, auf dem wir uns zu Virtuosen des edlen Spiels ausbildeten, bis wir eines Tages auf die Idee kamen, es lieber als Festung zu benützen, die von den einen verteidigt, von den anderen gestürmt wurde. Worauf dann schließlich zwei von uns einen der hohen Schränke erkletterten und von dessen Plattform durch einen Pfeilhagel aus unseren geliebten Indianer-Bogen die Stellung der Festungsleute unhaltbar machten.

Spiel, immer nur herrlich reiches, manchmal tolles Spiel, bis die Wangen feuerglühten — das etwa war die den erregten Sinnen deutlich sichtbare Parole, die über der Trier-Wohnung schwebte. Lebte man hier in diesem glückseligen Lande, durch gültigen Schicksalsbeschluß aufgenommen, so konnte man sich nicht vorstellen, daß es irgend etwas Wichtigeres auf der Welt gab als Spiel — ja, daß es überhaupt etwas anderes gab. Spiel, göttlich freies, an keine Zwecke gebundenes Spiel der Kinder! Nicht nur in der Wohnung bei Trier, überall wohin einen die Triersche Kinderschar begleitete, regierte das Spiel, war man vom Spiel und seinen unumstößlichen, heiteren Gesetzen umgeben wie von einer eigenen Lebensluft. So zogen wir manchmal auf den Exerzierplatz am Invalidenhaus hinaus, teilten

eine Ecke der riesigen Fläche ab und etablierten uns mit ein paar
Gleichgesinnten als Fußballmannschaft. Es war selbstverständlich,
daß die Trierbuben die ersten waren, die in Prag, außerhalb der
großen Klubs, einen echt englischen Lederfußball mit einer Gummi-
»Seele« besaßen, die aufgeblasen wurde. Sie waren in allem die
ersten zur Stelle, führten in Schwimm- und Rudersport Neuerungen
ein. Übrigens ohne sich damit patzig zu machen, einfach aus Freude
an der Sache. In der frischen Jungensluft dieser fröhlichen Bande
vergaß ich bald die schmerzlich-süße, sehnsuchtsvolle, ein wenig
schwüle Atmosphäre, die mich als einen Vorzeitigen und Unreifen in
der Behausung der Cousinen, jenseits der Himmelsstiege versengend-
unirdisch wie ein Bannfluch angeweht hatte. Ich wußte mich erlöst.
Jetzt erst, in der Mitte des Gymnasiums, begann ich mich jung
und unbefangen zu fühlen. Und jauchzte manchmal vor Lebens-
glück, wenn ich mir meine ganz anheimelnd sichere Bahn inmitten
meiner Geschwister und der geschwisterlichen Trier-Kompanie so
richtig zu Bewußtsein brachte.
Kamen wir von unseren Ausflügen heim, so gefiel es uns zu Hause,
d. h. in der von Unordnung starrenden Trier-Wohnung doppelt gut.
Man spielte Schach, man ergriff ein Buch, meist alte Jahrgänge des
»Guten Kameraden« oder den mächtigen Band des »Don Quixote«,
dessen Illustrationen (von Doré) unser überschwengliches Entzücken
erregten; wir schwärmten alle ganz besonders für Sancho Pansa und
seinen geliebten Esel, der magere Ritter im Eisenkleid weckte mehr
Staunen als Mitgefühl. Zu Hause las ich die Bibliothek meines
Vaters von Anfang bis zu Ende durch, vor allem Shakespeare und
Goethe, Schiller und Heine, alle illustriert, vom Bild aus auch im
Text da und dort verborgene Schönheiten ahnend. Doch unter den
Freunden las ich Jules Verne, ich weiß nicht, ob je ein Autor eine
Zeitlang so ausschließlich wie dieser Tausendsassa meine Phantasie
in Besitz genommen hat. Mit ihm durch Sibirien zu schweifen (»Der
Kurier des Zaren«), den Aufstand in Indien zu durchzittern, »vor
der Mündung der Kanone« angebunden zu sein und im letzten
Moment gerettet zu werden (»Das Dampfhaus«), zum Mittelpunkt
der Erde zu reisen, zum Mond, um den Mond, auf dem neuen Pla-
neten »Gallia«, französisch-zänkigen Patriotismus und einige antisemitische Shylock-Stiche im Herzen, noch weiter hinaus in die Son-
nenwelt, unter dem Meeresspiegel mit dem düsteren Kapitän Nemo
zu trauern oder im Luftschiff mit einem anderen Rebellen zu trium-

phieren, dessen Namen ich vergessen habe — halt, hieß er nicht etwa »Robur der Sieger«? —, mit Kapitän Hatteras den Nordpol zu suchen und in achtzig Tagen die Erde zu umrunden: welche Abenteuer in ewig spannender Lust. Immer wieder ließen wir uns mit den respektiven Helden »vor ganzen Bergen von Sandwiches und vor einem Ozean von Tee nieder«. Wie gemütlich das war. — Natürlich besaßen die Triers einen Jules Verne in großer Gesamtausgabe; vorher hatte ich nur wenige Bände gelesen, einen davon, »Schwarz-Indien«, gar nur tschechisch. Hier aber prangten in zwei langen Reihen die pompösen Bücher, rot, Goldpressung auf dem Titelblatt, das Luftballons, Lokomotiven, Dampfer und alle anderen Arten zum Teil phantastischer Beförderungsmittel aufwies, lodernde Verheißungen köstlichster Lesegenüsse, exotischer Reiseerlebnisse. Man pflegt heute zu sagen, daß erstaunlich vieles von dem, was Jules Verne literarisch vorausexperimentiert hat, nachher eingetroffen ist — doch nein, das Schöne und in geheimnisvollem Sinne Aufregend-Beruhigende, das eigentliche Mysterium, das uns auf unnachahmliche Art begeisterte, ist im Lande der Knabenträume zurückgeblieben, wo es dicht neben der Welt von Dickens geistert und auf präzisen Anruf des Dichters körperlich leibt und lebt. — Die jüngeren Mitglieder der Sippschaft Trier lasen schon Karl May. Es war eine scharfe Schnittlinie. Mir ist May offenbar zu spät in die Hand gekommen. Er traf nicht mehr auf meine Bereitschaft knabenhaften Verzaubertseins. Ich fand sein »Land der Skipetaren«, die »Schluchten des Balkan«, auch »Winnetou, den roten Gentleman« nach den Aufregungen, die Jules Verne zu kosmischen Maßen aufgestachelt hatte, ganz bedeutungslos fad und begnügte mich bald damit, die Indianergeschichten, die die Nesthäkchen, d. h. die um ein oder zwei Jahre Jüngeren, einander erzählten, nicht ganz ohne Sympathie, doch vom bloßen Hörensagen kennenzulernen.

Wo seid ihr denn nun, ihr Brüder, mit denen ich jahrelang, so wundervoll erfüllt und keiner weiteren Wunschgewährung bedürftig, in großen Freuden lebte! Auf langen Strecken lebte ich froh, wie später niemals mehr!

Ich höre nichts von euch; mit einer einzigen Ausnahme, über die ich gleich berichten will, war noch in der Jugend alles zu Ende. Warum eigentlich? Unbekannt! Ihr kamt, wart lebensstrotzend da, lange da, dann sah ich euch nicht mehr. Ohne besonderen Grund. Oder doch ohne erinnerlichen Grund. Fünf Jungens. Ernst, Georg,

Oskar, Paul, Walterchen — die Stimme, die euch ruft, verhallt im Leeren und kann nicht einmal über die Ursache dieser völligen Trennung etwas erfragen. Diese Trennung war schon in den ersten Jahren des neuen, des zwanzigsten Jahrhunderts vor sich gegangen, hat also ausnahmsweise nichts mit den politischen Gunstbeweisen zu tun, mit denen die Götter unser kurzes Erdendasein so überreichlich ausgestattet haben.

Ernst Trier — ich sehe neuartige Bücher oder vielmehr Zeitschriften in seiner Hand, die ich, mit der Wunderwelt des väterlichen Bücherschranks beschäftigt, noch nicht verstand. Er zeigte mir den »Pan«, die von Bierbaum und Heymel herausgegebene »Insel«. Es schwebt mir vor, daß er mir diese erstaunlichen Provokationen nicht ohne Hohn und Spott vorführte, daß ich mich gegen sie gewehrt habe. Die Namen der Herausgeber, ferner Dehmel, Detlev von Liliencron, Arno Holz, Johannes Schlaf hörte ich zum erstenmal und haßte sie als Eindringlinge in das, was ich mißverständlich die »Sphäre meiner Klassiker« nannte. — Nun, der elegante Herr Ernst (man vergaß nie das »Herr« vor seinem Namen) gehörte ja nicht eigentlich zu unserem Kreis, er war um einige Jahre, also um ein Unmeßbares älter als wir, studierte an Universitäten in »Reichsdeutschland«, wie wir es mit altösterreichischer Abneigung titulierten, kam nur zu Weihnachten oder in den Sommerferien nach Prag, selten uns zu Gesicht. Dann unterhielt er sich wohlwollend, aber unheimlich mit uns vorlauten Fratzen. Seine Freiheit war noch um einige Grade stärker als die unsere, kam uns aber nicht beneidenswert vor.

Georg, der zweite der Brüder, war der eigentliche Witzbold, der Erfinder und Tonangebende der Gruppe, der immer auf Neuerungen Ausgehende, der dabei in seiner grenzenlosen Gutmütigkeit und körperlichen Gewandtheit alles so einzurichten verstand, daß allen beim Zusammensein wohl und warm ums Herz wurde. Natürlich wußten wir das nicht, machten uns keine Gedanken darüber, auch er selbst wußte es nicht, war eben tätig, weil er so und nicht anders eingerichtet war, ein verläßlicher, frohgemuter Kamerad, erst viele Jahre später, als die Trier-Welt für uns längst nicht mehr existierte, wurde mir klar, daß für die Gesamtstimmung der kleinen Gesellschaft stets Georg mit Grazie und unermüdlicher Ausdauer die Verantwortung getragen hatte. Seine Erfindungsgabe brachte ihn später an die Spitze chemischer Laboratorien, zu einer Professur. Vielleicht lebt er noch. Dann möge er mir ein Zeichen geben, damit ich noch einmal mit dem guten Kollektivfreund sprechen und mich des Lebens erfreuen kann. — Kamen wir zu Triers, so war jedesmal eine »Festzeitung« vorbereitet, von Georg redigiert, mit vielen spaßhaften Beiträgen von uns allen ausgestattet, deren Anspielungen nur wir verstanden. Und die Art, wie Georg das bunte Zeug vorlas und kommentierte, war noch lustiger als die Beiträge selbst. Wir drei Geschwister Brod taten, was wir konnten, um so viel auf uns einstürmenden Geist und Übermut auszugleichen. Wir hatten nicht eben viel einzusetzen. Aber man ließ es treuherzig gelten.

In diesem Lebenskreis wurde mit anderen Maßen gemessen als in der übrigen, vergleichsweise kalten und gleichgültigen Welt. Wer den anderen am meisten Freude machte, sie am heitersten stimmte: der war hier der König. Alle Reiche der Wirklichkeit wie der Phantasie wurden herangezogen, um den Kindern diese Freude zu liefern. Bald waren wir Matrosen, bald Botaniker, bald historische Gestalten aus Böhmens Vorzeit — genug, daß Freude immer mit dabei war.

Der dritte Bruder, Oskar, war kränklich und blaß, wiewohl auch er wild und gewandt in seinen Bewegungen. Doch die Krankheit war nicht zu übersehen. Er starb denn auch bald, noch ehe wir den Zutritt zur Hochschule erlangten. Als wisse er, daß er nicht lange zu leben habe, war er etwas herrisch, sah mit einer gewissen Strenge darauf, daß seine Wünsche als Befehle betrachtet und pünktlich befolgt würden. Alle taten ihm gern diesen Gefallen, denn alle hatten ihn lieb. Er lieferte die meisten Verse für die Festzeitung, ferner die Texte für unsere Theaterstücke, die er auch selbst inszenierte. Wenn ihn seine Schmerzen nicht allzusehr plagten, war er anmutig und von blühender Laune; manchmal freilich konnte er in seiner Satire recht spitz werden.

Sein Gegenstück, von robuster Gesundheit, war Paul, der Typus des »geraden Michels«! Er stellte das technische Genie der Verschwörer dar, er fabrizierte die kunstreichen Einrichtungen, die Oskar für seine Regiewunder benötigte. Viel bestaunt wurden seine Photographien, besonders wenn er bald in diesem, bald in jenem Farbton aus dem berühmten Buch jene Szene des Sancho Pansa aufnahm, in der dieser sein verloren-geglaubtes Eseltier wiedergefunden hat und es unter dicken Tränen zärtlich umarmt. Paul ging dann auch zu Holzschnitten und anderen graphischen Arbeiten über, wetteiferte in der Festschrift mit unserem Jüngsten, mit Walterchen . . .

Dieses Walterchen, der jüngste in der Reihe der Brüder, wurde von allen verhätschelt. Walter verbat sich das des öfteren ganz energisch. Um so eifriger verhätschelte man ihn. Walter war etwas zart und schwächlich, klein, mit großen, sanften, schönen braunen Augen. Was er für die wöchentliche Festschrift zeichnete, die lustige »Chronik der Woche«, die Rubrik »Aus dem häuslichen Leben«: immer war es der Clou, den er beitrug, das, worüber man am herzlichsten lachte, obwohl er wirklich noch ein Dreikäsehoch, ein Kind war. »Ist er nicht fabelhaft, unser Walterchen«, riefen Georg und Paul mit Stolz, wobei sie das »Kleinchen« wie ein Paket in die Luft warfen, einander wie im Zirkus zuschleuderten. Dabei aber waren sie ebenso ernstlich wie wortlos überzeugt (es lag in ihrem ganzen respektlos-respektvollen Benehmen), daß die Familienbegabung, die in jedem der Brüder schöpferisch-künstlerisch rumorte, gerade in Walter zur entscheidenden Konzentration ansetzte. Und dieser Instinkt ging nicht fehl. Der freundliche Leser wird schon gemerkt haben, daß ich von dem nachmals so berühmten Karikaturisten und Zeichner Walter Trier rede — vielmehr von seinem Ur- und Anfangsstand, in dem er uns die Kulissen und Kostüme unseres Marionettentheaters zurechtschnitt und unserem kindlichen Humorhunger das journalistische Wochenfutter bereitete. Aus der einzigartig beschwingten, frohgemuten Jugendzeit ist wohl mancher Wesenszug seiner gestalterischen Kunst zu erklären. — Unter dem Namen Walter Speyer treibt er in meinem Buch aus der Knabenprovinz »Der Sommer, den man zurückwünscht« sein tapferes Wesen, eine Art Puck aus dem »Sommernachtstraum«, voll von neckender Laune, doch immer gutartig. Immer gibt es altmodische Fahrräder und brave Hündchen in seinen Bildern, die mit komischen blaßblauen Halsschleifen herangesaust kommen. Etwas in dem feinen Kinderkosmos, den wir unserem lieben Erich Kästner danken, und etwas von dem linearen Spottgeschnatter, das der Zeichner Flora zusammenbraut, ist als lebendiges Erbteil Walter Triers auf uns gekommen. Ihn selbst habe ich nachher einmal in Berlin gesehen und kurz gesprochen. Dies mein einziges Verbindungsband mit der Nachjugendzeit der Familie Trier. So flüchtig und unstet geht unser Leben dahin, wichtige Bezirke rücken an die Ränder und verschwinden. — Im rechten Moment entwischte Walter den kunstliebenden Nazis nach London, ich sah seine Zeichnungen oft in einem englischen Magazin, das »Liliput« hieß, ... und war gleich wieder bei ihm zu Hause. Ein entgifteter, entboster Wilhelm Busch — so stehen mir seine Phantasmen im Gedächtnis. Nachher ist er zum drittenmal berühmt geworden, in Amerika, wo er dann noch in jungen Jahren von uns ging. Ein etwa neu erscheinendes Walter-Trier-Album würde wohl nicht nur von mir stürmisch begrüßt werden.

Es war kein uraltes hussitisches, schwarzes, gewissermaßen ins Transzendente geöffnetes Haus, wie das meiner Cousinen, es war ein helles, diesseitiges Gebäude aus dem Vormärz, ein Patrizierhaus in der Langengasse, das die Familie Trier beherbergte. Der Vater betrieb — so hieß es — (Genaueres interessierte in unserer kindlichen Sphäre nicht) eine große Fabrik und war sehr reich. Von den Kindern wurde er einfach »Heinrich« gerufen — ein Vorgang, der im Umkreis meiner autoritätsgebundenen Familie keine Parallele haben konnte. Heinrich, ein großer schöner breitschultriger Mann, kam erst gegen Abend nach Hause, dann war er gern dazu aufgelegt, mit den Kindern in den Zimmern herumzutollen — oder gar im Hof des großen Hauses in den damals noch allgemein verpönten Fußball zu kicken und lachend allenfalls ein Fenster zu zertrümmern. Er wurde von seinen Kindern angeschwärmt, ebenso die zierliche, etwas verwachsene Mutter, »Lucie«, die so klein war, daß man nicht verstand, wie sie sechs so großen lebensvollen Sprößlingen hatte zum Dasein verhelfen können. Sie tauchte manchmal schüchtern auf, als bitte sie um Entschuldigung — ihr zartes, unendlich liebliches Gesichtchen lächelte vergnügt; sie stellte eine Schüssel mit Kuchen oder Äpfeln auf das Billard und verschwand wieder in die ihr vorbehaltenen Räume.

Hatten wir während langer Nachmittage die ganze Wohnung in unserer Gewalt gehabt, so mutete es einen an, als würde die Hand eines Erwachsenen nie mehr irgendeine Ordnung in dieses Gestrüpp und Labyrinth zu bringen vermögen. Aber das ganze Durcheinander machte dabei doch einen harmlosen und liebenswürdigen Eindruck — so zumindest kam es uns vor, und wir wurden in dieser Illusion von den abends heimkehrenden Eltern Trier bestärkt, die alles, was wir angestellt hatten, bewunderten und belachten, als kämen sie zu Besuch in das Atelier eines für seine schlampigen Manieren bekannten Bohemien. Wir waren alle gute Schüler, Schuldisziplin machte sich nicht bemerkbar; Schulaufgaben, Hausaufgaben — all das störte nicht, wurde nebenher erledigt. Übrigens war all diese Nachsicht in den Augen der Trier-Kinder gar nichts Besonderes, sie waren nun einmal so aufgewachsen, hatten es zu Hause nie anders gesehen, und in begreiflichem Familienstolz hatten sie für andere Erziehungsmethoden in anderen Häusern nur mitleidigen Spott. Die drei Kinder Brod aber erholten sich hier von Mamas finsterer Zucht und Papas allzu nachgiebiger Weichheit wie in einem Lichtbad, sie atmeten auf und konnten des Staunens und der Anerkennung kein Ende finden — diese Art zu leben, wie sie in der Familie Trier üblich war, schien ihnen ein Leben höherer Menschen, die es verstehen, dem Dasein immer die eigentliche, die humoristische Seite abzugewinnen, in einem ewigen unauslöschlichen Lachen, wie es den Olympiern Homers eigen ist, in unbeschwerter Sorglosigkeit und in Freude ohne Grenzen.

Studentenzeit
Liliencron, Salus, Leppin, die »Halle«

»Ganz Praha ist ein Goldnetz von Gedichten.«
So heißt es in Detlev von Liliencrons bizarr-autobiographischem Versepos »Poggfred«. Als wir jungen Dichter und Studenten mit dem schwärmerisch verehrten Baron durch die Prager Weinstuben und durch andere Nachtlokale von wesentlich niedrigerem Rang streiften, lag dieser wilde Goldglanz über der ganzen Gruppe und über den Versen, die er sprach.
Sprach? — Er spuckte die Verse. Mit dem Gebiß des alten Herrn schien etwas nicht in Ordnung zu sein. Sprudelnd und zischend brachen die elysischen Gebilde hervor. Auch so herrliche Verszeilen wie der von der Schwalbe: »Es jagt die Schwalbe weglang auf und nieder.« Nicht ganz leicht verständlich klang das unseren Ohren, schon die norddeutsche Aussprache machte uns die Worte fremd. Aber wußten wir denn diese kernigen Zeilen nicht auswendig; und viele andere dazu, in denen kein überflüssiges unnatürliches Wort stand, in denen alles von einem göttlichen Anhauch der Genauigkeit, des Erlebtseins, des Erhobenseins überhaucht war! Der seltsam zerzauste, grauhaarige Kavalier mochte spucken, soviel er wollte: Wir liebten ihn. Und sein wütend hervorgesprühtes »Lever tot als Sklav« verstanden wir ganz genau. Auch im Vortragssaal, wenn er fast tonlos, fast atemlos vor höchster Leidenschaft, seinen heiseren Schlacht-

ruf »Téméraire! Téméraire!« ausstieß, den Namen des berühmten Kriegsschiffes (in der Glorie des Turnerschen Gemäldes): auch da umflogen unsere etwas ängstlichen, binnenländischen Herzen aufgeregt den kleinen stämmigen See-Greis. Waren wir aber gewürdigt, mit ihm auf der Bank des gleichen unanständigen »Beisels« Platz zu nehmen, dann spannte Begeisterung unsere Adern.

Weil wir ihn so liebten, hatten wir ihn zu einer Vorlesung seiner Gedichte nach Prag eingeladen, wir, das heißt: die »Sektion für Literatur und Kunst der Lese- und Redehalle der deutschen Studenten«, wir mit dem schwarzrotgoldenen Band über der Brust und der Jahreszahl 1848 auf diesem Band. Akademiker des ersten Jahrgangs und von den Gedanken jenes Revolutionsjahres erheblich weit abgekommen. Dennoch war etwas von jener fernen Unruhe und Auflehnung in uns, von der Sehnsucht nach Freiheit und stürmischem Leben — und das zog uns zu dem alten Bohemien. Manchmal scheint es mir, als wären seit den unbürgerlichen, doch noch halbkindlichen Umsturzgefühlen, die mich in der Trier-Zeit beflügelt hatten, bis zu der offeneren Revolte der Liliencronperiode (Liliencron kam mehrmals nach Prag) einige relativ ruhige Jahre vorbeigestrichen. Doch das ist wohl Gedächtnistäuschung; auch die anscheinend ruhigen Jahre hatten ihren Aufruhrstoff in sich, den ich mit meinem Jugendfreund Max Bäuml, dem Frühverstorbenen, durchfühlte. Da waren die Mittelschulprofessoren und der Kampf mit ihnen, ferner die Auseinandersetzung mit den ersten schmerzlichen Ausbrüchen der Liebe und des wirklichen Erkennens (Schopenhauer, die religiöse Frage, die Antike) — darüber habe ich in meinen Büchern »Stefan Rott«, »Beinahe ein Vorzugsschüler«, »Die Rosenkoralle« einiges zu sagen versucht und will es hier nicht wiederholen.

Nicht verbreitet dagegen habe ich mich in jenen Schriften über den großen, teilweise auch negativen Einfluß, der von den Autoren der vorangehenden Dichtergeneration in Prag auf mich ausgeübt worden ist. Da gab es zunächst die ältere Schicht, den Literaturpapst und Theaterkritiker Alfred Klaar, den ich nicht mehr kennengelernt habe (er wirkte später in Berlin), sowie die miteinander rivalisierenden Dichter Friedrich Adler und Hugo Salus. Die beiden beherrschten den mächtigen Verein »Concordia«, zumindest schien es uns Jüngeren so, die wir ja keinen rechten Einblick hatten. Der Verein tagte im »Deutschen Haus«, das auch »Casino« hieß. Man nannte ihn spottend, eben jener Dichterrivalität wegen, »Discordia«; unbestritten ist jedoch sein Verdienst, große vielbesuchte Dichter-Vorlesungen veranstaltet zu haben, Die bedeutendsten Namen mit dabei; so hörte ich Gerhart Hauptmann, die damals berühmte Ellen Key, die begeistert über Rilke sprach, Schnitzler, Detlev von Liliencron, der seine Gunst unparteiisch zwischen der alten zahlungskräftigen »Concordia« und uns Modernen aufteilte. Unvergeßlich bleibt mir die Vorlesung Rilkes in der »Concordia«, im »Spiegelsaal«. »Und hie und da ein weißer Elephant« — diese süße, wiederholte Zeile des Kinderkarussells im Pariser Luxembourg-Garten höre ich noch heute im leisen verzauberten Tonfall von Rilkes Stimme. Übrigens bin ich nur dies eine Mal mit ihm zusammengetroffen; und auch da habe ich den verehrten Mann nur von fern erblickt, nicht mit ihm gesprochen. Ich sehe sein blasses, mageres, mongolisch wirkendes Gesicht, den herabhängenden Schnurrbart; im Gedränge nach dem Vortrag gleitet Rilke mit vielen anderen an mir vorbei. (Später gab es einen kleinen Briefwechsel zwischen uns, wie schon erwähnt.) Mein Leben lang habe ich Hemmungen gehabt, mich den Künstlern zu nähern, die ich am meisten geliebt habe. Je eifriger ich ihr Werk studierte, desto geschickter wich ich ihnen im Leben aus. Schade! Nur einigen wenigen gegenüber, die zu den Älteren gehörten, habe ich die Scheu durchbrochen. Es ist mir durch meine Ungeschicklichkeit und Schüchternheit vieles entgangen. Mit Gerhart Hauptmann bin ich einmal im Frühstückszimmer eines Dresdener Hotels zusammengetroffen, nur dieses eine Mal. Ich saß mit meiner Freundin, mit »Mira«. Da sie unsagbar schön war, hätte es Hauptmann vielleicht eine Freude bereitet, sie kennenzulernen. Aber ich stammelte nur ein paar ungelenke Worte der Begrüßung und Verehrung. Es war mir, als sei Zeus selbst vom Olymp herabgestiegen und winke mit den meerblauen Augenbrauen. Und so verstummte ich.

Mit nahezu gleichaltrigen Künstlern oder denen, die jünger waren als ich, habe ich dagegen fast immer ohne Ziererei reden können. Auch mit solchen unter ihnen, die ich mit Herz und Kopf verehrte. — Ich bedaure auch, mit dem Altmeister der Prager Literatur, mit Alfred Meißner, nie zusammengetroffen zu sein, der in Paris zu Heines engerem Kreis gehört hatte. Aber als Meißner starb (1885), war ich ja erst ein Jahr alt.

Friedrich Adler wurde vorzüglich dadurch bekannt, daß das Wiener Burgtheater eine von ihm übersetzte Komödie Calderons »Zwei

Eisen im Feuer« aufführte und dauernd im Repertoire hielt. Man verglich rühmend Adlers Übersetzung mit den Virtuosenkunststücken Fuldas, unter denen ja »Cyrano von Bergerac« wirklich ein Sprachmeisterstück ersten Ranges ist, mag man sonst auch Fulda langweilig finden. — Meine Beziehung zu Hugo Salus war anfangs fast feindselig, gestaltete sich aber allmählich herzlicher, näher. Salus lud mich späterhin öfters in sein schönes, kennerhaft eingerichtetes Heim, wo ich seine Frau, die eine wohlausgebildete Stimme und ein gewähltes Repertoire hatte, am Klavier begleitete: »Caro mio ben«, »Danza, danza, o mia fanciulla«, »Pur dicesti o bocca bella« und vor allem Schumann-Lieder. Waren Gäste der »Concordia« in Prag, so wurde ich wohl auch öfters zu Tisch in die Heinrichsgasse, später in die Wohnung am Čelakovskyplatz beim Museum gebeten: zusammen mit Dehmel, Wassermann, Salten und dem allerdings blassen Plauderer Raoul Auernheimer. Begonnen hatte der Verkehr damit, daß ein gemeinsamer Bekannter (diese wichtige Figur ist gänzlich aus meinem Gedächtnis verdunstet) ein Heft meiner Gedichte dem Olympier vorgelegt hatte. Salus äußerte sich nicht sehr zustimmend, weshalb ihn mein Onkel, verehrender Freund und Englischlehrer Emil Weiß, von da ab in etwas allzu kühnem Latein nur als »malus Salus« bezeichnet wissen wollte. Doch das spielte sich in einem anderen, himmelweit entfernten Lebenskreis ab, den ich in meiner Erzählung von der »Rosenkoralle« nachzubilden versucht habe. — Spätere Verse von mir wurden günstiger angenommen, ich erhielt eine Einladung, den Allentscheidenden und Kunstrichter zu besuchen. Mit Bangen machte ich mich auf den Weg. Das Ansehen von Hugo Salus, dessen Gedichte oft in der Münchener »Jugend« und im »Simplicissimus« erschienen, dessen Buch »Ehefrühling« mit Buchschmuck von Heinrich Vogeler-Worpswede damals in Deutschland berühmt geworden war, stand im Zenit. Schrecklich war das Warten in seinem Vorzimmer. Ein Kanarienvogel schmetterte endlos, in meiner Erinnerung jahrelang. Er schmetterte seine rollenden und trillernden Weisen aus einem entfernten Wohnzimmer, das ich nicht sah. Dieser lärmende Luxusgesang akzentuierte gleichsam meine untergeordnete Position, meine Leiden, die qualvoll sich dehnende Zeit. Damals, in jenen Minuten, die jede für sich Monate zu umfassen schienen, nahm ich mir fest vor: Wenn jemals in späteren Jahren, in denen mein Wort vielleicht ein gewisses Gewicht haben wird, junge Menschen an meine Türe pochen, meinen

Rat, meine Hilfe suchen werden, dann werde ich mich anders benehmen, nie stolz sein, nie Kälte und Überlegenheit herauskehren, sondern immer das Maximum an guter Tatbereitschaft aus meiner Brust emporzuholen und auszuströmen versuchen. — Der Harzer im fernen, unsichtbaren Zimmer schlug seine unendlichen Koloraturen und stolzen Melodien. Nichts sonst regte sich. Und ich schwor mir heimlich im Dunkel lebenslängliches Pioniertum zu. Es will mir scheinen, daß ich diesen Schwur nach Kräften einigermaßen gehalten habe.

Der Dichter im eleganten braunen Sammetflausch erschien endlich in der Türe seines Ordinationszimmers. Salus war Arzt, Gynäkologe, Geburtshelfer — unzählig sind die derben Witze, die er selbst gemacht hat, um das Paradox hervorzustreichen, das in der Verbindung der zarten, oft süßlich-zarten, höflichen und fast körperlosen Gedichte mit dem blutigen »Handwerk« lag, das er trieb und dessen äußerst nüchterne, sachliche, dabei lebenschaffende, lebensbehilfliche, phrasenlos körperliche und schmerzhafte Seite er lustvoll und substanziell rühmte. Er lachte darüber, wie sich die guten Mädchen, die von seinen ätherischen präraffaelitischen Versen entzückt waren, ihn und seinen Beruf so ganz anders vorstellten, als die Realität dies alles ergab und nötig machte. Es war in der Tat viel mehr Merkwürdiges an diesem Menschen, als man gewöhnlich anzunehmen und zu tradieren scheint. Man wirft ihn zu den konventionellen Lyrikern in Goldschnitt — er war mehr, obwohl er die Neueren gar nicht verstand (darunter auch mich) und manchem gegenüber (z. B. zu dem vortrefflichen Paul Leppin) sich geradezu ungerecht und aggressiv verhielt.

Damals, an jenem Nachmittag, benahm er sich denn auch zu mir recht »von oben herab«. Neben dem weißbespannten Operationsbett war an der Wand ein Regal befestigt, auf dem seine sämtlichen Werke aufgereiht waren. Während mir auf einem Hocker ein Platz angewiesen wurde, stand Salus neben dem Regal und griff mit seinen berühmt schönen schlanken Händen bald diesen, bald jenen Band seiner Gedichte hervor, um mir an Proben, die er vorlas, klarzumachen, wie man das und jenes, was ich vermutlich zu sagen mir vorgenommen hätte, richtiger und geradezu vollendet auszudrücken habe. »Sie müssen eines wissen«, dozierte er, »im Gedicht steht jedes Wort auf einem Piedestal.« Es kam mir vor, daß er dieses Wort »Pi-edestal« allzu gedehnt und manieriert aussprach — ich höre es noch heute in meinem Ohr klingen. Außerdem wußte ich ja selber, als Verehrer Goethes, Homers, Mörikes, was er mir da ins Gewissen einzuschärfen für nötig hielt. Ich wußte es und hatte es sogar längst erweitert; ich hatte es, da ich im ersten Jahr der Hochschule mit Kafka Flaubert und Platon (beide im Urtext) zu lesen begonnen hatte, auf alle gute *Prosa* ausgedehnt. Auch da steht jedes Wort auf einem Piedestal. Für diese Erkenntnis war (nebst anderem) auch die Platonlektüre im Gymnasium eine gute Vorschule gewesen.

Das Benehmen des gefeierten Dichters Hugo Salus erschien mir also in jener entscheidenden Stunde, die nichts entschied, recht kitschig. Meine Entdeckung für die Welt der Literatur fand denn auch nicht durch Salus statt, sondern erst einige Zeit später, durch Meyrink. Sehr niedergeschlagen verließ ich die Wohnung der großen Autorität.

Ich muß hier nochmals einfügen, daß sich die Beziehung später völlig verändert hat, daß Salus bald nachher zu denen gehörte, die mich energisch anerkannten. Auch mein Urteil über ihn wurde allgemach gerechter. Er erwies sich als ein freundlicher Berater in manchen Lebensschwierigkeiten, ich war ihm dankbar, unser Verkehr wurde enger. Heute finde ich, daß er als Lyriker zu Unrecht vergessen ist. Sehr schön ist (beispielsweise) sein Gedicht von der »Alten Uhr« (ich habe es komponiert, das Manuskript trägt das Datum 1905)

> Ist eine alte Uhr in Prag,
> Verrostet das Werk und der Stundenschlag,
> Verstummt ihre Stimme im Munde,
> Zeigt immer dieselbe Stunde.
>
> Doch täglich einmal, so tot sie sei,
> Schleicht zögernd die Zeit an der Uhr vorbei.
> Dann zeigt sie die richtige Stunde
> Wie die Uhren all in der Runde. —
>
> Es ist kein Werk so abgetan,
> Kommt doch einmal seine Zeit heran.
> Daß es sein Wirken bekunde,
> Kommt doch seine richtige Stunde.

Ist hier auch mehr Pointe als Gestalt, so ist das Gebilde doch rund und gnomisch-reif. Dasselbe gilt von den »Teppichklopferinnen«:

die Dienstmädchen der Großstadt klopfen gemeinsam in einem Hof, unvermerkt verwandelt sich ihr Gesang in ein »Lied, das man daheim beim Dreschen singt«. Das ist doch ein sinnfälliger Einfall, der selbst in den Gedichten Conrad Ferdinand Meyers Figur machen könnte. —

Es ist mir erst in späteren Jahren klargeworden, als ich Hugo Salus aus den Augen verloren hatte (unter anderem auch aus politischen Gründen, denn er war trotz einiger Gedichte jüdischen Inhalts extremer Assimilant): daß Hugo Salus den rechten Weg vielleicht deshalb verfehlt hat, weil ihm bei seinen Versen allzu entschieden und ausschließlich das große Vorbild C. F. Meyer vor Augen stand. Auch in seiner Prosa (»Das blaue Fenster«), in der überdies da und dort auch Gottfried Kellers Stil bemerkbar wird. Solch radikalen Beeinflussungen ergibt man sich nicht ohne große Gefahr, auch bei wirklicher Begabung nicht, wie sie Salus zweifellos zu eigen war. Auch der Wille zum Großen, zum Ausgeglichenen, den man bei Salus anerkennen muß, ist kein unfehlbares Allheilmittel. Zumal wenn man dahin gerät, das Wesentliche des Vorbilds nicht im Lebendig-Drängend-Unregelmäßigen zu sehen, sondern in mehr dekorativen Nebenwirkungen. Aber mit all diesen Einschränkungen bleibt bei Salus Verdienstliches und Schönes genug. Ich erhebe meine Stimme für Salussche Einzelheiten. In einem seiner Bücher »Neue Garben«, dem einzigen, das mir geblieben ist, lese ich auch heute noch gern und finde namentlich die Gedichte, die er seiner deutschböhmischen Heimat verdankt, bäuerlich echt, so vor allem das holzschnittmäßige »Deutschböhmische Weihnachtslied«.

Aus andersgearteten Traditionsquellen hervor wirkt die Ballade von den beiden frommen Schustern Chanina und Hosaja, die in der Hurengasse sitzen und für die Huren Schuhe machen, ohne ihnen je ins Gesicht zu schauen. (»Talmudische Legende«). Oder das skeptische, strenge, vielleicht von Ibsen beeinflußte Gedicht gegen das »Abendmitleid«, wenn man den ganzen Tag über grausamweltlich war. Oder die von echter Sympathie für die »völkischen Feinde« erfüllten Huldigungen an Dvořák und an den Dichter Jaroslav Vrchlický. Oder die sehr starke und bescheiden eingeengte Überlegung »Der Trost«. Und vieles andere auch (neben häßlich Mißglücktem).

Ja, es war etwas an ihm, heute sehe ich es deutlicher als damals — etwas, das schwerer in Worte zu fassen ist als die an der Oberfläche liegenden, allzu deutlich greifbaren Schwächen und Eitelkeiten. — Einmal ging ich mit Salus an einem schönen Sonntagvormittag über den Graben, die Hauptstraße, die die Spaziergänger füllten, auf und ab promenierend — der berühmte »Bummel«. Am Graben gab es den deutschen Bummel, mit eleganten Damen, schönen Mädchen, vielen Couleurstudenten — der tschechische Bummel spielte sich in der Ferdinandstraße und auf dem Wenzelsplatz ab. Da die tschechischen Hochschüler keine farbigen Kappen hatten und dies auch als etwas Abscheuliches den »Burschaken« nicht nachmachen zu wollen erklärten, trugen viele von ihnen (die national besonders stürmischen) die sogenannte Poděbradka, in Erinnerung an den böhmischen König Georg von Poděbrad und einige beliebte historische Gemälde; dieses nur einige Jahre moderne Schaustück hatte einen Rand wie Mauerzinnen und war aus grauem Astrachanpelz oder dessen Imitation gefertigt. Es konnte sie natürlich jedermann aufsetzen, was gewisse, von den Deutschen gern verspottete Unzukömmlichkeiten mit sich brachte, die Farbenkappe dagegen war irgendwie gesetzlich oder gewohnheitsrechtlich geschützt, den hochmütigen Akademikern vorbehalten. Doch nicht hievon wollte ich eigentlich erzählen, wenngleich immerhin von Kopfbedeckungen. Als wir am Anfang des Grabens, »beim Spinka«, unsere Promenade begannen, sagte Salus mit einem unnachahmlichen Chic von gleichsam naiver Ironie zu mir: »Jetzt passen Sie mal auf, wie viele mich grüßen werden.« Und so war es auch. Eine Art gemäßigten Spießrutenlaufens begann. Fast jeder grüßte und mußte wiedergegrüßt werden, auch von mir, der fast niemanden kannte. Salus schwamm in Ironie und Wonne, gleichzeitig. Er war im deutschen Prag populär wie selten einer. Er war auch ein schöner Mann, blaß, interessant, groß und schlank, wie man sich auch heute noch gern einen Dichter vorstellt. Sein edles, kühnes Gesicht war von langem dunkelblondem Dichterhaar umwallt, das aufflatterte, wenn er seinen breiten Schlapphut abriß und breit dahinschwenkte.

Der »Concordia« stand als jüngerer Kunstsammelpunkt der »Verein bildender Künstler« gegenüber. Doch auch von den Leuten dieses Kreises, wiewohl sie mir gern und freundschaftlich Gastrecht gewährten, trennte mich meine Jugend, der um einige Jahre niedrigere Jahrgang mit seinem anderen, vergleichsweise antiromantischen, jedenfalls härteren Kunstklima. Es blieb mir nichts übrig, als mich als Einzelgänger aufzutun. Ich lebte allein, unabhängig in meinen Anschauungen, selbständig, orientierte mich an Goethe, an George und an den Franzosen (Flaubert, Jules Laforgue, Rimbaud), allmählich sammelte sich eine Freundesschar, zu der Kafka, der Philosoph Felix Weltsch, Oskar Baum, die jüngeren Autoren wie Werfel und Haas, später Johannes Urzidil und Ludwig Winder gehörten. Zu Rilke, Ernst Weiß und Meyrink bildeten sich, zunächst schriftlich, Beziehungen tieferen Einverständnisses. In der Folge trat der Deutschböhme Josef Mühlberger hinzu. Auch einige Wiener Dichter, Berliner Schriftsteller und junge Tschechen tauchten allmählich an unserem Horizont auf.

Der »Verein bildender Künstler« umfaßte Bildhauer wie den aus Eger stammenden Wilfert, den Maler und Graphiker Richard Teschner, der vor allem durch einfallsreiche Buchillustrationen, später in Wien durch sein javanisches Schattentheater Zustimmung erregte. Er galt als Gegenpol des in der »Concordia« beheimateten Emil Orlik, der alle Techniken (auch, als einer der ersten, japanische Methoden) virtuos beherrschte und der sogar mit beiden Händen zugleich zeichnen konnte, auch »blind«, das heißt: auf einem Papier in der Hosentasche. Orlik setzte sich in der Folge in Berlin durch, das berühmte Plakat der »Weber« stammt von ihm, desgleichen scharf hingeblitzte Porträtzeichnungen in Mappen prominenter Fechsung. Im ganzen war er eine seltsame Mischung von Können und Reklamesucht. Gegenüber dem »Verein bildender Künstler« stellte er die ältere Generation dar. Weiter gab es in dem durchaus weitherzig sich aufschließenden Kreis der »bildenden Künstler« Hochschulprofessoren mit Kunstbegeisterung wie den Pharmakologen Wiechowski, Entdecker der desinfizierenden Wirkung der Tierkohle und erklärten Feind der Kampferspritze; den eifrigsten unter den jungen Anhängern Brentanos, den Dozenten Alfred Kastil; ferner den Archäologen Professor Klein, von dem man sagte, daß er sich in den Gassen des antiken Athen besser auskenne als in den Straßen Prags und daß er aus Begeisterung für die alte Plastik manchmal in den Räumen des Gipsabguß-Museums der Universität übernachte. Ich habe bei dem genialen, stets sehr wirr und unordentlich gekleideten Mann konkret einprägsame Kollegien über hellenische Kunst und die Topographie des klassischen Athen gehört. — Im Mittelpunkt des Vereinslebens, das seine Wurzeln eigentlich in der deutschböhmischen Provinz hatte, glänzten nichtsdestoweniger zwei Prager

Poeten: Paul Leppin und Oskar Wiener. Ferner ein dritter, der wohl, wenn ich nicht irre, aus dem Sudetenland stammte, der blasse, stille Viktor Hadwiger, dieser Peter Hille Prags, dem nur eine Else Lasker-Schüler gefehlt hat, sonst wäre er zur Legende geworden wie jener in Berlin. Neulich las ich in einem Essay von Hanns W. Eppelsheimer: Hadwiger sei der erste Expressionist gewesen. Wir liebten ihn und lebten gern mit ihm, dem Unsteten, Ärmlichen. Aber unser Versuch, ihm eine Vorlesung in dem großbürgerlichen Kunstverein »Concordia« zu verschaffen, scheiterte ganz jämmerlich. Dieser Fehlschlag war wohl auch der eigentliche Anlaß jener »Rosen-Demonstration«, von der ich noch berichten werde.

Paul Leppin und Oskar Wiener waren die Anführer dieses Streichs, über den alle schlichten Prager betreten die Köpfe schüttelten. — Oskar Wiener sollte um seiner Balladen willen nicht vergessen werden, die wohl von Liliencron angeregt waren, doch ihren besonderen Ton hatten, namentlich die Balladen von Rabbi Löw, darunter eine vom Totentanz der Kinder auf dem alten Friedhof. In einem Diskussionsabend, in dem die Jung-Prager heftig als Dekadente angegriffen wurden, rief Wiener zum schallenden Gelächter des Publikums seine Devise in den Saal: »Wir sind ja pumperlg'sund.« — Schwerlich konnte man das allerdings von seinem Freund Paul Leppin behaupten, dessen totenweißes Gesicht mit der gewaltigen, hochmütigen Stupsnase und dem großen Mund über die Menge wegragte; denn Leppin war überlang und überdünn. In seinem Gesicht drückte sich auf eine unwiederholbare Art die treuherzigste und humorigste Kameradschaft und zugleich eine Empfindung aus, die man mit dieser Kameradschaft auf keine Weise in eins zusammenbringen kann: nämlich tiefer Ekel vor dem Leben. Diese beiden entgegengesetzten Stimmungen brachten es gerade nur in diesem Gesicht zu einer Art Symbiose, einem seltsamen Miteinander, weshalb es denn auch ein gleichzeitig sehr schönes und sehr häßliches Gesicht war. Es wirkte in seiner Widersprüchlichkeit faszinierend. Und so war der ganze unglückliche junge Mensch, den überdies noch von einem bestimmten Zeitpunkt an eine schwere, damals unheilbare Krankheit folterte, die, wie man erzählte, durch eine schreckhafte Malariakur gelindert wurde. Er war der eigentliche erwählte Sänger des schmerzlich verlöschenden Alt-Prag, der verrufenen Gäßchen, der durchzechten Nächte, der Vagabunden und der vergeblichen Gläubigkeit vor prunkvoll barocken Heiligenfiguren. Irgendwo zwischen Heine, Verlaine und dem jungen Rilke war seine Wortkunst angesiedelt, die in seinen Versen einen nur ihm eigenen Rhythmus hatte und die einst noch entdeckt werden wird, dessen bin ich sicher.»Glocken, die im Dunkeln rufen« hieß klangvoll eines seiner ersten Bücher. In manchem war er Rilke verwandt, Rilkes Anfängen, einem provinziell begrenzten Rilke. Rilkes Laufbahn vollzog sich dann allerdings unter einem wesentlich günstigeren Stern. Aber es fehlte nicht viel, es hätte nur irgendeiner freundlicheren Lebenswendung bedurft: dann wäre uns in Leppin ein Bruder Rilkes beschert worden. Hier einige kleine Fragmente der besonderen zarten Sprachmelodie Leppins:

> Die Stadt steht heute irgendwo,
> Doch keiner will sie kennen,
> Es läuten dort alle Glocken so,
> Als würden sie nie mehr im Leben froh,
> Und traurige Lampen brennen.

> Das ist die Stadt, wo ich wohne,
> Mit dem Kreuz und der Dornenkrone.

> Buntfarbene Nebel greifen
> Nach den Türmen in der Stadt,
> Die Moldau zieht brennende Streifen
> Um die Mauern von Wyschehrad.

> Leer sind die Gartenterrassen,
> Kahl raschelt der wilde Wein,
> Aber der Frühling geht durch die Gassen
> Und schaut in die Fenster hinein.

> Die Schiffe schaukeln im Hafen,
> Das Wasser rauscht beim Wehr,
> Die Mädchen kommen verschlafen
> Aus klingenden Märznächten her.

> Die Heimat hat wunderschöne,
> Die schönsten Kirchen der Welt,
> Es ist ihr Glockengetöne
> Von heimlicher Inbrunst geschwellt.

> Die Augen der Leute sind dunkel,
> Von seliger Zuversicht feucht —

Der Veitsdom steht voll Gefunkel
Im letzten Abendgeleucht.

Wie hab ich jene Stunden liebbehalten,
Die wirr und trunken durch mein Schicksal hinkten,
Die mir mit armen Händen alle Falten
Begrabner Träume aus der Seele schminkten.

Das war die Zeit, wo wir die roten Zeichen
Der Qual an unsre Türe malten,
Wo wir wie Bettler lebten ohnegleichen
Und mit dem Herzen wie die Fürsten zahlten.

Leppin ist ein Dichter der ewigen Enttäuschung, dessen erlebte
Wirklichkeit weit hinter seinen Sehnsuchtswünschen zurückbleibt,
ein Dichter der Sünde, des trotzigen Eigensinns und der christlichen
Zerknirschung wie Baudelaire, ein Teufelsknecht und dann wieder
ein Madonnenanbeter und Reinheitsadept, dem oft nur die letzte
klare Umrißlinie fehlt, um seine Vision endgültig hinzuzeichnen,
um eine Welt seines eigenen reinen Geblütes zu Ende zu schaffen.
In seinem Roman »Severins Gang in die Finsternis (Ein Prager
Gespensterroman)« gibt er auch viel Dokumentarisches aus jener
vielverlästerten und wohl auch wirklich der Verdammnis anheim-
gegebenen Epoche des alten Prag; in der hoffmannesken Figur des
Herrn »Nikolaus« skizziert er den Dichter Gustav Meyrink, mit
dem er viel umging und dessen exotische Häuslichkeit er behaglich-
gruselnd auspackt. All dies schildert er mit einem von lastender
Verzweiflung triefenden Pinsel, dessen Farben bizarr aufglitzern,
ohne sich auch nur einen Beiglanz von gutem Lebensmut zu gestat-
ten. Oder sie schwelgen in Himmelsfarben. Protest und Entzücken
sind die Gegenpole seiner Kunst.
Eines Sonntags erschienen die Prager Neo-Romantiker unter An-
führung von Paul Leppin in der vollen Pracht ihrer eigenartigen
Biedermeier-Vermummung auf dem Grabenbummel. Zu ihren langen, in der Taille betont engen, braunen oder dunkelblauen An-
zügen hatten sie umfangreiche Kalabreserhüte aufgesetzt. An diesen
seltsamen Anblick war man nachgerade gewöhnt, doch diesmal
hatten sie sich etwas Besonderes ausgedacht: Jeder hielt eine lang-
stielige dunkelrote Rose in der Rechten, er trug die Blume geradezu
feierlich vor sich her, wie Kerzen bei einer Prozession nahmen sich

die Blütenflammen aus. Es marschierten nur sechs oder sieben Mann, doch die Sache fiel auf, man blieb stehen und fragte. Der Klüngel führte seinen Vorsatz aus, am Kasino in Reih und Glied vorbeizuschlendern und durch die Rosenparade still für den von der »Concordia« abgelehnten Hadwiger zu demonstrieren. Einige Sympathisierende (wie ich) schlossen sich an. Freund Liliencron marschierte mit, er fand die Veranstaltung höchst ergötzlich. Einen Erfolg hatte sie nicht. Manche von den Zuschauern glaubten, ein neuer Kult der Schönheit solle gestiftet werden. Auch daraus wurde begreiflicherweise nichts.

Desto eifriger erzählte der Baron, wenn wir abends mit ihm in einer Kneipe saßen, von seinen Schulden. Das verstanden nur einige von uns, alle aber berauschten sich an den neuen kühnen Worten, die Liliencron, seine Verse rezitierend, immer wieder hervorstieß. War es nicht, als habe er manche Zeile (vor Jahrzehnten) ausdrücklich gedichtet, um die Concordioten zu ärgern, die in ihrer Routine erstickten. So wenn er das Lied von der nordischen Stadt sang, die von ihrem sicheren Deiche her, den Ozean, die »Blanke Hans« verspottet. Und der Ozean antwortet mit einer Flutwelle, die die Stadt begräbt. Geheimnisvoll über alle Maßen beginnt das, pianissimo, wenn die pochenden Daktylen zu klingen anheben:

> Und wie sie drohend die Fäuste ballen,
> Zieht leis aus dem Schlamm der Krake die Krallen.
> Trutz, blanke Hans!

Es ging uns durch Mark und Bein, dieses Neue. Mir selber aber, dem es nicht um wilde Abenteuer, sondern um das menschliche Mitleid ging — Schopenhauer hatte mich erzogen und beobachtete mich argwöhnisch, ob ich nicht dem bösen Willen nachgab, der (nach Liliencron) »unausrottbar in uns allen tiert« —, mir selber war jener Liliencron näher, der sich in einem seiner lieblichstarkmütigsten Gedichte ausdrückt: »Du sast ni vun min söte Swester loaten — Du sollst nicht von meiner süßen Schwester lassen.« Es ist in einer volkstümlichen Straßenszene konzentriert, in einer Torwegszene, im Vorbeigehen an einer Durchfahrt. Drei Personen sieht der Dichter: »Ein hübsches Mädchen, einen Mann, ein Kind«.

> Der Mann schien jung, fünf-sechsundzwanzig Jahre.
> Er stand mit finstrer Stirn und abgewandt,

In seiner ganzen Haltung sprach sich aus:
»Jetzt mag ich dich nicht mehr, geh deiner Wege.«
Das Mädchen zerrte zitternd an der Schürze
Und weinte still, mit tief gesenktem Kinn.
Das Kind, das Schwesterchen der armen Dirne,
Zupft schüchtern an des Mannes Rock und bittet:
»Du sast ni vun min söte Swester loaten.«

Das war der Liliencron, den ich liebte. Die Zechgelage, die ich an seiner Seite mitmachte, nahm ich als Zeichen seiner Verzweiflung und der unlösbaren Konflikte seiner Rauflust. Im Kern aber zitterte sein Mitleid mit allen Menschen. Und in diesem Kern glaubte ich mich insgeheim ihm verwandt. Ich war kein Neo-Romantiker, ich strebte nach dem stillen, unpathetischen, einfachen Guten, das ich bei keinem Prager Dichter der mir vorangehenden Generation fand, auch bei Leppin nicht. (Erst später bei Werfel, im »Weltfreund«.) In Liliencron war es da. Und ich verstand bald, daß dieser »Heidegänger«, der entgleiste Offizier und Adelige, von seinen Standesgenossen über die Achsel angesehen, doch noch etwas mehr zu sagen hatte, als kindischen Rosendemonstrationen zu applaudieren oder im »Überbrettl« seine vokalschimmernde Vision »Die Musik kommt« unter Begleitung schlechter Musik vorzutragen. Er steckte voll von Gegensätzen, dieser anscheinend so fröhliche Dichter, ein tragischer Epikuräer war er oder ein militärbegeisterter Idyllenanbeter oder ein kaisertreuer Aufwiegler. All die unausgetragenen Widersprüche, die in Kleists, in Heines Seele gewütet hatten, schleppte der alte Junker mit sich. Daher konnte und mußte einmal dies äußerlich übermütige Lebenskind auf der Prager Karlsbrücke neben mir stehen bleiben, nachts in schwarze Wasser starren und die Worte murmeln: »Ob es wohl hier tief genug ist.«

Dennoch blieben ihm erfreulicherweise Lebensfestigkeit und Humor genug, um sich aufdringlicher Dichterlinge zu erwehren. Einer aus dem Prager Kreis hatte ihm ein dickes Paket ungedruckter Gedichte zur Beurteilung geschickt. Er bekam es postwendend und uneröffnet zurück. Und zeigte mir einmal bei vertraulichem Anlaß nicht ohne Trübseligkeit den Begleitbrief, der in Liliencrons klobig dicker Schrift, wie mit dem unteren Ende des Federstiels, geschrieben war und ungefähr folgendermaßen lautete: »Es ist mir bereits gelungen, den Tag von 24 auf 48 Stunden zu dehnen. Jetzt arbeite ich daran, ihn auf 72 Stunden zu bringen. Sobald ich das erzielt habe, werde ich mich unverzüglich an Sie wenden und nicht nur Ihre Gedichte, sondern alle Gedichte studieren, die man mir von nah und fern zuschickt.«

Liliencron hatte als Sendbote der hohen deutschen Dichtung einen entscheidenden Einfluß auf die sogenannte »Prager Schule« — bei der man jedoch drei Stufen oder Generationsfolgen (oder richtiger: Halbgenerationsfolgen) unterscheiden muß: die Gruppe der Älteren um Hugo Salus — die mittlere Generation um Leppin und die Anfänge Rilkes — schließlich meine Freunde und mich, die wir den Neoromantikern und ihrer überschwenglichen Prosa die Klarheit der Sprache und die einfachen, unerschöpflich tiefen Dinge des Lebens und Denkens entgegenstellten. In der Verehrung der unverkünstelten Natur stimmten wir überein, wir Allerjüngsten, zu denen Kafka, Werfel, Urzidil gehörten. Wir erkannten auch die Schönheit von Leppins klangreichen Versen an; doch gegen seine oft recht gewaltsame Prosa hatten wir manchen Einwand. Wie überhaupt Gewaltsamkeit, Forciertheit und Willkür, in der kein Muß pochte, dasjenige war, was wir mit zunehmender Reife immer schärfer ablehnten. Daher wurden Goethe, Flaubert, Mörike, Stifter unsere Lehrmeister. In der Verehrung Liliencrons waren überdies alle drei Prager Gruppen einig. Abwegig dagegen ist es, das sogenannte »Prager Deutsch« mit dem Schrifttum der Autoren, die in Prag gelebt haben, in einen künstlichen Zusammenhang zu bringen. Der Verfasser eines neueren Buches über Kafka, das diesen Zusammenhang konstruiert, verfügt über keine an der erlebten Wirklichkeit geprüften Kenntnisse auf diesem Gebiet, nur über einiges Buchwissen aus höchst tendenziösen oder humoristischen, sich selbst verspottenden Quellen. Vor allem weiß er nicht, daß das »Prager Deutsch« von Tschechen, die sich deutsch ausdrücken wollten, gesprochen wurde, kaum aber von Deutschen. Wenn beispielsweise Pallenberg in dem Lustspiel »Familie Schimek« oder als Schwejk einen Tschechen darstellt, der deutsch parliert, dann bedient er sich rechtens des komischen Slang, den man »Prager Deutsch« oder auch »Böhmeln«, »Böhmakeln« genannt hat. In den deutschsprechenden Schichten Prags, die deutsche Schulen besucht hatten, wurden jene Anklänge an das Tschechische, die sich etwa in den deutschen Stil der Schularbeiten einschlichen, immer strengstens als grobe Fehler, als »Pragismen« oder »Tschechismen« verfolgt und ausgemerzt, ja sogar noch besonders empfindlich verlacht. Nur die ein wenig harten Akzente der *Aussprache* kennzeichneten den Prager Deutschen, dagegen paßte man sorgfältig auf, keine lokal bedingten Abweichungen in die Schriftsprache eindringen zu lassen. Wenn der oben erwähnte »Sprachforscher« den falschen Satz »Wir haben sich unterhalten« anführt, so muß man wissen, daß es nie einem gebildeten Deutsch-Prager eingefallen wäre, sich eines solchen »Angleichens an die Sprache der Nachbarn« schuldig zu machen. Wohl aber verfielen Tschechen, die deutsch redeten, häufig gerade in diesen Fehler, der durchaus nicht, wie der »Sprachforscher« meint, überdies auch noch eine »Sprachverarmung« darstellt, denn im Tschechischen bleibt eben das Reflexivpronomen in *allen* Personen gleich, wird nicht abgewandelt. Der Sprachforscher hat also mit seiner Bemerkung nichts bewiesen, als daß er der tschechischen Sprache nicht einmal in ihren Elementen mächtig ist. — Vereinzelte Fehler aus Unachtsamkeit mögen natürlich unter dem Einfluß der tschechischen Umwelt in der deutschen Umgangssprache und im deutschen Schrifttum Prags in ganz seltenen Ausnahmefällen trotzdem vorgekommen sein. Es sind dies beispielsweise jene wenigen Sprachunrichtigkeiten in den Manuskripten Kafkas, die ich bei der Drucklegung richtiggestellt habe, weil ich weiß, daß auch mein Freund, hätte er je an eine Drucklegung gedacht, diese Korrekturen unbedingt vorgenommen hätte.

Wie war ich in all dieses literarische Treiben hineingeraten? Ich, der Spielgenosse der fröhlich unbeschwerten Trier-Buben, dem etwas später die schwermütigste Lektüre, Schopenhauer, den Horizont sperrte! Außer den Klassikern aus meines Vaters schöner Bibliothek, die ich immer wieder mit Eifer las, gab es lange Zeit nichts Beachtenswertes in den schönen Künsten für mich, nichts Neues. — Bis eines Tages Ibsens »Wildente« und »Gespenster« den Durchbruch erzwangen. In langen Gesprächen mit meinem Jugendfreund Max Bäuml wurden begeistert die unerwarteten Schönheiten dieser Werke erörtert. Dann erinnere ich mich eines Sommers in St. Wolfgang, beglückter Ferien, in denen mir der Schädel brannte, da die Moderne in Gestalt dreier hochbedeutsamer Bücher auf mich einstürmte: Heinrich Manns »Schlaraffenland«, Wedekinds »Büchse der Pandora«, Hamsuns »Pan«. — Dazu traten bald nachher Meyrinks abenteuerliche Geschichten aus dem »Simplicissimus«, die später in dem Bändchen »Der heiße Soldat« gesammelt vorlagen und mich schon beim Er-

scheinen in der Zeitschrift elektrisiert hatten. Daß Meyrink in Prag
lebte, wußte ich zunächst nicht.

Nun begann auch die Bibliothek des schon erwähnten akademischen
Vereins »Lese- und Redehalle der deutschen Studenten« ihre Wirk-
samkeit in meinem geistigen Haushalt. Hier fand ich all das Herz-
bewegende, das ich suchte und brauchte.

Die »Halle«, so wurde sie kurz genannt, war ein merkwürdiges
Gebilde. Sie bestand aus der »Finkenschaft«, die (außer dem Band)
keine »Couleur« trug, also keine bunten Kappen, und die sich auch
sonst nicht burschenschaftlich betätigte: keine Kneipen, keine »Be-
stimmungsmensuren«, keinerlei »Komment« — eine amorphe Masse
also, der auch ich angehörte. Diesen wackeren Zivilisten standen, in
derselben »Halle« organisiert, die strammen »schlagenden Verbindungen« gegenüber, die Farben zeigten und gern mit dem Säbel
rasselten, nach eigentümlichen straffen Vorschriften, die denen der
reichsdeutschen und Wiener, Grazer etc. Universitäten so ziemlich
glichen. Der seinerzeit vielgelesene Roman »Die Vaclavbude« von
Karl Hans Strobl gibt ein recht geschicktes Bild vom Alltag und
festlichen Leben jener Studentenschaft an der Prager Alma Mater,
allerdings mehr von der deutschnationalen Seite her, während die
»Halle« deutschliberal war. Die deutschnationalen Verbindungen,
Landsmannschaften, Burschenschaften, Corps, auch die »Finken«
dieser nationalen Richtung waren in einem zweiten Dachverband,
der »Germania«, zusammengefaßt, die keine Juden aufnahm und
die von Jahr zu Jahr erfolgreicher mit der »Halle« rivalisierte.

Die Professoren der beiden deutschen Hochschulen (Universität
und Technik) standen entweder auf Seite der »Halle« oder der »Germania«; manche hielten sich neutral, legten auf Verbindung mit
beiden Parteien Wert.

Für viele (darunter auch für mich) war die »Halle« ein einfacher
Leseverein. Hievon gestattete ich mir eine einzige kleine Ausnahme:
Bei der befreundeten »Hercynia« lernte ich fechten, hetzte mich,
den Kopf vom mächtigen Drahtkorb umgeben, im Kampf mit dem
Fechtlehrer in der hallenden Weite des Prager »Wintergartens« oder
»Studentenheims« herum. Dann ging's wieder zurück in die zivilen
Lokalitäten der »Halle« und in ihren Bekanntenkreis, in dem für
mich bald Kafka auftauchte. Die Bibliothek der Halle war wohl-
gewählt und um ihrer Aktualität willen berühmt. Immer up to date.
In den Vereinszimmern gab es zweierlei: sehr viele Zeitungen aus

aller Welt und die vortrefflichen Butterbrote, die das Vereinsfak-
totum, Herr Müller, dick und reichlich strich. Es war angenehm,
beim Genuß dieser beiden Lebensgaben am Fenster zu sitzen und
vom ersten Stock auf das bewegte Leben der Ferdinandstraße hinab-
zuschauen. — Herr Müller war auch Präsident des Vereins der »Ma-
ximilian-Veteranen«, eine Respektsperson, die den Neulingen unter
den Studenten, den Erstsemestrigen, durch kühle, ein wenig derb
unterstrichene Distanz gewaltig zu imponieren wußte. Außerdem
arrangierte er alljährlich zu Beginn der Wintersaison in Heines
Restaurant (Königliche Weinberge) den vielbesprochenen »Ball der
Maximilians-Veteranen«, bei dessen Eröffnung er selber mit seinem
Stellvertreter die feierliche Trauerpolonäse eröffnete. Mit pompösem
Ernst schritten die Männer, die unter Kaiser Maximilian in Mexiko
gekämpft und seine Leiden, seinen Tod in Queretaro aus nächster
Nähe miterlebt hatten, zum Klange der lieblich exotischen Melodie
»La Paloma« paarweise in großem Kreis rund um die Tanzfläche
des Saales. Die meist dem unteren Bürgerstand angehörigen Vetera-
nen trugen ihre militärischen Ehrenzeichen, ihre Medaillen und ihre
besten Kleider, die trotz aller Adrettheit etwas Ungeschlachtes,
Unelegantes behielten — sie stapften ingrimmig einher, vollendeten
ihren Rundgang und kümmerten sich den Teufel darum, daß die
Einhaltung ihres Zeremoniells wenig geeignet war, ein leichtsinniges
Tanzvergnügen zu eröffnen. Es ging nämlich hartnäckigerweise ein
Gerücht um, daß die Töchter dieser Maximilianhelden den Werbun-
gen und Einflüsterungen junger Studiosi nicht unzugänglich seien,
jedenfalls weniger unzugänglich als die vornehmen Damen und
Mädchen der übrigen Bälle des deutschen Prag, die an Prüderie und
Snobismus miteinander wetteiferten. Aus eigener Erfahrung habe
ich überdies hiezu nichts mitzuteilen. Mir blieb einer der Veteranen-
bälle nur dadurch in Erinnerung, daß während der Mitternachts-
pause in unserem Kreis Egon Erwin Kisch auftauchte und, in besonders glanzvoller Weise aus dem unerschöpflichen Vorrat seiner Anekdoten schöpfend, die ganze Tafelrunde auf das ausgelassenste unterhielt.
Der Zudrang der jüdischen Studenten zur »Halle« war natürlich gewaltig, und die Machthaber des Vereins hatten viel damit zu tun,
daß der Verein seinen »deutsch-liberalen«, will sagen: nicht vollständig jüdischen Charakter behielt. Die unwürdigen Mittel, die
man dabei anwandte, kamen mir, da ich zu den gewissermaßen

Privilegierten gehörte, während meiner Studentenjahre nur sehr allmählich zu Bewußtsein. Zunächst schwamm ich im allgemeinen Strom der Assimilation getrost mit, die meiner vollständig deutschen Erziehung entsprach — und erst in viel späterer Zeit, schon als Doktor, lernte ich, wie bereits dargestellt, die Segnungen der ehrlichen Distanz-Liebe zwischen Deutschen und Juden, die Lehren Hugo Bergmanns und Bubers, den Zionismus, den jüdischen Studentenverein Bar-Kochba kennen. Daß es solche Studentenvereine in Prag gab, die ihr Judentum nicht verleugneten, war mir während meiner Studentenzeit unbekannt — oder, richtiger gesagt, es erreichte mich nur in boshafter Spiegelung und Verzerrung, durch gelegentliche Spottreden der Assimilanten und der verkappten Antisemiten. Ich werde darüber noch einiges zu erzählen haben. Vorläufig sei nur bemerkt, daß gerade die besagten »unwürdigen Mittel« viel dazu beitrugen, mir allmählich die Augen zu öffnen und mir meine richtige Stelle im weiteren Leben anzuweisen. Aber das war ein langwieriger Prozeß, ein schweres Ringen, bei dem mir späterhin Kafka in seiner unbeirrbaren Wahrhaftigkeit half, der Freund, den ich im unklaren und kompromißlerischen Milieu der »Halle« fand, gleich im ersten Studienjahr als festen Stützpunkt gewann und der dann eine ganz ähnliche Entwicklung wie ich durchmachte. Auf diese Art wurde ich reif für die Unterweisung durch Hugo Bergmann, die mich allerdings mit reichlicher Verspätung erreichte.

Es war durch die besondere Schichtung der Prager Studentenschaft bedingt, daß für die »Halle« die Gefahr bestand zu »verjuden«, wie man es grausam und verächtlich genug ausdrückte. Eine große Zahl der aus Deutschböhmen in die Landeshauptstadt einströmenden Studenten war antiliberal gesinnt, sie trat gar nicht in die »Halle« ein, sondern direkt in die »Germania« — und auch unter den Prager autochthonen Deutschen war das liberale Prinzip im Rückgang begriffen. Man mochte das bedauern, die Tatsache war nicht wegzuleugnen. (Nicht alle Nationalen waren übrigens antiliberal. Und so hatte ich auch unter den Deutschnationalen, den »Randdeutschen«, einen Seelenverwandten, der Dr. Sepp Stark hieß und mit dem ich — Felix Weltsch war der dritte auch in diesem Bunde — manche Nacht in Weinstuben gesessen und diffizile Lebensprobleme besprochen habe. Er ging, freilich als einziger dieser Art, besonders weit. Was später aus ihm geworden ist, weiß ich leider nicht.)

Nun hatte die »Halle« ein seltsames Auskunftsmittel gefunden, um

scheinbar demokratisch zu bleiben und dennoch den Zusammenhang mit den nationaldeutschen Kreisen, namentlich mit den Professoren der Hochschulen, nicht zu verlieren: Das war der Halle-Ausschuß. In den wurden gesiebte Kommilitonen gewählt, meist Nichtjuden. Von Juden nur solche, die entweder getauft waren oder aus den reichsten Familien stammten; übrigens nur in beschränkter Anzahl. Der Halle-Ausschuß war gewissermaßen ein »Verein im Verein«, er bestimmte die ganze Politik des Vereins (die mich damals freilich überhaupt nicht interessierte), er »repräsentierte« auf Banketten, Festkneipen, Bällen und Tagungen, durch seine Verbindung mit den Professoren betrieb er auch schon berufliche und jedenfalls gesellschaftliche Streberei. Für die Prüfungen war es nicht ohne Bedeutung, mit den Professoren und ihren Damen geselligen Verkehr zu haben. Großbürger, Industrielle, die über die oder jene Anstellung entschieden, standen gleichfalls dem Halle-Ausschuß nahe. Man wurde als Ausschußmann in ihre Familien eingeführt. An alldem hatten die gewöhnlichen Halle-Mitglieder keinen Anteil. Der Ausschuß bildete gleichsam eine Klasse für sich. Die Ausschußmitglieder verkehrten nicht mit den übrigen Mitgliedern. Stets blieb das Ausschußzimmer abgesperrt, es hatte einen separaten Eingang: Im Ausschußzimmer tagte und amüsierte sich die Kaste der Herrschenden, der Reichen und wegen ihres Reichtums Angesehenen, ein Normalmitglied hatte das Ausschußzimmer nicht zu betreten. Lächerlich streng waren Kasteneinteilung und Kastenstolz im alten deutschen Prag, in dem die gesellschaftlichen Über- und Unterordnungen genauest nach dem Einkommen der Väter und nach unklaren, absichtlich im Verschwommenen gehaltenen Grundsätzen der »Rassenreinheit« abgestuft waren. — Aus dem Gymnasium mit seiner vergleichsweise freien Luft in dieses Hochschul-Karrieristen-Milieu tretend, in dem alles schon nach dem bevorstehenden Berufs- und Erwerbsleben roch, fand ich die Richtigkeit jener Worte bestätigt, die ich in den »Idées et sensations« der Brüder Goncourt mit Bitterkeit las:
»Bis zum zwanzigsten Jahre bleibt das Kind in der Studienanstalt, wo sich alles um die Arbeit, die Ehre, die Befähigung dreht. Tritt dann der Zwanzigjährige in die Welt ein, ist alles anders; es ist gerade das Gegenteil.«
Man brauchte das Wort »zwanzigsten« nur durch das Wort »achtzehnten« zu ersetzen, so traf alles ganz genau auf mich zu. Denn Studienanstalt im eigentlichen Sinn war nur das Gymnasium gewe-

sen, die Prager Universität als solche war, von ein paar Ausnahmeprofessoren wie z. B. Alfred Weber, Marty und Ehrenfels abgesehen (darüber später), eine banausisch-praktische muffige Angelegenheit.

Leben mit Franz Kafka

Zum erstenmal in meinem Leben war ich der Ungleichheit und Ungerechtigkeit unter den Menschen gegenübergestellt. Das ganze System des »Ausschusses« war mir widerlich, und ich beschloß, es zu stürzen oder doch mit Gleichgesinnten an seinem Sturz mitzuarbeiten. Ohne politische Leitlinien, nicht um sozialistischer Theorien willen, die ich erst viel später (eben durch meinen verehrten Lehrer für Soziologie, Professor Alfred Weber) kennenlernte, sondern aus instinktiver Abneigung gegen alles Tyrannenhafte, Unredliche, Lügnerische. Ich erlebte ja auch bald die korruptionistische Seite des Systems. Ein Vorfall: Wir hatten innerhalb der schlichten Mitgliedschaft als Widerstandszentrum gegen den »Ausschuß« jene »Sektion für Literatur und Kunst« ausgebaut, die ganz andere Ziele verfolgte als die reichen Herrensöhnchen mit ihren Tanzvergnügungen und Zweckessen. Uns dürstete nach kulturellen Taten, wir wollten die großen Dichter Deutschlands zu Vorlesungen einladen, allen voran Liliencron. Der »Ausschuß« verwaltete die Gelder des Vereins, er hatte das Honorar zu bewilligen. Lehnte ab. Der Rufer im Streit war ein gewisser S., ein machtvoller Redner und Agitator. Er war unser demagogisch geheizter, heftig vorstürmender Anführer. Und in der entscheidenden Sitzung sprang er ab, entpuppte sich als Überläufer — ein armer Student, den man durch hochbezahlte Nachhilfestunden ins andere Lager gelockt hatte. Es war zwischen ihm und den Herrchen verabredet, daß er die Maske bis zum letzten Moment tragen, in der Schlußdiskussion aber eine Rede halten sollte, die seinen Abfall erklären und durch prachtvolle Rhetorik die Schwankenden mit sich reißen sollte. Und so geschah es. Die Liliencronvorlesung kam dann allerdings einige Zeit später doch noch zustande, als nächste Folge aber setzte es: Verbalinjurien, Ehrengerichte, Duelle auf schwere Kavalleriesäbel. Das Ganze war meine erste Erfahrung im Umgang mit dem Niederträchtigen.

»Denn es ist das Mächtige — was man dir auch sage.« Eine Modell-Erfahrung, deren Varianten dann immer wiederkehrten. Den guten Rat, mich über solche Ereignisse (die in den Hitler-Exzessen gipfelten) »nicht zu beklagen«, habe ich aber nie befolgt. Ich habe auf einen Schelm anderthalben gesetzt, habe tüchtig zurückgedroschen, bin oft mit blutendem Kopf abgezogen, manchmal aber ist mir die Genugtuung geworden, den Gegner »abzustechen«, wie es bei den Studenten heißt.

Ein seltsamer Umstand: Der junge Mann, der im Ausschuß tonangebend war und als kluger Stratege unter Akademikern und Professoren allgemein, auch bei den Gegnern, viel galt, war gleichfalls ein Kafka, war Franz Kafkas Gliedcousin: Bruno Kafka.

Die Väter der beiden waren richtige Cousins. Er trat mir überall, wo es studentische Meinungsverschiedenheiten gab, entschieden in den Weg, sein Einfluß war hundertfach stärker als der meine (er gehörte auch einem älteren Jahrgang an als ich und verteidigte gleichsam »erworbene Rechte«). Er war getauft und ein erklärter Feind alles Jüdischen. Hochmütig, ironisch, mit spanischer Grandezza, dabei aber sarkastisch in seinem gefährlichen Witz, der den Gegner der Lächerlichkeit preisgab, wie eine finstere Wolke machte er seinen Weg, der ihn zu reicher Heirat, zum Professorat als Nachfolger des berühmten Hofrats Horaz Krasnopolski, zur Verfasserschaft des Kommentars zum Bürgerlichen Gesetzbuch, zum Abgeordnetensitz als Vertreter der Prager liberalen Deutschen in der ersten Tschechoslowakischen Republik führte. Er starb in der Vollkraft seiner Jahre an einer Krebskrankheit. — Wie sich alles Gute und Heilsame, das mir in der Studentenzeit widerfahren ist, an die Namen meiner beiden Freunde Felix Weltsch und Franz Kafka wie an meine Freundin Elsa Taussig (meine spätere Frau) knüpft, so war alles Hemmende, Störende mit der Figur Bruno Kafkas verbunden. Dabei sahen einander die Vettern Franz und Bruno auffallend ähnlich. Nur war Bruno größer und viel dicker, massiver, gleichsam aus gröberem Stoff geformt; das Gesicht aber, die ganze Gestalt erschien sichtlich nach dem gleichen Familienschema angelegt. Die pechschwarzen Haare, die strahlenden Augen, das charakteristische kühne Profil — sogar die Bewegungen waren von dem gleichen Adel einer auserwählten Persönlichkeit bestimmt. Nur war bei Franz alles nobel und sanft, bei Bruno näherte sich alles der Karikatur, mit einem Stich ins räuberhaft Geniale, Gewaltsame, ja Sadistische. Dies Gewaltsame, bis zum letzten Tropfen Ausgekostete, fehlte ja auch bei Franz nicht, nur war es völlig vergeistigt, ins Seelische zurückgenommen. Und auch der durchdringende Verstand, die Art des zupackenden Witzes, des Radikalismus, der absoluten Herrschaft über die Umgebung (bei Franz geistiger Natur, bei Bruno politisch) machte die beiden als nahe Verwandte kenntlich. — Franz bewunderte den energischen Bruno, wie er alles Lebensvolle, Vitale hoch verehrte. Doch näherte er sich ihm nicht; worin nicht bloß Schüchternheit, sondern eine Art stiller Kritik lag. Bruno dagegen nahm von Franz nicht die geringste Notiz. Ich habe kein Anzeichen dafür, daß er ihn je bemerkt hätte.

Wie wurde nun in der »Halle« das Prinzip der Demokratie zum Scheine aufrechterhalten, obwohl doch der gewählte »Ausschuß« durchaus nicht in der Mitgliedschaft verwurzelt war und in seiner starr reaktionären, kulturfeindlichen Willensrichtung den unter den »Finken« sich bemerkbar machenden, echt jugendlichen und zuweilen revolutionären Strömungen geradezu ins Gesicht schlug? Der »Ausschuß« hatte sich, unter Bruno Kafkas taktisch präziser Leitung, eine Anzahl von verläßlichen Trabanten gesichert, die bedingungslos für ihn stimmten (wofür sie bindende Versprechungen und zu gelegener Zeit effektive Privilegien einheimsten). Unsere Sektion mochte durch noch so hingebungsvolle Werbung unter der Mitgliedschaft wochenlang eine Gegenliste gegen die Ausschuß-Kandidaten propagieren: bei der Generalversammlung erschienen vollzählig die der »Halle« angehörigen »schlagenden Verbindungen«, die »Pilsner Landtag«, »Altstädter Kollegentag« und ähnlich hießen und je weiße, grüne, rote, violette, schwarze Kappen trugen. Sie kümmerten sich sonst sehr wenig um das Vereinsleben, um dessen kulturelle Seite überhaupt nicht. Jetzt aber waren sie alle da und erklärten durch den Mund ihrer Erstchargierten, deren jeder forsch das farbige Käppchen vom Kopf riß, ehe er zu sprechen begann: daß sie korporativ die Liste des »Ausschusses« wählten. Jede dieser Verbindungen brachte so und so viele Stimmen, der Sieg des »Ausschusses« war wieder einmal für ein Jahr gesichert. Die Beschwerden der Finkenschaft wurden, mochten sie noch so berechtigt sein, ohne Debatte zurückgewiesen. Die Maschinerie funktionierte tadellos. Aber dies genügte dem immer siegreichen Bruno Kafka nicht. In seiner Spottlust fügte er einen Stachel gegen die Überwundenen hinzu: Die Ausschußliste enthielt am Schluß jedesmal noch zwei

Namen, »als Skrutatoren« wurden vom Ausschuß Herr X und Herr Y nominiert. Zum kleinen Unterschied von den übrigen Kandidaten der Liste, deren Amt sich auf je ein Jahr erstreckte, erlosch das Amt der Skrutatoren freilich bereits am Wahltage. Sie hatten nichts zu tun, als die abgegebenen Stimmen zu zählen und festzustellen, wie viele dieser Stimmen jedem einzelnen Kandidaten zufielen. Bruno Kafka ließ es sich angelegen sein, jene, die am lautesten gegen seine Liste, die Liste des »Ausschusses«, agitiert oder die sonst sein Mißfallen erregt hatten, als Skrutatoren auf eben diese offizielle Liste zu setzen. Und wenige besaßen die Geistesgegenwart, eine solche »Ehrung« zurückzuweisen, die Wahl abzulehnen. Die gewählten Skrutatoren, Führer der Opposition, hatten dann also das zweifelhafte Vergnügen, den Sieg des »Ausschusses« festzustellen und die Korrektheit der Wahl zu verkünden; was obendrein dem ganzen Vorgehen auch noch den ironischen Anschein echt-demokratischer Kontrolle gab, im Wesen aber auf eine Demütigung derjenigen hinauslief, die dem allmächtigen Pascha zu widerstreben gewagt hatten.

Abseits von diesem Froschmäusekrieg lernte ich in der »Sektion« Franz Kafka kennen. Es war weitaus der wichtigste Beitrag, den die »Halle« für meine weitere Entwicklung zu leisten hatte. Felix Weltsch kannte ich bereits seit langem, schon von der Elementarschule (Volksschule) her, die wir beide in der gleichen Klasse des Piaristenkollegiums in der Herrengasse absolvierten. Es ist dieselbe Schule, die (einige Jahre später) auch Werfel bezog. Geistliche Herren unterrichteten dort, die zumeist aus tschechischen Landbezirken stammten, jedoch die deutsche Sprache tadellos beherrschten. Es gab auch eine Anzahl deutscher Bauernsöhne unter ihnen, wie den trefflichen Pater Masch mit seiner Geige (für den Gesangsunterricht). Eine Beeinflussung in christlichem Sinne fand nicht statt, die jüdischen Schüler erhielten obligat jüdischen Religionsunterricht und nahmen an dem christlichen nicht teil. Den Geistlichen (mein strenger Klassenlehrer hieß Pater Vysoký) schien offenkundig nichts am Herzen zu liegen als sachlich tadellose Unterweisung in Rechnen, deutscher Grammatik usf. — Es waren selbstlose, prachtvolle Menschen. — Später kam mir Felix Weltsch aus dem Gesicht, doch an der Hochschule erneuerten wir die Freundschaft und beschlossen, uns zu den Prüfungen gemeinsam vorzubereiten. Kafka konnten wir zu unseren Exerzitien nicht einladen, denn sein Studienjahrgang war um ein Jahr höher. Nur die hektographierten Vorlesungen konnte er uns überlassen. Sie waren mit phantasiereichen Randzeichnungen geschmückt. Sorgfältig schnitt ich diese burlesken Gebilde rundherum ab und legte damit den Grundstein zu meiner Sammlung von Kafkas Handzeichnungen.

Kafka und Felix Weltsch waren am Altstädter Gymnasium aufgewachsen, in verschiedenen Klassen; ich, wie schon erwähnt, am Gymnasium in der Stefansgasse. Zwei verschiedene Gymnasien waren im alten Prag zwei unendlich weit voneinander entfernte Welten, zwischen denen kein Kontakt bestand. Erst in der »Halle«, in der kriegerischen »Sektion« traf ich mit Kafka zusammen; er im dritten, ich im ersten Semester juristischer Studien. Vor dem Herbst 1902, dem Beginn meiner Studien, hatte ich ihn nie gesehen. Kafka nahm an den Debatten- und internen Vortragsabenden der »Sektion für Literatur und Kunst« regelmäßig teil, allerdings nur als Zuhörer, nie aktiv. Ich war außerdem auch noch in der Verwaltung der Bibliothek tätig, für die sich Kafka nicht interessierte. Er kaufte die Bücher, die er las, in der Buchhandlung Calve, nie habe ich ein von der »Halle« entliehenes Buch bei ihm gesehen. – Ziemlich am Anfang meiner Hochschuljahre (es dürfte wohl im Frühling 1903 gewesen sein) hielt ich einen Vortrag über Schopenhauer; ich sprach dabei sehr scharf gegen Nietzsche, dessen Abfall von seinem anfangs vergötterten Lehrmeister Schopenhauer mir als ein Verrat ohnegleichen erschien. Ich konnte mir damals nicht vorstellen, daß irgend jemand eine der Hauptthesen Schopenhauers bona fide in Frage stellen konnte. An diese Thesen glaubte ich felsenfest. Ich glaubte: Hat jemand die Grundzüge des Schopenhauerschen Lehrgebäudes verstanden (und bei Nietzsche war es erweislich, daß er sich zu dieser Weisheit aller Weisheiten hindurchgearbeitet hatte), so konnte es nur böser Wille, Hochstapelei sein, was ihn veranlaßte, sich von ihnen abzukehren. – Das Wort »Schwindler« kam dabei meinem jugendlichen Unverstand schnell und geradenwegs in den Mund geflogen. Und so nannte ich Nietzsche rundheraus einen »Schwindler«. Heute würde ich eine vorsichtigere Titulatur wählen, würde ihn einen hochgefährlichen und genau das Unrichtige, den »Willen zur Macht«, also das Inhumane und den Krieg anpreisenden Pseudo-Philosophen nennen, in dieser Hinsicht wirklich den Antipoden Schopenhauers, von dem er ausgegangen war. Doch Schwindler war er keinesfalls. Er hat ja redlich und allzu viel gelitten. – Damals ahnte ich nicht, daß ich selber, durch Erfahrungen belehrt, binnen nicht allzu langer Zeit mich von Schopenhauer abwenden und namentlich seinem Pessimismus abschwören würde, seiner Lehre, daß der menschliche Willensentschluß wie alles übrige Wirken und Tun in der Welt zur Unfreiheit verurteilt sei, es sei denn, daß der Wille die Welt »verneine« — diese einzige Freiheit der Entsagung wurde ihm von Schopenhauer in buddhistisch-asketischer Art zugestanden. Im übrigen aber lautete der oberste Satz des Weltgeschehens: »Quidquid fit, necessario fit«, »Was geschieht, geschieht mit Notwendigkeit«. Daraus folgte für mich ein Allverzeihen«, das in einem müden Fatalismus ohne Möglichkeit ethischer Wertungen auslief. Ich mußte erst in Verfolg dieses obersten Satzes meinen »Indifferentismus« (am krassesten in dem mißglückten Roman »Schloß Nornepygge«) ausbauen, ehe ich meine ganze *Irrlehre* und mit ihr auch den Irrweg Schopenhauers durchschaute. Und abschüttelte. — So ist es mir oft in meinem Leben geschehen, daß ich erst über krasse Fehler, auf die ich mich versteifte, zu einigermaßen richtigen Anschauungen durchgestoßen bin. — Auch ich reihe mich also unter jene ein, die von Schopenhauer abgekommen sind, allerdings in ganz anderer Richtung als Nietzsche, den ich auch heute noch für höchst bekämpfenswert halte. In diesem Punkte wie auch in der hohen Bewunderung vieler Einzelerkenntnisse Schopenhauers bin ich treu geblieben.

Kafka kam damals von Nietzsche her, wie wir heute aus dem Kommentar zu einem Brief des Jahres 1900 wissen, dem ersten, der in der großen Briefausgabe abgedruckt ist. Der Kommentar stammt von einem Mädchen, das der 17jährige Kafka geliebt hat. Er liest ihr oft am Waldrand abends, auf einer Bank, bei brennender Kerze aus Nietzsche vor. — Ich dagegen hatte damals, als ich mit Kafka zusammentraf, einige Jahre lang, etwa von meinem fünfzehnten bis zum achtzehnten Lebensjahre fast nur Schopenhauer und die von ihm empfohlenen Autoren (Kant, Platon, Goethe, Calderon, Shakespeare etc.) gelesen. Dazu Nietzsche mit steigender Abneigung, als Feind des verehrten Großen. Und Jules Verne, selbstverständlich. War ich mit dem sechsten Band der Grisebachschen Schopenhauer-Edition in den hübschen, dunkelbraun gebundenen Reclam-Bänden fertig, so begann ich gleich wieder mit dem ersten. Vieles lernte ich auswendig. Ich war in jener Zeit ein Schopenhauer-Fanatiker. Auf mich paßte das Wort jenes Kirchenvaters: »Timeo lectorem unius libri«, »Ich fürchte den, der nur ein einziges Buch gelesen hat«.

Nach dem Vortrag, in dem ich Nietzsche so gröblich geschmäht hatte, begleitete mich Kafka nach Hause. Ihm, dem großen Schweiger, war plötzlich die Zunge gelöst. Offenbar interessierte ihn meine rabiate Art, er wollte mehr erfahren, er widersprach. Die halbe Nacht begleiteten wir einander hin und zurück, von der Schalengasse 1, wo ich wohnte, zur Zeltnergasse bei der Theinkirche, wo Kafkas Behausung lag. Das Gespräch kam bald von philosophischen auf literarische Gegenstände, denn Kafka war damals an abstrakter Philosophie fast vollständig uninteressiert. Er geriet sofort in so konkrete und detaillierte Fragen, daß die Antworten der großen Denker (mit alleiniger Ausnahme Kierkegaards — den wir aber erst viel später kennenlernten) mit ihren allgemeinen Umrißlinien ihm nicht genügten. In der Literatur war damals Meyrink mein Meister, ich schwärmte von seiner Novelle »Der violette Tod« — ein Tal der Wunder mitten in Tibet, durch giftige Gase gegen alle Eindringlinge geschützt, Durchschreiten der Gaszone mit Hilfe kupferner Taucherhelme, schillernde handgroße Falter, die aufgeschlagenen Zauberbüchern gleichen, das magische Wort »Aemälän«, das den anrückenden Engländer in eine gallertartige Masse, einen hellvioletten Kegel von der Größe und Gestalt eines Zuckerhutes verwandelt. Anstekkung durch den gedruckten Zeitungsbericht, da viele das schicksalsvolle Wort laut aussprechen. Die Seuche entvölkert die halbe Erde. Nur Taube retten sich, da sie das verhängnisvolle Wort nicht hören. Ein Ohrenarzt regiert die Welt. — Kafka fand die blendend geschriebene Satire einfältig, wiewohl für ihre eindringliche Anschaulichkeit manches von mir ins Treffen geführt wurde. Er zitierte als Gegenbeispiel wirklicher Schönheit eine Hofmannsthalstelle: »Der Geruch nasser Steine in einem Hausflur.« — Es ist möglich, daß dieser Passus erst bei einem späteren Gespräch hervorkam und daß das erste Gespräch sich auf eine inhaltlich Gleiches besagende Stelle auf Hofmannsthals Essay »Ein Brief«, den sogenannten Chandos-Brief, bezog. Der Chandos-Brief ist (laut Bibliographie der Hofmannsthal-Gesamtausgabe, Prosa II, 1951, Seite 443) bereits 1902 im Berliner »Tag« erschienen. Kafka konnte ihn also schon gelesen haben. Mir war er damals unbekannt. Darauf aber, wie wichtig dieser »Brief« mit seinem Hinweis auf die Unendlichkeit und unendliche Deutbarkeit der Natur für Kafka geworden ist, habe ich seither oft hingewiesen. Was mich damals, beim ersten Gespräch, an Kafka überraschte und anzog, war eben das Lob des Natürlichen, Unauf-

fälligen, Unaufdringlichen, das menschliche Aufnahmefähigkeit dennoch weit übersteigt. Das Wesentliche zog mich an, daß in Kafka etwas von der »leise redenden Stimme der Natur« lebendig war, die zu Goethe sprach. Dieses Leise und Einfache stellte er dem effektvoll Konstruierten, Seltsamen, Verkünstelten, Exzessiven, Diabolischen gegenüber, das mich damals in seinen Fängen hielt. Ich lehnte kühl alles ab, was mir als »Gemütsschwefel« erschien. Kafka fand, daß ich in einer »Wolfsschlucht« lebe. Die einfache Natur erschien ihm in ihrem unendlichen Reichtum dem Menschenwort gegenüber (Chandos!) unausschöpflich genug, um für alle Zeit ein Rätsel zu bleiben. Sie bedurfte keiner künstlich willkürlichen, manierierten Zutaten, um einen tatsächlich in den Zustand des Staunens, der haltlosen Verwirrung zu bringen. Sie brauchte nicht noch aufgeputzt zu werden. Unbegreiflich genug, daß sich manche Menschen, in dieser komplizierten Situation, in der nichts zu Ende zu verstehen war, zu ganz einfachen Aussagen entschlossen, wie z. B. »Ich jause im Grünen« (späterer Brief Kafkas an mich vom 28. August 1904).
Die Gegensätze waren stark. Und dementsprechend der Zusammenprall der beiden Seelen heftig. Die Freundschaft flammte von Beginn an hoch auf. Davon legen gleich die ersten Briefe Zeugnis ab, die mir Kafka schrieb. Schon der erste Brief (1903 oder 1904), der von meiner »Wolfsschlucht« handelt, ist von herzlichster Intimität erfüllt. Nur bei großem gegenseitigem Vertrauen kann solch ein tadelnder Brief geschrieben werden. Kafka erzieht mich zur schlichten Wahrheit, die mir in jenen grellen Jahren verlorenzugehen drohte, die aber doch als unverlierbare Ahnung versteckt auf dem Grunde meiner Seele lebte. Und er hat in den nachfolgenden Jahren dieses Erziehungsamt noch oft ebenso zartsinnig wie wirksam an mir ausgeübt. Da wir beide in Prag lebten, war eigentlich kein Anlaß, einander Briefchen zu schicken. Dennoch diese Fülle früher Briefe! Kommt zu Kafka ein interessanter Cousin aus Paraguay, so wird er zurückgehalten, damit ich ihn kennenlerne. Ein anderer Brief ist ein Hilferuf des Freundes in einer Liebesaffäre. »Hättest du jeden Abend für mich Zeit«, schreibt Franz. Und so geht es in allen Tonarten. Es ist daher unrichtig, wenn Klaus Wagenbach in seinem Buch »Franz Kafka. Eine Biographie seiner Jugend« behauptet, die »nähere Freundschaft« zwischen Kafka und mir habe erst 1908 begonnen. Die Freundschaft begann mit der ersten Begegnung, sie hat sich dann allerdings großartig entwickelt, immerfort noch weiter

gesteigert. Daß sie aber gleich ganz stark einsetzte, geht aus dem Erziehungsbrief über die »Wolfsschlucht« (dem ersten Brief an mich) und aus der weiteren Korrespondenz hervor, ferner aus der Tatsache, daß wir einander seit 1903 täglich sahen, wenn Franz in Prag und nicht seiner Krankheit wegen auf dem Lande lebte — fast 22 Jahre lang, bis zu Franzens Tod sahen wir einander täglich, von dieser Krankheitsverhinderung und ähnlichen Umständen abgesehen, die aber erst seit 1917 in beträchtlichem Umfang störten. Dazu kam, daß wir einmal oder zweimal der Woche einen halben Tag lang Platons »Protagoras oder die Sophisteneinkehr« gemeinsam lasen, mit der ausdrücklichen Begründung, unsere im Gymnasium erworbenen Griechischkenntnisse nicht einrosten zu lassen — also im unmittelbaren Anschluß an die Gymnasialzeit. Nach Platon lasen wir (mit dem Lexikon in der Hand) einen unerfreulichen Roman von Huysmans (Là-bas), in dem uns nur die Beschreibung des Altars von Mathias Grünewald bedeutend erschien, und zwei unsagbar vollkommene Werke Flauberts im Original, die »Versuchung des heiligen Antonius« und »L'Éducation sentimentale«. Das alles nahm Jahre in Anspruch, da wir ja mehr als höchstens zwei Halbtage pro Woche nicht frei machen konnten. Wenn ich in meiner Kafkabiographie geschrieben habe, daß durch den Tod meines Jugendfreundes Bäuml im Jahre 1908 eine Vertiefung der Freundschaft zwischen Kafka und mir eintrat und daß die Beziehung vorher sich »langsam entwickelt« hatte, daß wir nur allmählich »ganz vertraut« wurden, so sind das Bemerkungen, die auf jede Freundschaft von hohem Rang zutreffen. Es kommt darauf an, was man unter »langsam« und »vertraut« versteht. Derartige Begriffe resp. ihre Gegenbegriffe sind relativ, sind unbegrenzt steigerungsfähig, man mißt sie nicht mit der Elle. Was in der Gegenwart des Erlebens höchstmögliche Intensität, ein Maximum bedeutet, kann im Rückblick, von einem später erlebten, noch bedeutenderen Gipfel aus gesehen, wie allmähliche langsame Entwicklung aussehen.

Schon im Oktober 1905 wurde unsere Freundschaft auf die Probe gestellt. Und Kafka bewährte sich ganz großartig — was ich überdies nach all den Entwicklungslinien unserer Beziehung nie anders erwartet hatte. In dieser Angelegenheit nun ist das Datum genau feststellbar. Denn meine Erzählung »Zwillingspaar von Seelen«, die den Zwischenfall auslöste, erschien in der Berliner Wochenschrift »Die Gegenwart«, die Ernst Heilborn herausgab, am 7. Oktober

1905. Ein allerdings vom Zeitablauf stark beschädigtes Exemplar dieser Zeitschrift habe ich vor ein paar Jahren unter meinen alten Papieren aufgefunden.

Es war ein halbkomischer, im Grunde aber doch auch recht ärgerlicher Zwischenfall.

Im Prager »Café Louvre«, das in der fashionablen Ferdinandstraße lag (später von den Tschechen zur Národní třída, Nationalstraße, umgetauft), versammelte sich in einem dem Hof zugekehrten, stillen Extrazimmer alle 14 Tage einmal in den Abendstunden ein Philosophenzirkel; eigentlich eine Dépendance der deutschen Universität, an der die Lehre Franz Brentanos beinahe unumschränkt herrschte. Ein wirklich origineller Denker wie Professor Christian von Ehrenfels, der sich wohl gleichfalls als Schüler Brentanos betrachtete, dessen Ideen aber selbständig weitergebildet hatte, war an der Prager philosophischen Fakultät völlig isoliert. Ehrenfels wurde als Begründer der heute fast allgemeingültigen »Gestalttheorie« weltbedeutend, man vergißt freilich recht oft, seinen Namen als den des eigentlichen Entdeckers zu erwähnen — an anderer Stelle mehr über diesen großen Mann. (Hier sei nur eingefügt, daß er seine geistige Unabhängigkeit u. a. dadurch bewies, daß er viel, viel später, wohl 1913/1914, seinem Seminar das damals neue Buch »Anschauung und Begriff« von Felix Weltsch und mir diskutierend zugrunde legte.) Franz Brentano selber lebte als reicher Privatmann, erblindend, in Florenz, eine klerikale österreichische Regierung hatte ihn, da er den geistlichen Stand verlassen und geheiratet hatte, aus seinem Lehramt entfernt. Seine Schüler wallfahrteten zu ihm, verehrten ihn wie einen Propheten. Die Handhabe zur Amtsentsetzung hatte einst der junge Krasnopolski geliefert, indem er, der Regierung höchst willkommen, die These verteidigte, der geistliche Stand sei und bleibe, auch wenn man ihm entlaufe, für alle Zeit ein Ehehindernis im Sinne der Kirche, deren Auffassung auch für das bürgerliche Recht bindend sei. Mit dieser Theorie, mochte sie nun juristisch haltbar sein oder nicht, war Krasnopolski zu Amt und Würden gelangt.

Zwischen den Hauptfiguren der juristischen und der philosophischen Fakultät in Prag aber herrschte seither grimmer Haß und Streit.

Die Begebenheiten selbst hatten sich lange Jahre vor meinem Eintritt in die Hochschule abgespielt, waren aber unvergessen, wirkten wohl auch im Unbewußten nach und erklärten teilweise das besondere Mißtrauen und die Strenge, mit der die Brentano-Orthodoxen jeder

Abweichung von ihrer Lehre entgegentraten. Diesen Faktor will ich, da er teilweise auch zur Entlastung meiner Gegner in dem zu erzählenden Zwischenfall dient, nicht unerwähnt lassen.

Brentano wandte sich gegen Kant. Der praktisch bedeutendste Schüler oder vielmehr Fortbildner Brentanos wurde dann Husserl mit seiner Phänomenologie, seiner Losung »Zu den Sachen«. Husserls Schüler war Scheler; in entfernter Art hängt auch Heidegger mit Husserl, also Brentano zusammen. Selbstverständlich waren alle diese »Abweichungen« von den strikten Verfechtern des Brentanismus an der Prager Fakultät mit dem großen Bannstrahl belegt. Man sprach von ihnen nur ironisch, falls man von ihnen überhaupt Kenntnis hatte (bei manchen war dies damals zeitlich unmöglich) und Kenntnis zu nehmen geruhte. Sie waren Skeptiker oder Mystiker; diese zwei Denkrichtungen waren einem Standardwerk Brentanos zufolge, »Die vier Phasen der Philosophie und ihr augenblicklicher Stand«, wenig geachtet. Anerkannt wurden in der ganzen Stufenreihe erlauchter Denker überhaupt nur ganz wenige, die als Vorläufer Brentanos galten und fleißig studiert wurden, so z. B. Aristoteles (dagegen keineswegs Platon), Locke und einige seiner Nachfolger, Leibniz, Bentham etc. Berühmt war eine Stelle, die Prof. Marty (der greise Ordinarius der Schule) alljährlich in seiner »Geschichte der Philosophie« vortrug. Er hob dabei mit »feinem« Lächeln den Zeigefinger: »Wir kommen jetzt zu Kants Kritik der reinen Vernunft, die eigentlich eine Kritik der reinen Unvernunft ist.« Da der Professor diese Vorlesungen wörtlich aus seinen Aufzeichnungen abzulesen pflegte, ohne ein Wort zu ändern, existierte längst eine illegale, allgemein käufliche Niederschrift in hektographierten Bogen. In diesen Skripten war an der Kant-Stelle in Klammern vermerkt: (Lachen). Die Hörerschaft brüllte daher vorschriftsmäßig los, sobald Marty den Satz beendet hatte. Jedes Jahr von neuem überrascht, hob der Professor den Blick von seinem Kollegienheft und freute sich mild. – Man kann sich denken, wie dies alles auf einen Jüngling wirkte, den Schopenhauer zu fast bedingungsloser Verehrung Kants erzogen hatte.

Besser gefiel dem Adepten die streng wissenschaftliche Behandlung einzelner Fragen, bei denen stets deskriptive und genetische Psychologie genau unterschieden wurde. Hier war wirklich etwas zu lernen. Brentano führte zu einem lauteren optimistischen Gottesbegriff, der mir aber in meiner damaligen jugendlichen Verfassung, dem

Schopenhauerianer in mir, sehr fern und verdächtig sein mußte. Schopenhauer hatte ja für theistische Philosophen nichts als Verachtung übrig. Heute glaube ich Brentanos Gott besser als damals zu verstehen, während ich mich manchen anderen seiner Theoreme nicht genähert habe. Sein unerhört scharfes und reines, aller Phrase entrücktes, dem äußeren Anschein nach völlig leidenschaftsloses, jedenfalls nicht-zweckbedingtes Denken aber sowie seine kristallklare Sprache erscheinen mir auch heute noch aller Beachtung und eifrigen Studiums wert. — Eine Ästhetik hatte der Brentanismus nicht geschaffen. Man erwartete diese mit einiger Spannung von einem jungen Mann, der nur ein Jahr älter war als ich, der mit Hugo Bergmann, Oskar Pollak und Franz Kafka in derselben Gymnasialklasse aufgestiegen war. Jetzt also Student im 3. Semester, während ich die ersten zaghaften Schritte auf akademischem Boden tat. Der junge Mann war Emil Utitz, mit Pseudonym seines lyrischen Erstlingswerks, das im Philosophenklub nicht vorgezeigt wurde: Ernst Limé (die Umkehrung von Emil). Das Buch hieß bezeichnenderweise und für einen Achtzehnjährigen nicht gerade kleinsprecherisch: »Von des Lebens letzten Rätseln«. Es war im damals bekannten und beliebten Selbstkostenverlag Pierson (Dresden) erschienen, den Druck hatte, wie es hieß, die reiche Großmama des Autors bezahlt. Von diesem Emil Utitz besitzen wir ein vortreffliches Porträt, das Franz Kafka entworfen hat. Es steht in einem Brief an Oskar Pollak, vom 20. 12. 1902, in dem sich Kafka selbst als den »schamhaften Langen« darstellt — den Mitschüler jedoch, über dessen Eindringen in seine stille Welt er sich beklagt, nennt er den »Unredlichen in seinem Herzen«. Der letztere lächelt und protzt und tut höchst elegant und trägt dem anderen, indem er dauernd seine Überlegenheit betont, die Ruhe weg — worüber sich eben Franz bei dem von ihm sehr geschätzten Jugendfreund Pollak beklagt. »Die Worte gingen aus seinem Mund. Das waren feine Herren mit Lackschuhen und englischen Halsbinden und glänzenden Knöpfen ... Der Fremde hörte nicht auf. Er erzählte von sich, von Westenknöpfen, von der Stadt, von seinen Gefühlen — bunt. Und während er erzählte, stach er nebenbei seinen spitzen Spazierstock dem Langen in den Bauch. Der zitterte und grinste — da hörte der Unredliche in seinem Herzen auf, er war zufrieden und lächelte ... Der Lange war wieder allein. Er weinte.«

Es hieß, daß Emil Utitz eifrig an einer brentanistischen Ästhetik arbeite. Bis zum Erscheinen des erwarteten Wunderwerks begnügte man sich vorübergehend mit einigen exkursorischen Andeutungen, die Marty in seinen Ethik-Vorlesungen mit ahnungsloser Naivität zum besten gab. Da hieß es — ich würde es nicht glauben, hätte ich es nicht mit eigenen Ohren gehört —: daß der Wert eines Kunstwerkes vom »psychischen Inhalt« des dargestellten Objekts und dessen Reichtum abhänge. Ein Historiengemälde sei also »evidenterweise« wertvoller als eine Landschaft, diese wertvoller als ein Stillleben, das beispielsweise einen Apfel darstelle, und ein Bild mit drei Äpfeln wertvoller als »unter sonst gleichen Umständen« das Bild eines einzigen Apfels.

Ich wurde eingeladen, an den regelmäßigen Diskussionsabenden im Cafè Louvre teilzunehmen. Wer mich eingeführt hat, weiß ich nicht mehr. Lange zögerte ich, dann kam ich doch. Machte aber gleich zu Anfang den klaren Vorbehalt, daß ich Schopenhauer-Anhänger und nicht Brentanist sei. Ich würde mit dem gehörigen Ernst die mir neue Lehre Brentanos studieren, wozu ja die Vorlesungen an der Hochschule nicht genügten; ich wolle daher die Gelegenheit begrüßen, in diesem Klub usf. Man nickte beifällig, und ich war formlos, so wie es hier üblich war, aufgenommen.

Das Schöne in diesem Zirkel war, daß ihm nicht die geringste Spur von Vereinsmeierei anhaftete, daß man das Gefühl hatte, hier werde nur der reinen Wahrheit und Forschung gedient. Dieser erhebende Eindruck hielt eine Reihe von Jahren an, bis er dann durch die Intrige eines einzelnen zerstört wurde. Trotz dieses Zwischenfalls, der, zumindest für eine geraume Zeit, meiner Freude ein Ende machte, bleiben die im Louvre-Kreis verbrachten Abende in ihrer Gesamtheit eine der schönsten Erinnerungen meines Lebens und liefern mir den Beweis dafür, daß auf der objektiven Ebene der Wissenschaft eine Verständigung auch zwischen weltanschaulichen Gegnern wenigstens teilweise möglich und daß das redliche Erarbeiten solcher Wahrheitswerte eines der kostbarsten Geschenke ist, deren ein Mensch teilhaft werden kann.

Ich war ein regelmäßiger Besucher der Sitzungen, in denen Vorträge gehalten, Einzelprobleme der brentanistischen Theorie besprochen wurden. Auch ich habe später einmal einen dieser Vorträge gehalten, über die »Evidenz in der Ethik«, natürlich *gegen* diese Evidenz und unter Hervorhebung des Schopenhauerschen Kriteriums, daß alles wahre Ethos auf Mitleid beruhe. (Eine viel zu enge Auffassung, wie mir heute klar ist.) Der Vortrag wurde kühl abgelehnt, hatte aber eine sich zwei weitere Abende hinziehende Debatte und vielleicht manche Annäherungen an die Wahrheit zur Folge.

Den Schirmherrn und Schutzpatron dieses Kreises habe ich nie im Café Louvre gesehen. Professor Marty war ein alter, ehrwürdiger, schöner, doch um seine Gesundheit ängstlich besorgter Herr. Ehe er im schweren schwarzen Pelzmantel seinen Hörsaal im Klementinum, dem alten, von Jesuiten errichteten Barockbau, betrat, schickte er einen der Studenten voraus. Der hatte nachzusehen, ob das Thermometer die gewünschte Höhe zeigte. Wenn nicht, mußte nachgeheizt werden. Und dann erst bestieg Marty das Katheder. Mit dieser Vorsicht hatte er ganz recht, denn in dem alten Gemäuer herrschte oft ein unbehaglich kühles Klima. — Jedenfalls aber waren Abendausgänge nicht Prof. Martys Sache. Vielleicht hatte er einst, vor der Zeit meiner Mitgliedschaft, den Klub besucht. Ich selber habe ihn, wie gesagt, nie dort gesehen. Er ließ sich durch seine Dozenten oder außerordentlichen Professoren vertreten: Eisenmeyer, Alfred Kastil und Oskar Kraus. Das Wichtigste, was er geleistet hat, liegt wohl auf sprachphilosophischem Gebiet, in seinen Büchern und in manchen gehaltvollen Partien seiner Vorlesungen. Seine unbedingte Treue gegen seinen Lehrer Brentano, sein fester und dabei freundlicher, kindlich-reiner Charakter — das sind Züge, die mir sein Erinnerungsbild teuer machen. Sein Seminar hielt er in seiner Wohnung ab, in der Mariengasse am Stadtpark. Ich habe es zwei Semester lang besucht, man las und analysierte gemeinsam, sehr bedächtig und genau: Lockes Abhandlung über den menschlichen Verstand. Alles irdische Getriebe stand still, wenn in dem kleinen hübschen Zimmer die logisch festgefügten Grundsätze des alten Denkers ihr Leben erneuerten.

Kafka war vielleicht in seinem ersten Hochschuljahr, in dem ich ihn noch nicht kannte, Besucher eines solchen Seminars, hat wohl auch (wie dies unter Juristen in Prag nicht selten war) im ersten Hochschuljahr, an dem ich nicht teilnahm, philosophische Vorlesungen belegt — ich selber habe ihn nie bei Seminaren oder Vorlesungen Martys gesehen. Wagenbach weist in dem oben zitierten Buch Kafkas Studien auf dem Gebiet des Brentanismus eine bedeutende Rolle zu. Das ist sachlich völlig falsch und irreführend. Faktisch findet sich weder in den Tagebüchern noch in den Briefen Kafkas ein Hinweis darauf, daß er sich ernsthaft mit der Lehre Brentanos beschäftigt habe. In den zahlreichen Gesprächen, die ich mit Franz führte, kam die Rede nie auf Brentano — wozu ja bei unserer gemeinsamen Platon-Lektüre reichlich Veranlassung gewesen wäre, wenn Kafka den Theorien Brentanos irgendwelche Bedeutung zuerkannt hätte. Wir sprachen über viele Philosophen und ihre Anschauungen; Brentano kam nicht vor. (Wagenbach verwechselt überdies l. c. die Termini Kolloquium und Seminar. Kolloquium war nach altösterreichischem Sprachgebrauch kein Lehrgang, keine Übung, kein Kurs, sondern eine kurze Prüfung, die einen Lehrgang abschloß, ohne den Rang einer Staatsprüfung zu haben.) Wagenbach konstruiert einen Zusammenhang zwischen der Gedankenwelt Kafkas und dem Brentanismus, indem er beispielsweise einen Aphorismus Kafkas anführt: »Es gibt ein Ziel, aber keinen Weg; was wir Weg nennen, ist Zögern.« Mit diesem Ausspruch Kafkas, der der Kierkegaardschen Tendenz, keine Kompromisse zu machen, dem »Alles oder nichts« von Ibsens »Brand« nahekommt, bringt Wagenbach ein Zitat aus einem Buch Brentanos in Zusammenhang, das zwar die gleichen oder sinnverwandten Worte (nämlich »Zweck« und »Mittel« statt »Ziel« und »Weg«, zweimal auch »Ziel«) gebraucht, jedoch mit dem Sinn von Kafkas Gedankengang nicht einmal als Gegensatz etwas zu schaffen hat. »Was wir wollen«, schreibt Brentano, »ist vielfach ein Mittel zum Zweck ... Der Zweck mag selbst oft Mittel zu einem ferneren Zweck sein« etc. Also etwas, was mit Kafkas Behauptung, die geistreich einseitig das Endziel betont, gar nichts gemein hat und was überdies ganz selbstverständlich und banal ist, sozusagen auf der Straße liegt. Und das soll als Beweis einer »Beeinflussung« dienen!

Im Louvrezirkel hatte Kafka, durch seine Altersgenossen Bergmann, Utitz, Pollak eingeführt, schon ein Jahr vor mir Eingang gefunden. In der Zeit, in der ich an den Sitzungen teilnahm, war sein Interesse an abstrakten philosophischen Debatten bereits völlig erloschen. Er ging sehr ungern ins Café Louvre, ich mußte ihn förmlich mit allen Überredungskünsten zu einem Besuch bewegen. Er blieb ein unregelmäßiger und später ganz seltener Gast. Da die Abende inhaltlich zusammenhingen, konnte er aus so sporadischem Anteilnehmen keinen Gewinn, keine Freude schöpfen. Kafka besaß sehr geringe Kenntnisse in der systematischen Philosophie, die in jenem Zirkel als die allein pflegenswerte galt und die (solches Zeugnis muß man dem Brentanistenkreis ausstellen) mit strenger sachlicher Hingabe betrieben wurde. Ähnlich stand es um die parallelen, in der gleichen

Zeitepoche oder etwas später stattfindenden Kant-Abende im Hause Fanta. Auch zu Fanta ging Kafka nur, wenn ich ihn sehr darum bat, und blieb späterhin ganz aus. Vgl. seinen Brief vom 6. 2. 1914: »Morgen zu Fanta komme ich kaum, ich gehe nicht gerne hin.« Und so war es immer, von Anfang an. Eine entgegengesetzte Behauptung ist erdichtet, durch nichts fundiert. Kafkas philosophische Interessen waren ganz anderer, schwermütig religiöser Färbung.

Den beiden Kreisen (im Louvre und bei Frau Bertha Fanta) waren einige Personen gemeinsam, einige nicht. Gemeinsam war vor allem die sehr edel denkende, philosophisch aufs innigste interessierte Hausfrau, über die ja von mehreren Seiten (Gerhard Kowalewski »Bestand und Wandel«, Carl Seeligs Einstein-Biographie) ausführlich geschrieben worden ist. Als bemerkenswerte Erscheinung, als Bahnbrecherin des akademischen Frauenstudiums — als warmherziger initiativer Mensch verdient sie alle nur mögliche Beachtung. Die Familienerinnerungen, die ihre Tochter Frau Else Bergmann viel später niedergeschrieben hat, enthalten wertvolles Material, sind kulturgeschichtlich wichtig, können aber nur in jenen Punkten, die sich auf die Familie beziehen, als völlig zuverlässig angesehen werden. Wo sie sich auf die Teilnahme Kafkas beziehen, neigen sie zu Übertreibungen, die als Gedächtnistäuschungen infolge des seither ins Überlebensgroße gewachsenen und alles überstrahlenden Kafka-Ruhmes verzeihlich sind. (Dasselbe trifft, nebenbei bemerkt, auch die Notizen von Michal Mareš, die Wagenbach publiziert hat.) Jeder, bei dem es einigermaßen plausibel klingt, glaubt heute berichten zu müssen, wer weiß, wie intensiv er mit Kafka verkehrt habe. Derartiges führt, mag es auch ohne böse Absicht verbreitet werden, zu Verzeichnungen von Kafkas Charakterbild. Das muß einmal gesagt werden. Man gerät ins Uferlose, wenn man es nicht beachtet. — Ein kleines Beispiel kann ich hier anführen. Else Bergmann erzählt in ihrer Familienchronik, Kafka habe zu einem karnevalistischen Abend im Hause ihrer Mutter eine Meistersinger-Parodie gedichtet, die satirische Anspielungen auf den Brentanistenkreis enthielt. Nun denn, diese Parodie ist von mir, sie ist wohl das Dümmste, was ich je geschrieben habe. Ich habe durchaus keine Veranlassung, mich dieses Machwerks zu rühmen, das ich gleich nach der (mißglückten) Aufführung zerrissen habe. Das Manuskript enthielt übrigens nur Andeutungen, sollte durch Improvisation im Stil einer italienischen Komödie aufgeführt werden. Wie wäre auch Kafka, der an Musik

desinteressiert war, dazu gekommen, sich gerade an den »Meister-
singern« zu vergreifen. Tatsächlich hatte er mit der ganzen Sache
nichts zu tun. — Es wird ihm heute alles Mögliche zugeschrieben,
womit er nichts zu tun gehabt hat.

Prof. Gerhard Kowalewski berichtet in seinem Buch »Bestand und
Wandel — Meine Lebenserinnerungen, zugleich ein Beitrag zur
neueren Geschichte der Mathematik«, daß er bei einem der Abende
im Hause Fanta einen Vortrag über Mengentheorie (»Cantors trans-
finite Zahlen«) gehalten habe. »Ich habe selten mit so überschweng-
licher Beredsamkeit gesprochen wie bei jenem Vortrag«, erwähnt
er. Ähnlich hörten wir von anderen Wissenschaftlern zum erstenmal
Referate über Psychoanalyse, ferner über die Theorie Einsteins. Einstein, damals erst am Beginn seines Ruhmes, wurde später als junger
Professor nach Prag berufen und war dann ein regelmäßiger Besucher unserer Abende, er beteiligte sich sehr lebhaft an den Debatten
über Kant, auch der Professor für Physik, Philipp Frank, Verfasser
eines ausgezeichneten Buches über Kausalität und Wahrscheinlichkeit,
Anhänger Einsteins, opponierte scharf, vom Standpunkt des Marxismus aus. Einstein war allen Anregungen aufgeschlossen, seine
Gedankengänge nahmen manchmal ganz überraschende, unter Umständen pro-kantische Wendungen. Im ganzen hatte man den Eindruck, einem Vorurteilslosen, Großen gegenüberzustehen. Einstein
erfreute uns auch einmal durch Vortrag einer Violinsonate von Mozart, wobei ich die Klavierbegleitung übernahm. — Als Grundthema
unserer Zusammenkünfte diente (in späteren Jahren) Kant. Unter
Führung von Hugo Bergmann, unter besonders reger Teilnahme von
Felix Weltsch wurde zunächst das Buch »Prolegomena zu einer künftigen Metaphysik«, sodann die »Kritik der reinen Vernunft« Seite
für Seite vorgelesen. Man ging nicht weiter, ehe alles Gelesene nicht
durchüberlegt und verstanden war. Dies war freilich manchmal
ungewollte Folge des Einspruchs, den der Sohn des Hauses, Otto
Fanta, erhob. »Das verstehe ich nicht«, erklärte er bündig, und alles,
was wir schon durchgenommen hatten, mußte ihm (meist von dem
höchst geduldigen Hugo Bergmann) nochmals erklärt werden. Wir
sparten keine Anstrengung, alle waren um Otto Fanta bemüht. —
Einiges wurde allerdings nur exzerpiert, doch war es Pflicht für
jeden einzelnen, die »übersprungenen« Teile privat in extenso zu
lesen. Die Lektüre der beiden Werke nahm unsere Dienstag-Abende
zwei volle Jahre lang in Anspruch. Dann folgte ein Jahr lang Fich-

tes »Wissenschaftslehre« und ein weiteres Jahr, bereits flüchtiger, Hegels »Phänomenologie des Geistes«. Ich habe in meinem Leben nie so gründlich und mit solcher Freude gelernt wie im Haus Fanta. Das Hauptverdienst an dieser Lernfreude hatte stets die überlegene und gewissenhafte Anleitung durch Bergmann. Neben diesen wahrhaftigen Studien meiner Universitätszeit sank das »eigentliche« juristische Brotstudium vollends zum Schattenwesen herab. Hier, im Fantakreis, wurde, wie man sieht, weniger brentanistisch-orthodox verfahren als im Café Louvre. Was im Louvre »tabu« war (Kant, die Relativitätstheorie), das trat in dem durchaus privateren, inoffiziellen Milieu des Hauses Fanta wie zur Entschädigung und ganz zwanglos in den Mittelpunkt, wurde zwar kritisiert, war aber weit entfernt davon, lächerlich zu sein. Erschien sogar höchst wichtig und beachtenswert. Hier fehlten ja die freiwilligen und allenfalls unfreiwilligen Aufpasser; die brentanistischen Dozenten, auch der allzu strebsame Emil Utitz nahmen an den Fanta-Diskussionen nicht teil. Einige der Universitätsprofessoren oder Dozenten, die zu den Kant-Abenden kamen, waren Naturwissenschaftler, von jeglichem Brentanismus weit entfernt. Das Café Louvre und das alte, noch aus der Hussitenzeit stammende Bürger- und Apothekerhaus (Fanta) »Zum Einhorn« am Altstädter Ring: Das waren zwei Bühnen, denen wohl ein Teil der Schauspieler gemeinsam war (nicht alle, nur ein Teil), für die aber das Repertoire doch nach ganz verschiedenen Grundsätzen gewählt wurde.

Wie kam es nun, daß ich in diesem Kreis von Personen, von denen ich sehr viele bewunderte, die meisten liebte (zum Unterschied von Kafka ging ich »gern« zu Fanta) — wie kam es, daß ich in diesem Kreis, über den noch manches Interessante zu sagen wäre, dennoch zum schwarzen Schäflein wurde?

Das Unheil kam von der erwähnten Novelette »Zwillingspaar von Seelen«, die ich in der damals sehr angesehenen Zeitschrift »Die Gegenwart« veröffentlicht hatte. Sie ist in sauberem, bewußt nüchternem, ruhigem Stil geschrieben, inhaltlich erscheint sie in einigen Sätzen von Meyrink abhängig. Der Grundgedanke ist eine sinnlich-sittliche Phantasie, eine der vielen möglichen Theodizeen und Hiobsvarianten, wie sie damals (und späterhin) in meinem Kopfe spukten, und geht dahin, das Böse und das Leid in der Welt dadurch zu erklären oder gar zu rechtfertigen, daß jedem Unglücklichen ein Glücklicher im Wege stehe, seine bevorzugte Zwillingsseele, die alles ihm bestimmte Wohl gleichsam unterwegs abfange. Jeder Mensch müsse einen solchen Doppelgänger haben, der Elende einen Prunkvollen, der Gesegnete einen Verdammten, und daß der eine seine Wollust genieße, der andere seinen Schmerz bis zur Neige trage, habe nur darin seinen Grund, daß er nie im Leben seinem Ergänzer begegne und die gerechte Ausgleichung so verhindert werde. Denn wenn der Bedrückte seinen glücklicheren Widerpart fände, könnten die Gegensätze geebnet werden und beide noch wenigstens in Frieden sterben. »Oh, ich habe gesucht«, sagt der eine der beiden durch das geheimnisvolle Gesetz der Zwillingsseelen aneinander Geketteten, ein Musiker (NB. Ich gehe diesem Motiv in meinem letzten Roman »Mira« nochmals nach), »ich bin dabei tiefer und tiefer ins Unglück geraten. Am eigenen Leib mußte ich spüren, wie *seine* Waagschale sich hob, wie *sein* Glück strotzend weiterwächst und mich parasitisch ausleert. — Alles hat er mir genommen, meine Schönheit, meine Frau, meine Gesundheit, meine Stellung und Bürgerehre, schließlich noch meine Einfälle und meine Begabung. Alles, alles, alles!« Schließlich kommt es aber doch zu einer Ausgleichung, der Musiker tötet sich durch einen Revolverschuß, und am gleichen Tage findet man auch den Glücklichen der beiden »Zwillinge« entleibt vor. Auf seinem Schreibtisch liegt, von seiner Hand geschrieben, ein Zettel: »Der Knoten ist zerschnitten, der Wille gebrochen in Gerechtigkeit, das Zwillingspaar von Seelen hat das Prinzip der Individuation, den Schleier der Maja, durchschaut und ist im Tode eins geworden.«

Es ist klar, daß diese »Moral von der Geschichte« auf Schopenhauer hinweist, dessen Name denn auch im nächsten Satz genannt wird. Während es in Meyrinks Sphäre gehört, daß nur eine einzige Kugel aufgefunden wird, die unerklärlicherweise beiden Leben ein Ende gemacht hat.

An sich läßt sich in dieser Erzählung zunächst nichts entdecken, was dem Brentanisten-Kreis im Café Louvre hätte anstößig werden müssen. Das Ärgernis kam von einer einzigen Bemerkung des Textes her. Die Erzählung ist nämlich in Form von zwei Briefen mit einem kurzen erzählenden Anhang geschrieben. Als Autoren der beiden Briefe werden zwei einander scharf entgegengesetzte Charaktere eingeführt, die, jeder von seinem Standpunkt aus, die Geschichte, vielmehr Teile der Geschichte berichten. Keiner der beiden Briefschreiber ist mit dem Dichter, mit mir identisch. Der erste, Julius, ist der rücksichtslos Glückliche und etwas dümmliche Genießer, eine der beiden Zwillingsseelen: »Am Nachmittag betreibe ich Philatelie und am Abend werde ich galant. So sieht meine Biographie aus; nichts Aufregendes, nichts Spannendes ist dabei.« Der andere Korrespondent ist nicht etwa der unglückliche Musiker, sondern ein Jugendfreund des ersten Briefschreibers, der in einem Kloster zu Toledo lebt. Er teilt dem »Glücklichen« mit, daß er ihn ideell mißbilligt: »Daß ich Deine aufklärerisch-seichten Ansichten über Gott und die Metaphysik nicht teile, habe ich Dir schon oft dargelegt.« Man sollte glauben, daß dieser einzige Satz schon genügen müßte, die Distanz des Autors gegenüber dem ersten Briefschreiber, seine kritische Haltung gegen ihn genügend auszudrücken. Doch das schien niemand zu bemerken ... In der Selbstanalyse nun des ersten Briefschreibers, der im Gegensatz zu jenem Mönch absichtlich als rational-nüchterner Diesseitsmensch dargestellt wird, stehen die Sätze, die so viel Verwirrung angestiftet haben und die ich heute, da ich über den Brentanismus weit anerkennender denke als damals, in dieser etwas rüpelhaften Art nicht schreiben würde, selbst mit all den Vorbehalten nicht, die diese Worte nicht als Meinung des Erzählers, sondern als Ansicht der einen Hauptperson über sich selbst, als Selbstcharakteristik eines Dummkopfs erscheinen lassen. Die bedauerlichen Worte lauten: »Du weißt, ich bin Antispiritist, überdies Anhänger Brentanos, glaube daher an einen allgütigen Gott und halte die ganze Metaphysik für ein Hirngespinst, bestenfalls für eine Äquivokation. Mit überspannten Dingen habe ich mich nie abgegeben.« — Im Hintergrund stehen natürlich Schopenhauers Invektiven gegen die Universitätsphilosophen, deren optimistischen Glauben an einen gütigen Gott er in seinem Pessimismus (mit völligem Unrecht) als Liebedienerei gegenüber dem Staat verhöhnt. Eben gegen jenes Unrecht Schopenhauers wende ich mich ja in dem zweiten Brief, den der Mönch aus Toledo schreibt.

Doch der geheiligte Name »Brentano« war gefallen. Und an mir sollte ein Exempel statuiert werden.

Als ich ins Sonderzimmer des Café Louvre eintrat, waren alle feierlich versammelt, und ein Exemplar der kurz zuvor erschienenen »Gegenwart« lag auf dem Tisch. Ich war mit Kafka gekommen. Emil Utitz führte die Anklage. Der Eindruck ist nicht ganz von der Hand zu weisen, daß er sich durch seinen inquisitorischen Eifer den anwesenden Professoren für eine Privatdozentur empfohlen halten wollte. Er hat diese Stelle denn auch erhalten, viel später, hat aber nicht die in Aussicht gestellte brentanistische Ästhetik geliefert, sondern im Sinne von Prof. Dessoir gewirkt, eine Professur in Halle erlangt und, wie ich erfahren habe, viel Tüchtiges, Wissensreiches geleistet. Bekannt geworden ist mir nur ein schöner Essay über Brentano. Zuletzt hat sich Utitz, der große Theist, im kommunistischen Prag der marxistisch-atheistischen Weltanschauung angepaßt, hat ein Buch über Egon Erwin Kisch erscheinen lassen und auch sonst Beweise jener Wendigkeit gegeben, die ihn sein Leben lang ausgezeichnet hat.

Vergebens führte ich an, daß die inkriminierte Stelle nicht meine eigene Ansicht, sondern die Selbstdarstellung einer meiner Figuren sei, ferner daß ich mich zu keiner besonderen Ehrfurcht gegenüber Brentano verpflichtet hätte, vielmehr als Oppositioneller in diesen Kreis eingetreten sei, was ich ja durch meinen Vortrag gegen die brentanistische Ethik genugsam erwiesen habe. Ich hätte mich nur verpflichtet, die Lehre Brentanos mit dem gehörigen Ernst zu studieren . . .

»Mit dem gehörigen Ernst«, donnerte Utitz. »Nennen Sie das Ernst, wenn Sie sich in einem belletristischen Blatt über Brentano lustig machen?« Die jetzige Verachtung der belles lettres stand dem einstigen Pierson-Lyriker nicht besonders gut zu Gesicht.

Es wurde noch lange debattiert. Mehrere Beratungen folgten, wie bei einem studentischen Ehrengericht. Es war das erste feindliche Ungemach, das sich um mich zusammenzog. Ich hatte niemanden, der mich verteidigte, obwohl alle Beteiligten mich nun zwei Jahre lang kannten. Plötzlich nahm einer für mich Partei — Kafka. Er war sonst in Gesellschaft so schweigsam, machte einen geradezu apathischen Eindruck. Er ließ (außer unter vier oder sechs Augen) nie erkennen, wie er zu den Dingen stand, die besprochen wurden, äußerte nur hie und da eine leise paradoxe Bemerkung, die keiner, der nicht sehr genau aufpaßte, verstehen konnte. Nun — Kafka flüsterte mir bei einem der Scherbengerichte zu, es sei besser, wenn wir beide weggingen, den erregten Brentano-Kreis für immer verließen. Und das taten wir denn auch. Es war als gemeinsamer Schritt das Ende der für mich so trüben Auseinandersetzungen. Auch Felix Weltsch erklärte damals seine Solidarität mit mir und besuchte den Fantakreis nicht mehr. Über all dies habe ich, wenn auch nicht mit allen Details wie hier, in meinem 1951 erschienenen Buch »Franz

Kafka als wegweisende Gestalt« ausführlich berichtet. Der Vorwurf, ich hätte in meiner Kafka-Biographie die (tatsächlich sehr geringfügigen) Beziehungen Kafkas zum »Louvrezirkel« nicht erwähnt, wird durch dieses Ergänzungsbuch aus dem Jahre 1951 gegenstandslos.

Ich erhielt einen Brief, in dem ich aus dem offiziellen »wissenschaftlichen Kreis im Café Louvre« ausgeschlossen, jedoch gleichzeitig ersucht wurde, an den Vortragsabenden im Hause Fanta weiterhin teilzunehmen und am privaten Verkehr mit allen Mitgliedern des Louvre-Zirkels festzuhalten. Natürlich lehnte ich stolz diese Zwei- oder Dreiteilung ab, mein Antwortschreiben besagte, daß ich mich nicht spalten könne, daß ich daher *jede* Art von Verkehr mit allen Mitgliedern des Klubs sowohl privat wie wissenschaftlich abbräche. Das alles war für mich sehr traurig — die erste literarische Polemik, in die ich ahnungslos hineingerissen wurde. Und ich erlebte sie mit dem Pathos eines Welt-Untergangs. Damals war ich ja kaum erst der Stille meines wohlbehüteten Elternhauses entwachsen. Der Tragweite meiner Veröffentlichung war ich mir nicht bewußt gewesen. Ich hatte leichtsinnig gehandelt. Aber doch arglos, ohne Beleidigungsabsicht. Jetzt gingen meine Gegner, das heißt: der eine, der alle angesteckt hatte, in Humorlosigkeit, in der Böswilligkeit der Deutung zu weit. Was ich betrauerte, war eigentlich nicht so sehr meine kleine private Angelegenheit, vielmehr die allgemeine Struktur der feindlichen unbarmherzigen Welt, die sich mir bei diesem Anlaß zum erstenmal in ihrem ganzen Grauen enthüllte. In gewisser Hinsicht war es ja eine gesunde Lektion, die ich erhalten hatte. Aber dagegen, daß die schmerzhafte Lektion auch noch gesund sein sollte, sträubte sich alles in mir. »Wie, anderen geht so was glatt durch, bei mir macht man gleich furchtbare Geschichten!« Ich wußte noch nicht, daß fast jeder solches oder ähnliches erlebt. Daß mir die ganze Affäre die Bestätigung der Liebe meiner beiden echten Freunde Kafka und Weltsch gebracht hatte, dieses große Glück im kleinen Unglück, kam mir erst in viel späterer Zeit zum Bewußtsein.

Einige Jahre nachher führte Weltsch in seiner Wohnung eine Begegnung zwischen Bergmann und mir herbei, in der mir volle Genugtuung gegeben wurde. Und zwar ohne jegliches Postulat einer »Spaltung« meines Ich. Frau Bertha Fanta und ihre Schwester, die Anthroposophin Ida Freund, schrieben mir (noch heute in meinem Besitz befindliche) Briefe, in denen sie mich herzlich baten, den mir angetanen Unglimpf zu vergessen. Es erfolgte eine allgemeine Versöhnung, in die (allerdings erst geraume Zeit später) auch Emil Utitz einbezogen wurde. — Die Abende im Café Louvre hörten übrigens bald nach meinem Abgang auf; die Fanta-Abende, zunächst nur lose Einzelvorträge, entfalteten sich erst später zu Zyklen. Sie hatten sogar noch einen Nachklang in der Zeit zwischen den beiden Weltkriegen: einmal im Monat versammelte sich ein philosophisch interessiertes deutsch-tschechisches Coenakel im »Ingenieur-Café« am Moldau-Quai, es waren namentlich tschechische Professoren anwesend, Schüler Masaryks, auch seine akademischen Gegner. Ferner Dozenten, die aus Deutschland geflüchtet waren und die das von Masaryk finanzierte Husserl-Archiv (Husserl-Nachlaß) betreuten. Von Nicht-Professoren nahmen nur Felix Weltsch und ich an den Debatten teil. Professor Utitz, den das Hitler-Regime aus Deutschland vertrieben hatte, glänzte wie einst durch sein großes Wissen. Im übrigen vertrat er nicht mehr brentanistische Theorien, sondern hatte seine eigene Lehrmeinung. Professor Bergmann wirkte seit geraumer Zeit an der Universität in Jerusalem. Und Kafka lebte schon lange nicht mehr. Auch die gute Frau Fanta nicht. An die alte Zeit erinnerte am intensivsten Prof. Oskar Kraus. Dieser scharfsinnige Mann, vor dem ich stets die aufrichtigste Achtung empfunden habe, betrachtete aus innerster Überzeugung alle philosophischen Fragen als von Brentano bereits gelöst oder auf den einzig richtigen Weg der Lösung gebracht. Alles andere, was die philosophische Literatur aller Völker hervorbrachte, besaß minderen Wert. Er war inzwischen zum Herausgeber des Brentano-Nachlasses und der Neuauflagen der Brentanoschen Werke geworden (Psychologie vom empirischen Standpunkt, drei Bände im Verlag Felix Meiner — Über die Zukunft der Philosophie — Vom Ursprung sittlicher Erkenntnis usf.), anderes aus dem Nachlaß wurde von Alfred Kastil ediert, der in Innsbruck Professor war. Ein von Kastil herausgegebenes Buch Brentanos, »Vom Dasein Gottes«, schenkte mir Oskar Kraus (unter Anspielung auf meinen Roman »Tycho Brahes Weg zu Gott«) mit der Widmung: »H. Max Brod sei Franz Brentanos Weg zu Gott bestens empfohlen. Mit frdl. Gruß O. K. Januar 33.« — Kraus brachte die ganze Tafelrunde oft in Verlegenheit, indem er die im Rang ihm gleichgestellten tschechischen Kollegen geradezu als Schüler behandelte, die sich mangelhaft vorbereitet hatten. Er gab oft der Debatte die Form eines Examens in Brentanismus, wobei er recht ungemütlich werden konnte und beispielsweise in die groß-angelegte Rede eines tschechischen Professors hitzig hineinrief: »Da vergessen Sie aber die dritte Fußnote auf Seite 52, Brentano: Sittliche Erkenntnis.« Er war nun gealtert, ein langer hagerer Mann mit schwarz-grauem Rabbinerbart – hatte aber nichts von seiner einstigen Kampflust verloren, der redliche, tapfere Streiter, der in seiner Jugend aus Begeisterung für Brentano zum Christentum übergetreten war, jedoch unentwegt in talmudischer Weise seinen Meister auslegte und nichts anderes anerkannte als ihn. Wenn der Ausdruck »anima candida«, »eine reine Seele«, je einen Sinn gehabt hat: hier traf er zu. Das Seltsame war, daß er, der in philosophischen Fragen keinen Spaß verstand, im übrigen Leben durchaus tolerant und humoristisch veranlagt war. Von ihm stammt das in der Reclambibliothek weitverbreitete travestierte Heldengedicht, frei nach der Ilias – die »Mayeriade« oder »Meyrias«, über deren »Laufverse« Generationen von Gymnasiasten, darunter auch wir, Tränen gelacht haben, so über die Hauptperson, den Geschichtsprofessor, den guten Meyer, von dem es am Ende jedes Gesanges heißt:

Und er begann den trefflichen Vortrag,
Wörtlich wie er im Gindely steht auf Pagina fünfzig.

(Oder, je nachdem: achtzig, hundert. – Gindely war das uns wohlvertraute Geschichtslehrbuch der österreichischen deutschen Gymnasien.)
Zu diesem Heldenepos, in dem es immer wieder zu dem Refrain kommt: »Hurtig mit Donnergepolter berührten die Hintern die Bänke«, besitze ich auch noch als besondere Kostbarkeit einen von Oskar Kraus nachträglich geschriebenen letzten Gesang, der die Erlebnisse des guten Professors Meyer im Himmel vorführt. – Kraus selber erzählte mir einmal die folgende Anekdote: Er gehörte zum Prager Bürger- und Künstlerverein »Schlaraffia«, in dem man sich altmodisch die schlechte Laune durch eine Art Komödie vertrieb. Man setzte Narrenkappen auf, spielte »Ritter«, der Vereinssitz war die »Burg«, die Damen wurden »Burgfrauen«, die Töchter »Burgmaiden« genannt, man sprach nicht davon, daß die Mitglieder hereinkamen, sie »ritten ein«, man beobachtete ein genaues Zeremoniell, bei dem viele schlechte Verse verzapft wurden. Einmal will Kraus einen Freund und Vereinsbruder besuchen. Im Vorzimmer sieht er das Steckenpferd des jüngsten Kindes stehen. Rasch

setzt er sich darauf, stößt die Tür zum Speisezimmer auf, in dem die ganze Familie beim Abendessen sitzt; und in kühner Veranschaulichung des »Einreitens« flitzt er mit dem Schlaraffenruf »Lulu« und Armeschwenken rund um die Tafel herum. Staunend und ohne Zeichen des Beifalls betrachten die Anwesenden den in Prag wohlbekannten dürren Professor mit dem Vollbart. Er hatte sich im Stockwerk geirrt.

Noch eine andere Erinnerung knüpft sich an den Namen von Professor Oskar Kraus. Brentano hatte (in grauer Vorzeit) eine Sammlung von Rätseln herausgegeben. »Aenigmatias« hieß das Rätselbuch; die Charaden, Logogriphen, Palindrome und andere Arten von witzigen Denkübungen waren zum Teil sehr schwierig. Eine ganze Reihe von Rätseln blieb ungelöst, manche hatten zwei strittige Lösungen. Alle beide klangen etwas unbehaglich, gezwungen. Vielleicht war eine dritte richtig? — Das geheimnisvoll Anziehende an dem Buch: daß es keinen »Schlüssel« dazu gab, keine Sammlung von Lösungen. Aenigmatias war in vielen der großen Prager Familien verbreitet, man befaßte sich geselligerweise damit, den Rätseln auf ihre Schliche zu kommen. Vergebens; einige der schwersten waren berüchtigt, sie hielten allen Anstürmen stand. Unter anderen war auch mein Bruder Otto einer der eifrigsten bei der amüsanten Geistesarbeit. Es hieß nun, daß Kraus von Brentano selber ein Exemplar des Aenigmatias erhalten habe, in dem von der Hand des Autors zu jedem Rätsel die Lösung verzeichnet war. Man bat ihn, das Geheimnis zu lüften. Er hat nie eine Lösung verraten.

Meine ganze, unendlich gegliederte Beziehung zu Kafka hat doch einen deutlichen Kristallisationspunkt. Dieser Punkt: Alle Jugendwerke Kafkas zeichnen sich durch ein geradezu gleichgewichtsloses, schwindelerregendes Unsicherheitsgefühl aus. Er hält eben noch knapp Balance — gleich wird er sie verlieren und abstürzen wie jener Nachtwandler auf der Dachkante, der sich unter seinen Zeichnungen findet (ich habe einige von ihnen publiziert, den Nachtwandler mit dabei). Kafkas erstes veröffentlichtes Werk sind die unter dem Namen »Betrachtung« gesammelten Skizzen. Vorher schrieb er vieles, was er vernichtet hat, aber es finden sich doch auch zwei gerettete Werke, der abgeschlossene kleine Roman »Beschreibung eines Kampfes« und das noch frühere Romanfragment »Hochzeitsvorbereitungen auf dem Lande«. — In Tagebuchblättern stehen Bemerkungen wie die folgenden: »Ich bin zu müde, ich muß mich durch Schlaf zu erholen suchen, sonst bin ich in jeder Hinsicht verloren. Was für Mühen, sich zu erhalten. Kein Denkmal braucht einen solchen Aufwand von Kräften, um aufgerichtet zu werden.« — Physische Schwäche ist das erste Warnungszeichen der herannahenden Krankheit (wie denn auch der Held des »Schloß«-Romans mitten in einer entscheidenden Unterredung in bleiernen Schlaf versinkt). — Der ungeliebte juristische Beruf bringt die Hauptschwächung, nur in den Nächten kann Kafka sich dem hingeben, was er (bei all seiner Überbescheidenheit und Überselbstkritik) im Tagebuch »inspirierte Arbeit« nennt. Es ist Dichtung, die echte Beschwörung all der Gestalten, die in ihm rumoren. »Schreiben als Form des Gebetes«, äußert er sich einmal, das Dichterische und das Religiöse in einem großen Satz zur Einheit verbindend.

Doch die Unsicherheit liegt nicht im Physischen, wiewohl sie von der Schwächung des Physischen immer wieder gereizt wird. Die eigentliche Unsicherheit, die Kafkas Anfangsstadium kennzeichnet, ist von geistiger Art.

Diese Unsicherheit habe ich mehrmals durch Hinweis auf Hofmannsthals »Brief des Lord Chandos« exemplifiziert. Der genannte »Brief«, ein philosophisch-historisches Kunstwerk höchsten Ranges, hat Kafka sehr beeindruckt. Hofmannsthal gibt die Selbstdarstellung eines Edelmanns, der als Dichter zu manchen Hoffnungen berechtigt hat und sich nun vor dem großen Bacon dafür rechtfertigt, daß er verstummt ist, nichts mehr schreibt. Der Grund: Er ist in der Unendlichkeit der Dinge, ja jedes einzelnen Dings ertrunken, und sei es auch nur so nichtig wie »ein Schwimmkäfer in einer Gießkanne oder ein fernes einsames Hirtenfeuer«. Auch »der Geruch feuchter Steine in einem Hausflur«, wiewohl in einem anderen Prosastück stehend, gehört in diesen Zusammenhang der »tausend kleinen Erdendinge, an die all deine Sehnsucht, all deine Trunkenheit geknüpft sind«. Alles überwältigt den sensitiven Lord Chandos, er glaubt nicht mehr daran, daß Worte, Sätze, Urteile die Unendlichkeit, die in jedem einzelnen Dingerlebnis liegt, fassen können. Kafka geht einen Schritt weiter als Hofmannsthal. Bei Hofmannsthal ist das Erlebnis unaussagbar durch Worte — bei Kafka wird das Erlebnis so übermächtig, daß sich der Held mit Worten und Vorstellungen, die vom Erlebnis losgelöst sind, gegen das Erlebnis schützen muß und es aufzulösen sucht, um überhaupt noch als

Der vierjährige Max Brod

Die Familie Brod in Misdroy an der Ostsee um die Jahr-hundertwende. Max Brod stehend neben seiner Mutter.

Max Brod als Gymnasiast

Franz Kafka

Max Brod an seinem Schreibtisch in Prag . . .

. . . und in Tel-Aviv

*Max Brod mit Dr. Joseph Mühlberger und Ilse Ester Hoffe
(Foto: W. Papst)*

*Max Brod mit Leopold Lindtberg im Gespräch während dessen
Inszenierung des Kafka-Brod-Dramas »Das Schloß« 1951 in Zürich*

Max Brod 1965 (Foto: Erica Loos)

Max Brod beim Empfang bei dem Staatspräsidenten Schasar anläßlich des Erscheinens der hebräischen Ausgabe seines Werkes »Streitbares Leben«. Jerusalem, Mai 1967

Erlebender bestehen zu können. Aus dieser katastrophalen Unsicherheit rettet sich der Held am Schluß durch ein magisches Wort, wie es nur bei Kafka vorkommen kann: »Ich bin verlobt.« Die Ehe bedeutet ja für Kafka Eingliederung in das richtige Leben, in die menschliche und kosmische Gemeinschaft, in das, was die Weisheit Chinas das »Tao« nennt. Dagegen sind Junggesellentum, Einsamkeit, In-sich-Verschlossenheit ohne Liebe eben jene menschlichen Laster, auf die in Kafkas »Prozeß«-Ordnung der Tod — und zwar mit dem Zusatz »wie ein Hund« — der ignominiose Tod, das Ausgelöschtwerden steht.

Nun ist es so bestellt: Die *Unsicherheits*komponente Kafkas, das Schiffbrüchig-Düstere und Verzweifelte der Situation, aus der hervor er so vieles schreibt, die er auch immer wieder in wechselnden Symbolen schildert — diese Seite steht im Vordergrund der Wirkung, die Kafka auf die Welt ausübt. Sie ist an sich unbestreitbar, macht sich dem empfänglichen Leser auf den ersten Blick kund, hat sich vielen denkenden, empfindenden Menschen tief eingeprägt. An sie wird man zunächst erinnert, wenn man den Namen dieses Autors ausspricht. — Aber der Kafka der *gläubigen* Position, zu der er sich am Ende durchgerungen hat, ist der Welt fast unbekannt geblieben — inmitten seines Ruhmes ist hier ein ausgesparter weißer Fleck, wie er auf alten Landkarten unerforschtes Land bezeichnet. Terra incognita. Dies der Grund der Fehldeutungen, der Grund auch dafür, daß ich die Feder noch nicht hinlege.

Gerade für diesen unbekannten Kafka werbe ich um Verständnis — von ihm verspreche ich mir eine Heilswirkung, wie sie vielleicht gerade heute, in dieser kritischen Weltstunde der Menschheit, so bitter nötig, ja das Unum necessarium ist. Es ist der Kafka der philosophischen Aphorismen, die in seinen letzten Lebensjahren, nach Überwindung der unglücklichen Felice-Episode, in seinen Tagebüchern, Briefen, auch in den letzten Schöpfungen seines erzählenden Werkes zu finden sind.

Ich habe eine Biographie Kafkas veröffentlicht, über die mir neulich ein Mann schrieb, den ich sehr schätze: Sie gehöre zu den Büchern, von denen man sich einbilde, daß man sie gelesen habe, auch wenn man sie nicht gelesen habe. So viel habe man von ihr gehört, daß diese Einbildung fast zwangsläufig entstehe. Greife man dann aber doch zu dem Buch, so stelle man erstaunt fest, daß es doch ganz andere Dinge enthalte als die, die man sich eingebildet habe. — Ich

habe dieser Biographie noch drei kleinere Schriften über Kafka nach-
folgen lassen, die das Bild Kafkas durch wichtige Sonderzüge ergänzen. Es sind die folgenden Bücher: »Franz Kafkas Glauben und
Lehre«, »Franz Kafka als wegweisende Gestalt«, »Verzweiflung
und Erlösung im Werk Franz Kafkas«. Auch das vorliegende Buch
enthält viele Ergänzungen zu dem, was ich bereits berichtet habe.
Der Blickpunkt hat sich geändert. In den vier genannten Büchern
steht Kafka durchaus im Mittelpunkt. Hier, im vorliegenden Bande,
wo ich Episoden aus meinem Leben mitteile, tritt nun Kafka selbstverständlich nochmals und immer wieder auf – und er hat (zumindest so wie ich ihn sehe) das Zeug an sich, nie zur Nebenperson zu
werden. Wo er vorkommt, dominiert er, kraft seiner Vorzüge ebensosehr wie durch seine Schwächen. – Natürlich gibt es aus den zwei
Dezennien unserer intensiven Freundschaft noch vieles, woran ich
mich erinnere und was erzählenswert ist.

So finde ich in meinen Papieren ein Schriftstück, das »Gedächtnisprotokoll« betitelt ist und Kafkas Beziehung zu Dr. Rudolf Stei-
ners Anthroposophie behandelt, im Anschluß auch einiges über sein
oft mißverstandenes »Ästhetentum« bringt. Nicht unwesentlich ist,
daß in diesem Gedächtnisprotokoll vor Jahren auch festgehalten
wurde, daß die Beziehung zwischen Kafka und dem Fantakreis,
in dem er übrigens nur sehr sporadisch verkehrte, wohl freundlich,
doch auch von grobem Mißverstandensein durchsetzt war; weshalb
es abwegig ist, aus diesem Verkehr Schlüsse auf eine tiefere Beeinflussung Kafkas durch die Philosophie Brentanos zu ziehen. – Zu
meiner Aufzeichnung veranlaßt wurde ich seinerzeit durch einen
Brief aus Cleveland (Ohio), der mich Anfang 1952 fragte, wie das
Gespräch geendigt und zu welchem Ergebnis es geführt habe, das
Kafka laut seinem Tagebuch (Eintragung nach dem 28. März 1911)
mit dem Lehrer und Propheten der Anthroposophie Dr. Rudolf
Steiner führte. Kafka hat nur den Anfang des Gespräches notiert.
Er ging zu Steiner, um sich in seinen Wirrnissen von dem imponie-
renden Manne Rat zu holen, der damals in Prag Vorträge über die
»Erkenntnis höherer Welten« gehalten und großes Aufsehen erregt
hatte. Im Tagebuch schildert Kafka ausführlich diese Verwirrungen,
wobei besonders bemerkenswert ist, mit welchem Selbstbewußtsein
er von seinem dichterischen Werk spricht. Allzu selten brach dieses
Selbstbewußtsein durch, so an dieser Stelle im Tagebuch (Seite 57),
wo Kafka zu Dr. Steiner sagt: »Mein Glück, meine Fähigkeiten

und jede Möglichkeit, irgendwie zu nützen, liegen seit jeher im Literarischen. Und hier habe ich allerdings Zustände erlebt (nicht viele), die meiner Meinung nach den von Ihnen, Herr Doktor, beschriebenen hellseherischen Zuständen sehr nahestehen.« — Ich lasse nun im wesentlichen mein Gedächtnisprotokoll ex 1952 folgen, zu dem ich nur noch bemerke, daß ich selber später in Dr. Steiner einen bedeutenden Goethe-Kenner und Überlieferer alter, vornehmlich indisch-tibetanischer Weisheit würdigen gelernt habe.

Kafka erzählte sehr ironisch von dem Fortgang seines Gesprächs mit Steiner.

Das Hauptanliegen Kafkas war: »Ich bin von dichterischen Gedanken erfüllt. Und wie diese mich in der Erfüllung meiner täglichen Berufspflicht (in der ›Arbeiter-Versicherungsanstalt‹) hindern und andererseits von dieser Berufspflicht an ihrer Entfaltung gehindert werden, so beirrt mich das Ästhetische im Suchen des Religiösen.«

Er wollte damit den auch in den Aphorismen ausgedrückten Gedanken formulieren, daß der Glauben das Primäre ist und daß die dichterische Gestaltung ihm minder wichtig erscheint, ja daß sie oft die Entfaltung des Glaubens stört, indem sie eitel macht oder eine vorzeitige Befriedigung schafft, daher die wahre Lösung, den Weg zu Gott, verhindert. (Ich selbst halte diesen Gedanken für unrichtig oder doch einer vorsichtigeren Fassung zugänglich — habe versucht, in meinem Buch »Diesseits und Jenseits« nachzuweisen, daß das wahrhaft Dichterische ganz ebenso zu den »wesenhaften Erlebnissen« zählt wie der Glauben. Aber Kafka war anderer Ansicht; darauf allein kommt es in diesem Zusammenhang an — ich erwähne aber das Obige über meine abweichende Meinung, weil es mich verdrießt, immer wieder für einen *blinden* Anhänger Kafkas gehalten zu werden, der ihn auf jeden Fall »heraushauen« will. Dadurch wird das ganze Verhältnis zwischen ihm und mir in ein falsches, unsachliches Licht gerückt. Es war ehrlich, stets nach objektiver Wahrheit strebend, nicht nach gegenseitiger Schmeichelei.)

Steiner nun mißverstand Kafka, so als ob Kafka gemeint hätte, daß er bei religiösen Riten den Kult der Schönheit vermisse. Eine Einstellung, tief unter Kafkas Niveau. Vielleicht war Steiner durch den Schnupfen behindert (den Kafka so genau beschreibt), das Anliegen Kafkas genau zu fassen. Aber da Steiner nach Ansicht seiner Anhänger göttliche Kräfte und Einsichten besaß, hätte eigentlich ein solcher Lapsus nicht passieren dürfen. Übrigens zeigt sich bei diesem Anlaß (ähnlich wie bei Kafkas Einstellung gegen Wunderrabbis der Chassidim), daß er sehr vorsichtig war und (wie Kierkegaard im Falle Adler) sehr genau prüfte, ehe er jemandem Attribute eines Zusammenhangs mit dem Absoluten zusprach.

Kurz und gut, Steiner suchte Kafka zu beruhigen und erklärte ihm ausführlich, daß auch bei den Zusammenkünften und Riten der Anthroposophen die Belange der Schönheit gut gewahrt werden. Eine so flache Antwort mußte Kafka enttäuschen. Und so ging er weg, ohne daß sein Suchen eine Antwort gefunden hätte. Er hat sich nach diesem Gespräch, über das er mir mit dem ihm eigenen schmerzlich-nervösen Lachen berichtete, das manchmal geradezu zerstörend hervorbrach, meines Wissens nie mehr ernsthaft mit Anthroposophie befaßt.

Seltsam, daß Kafka bei flüchtiger oder erster Bekanntschaft auf manche Menschen so wirkte (auch auf mich, wie die Erzählung »Die Insel Carina« in meinem Buch »Experimente« zeigt), als ob er zum Typus des »Ästheten« gehöre. Zu dieser Fehleinreihung trugen einige Umstände bei: daß er immer sehr sorgfältig, dabei völlig unauffällig, meist in dunkelblaue oder dunkelgraue Anzüge gekleidet war, daß er für gewöhnlich leise und selten sprach, daß er gern schöne Bücher schenkte, die er überhaupt liebte. So schenkte er mir gleich anfangs eine schöne Subskriptionsausgabe von Hofmannsthals »Kleinem Welttheater«, die noch heute in meiner Bibliothek steht. Auf Reisen trug er gern, was übrigens guten alt-österreichischen Traditionen entsprach, einen Lodenmantel und einen einfachen Filzhut mit schmaler Krempe. So ist er in der ersten Auflage meiner Kafkabiographie photographiert.

Ich habe in dieser Biographie geschrieben, daß man in Franzens Gegenwart den starken Eindruck hatte, »daß es überhaupt nichts Gemeines und Gewöhnliches gebe. Von Heiligen und Religionsstiftern werden ähnliche Wirkungen berichtet – und der Verkehr mit Kafka hat mich davon überzeugt, daß solche Berichte auf wahrer Empfindung beruhen.«

Dieser Eindruck ging (unter anderem) auf die Gründlichkeit zurück, mit der Franz alles ausführte, womit er sich befaßte. Reiste man mit ihm, wie ich es (von Ausflügen abgesehen) fünfmal in größerem Maßstab (Italien, Paris etc.) getan habe, so führte diese Gründlichkeit zu manchen schwierigen Situationen. »Er kam oft zu spät — aber nicht aus Unpünktlichkeit, sondern weil er vorher anderes auf das Allergenaueste zu erledigen das Bedürfnis empfand. Es gab nichts Unwichtiges. Nichts, was er bloß ›abgetan‹ hätte. Wie er keinem Menschen Unrecht tun konnte, so auch keinem Ding, keiner Beschäftigung aus dem Alltagskreise.«

Als Ergänzung zu dieser Notiz in meiner Biographie kann die folgende Aufzeichnung dienen, die ich jetzt in alten Papieren finde: Meine Schwester und ich hatten einmal mit Kafka verabredet, mit ihm Tennis zu spielen. Die Insel hieß: Primatoreninsel. Ein schöner Sonntagsmorgen. Wir freuten uns sehr, warteten zwei Stunden lang auf dem Tennisplatz. Drei Stunden. Vergebens. Traurig machten wir uns auf den Heimweg. Als wir schon am Ende des Porschitsch, nahe dem Josephsplatz angelangt waren, etwa bei dem Taussigschen Eisengeschäft, sehen wir Kafka hoch zu Rad einherflitzen, uns entgegen. Den Tennisschläger vorn an der Lenkstange. Er bemerkte uns, sprang ab, mit dem freundlichsten Lächeln der Welt, allerdings recht verlegen. Seine Verspätung rechtfertigte er mit der ausführlichen Sonntagstoilette, die er gemacht hatte. In solchen Fällen (sie ereigneten sich öfters) konnte ich sehr wütend werden, ihn anbrüllen — doch rasch beruhigte ich mich. Er war zu hilflos, zu liebenswürdig nett und freundlich. Er wollte uns überreden, obwohl fast Mittag war, auf den Tennisplatz zurückzukehren. Das gelang ihm aber denn doch nicht. — Diese Begebenheit spielte sich noch in der Hochschulzeit ab.

Auf demselben Blatt steht eine andere Anekdote, Kafkas »Ausführlichkeit« veranschaulichend. »Er liebte die ersten Filme, die damals auftauchten. Besonders entzückte ihn ein Film, der tschechisch ›Táta Dlouhán‹ hieß, was wohl etwa mit ›Vater Langbein‹ zu übersetzen wäre. Er schleppte seine Schwestern zu diesem Film, später mich, immer mit großer Begeisterung, und war stundenlang nicht dazu zu bringen, von etwas anderem zu reden als gerade nur von diesem herrlichen Film.«

Kafka liebte eine besondere Art von Witzen. Sie mußten kindlich einfach sein, ohne Unanständigkeit. Unanständige Witze lehnte er so entschieden ab, daß man sich gar nicht traute, sie in seiner Gegenwart zu erzählen. Es war einfach unmöglich. Er sagte nur lächelnd:

»Abscheulich.« Dies war die schärfste Art von Kritik, die ich je von ihm gehört habe. Er sprach aber das Wort mit einem eigenartigen, gleichsam hinaufgedrehten Akzent aus. — Die Memoiren Casanovas, die ich damals mit großer Begeisterung las, fand er langweilig (womit ich auch heute durchaus nicht übereinstimme. Im Gegenteil: Ich finde sie weise und grandios). — Als Beispiel eines Witzes, über den Kafka herzlich lachte, finde ich in meinen Papieren vermerkt: »Ein Millionär, dem ein Bettler klagt, er habe seit drei Tagen nichts gegessen, erwidert freundlich: ›Man zwingt sich‹.«

In meinem Tagebuch-Auszug vom 23.August 1913 stehen die Zeilen: »Nachmittag mit Kafka Baden, Rudern. Gespräch über Gemeinschaftsgefühle. Kafka sagt, er habe keine, weil seine Kraft nur eben für ihn hinreiche. Debatte im Boot. Meine Wandlung in diesem Punkt. — Er zeigt mir Kierkegaard, Beethovens Briefe.«

Ich führe dies an, weil in letzter Zeit behauptet worden ist, Kafka habe Kierkegaard erst viel später kennengelernt, woraus man dann allerhand weitreichende Schlüsse gezogen hat.

Bei diesen alten Papieren finde ich auch Zeitungsausschnitte. Der eine aus der München-Augsburger Abend-Zeitung vom 3. November 1916, im kleinstmöglichen Druck, besagt:

> *Abende für neue Literatur.* Der fünfte Abend findet im Kunstsalon Hans Goltz, Briennerstraße 8, am Freitag, den 10. November, statt. Franz Kafka wird im ersten Teil Gedichte von Max Brod, im zweiten Teil eine unveröffentlichte Erzählung von ihm selbst lesen. Karten zu 10, 5, 4, 2 und 1 M in der Buchhandlung Hans Goltz.

Zwei Kritiken sind beigelegt. Über Kafkas »Strafkolonie« heißt es in der München-Augsburger Abend-Zeitung vom 13. November: »Freilich vermochten die freundschaftlichen Gefühle, die beide jungen Männer verbinden, den Hörern die Mängel nicht zu ersetzen, die den Rezitationen Dr. Kafkas anhafteten. Max Brod scheinen Lyrik und Epik gleich gut zu liegen und daß er sich auch mit bedeutendem Erfolg an große Stoffe heranwagen darf, hat er mit seinem historischen Roman ›Tycho Brahes Weg zu Gott‹ längst bewiesen. Franz Kafka las dann eine eigene, noch ungedruckte Novelle ›In einer Strafkolonie‹. Die Idee — die Rache der mißverkannten, neu heraufziehenden Kulturperiode und ihre Durchführung in symbolischer Verbrämung ist gut; aber zum Vorlesen ist die Geschichte zu lang und zu wenig fesselnd.« – In den »Münchener Neuesten Nachrichten« werden wir beide vermöbelt. Während mir immerhin noch »Vereinzelte feinere Stimmungen, einige gute Nachdichtungen nach Verlaine« auf die Aktivseite geschrieben werden, heißt es über Kafkas Erzählung, die hier immerhin den richtigen Titel, »In der Strafkolonie«, führt, in lapidarem Stil: »Der Stoff hätte knapper behandelt werden müssen, um irgendwie noch einen künstlerischen Eindruck hervorbringen zu können. So wirkte trotz des technischen Könnens die detaillierte Beschreibung des Folterwerkzeugs stofflich abstoßend, was auch die Zuhörerschaft wohl zu erkennen gab. Auch durfte nach dem grotesken Tod des Offiziers, der, für sein sinnreiches Instrument keine Anerkennung mehr findend, sich selbst ihm als letztes Opfer darbietet, die Erzählung nicht so endlos langsam verebben.«

So also hat man damals über Franz Kafka geschrieben.

In alten Notizen aus jener Zeit blätternd, finde ich es ebenso grotesk wie eigentümlich rührend, daß mir Franz, wie ich gewissenhaft verzeichne, auch einen Teil seines Honorars aus jener Münchener Vorlesung abgegeben hat: in Summa siebzig Kronen österreichischer Währung.

Meines Wissens hat Kafka nur dieses eine Mal außerhalb Prags öffentlich gelesen. Auch in Prag ist er nur ein einziges Mal als Vorleser eigener Werke öffentlich hervorgetreten. Dagegen hat er im privaten Kreis der Freunde oft und wundervoll aus seinen eigenen Werken, besonders gern auch Kleistens »Michael Kohlhaas« und die »Anekdote aus dem letzten preußischen Kriege« vorgetragen, den »Kohlhaas« einmal auch öffentlich in der Toynbeehalle, einem Wohltätigkeitsinstitut, in dem das Publikum vorwiegend aus sehr armen Leuten bestand. Es war nämlich statutenmäßig festgelegt, daß kein Entree eingehoben wurde und daß jeder Zuhörer sogar eine Tasse Tee und einen Kuchen gratis erhielt. – Kafkas Vorlesungen waren immer feurig, in großartigem Aufbau der Perioden, im langen Atem hinreißend. Er liebte es auch, seinen Schwestern vorzulesen und ihre Bewunderung zu genießen. Auch zu den Eltern von Felix Weltsch ging er öfters, um dem alten kunstsinnigen Ehepaar Abschnitt für Abschnitt sein Lieblingswerk »Michael Kohlhaas« zu Gehör zu bringen, und freute sich sehr an seiner Rezitation und deren Wirkung.

Für alles, was spontan und stark hervorbrach, hatte er sein Leben lang die entschiedenste Bewunderung. So erinnere ich mich, daß er im Pariser Revolutionsmuseum (dem Musée Carnevalet) lange vor einem Stich haltmachte, der Voltaire zeigte, wie dieser, eben aus dem Bett aufgestanden, mit einem Bein in seine Hose hineinfahrend, die Hand ausstreckt und seinem Sekretär eifrig, ja geradezu von seinen Einfällen besessen zu diktieren beginnt. Er sah mich groß an, als wolle er sagen: »Siehst du, siehst du – so muß es sein, so muß der Geist über einen kommen«, und noch mehrmals kehrte er bei unserem Rundgang zu der passionierten Darstellung zurück, immer aufs neue entzückt.

Öfters zitierte er im Gespräch einen Satz Goethes: »Meine Lust am Hervorbringen war grenzenlos.« – Dabei hatte er nun wieder einmal manche Gelegenheit, einige Hiebe gegen sich selbst, seine kalte melancholische Art anzubringen, die er an sich zu bemerken glaubte. In trüber Stimmung vergaß er, welcher Aufschwünge er fähig war – in seinen Tagebüchern sind ja einzelne dieser Aufschwünge festgehalten, dokumentarisch beschrieben (wie etwa jene Nacht, in der »Das Urteil« entstand). Sich selbst allzuoft zu unterschätzen: das war ein Fehler – fast möchte ich sagen: der einzige Fehler – meines Freundes, und da hatte ich denn oft zu tun, ihn zur Ordnung zu rufen, ihn an den richtigen Gebrauch seines Selbstgefühls, an eine gerechte Selbstwertschätzung, an die Balance einer echten Beziehung zu sich selbst zu erinnern. Dies ist mir eine ganze Zeit lang recht gut geglückt, später aber (unter dem Druck seiner Todeskrankheit) immer weniger. Erst seine Lebensgefährtin Dora stellte in der allerletzten Zeit ein gewisses Gleichgewicht in seiner Seele wieder her.

Man darf sich nun nicht etwa vorstellen, daß in diesem ganzen Freundschaftsverhältnis ich der Führende, Erziehende, Kafka der Gehorchende und Lernende war. Das Schöne und Einzigartige der gegenseitigen Beziehung lag vielmehr darin, daß wir uns in der Führung gleichsam abwechselten, daß wir einander ergänzten und einander so viel zu geben hatten, daß bald der eine, bald der andere die Initiative übernahm. Als ich Kafka kennenlernte, war er gerade dabei, seine spitzpinselig manierierte, gleichsam gotische Periode zu überwinden – in der er, unter dem Einfluß des »Kunstwart«, der sehr kritischen, nur bestimmte, allerdings große Autoren wertschätzenden Zeitschrift, gelegentlich auch in Deutschtümelei verfallen war. Doch selbst diese Deutschtümelei (z. B. der Gebrauch des Wortes »fast« im Sinne von »sehr«, in den damaligen Briefen an Oskar Pollak) hat bei ihm etwas Liebenswürdiges Leichtes, Schwebendes an sich und verbindet sich mit seiner immer stark durchschlagenden Eigenart zu einem neuen, höchst charakteristischen Ganzen. Alles, auch die kleinen Gedichte des Anfangs, wirkt echt und einmalig; nur Lieblosigkeit und Unverständnis wird an ihnen mäkeln. Doch deutlich war dies ein Leben »im Puppenstand«. Der schöne Falter bereitete sich schon vor, glorreich durchzubrechen. In meinem Tagebuch, von dem ein Exzerpt erhalten geblieben ist, das ich für die Zwecke meiner Kafkabiographie angelegt habe (das ganze Tagebuch in vielen Bänden ist in den Hitler-Stürmen verloren gegangen), findet sich schon in den ersten Stadien unserer Bekanntschaft, nach den ersten Vorlesungen, in denen mir Kafka unter vier Augen Proben seiner Werke übermittelte, immer wieder die Bemerkung: »Ich sehe in Kafka den größten Dichter unserer Zeit.« Man vergleiche das mit den Erfahrungen, die ich nach seinem Tode machte, als ich von einigen unserer Prominenten Unterschriften für einen Aufruf zur Ermöglichung einer Gesamtausgabe einholte. (Hierüber später.) — Kafka also begann damals, als ich ihn kennenlernte, unter dem Einfluß Goethes und Flauberts vollständig »er selbst« zu werden. Ich aber steckte noch tief in der intellektuellen Künstelei meiner ersten Versuche. Wie er mir das Schlechte mit liebreich scharfen Worten gegen die »Wolfsschlucht« austrieb, zeigt deutlich sein hier schon erwähnter Brief vom Jahre 1903 (oder 1904), in dem er meine Stellungnahme gegen das »Gefühl« in der Literatur — ich nannte es damals »gegen den Gemütsschwefel« — ablehnt und bespöttelt.

Aus jener Zeit erinnere ich mich an die merkwürdige Aversion, die Franz gegen das Wort »heftig« hatte. Sooft er es in meinen Manuskripten antraf (und ich habe damals anscheinend eine gewisse Vorliebe für dieses Wort gehabt, habe sie vielleicht noch heute), sooft er also »heftig« las, rümpfte er die Nase. Ich glaube, in all seinen Werken kommt das Wort nicht vor. — Das besagt wohl etwas für die besondere höhere Behutsamkeit und Besonnenheit seines Schaffens, auch in Momenten, in denen der Sturmwind der Inspiration es durchblies.

Für die Unbedenklichkeit des Temperaments dagegen, mit der er seine ersten Skizzen hinwarf, ist manches wesentlich, was man bisher noch zuwenig beachtet hat. So die Tatsache, daß sich alles, was ich aus seinem Nachlaß herausgegeben habe, in diesem Zustand der ersten Skizze befand und noch durchaus nicht für die Drucklegung fertig gemacht, noch nicht in jenem Spätstadium war, an das Kafka bei den Werken, die er selbst ediert hat, so viel zusätzliche Arbeit und skrupelhafte Genauigkeit zu wenden pflegte. Ich habe in dem Nachwort zum »Bau der chinesischen Mauer« (später in das Nachwort zur »Beschreibung eines Kampfes« aufgenommen) bereits vor vielen Jahren (1931) die Grundprinzipien dargelegt, die meinen damaligen Mitherausgeber und mich geleitet haben. »So finden sich beispielsweise öfters Sätze oder ganze Abschnitte in doppelter Fassung, und die Herausgeber hatten nach ihrem Gefühl und Gewissen zu entscheiden, welche Fassung als die bessere, dem Dichter entsprechendere anzusehen sei. Oder es erwies sich vielfach das, was der Dichter gestrichen hatte, bei näherer Prüfung als für den Zusammenhang unentbehrlich oder doch als bedeutsam, daß wir es in die Druckvorlage mitaufnahmen. Gewiß wird eine ›definitive Edition‹ künftiger Tage mit Sonderungen und Textvarianten und Konjekturen operieren, während wir hingegen bemüht waren, ein lesbares und den mutmaßlichen Intentionen Kafkas möglichst nahekommendes Ganzes vorzulegen. Daß hiebei mit aller Sorgfalt der Originaltext beachtet und (mit Ausnahme einiger Interpunktionen und offenkundiger Versehen) nichts geändert wurde, ist selbstverständlich. Dieser Text ist übrigens — eine Folge der inspirierten Schreibweise Kafkas — auf sehr weite Strecken hin fast ohne Korrektur und völlig klar niedergeschrieben, so daß die Verantwortung den Herausgebern leichtfällt.« Warum man mich dieser offen dargelegten und in der damaligen Situation einzig möglichen Grundsätze wegen oft so bösartig angegriffen hat, ist mir immer ein Rätsel geblieben.

Diese Skizzenhaftigkeit der Niederschriften Kafkas in jener Periode, in der der Gedanke einer Drucklegung ihm ganz fernlag, geht unter anderem aus den Eigennamen hervor, die er verwendet. Er nahm sie einfach aus der Lektüre, die ihn gerade beschäftigte. So weisen Namen wie »Barnabas« oder »Galater« darauf hin, daß Kafka in den Tagen der Niederschrift eifrig das Neue Testament las, »Bertuch« deutet auf Goethelektüre, »Gerstäcker« auf die kleine Bibliothek seiner Eltern. — Den vielen Kommentatoren Kafkas ist es entgangen, daß Amalia (im »Schloß«) am Anfang als Blondine, ihrer Schwester ähnlich, geschildert ist, während sie später als schwarzhaarig, »schwarze Wildkatze« erscheint. Auch die Chronologie im

»Schloß« stimmt nicht. — Ich erwähne dies alles nur, um daran zu erinnern, daß Kafka weit entfernt davon war, die definitive Form einiger seiner späteren Werke, namentlich der Romane und größeren Erzählungen festgelegt zu haben. Daher war es berechtigt, selbst das von ihm Gestrichene zu publizieren, wenn es wertvoll war oder wenn es den Zusammenhang überhaupt erst herstellte. In der Edition des »Schloß« habe ich übrigens die vom Dichter gestrichenen Stellen, die in diesem Band einen besonders großen Umfang hatten, als solche kenntlich gemacht und in einen Anhang verwiesen; im »Tagebuch« sind vielfach auch Varianten mitabgedruckt. Am Anfang der Publikationsarbeit an der kleinen Prosa aber hätte ein Gewirr von Fußnoten, Lesarten die Ausgabe unlesbar gemacht. Ich mußte froh sein, daß es mir überhaupt gelang, nach großen Mühen und umfangreichen Briefwechseln die einzelnen Nachlaßbände zum Druck zu befördern — was eine zuzeiten schwierige, ja unmöglich scheinende Aufgabe war. Die heutige Situation ist mit der damaligen eben durchaus nicht vergleichbar. Heute wird einem jedes Wort von Kafka aus der Hand gerissen. Wie schwer es aber anfangs (d. h. nach Kafkas Tod) für mich war, eine Gesamtausgabe zu erzielen, sieht man ja daraus, daß jeder Band des Nachlasses zunächst in einem anderen Verlag erscheinen mußte. Kein Verlag (mit Ausnahme schließlich von Schocken und S. Fischer) hielt stand und blieb der Idee einer Gesamtausgabe treu.

Der Vollständigkeit wegen erwähne ich noch, daß ich einige wenige kleine Stellen aus den »Tagebüchern« und »Briefen« gestrichen habe, die sich auf noch lebende Personen bezogen; ferner habe ich einige wörtliche Auszüge weggelassen, die sich Kafka aus Büchern, die er las, angelegt hat. Die Titel der Bücher habe ich angegeben.

Bei dieser Gelegenheit möchte ich auch noch ein anderes Mißverständnis richtigstellen. — Dora Dymant (Diamant), die Lebensgefährtin Kafkas in seiner letzten Zeit, hat irgendwo publiziert (oder: der Interviewer hat irrtümlich ihre Aussage so ausgelegt), daß ich in den letzten Lebenstagen des Dichters ihn in Kierling bei Wien besucht habe, weil ich zufällig gerade in Wien einen Vortrag zu halten hatte. Tatsächlich hatte ich keinen Vortrag in Wien vor, wäre selbstverständlich auch angesichts des sterbenden Freundes gar nicht fähig gewesen, meine Gedanken für einen Vortrag zu sammeln. Als ich in Wien am Sonntag, 11. Mai 1924, einlangte, fuhr ich sofort vom Hotel aus nach Kierling, ins Sanatorium, in dem Franz lag.

Am späten Nachmittag tags zuvor hatte Dora mich angerufen (übrigens unter mysteriösen Umständen, die in meiner Kafkabiographie dargestellt sind): »Wenn du Franz noch einmal sehen willst, so komme.« Daraufhin nahm ich in unbeschreiblicher Verstörtheit den nächsten Zug. Um den Freund nicht zu erschrecken, um ihn nicht merken zu lassen, daß ich gekommen sei, um Abschied zu nehmen, sagte ich, daß ich in Wien einen Vortrag hätte. Daraus ist nach vielen Jahren der falsche Bericht entstanden. – Es gelang mir, Sorglosigkeit vorzutäuschen, wiewohl ich gänzlich fassungslos mehr vegetierte als lebte. Franz war während der zwei Tage, die ich blieb, sehr heiter. Wir machten Pläne für eine Italienreise. In Wien habe ich keine andere Gasse gesehen als die beim Bahnhof, in der auch mein Hotel lag, keinen Bekannten in Wien gesprochen. Von Wien fuhr ich nach Kierling, von Kierling nach Wien. Dies wiederholte sich zweimal. Sonst nichts. Dann kehrte ich nach Prag zurück. Es war selbstverständlich, daß ich mich nur an Franzens Krankenbett oder in seiner Nähe aufgehalten hatte. Am 3. Juni starb der Freund.

Er ist in Prag begraben. Am 19. Juni 1924, 11 Uhr vormittags, fand in der »Kleinen Bühne« (Prag) eine Trauerfeier statt, bei der Johannes Urzidil und ich sprachen. Der Schauspieler Hans Hellmuth Koch las die Friedhofsszene »Ein Traum« und einige andere Prosastücke, zuletzt »Eine kaiserliche Botschaft«, die er, so sagt die von mir aufgehobene Kritik, »schließlich selbst von Rührung übermannt ganz still ausklingen ließ«. – Wie ich höre, werden jetzt, in letzter Zeit an Kafkas Ruhestätte immer wieder von Fremden Blumen niedergelegt. In dem gleichen Grabe ist viel später sein Vater, noch etwas später seine Mutter beigesetzt worden. – Wie eine hellseherische Vorahnung wirkt es, daß Kafka zwischen dem 14. und 25. Juni 1914 in seinem Tagebuch vermerkt hat: »Das Grab der Eltern, in dem auch der Sohn (Pollak, Handelsakademiker) begraben ist.« Ich habe bereits dargelegt, daß manches im Werk Kafkas prophetisch wie Zukunftssicht klingt, so z. B. lassen die Uniformen der beiden Büttel im »Prozeß«, die K. verhaften, an SS-Uniformen denken, die erst lange nach Kafkas Tod aufkamen. Ich führe hier noch zwei weitere Beispiele an. Im »Schloß« sagt Frieda, man solle auswandern – »nach Südfrankreich, nach Spanien«. – Genau dies ist der Weg, den nach dem Einbruch Hitlers in Frankreich so viele Emigranten (z. B. auch Werfel, seine Frau, Feuchtwanger) nehmen mußten. Im gleichen Roman bietet Pepi dem K. ein Asyl an, in dem drei Menschen in stockwerkartigen Betten übereinander schlafen. Zur Zeit der illegalen Immigration nach Palästina waren die Schiffe in ähnlicher Weise eingerichtet.

Für den ersten Band der französischen Gesamtausgabe von Kafkas Schriften (Gallimard 1938) schrieb ich ein Nachwort, aus dem ich hier den Anfang anführe.

»Franz Kafka (geboren 1883 in Prag, gestorben 1924 im Sanatorium Kierling bei Wien) wollte nie etwas publizieren. Seine Hauptwerke erschienen erst nach seinem Tode. Sehr vieles hat er leider verbrannt, und so ist es für immer verloren. Von dem, was zu Kafkas Lebzeiten erschienen ist, wurde vieles nur gedruckt, weil ich meinen Freund dazu drängte. So beispielsweise sein erstes Buch ›Betrachtung‹, das so kurz war, daß der Verleger (Rowohlt in Leipzig) eine abnorm große Buchstabentype verwenden mußte, um auch nur die wenigen Seiten zu füllen. Daß es sich um etwas nicht bloß der Buchstabengröße nach Außerordentliches, sondern um eine wahrhaft singuläre Erscheinung handelte, wurde von einigen rasch erkannt.

Zu Lebzeiten Kafkas erschienen folgende Bücher: ›Betrachtung‹ — ›Das Urteil‹ — ›Der Heizer‹ — ›Die Verwandlung‹ — ›In der Strafkolonie‹ — ›Ein Landarzt‹ — ›Ein Hungerkünstler‹. Die drei aus dem Nachlaß erschienen Romane sind ›Amerika‹, ›Der Prozeß‹, ›Das Schloß‹. Der weitere Nachlaß enthält noch etwa 20 Novellen, eine Fülle von Aphorismen, Skizzen, Fragmenten, einen unvollendeten Einakter und umfangreiche Tagebücher.

Es ist schwer und es ist überflüssig, Kafka zu kommentieren. Jeder Leser von Einsicht merkt, daß sich bei Kafka ein äußerst präziser Realismus mit einem anderen durchgehenden Element verbindet, das in jeder Zeile dicht an die Sphäre des Unsagbaren und nur religiös Erfaßbaren grenzt. Kafkas Lehrmeister waren die Bibel, Goethe, Kleist, Flaubert und Kierkegaard. Er selbst aber bezeichnet die höchste Form jener Dichtung, die in jedem Wort das Reale und außerdem etwas Unsagbares bedeutet. Nicht etwa in allegorischer Manier, denn die Allegorie, für sich selbst betrachtet, ist ein gleichgültiges, oft nur willkürlich zu Bedeutung erhobenes *Partikel* der realen Welt. Kafkas Kunst aber hat Symbolkraft, d. h. es findet sich auf der realistischen Seite seines Werkes das ganze Leben *in seiner*

Fülle, die *gesamte* Realität, das liebevoll in allen Einzelheiten erfaßte und dargestellte Welt-Sein. In dieser Hinsicht möchte ich aus meiner Kenntnis von Kafkas Leben sagen, daß es schlechterdings nichts auf Erden gab, was er nicht mit leidenschaftlichem Interesse ergriffen und mitgefühlt hätte. Er zog sich nicht in den Elfenbeinturm zurück, er wich nicht aus, er lebte nicht wie (der ihm in manchen Zügen verwandte) Stefan George als Esoteriker. Und dennoch steht auf der anderen, der metaphysischen Seite seines Lebens: die nur ihm zuteil gewordene schmerzliche Erkenntnis göttlicher Dinge, das Reine, die Vollkommenheit, das Absolute.«

Im Jahre 1931 unternahm ich es, nachdem die Veröffentlichung der drei großen Romane aus dem Nachlaß ziemlich wirkungslos verpufft war, das weitere Erbe zu edieren und womöglich eine Gesamtausgabe aufzubauen. Ich gewann den Verlag Gustav Kiepenheuer in Berlin für den Versuch. Ich entwarf einen Aufruf, der von Gerhart Hauptmann, Thomas und Heinrich Mann, Martin Buber, Hermann Hesse und Franz Werfel unterzeichnet werden sollte, um die große Öffentlichkeit auf das Ereignis hinzuweisen.
Meine Absicht war, den Aufruf durch den Verlag an die wichtigsten geistigen Instanzen des deutschen Kulturgebietes versenden zu lassen. Werfel, Buber, Thomas Mann, Hesse unterzeichneten sofort. Die unterschriebenen Aufrufe befinden sich noch in meinem Besitz. Besonders freundlich schrieb Hesse:

»Lieber Herr Brod!
Thomas Mann ist gerade im selben Hotel wie ich, da bat ich ihn gleich mit zu zeichnen.
Herzlich Ihr   H. Hesse«

Der ursprüngliche Entwurf selbst lautete:

GUSTAV KIEPENHEUER VERLAG
Berlin NW 87. Altonaer Straße 4
Hinweis auf Franz Kafka
Der Nachlaß Franz Kafkas wird nun durch eine großangelegte Veröffentlichung zugänglich gemacht und die beiden Bände, die zahlreiche ungedruckte Erzählungen, Skizzen, einen Zyklus von Aphorismen, Proben der Briefe und Tagebücher, sowie biographisches Material enthalten werden, sollen bei etlicher Resonanz

den Auftakt zu einer Gesamtausgabe bilden, die sämtliche Werke Kafkas sammelt und mit Ergänzungen aus dem Nachlaß, sowie aus den vergriffenen Drucken versieht.

Immer deutlicher wird in Deutschland, wie in England und Frankreich die säkulare Bedeutung Kafkas erkannt. Haben die aus dem Nachlaß edierten drei Romane in Kafka, den man vorher vornehmlich als einen Sprachmeister und Meister der kleinen Form bewunderte, den nur mit den Größten vergleichbaren Romancier, den unerbittlichen Gestalter und Deuter der Zeit sehen lassen, so steht die weitere Überraschung bevor, daß die persönlichen Dokumente des Nachlasses den streng und vorbildlich kämpfenden Menschen in der ganzen Tiefe seines religiösen Bewußtseins aufzeigen. Es sei daher auf die in Vorbereitung befindliche Gesamtausgabe als auf eine geistige Tat von ungewöhnlichen Dimensionen hingewiesen. Ihre Wichtigkeit gerade jetzt, in den Tagen der Verwirrung, die den Blick vom Wesentlichen abzulenken geeignet sind, ist allen klar, an die sich Kafkas Wort richtet.

Von Gerhart Hauptmann traf folgende Antwort ein:

PARK-HOTEL LUGANO   20. 3. 31

Sehr verehrter Herr Max Brod!

Es ist meine, vielleicht auch eine allgemeine menschliche Schwäche, ein beschränktes Aufnahmevermögen zu haben, und ich muß Ihnen das Bekenntnis machen, daß mir Kafka vorläufig ein Name und nichts weiter als ein Name ist. Die geplante Teilausgabe seiner Werke wird mich herzlich beflissen finden, dem hinter dem Namen stehenden Geist gerecht zu werden, das heißt, ihn dankbar aufnehmend zu verstehen.

Einen Aufruf zu unterzeichnen, wie den mir übersandten, von Begeisterung getragenen, wäre von meiner Seite heute noch eine Lüge. Mein Vertrauen in die hohe Wahrscheinlichkeit des Gesagten könnte an der nackten Tatsache nichts ändern. Es wird eine Rangerteilung ausgesprochen, ein hoher säkularer Wert festgestellt: ich würde mich selbst verraten, wenn ich diese Aussagen als die meinen zeichnete, die man doch nur aus einer vollen Kenntnis und Erkenntnis heraus tun dürfte.

In alter Verehrung, sehr verehrter Herr Max Brod, begrüße ich Sie und weiß, daß Sie meine Haltung verstehen werden.

Wir sitzen in Lugano und zugleich tief im Schnee. Ich beginne mich von einem Grippeanfall zu erholen, der mich hier, mit vielen Hunderttausenden in der Welt, behindert und gestört hat. Wir wünschen Ihnen umsomehr Gesundheit und Frische für Leben und Arbeit.

Ihr ganz ergebener   Gerhart Hauptmann

Heinrich Mann schrieb:

6. Februar 1931
Berlin W 50, Spichernstr. 15

Sehr verehrter Herr Brod,

da nur wenige Ihren »Hinweis« unterschreiben sollen, muß jeder einzelne mit der Fassung ganz einverstanden sein. Ich habe mir daher erlaubt, mehrere Ausdrücke zu ändern. So unterschreibe ich gern.

Ihnen ergeben   Heinrich Mann

Die drei Stellen, die Heinrich Mann beanstandet hatte, waren:

1) die von der »säkularen« Bedeutung Kafkas (an der heute wohl niemand zweifelt) —

2) die Worte »den nur mit den Größten vergleichbaren Romancier« —

3) die Worte: »eine geistige Tat von ungewöhnlichen Dimensionen«.

In meinem Antwortbrief machte ich die Konzession, die Worte sub 1 und 3 durch andere Ausdrücke zu ersetzen. Dagegen glaubte ich die sub 2 gegebene Charakteristik nicht ändern zu dürfen.

Wie Heinrich Mann auf diesen Antwortbrief reagiert hat und ob es zu der geplanten Aktion schließlich doch noch gekommen ist, weiß ich heute nicht mehr.

Klar aber zeigt sich, daß es noch im Jahre 1931 nicht ganz leicht war, etwas für Kafka zu unternehmen.

Begegnungen an der Hochschule
Philipp Frank, Einstein, Alfred Weber, Christian von Ehrenfels,
Hugo Bergmann

An der Prager deutschen Universität unterrichtete ein ganzer Haufen unbegabter, langweiliger Professoren; neben ihnen aber auch ein paar tüchtige Männer, von denen ich manche schon genannt habe. Ihnen verdanke ich viel, so z. B. Prof. Rzach die Einführung in das stürmische und gleichzeitig so formenliebliche, gestaltlich nie auszulotende Lebenswerk des Dichters Catull. Kaum hatte ich das Gymnasium verlassen, so sah ich mich schon an der philosophischen Fakultät nach Vorlesungen über die geliebte antike Welt um. Im Ohr klangen mir noch die Abschiedsworte unseres biederen Lateinprofessors Konhäuser aus der Oktava, der uns jahrelang schulplangemäß den Vorrang Horazens vor allen römischen Dichtern gepredigt hatte — die Abschiedsworte des Mannes, der alles immer so betont und unbestreitbar sicher vorbrachte und der eines Tages, in einer der letzten Unterrichtsstunden ganz unversehens und komisch genug in die Worte ausbrach: »Ich kann Sie nicht aus dem Gymnasium entlassen, ohne Ihnen zu sagen: Horaz ist der größte Dichter der Römer *nicht*« — siebenfach stark hervorgeschleudert, dann stoßende Handbewegung nach vorn —, »sondern *Catull!*«
Und nun las Rzach zufällig in meinem ersten oder zweiten Hochschulsemester ein Kolleg über Catullus. Mit wohldonnernder Stimme setzte er ein:
»Quoi dono lepidum novom libellum.«
»Wem das neue lustige Büchlein schenken«, übersetzte ich den Elfsilbler und ließ in späteren Jahren diesem ersten Vers das ganze Werk des Catull in einer neuen Übertragung (unter Benützung der Ramlerschen) folgen, die bei Georg Müller, später im Propyläen-Verlag erschienen ist. Die Liebe zu diesem Dichter hat mich seit jenem Kolleg des mächtigen Professors Rzach nie mehr losgelassen. — Rzach war Vater der formstrengen Dichterin Hedda Sauer, die mit dem berühmten Germanisten Professor August Sauer verheiratet war.
Das eigentliche Fach, das ich (dem Willen meines Vaters gemäß) studierte, war die Rechtswissenschaft, die mir erstaunlich fremd

geblieben ist, fremder als jede andere Art von Wissenschaft; und so bin ich denn doctor utriusque juris geworden, Doktor der beiden Rechte, wie es im alten Österreich hieß, das bedeutet: Doktor des kanonischen und des staatlichen Rechts. Das kanonische Recht oder Kirchenrecht interessierte mich dabei weit mehr als das weltliche, da der Vortrag des guten Professors Singer, von dem ich gleich berichten werde, in die merkwürdigsten Episoden der Geschichte abirrte. Das Historische aber hat mich seit je gefesselt, nicht das Juristische, in dem ich immer Laie geblieben bin, trotz der nicht schlecht bestandenen Prüfungen, die ich nach gemeinsamem Büffeln (wir nannten es »Stucken«) mit meinem Freunde Felix Weltsch im Fluge nahm. — Kafka war uns um ein Jahr voraus und gemeinsam beseufzten wir alle drei unser papierenes Los. Felix Weltsch war der einzige von uns, der ein Studium aus Liebe wählte; er machte nach dem juridischen auch noch das philosophische Doktorat und wurde Bibliothekar, erst in Prag, Jahrzehnte später in Jerusalem.

Der schon erwähnte gute Professor Singer, greisenhaft, zittrig auf das Katheder schleichend, ein gebrechliches und schrulliges Männchen, doch frisch in seinen Darlegungen, wenn er erst einmal losgelegt hatte, mit ungeheurer Hakennase ausgestattet — er war der einzige unter meinen Jus-Lehrern, der mich etwas anging. Er hatte und behielt etwas Rätselhaftes und Fernes für mich. Deutlich eine Figur von E. T. A. Hoffmann, obwohl der Gottesgelehrsamkeit anheimgegeben, was seiner Bizarrerie noch einen weiteren Flicken anheftete. Er war ein Jude, doch getauft, wie es bei einem Lehrer des Kirchenrechts stilgemäß und vermutlich notwendig war, denn über diesen Lehrstuhl, wiewohl er in die juristische Fakultät eingebaut war, hatte angeblich auch die Kirche ein gewisses Bestimmungsrecht. Genau weiß ich das allerdings nicht, wohl aber erinnere ich mich, daß ich damals in der Studienzeit, als ich eine der schönen Prager Kirchen besichtigte, meinen Professor unter den andächtig Knienden und Betenden bemerkt habe. Er dürfte also wohl aus einer echten Glaubenswandlung übergetreten sein. Der Anblick des knienden Professors erschütterte mich und veranlaßte bei mir tagelanges Nachsinnen. — Bei Prüfungen gab sich Singer sarkastisch, geradezu höhnisch und aggressiv, wenn der Kandidat nicht genau das Richtige antwortete, dabei aber war er nur nervös, und oft blinkte eine seltsame Güte durch. Er half dem Stotternden, wie und wo er konnte. Ich erinnere mich an eine unsagbar komische Szene (die Prüfungen waren öffentlich — und im letzten Stadium, ehe man selbst zum Schafott schritt, besuchte man sie als schlichter Zuhörer, um sich »an das Ganze zu gewöhnen«). Singer also inquirierte eines seiner Opfer. »Welche Eigenschaften schließen es aus, daß einer zum Papst gewählt wird?« Der Kandidat wußte einigermaßen Bescheid, er verfiel nicht dem häufigen Irrtum, daß man Kardinal sein müsse, um Papst zu werden, ja daß es dazu auch nur der niederen Weihen des geistlichen Standes bedürfe. Und er nannte auch die Ausschlußgründe. Einer aber fiel ihm nicht ein. Verheiratet durfte der Papst nicht sein. Er riet und riet. Vergebens. Der wackere Professor will den Geängstigten darauf bringen: »Nun, Herr Kandidat, warum kann, beispielsweise, ich nicht Papst werden?« Und dabei zeigte er deutlich auf den Ehering an seinem Finger. Der Prüfling scheint zu begreifen, ein verlegenes Lächeln spielt auf seinem Gesicht, und mit echt böhmelndem Akzent bringt er so höflich wie möglich vor: »Herr Professor, weil Sie ein Jud sind.«

Weiterer Individualitäten von Belang an meiner Fakultät entsinne ich mich nicht. Von Alfred Weber abgesehen, der inmitten der Wüste als ein wahres Wunder, ein üppiges Labsal des Geistes auftauchte. Davon später.

Die medizinische Fakultät hatte unter ihren Lehrern viele Autoritäten von Weltruf. Über diese kann ich mangels Sachkenntnis aus eigener Anschauung nichts melden. Doch da zur Medizin auch die naturwissenschaftliche Abteilung gehörte, war doch einer unter ihnen, dessen Hörer ich mit wahrer Freude wurde: Professor Lecher, der auf die ingeniöseste und witzigste Art »Experimental-Physik« vortrug. Ich versäumte zwei Semester lang keine seiner Stunden und habe den amphitheatralisch gebauten Hörsaal mit den vielen Apparaten noch genau als einen Raum der ernsten Muse in Erinnerung; den Raum mit der großen schwarzen Schultafel, zu der noch eine zweite herabgelassen wurde, wenn der Platz für die komplizierten Formeln nicht ausreichte. Den Raum mit den Waagen, Quecksilbersäulen, Retorten, Apparaten zur Messung der Fallhöhe, mit all dem Arbeitsgerät, dessen Erinnerungsbilder mir dann halfen, als ich meinen »Tycho Brahe« und den »Galilei« schrieb. In einer späteren Lebensepoche, als ich schon nicht mehr Hochschüler war, habe ich dann denselben Kursus repetiert. Damals war Prof. Philipp Frank der Ordinarius für Physik, und auch bei ihm habe ich, obwohl seine Grundüberzeugung mir widerstrebte, im Detail viel Wesentliches gelernt. Vor allem auch aus seinem großem Buch über Kausalität, mit dem ich mich gemeinsam mit meinem Bruder Otto oft und intensiv polemisch auseinandergesetzt habe. Mein Bruder und Freund war auch als Hörer des Frankschen Zyklus immer mit mir — und ich entsinne mich keiner reineren Freude als dieser: wir beide einträchtig durch die obere Neustadt, an unserem einstigen Gymnasium in der Stefansgasse und seinen Erinnerungen vorbei, dem Windberg zuwandelnd, ins Physikalische Institut, wo wir ohne Berufszwecke mit nichts als der reinen Wissenschaft befaßt waren, abends, aus allem Leid und aus aller Angst der großen Stadt herausgenommen. Nie habe ich das Erlösende des »willensfreien Erkennens«, wie Schopenhauer es nennt, deutlicher zu spüren bekommen als in jenen Abendgängen und bei den anschließenden Doppelstunden, die vom liebenden Streben nach Wahrheit und nichts anderem sonst ausgefüllt waren. Die Stadt war bereits unruhig. Jenseits der deutschen Grenzen hatte die braune Diktatur schon lange Reihen von Blut- und Schandtaten verübt, die man nie als mit dem Namen »Deutschland« vereinbar angesehen hätte. Diese Diktatur drohte zu uns herüber, es gab täglich wachsende Gruppen, die sie, so unwahrscheinlich uns das zunächst klang, auch bei uns tatkräftig unterstützten. Kamen wir, Otto und ich, sonst in brüderlicher Freundschaft zusammen (und das geschah recht oft, wöchentlich mindestens einmal, zweimal), so war von Zukunftsprognosen die Rede, die alles umstürzen würden, man sprach von Auswanderungsprojekten, von Palästina. Man analysierte die letzten Zeitungsmeldungen ... Dagegen war es eine nie ausgesprochene, gewissermaßen selbstverständliche Übereinkunft, daß wir bei diesen langen Spaziergängen zur Physikstunde niemals von aktuellen Notständen sprachen, daß nur unsere letzte Lektüre, namentlich poetische und wissenschaftliche, auch musikalische Neu-Erfahrungen das Thema beistellten, dessen Behandlung wir langsam durch die recht stillen menschenleeren Gassen mit uns führten, uns gemach auf die bei Professor Frank zu erwartenden, intellektuellen Ereignisse einstellend. Um keinen Preis, selbst wenn an diesem Abend aufrührende Gerüchte vorlagen, hätten wir uns in der selbstauferlegten Disziplin irremachen lassen. Wir wußten nicht, daß die ruhigen, friedlichen, allem Erdenjammer fernen Gänge durch die Straßen unserer Heimatstadt beinahe unsere letzten gemeinsamen Spaziergänge, die würdigen Unterrichtsstunden beinahe unsere letzten gemeinsamen Geistesfreuden sein sollten. Dennoch waren wir uns klar, in ihnen etwas ganz Seltenes, Köstliches zu erleben. Sorgsam hüteten wir uns, diesen unseren geheimen Besitz durch politisches oder Alltagsgerede zu beflecken. Mein Bruder war ganz der Mann, solch eine nicht ausdrücklich beschworene Vereinbarung mit Humor, zugleich mit Zucht und Strenge einzuhalten. In ihm, wie auch in meiner Schwester, vereinigten sich die Energie unserer Mutter mit der Vornehmheit und Güte des Vaters zu einem geschlossenen Charakter, während bei mir vieles labil blieb und ich mich immer neu um die Aufrechterhaltung einer Art von Gleichgewicht zu bemühen hatte. — Mein Bruder, den ich auch als literarischen Weggenossen liebte (sein Roman »Die Berauschten« soll jetzt neu erscheinen), ist 1944 in Auschwitz ermordet worden, seine Frau und sein schönes hochbegabtes Kind Marianne sind gleichfalls auf entsetzliche Art umgekommen.

Zwischen den beiden Physikkursen, die ich gehört habe, liegen Dezennien, liegt eine veränderte, eine verschlechterte Welt. Der Lehrgang unter Professor Lecher war noch ein Spiel, eine heitere Erquickung. Der unter Prof. Frank fand in ernster Zeit statt und machte uns beiden auch um der neuen sperrigen Probleme willen zu schaffen, mit denen wir philosophisch zu kämpfen hatten. Wir trafen ja Prof. Frank auch im Fanta-Kreis, wir debattierten dort mit ihm und mit Einstein, dessen eifrigster Interpret Philipp Frank war. Während Einstein selbst kein so orthodoxer »Einsteinianer« war und mich immer aufs neue zur Verwunderung, ja Begeisterung hinriß, wenn ich beobachtete, mit welcher Leichtigkeit er in der Diskussion experimentierend seinen Standpunkt änderte, sich einmal probeweise auch auf den entgegengesetzten Standpunkt zu stellen wußte und das Ganze nun unter verändertem Winkel völlig neu betrachtete. Er schien geradezu eine Freude daran zu haben, alle Möglichkeiten der wissenschaftlichen Behandlung eines Gegenstandes mit unermüdlichem Wagemut durchzukosten: Er band sich nie, mit Virtuosität und scherzend ging er keiner Vielfältigkeit aus dem Wege und blieb dabei doch immer sicher und schöpferisch zugreifend. Diese seine Eigenschaft des wissenschaftlichen Mutes und Immer-Neubeginnens habe ich in meinem Tycho-Brahe-Roman in der Figur meines Kepler nachgebildet, während ich in Tycho Brahe selber den eher starren, auf sein System sich versteifenden Gelehrten zeichnen wollte. Irgendeinmal mag ich dies im Gespräch mit Philipp Frank erwähnt haben, als eine jener vielen Anregungen, wie sie dem Dichter aus seiner täglichen Erfahrung eigentlich ununterbrochen zuteil werden, um sich schließlich in den lebendigen Figuren zu verdichten, die er gestaltet. — Der wackere Professor Frank hat das mißverstanden und hat später irgendwo veröffentlicht, ich hätte in meinem Kepler einen gewissen egozentrischen Zug treffen wollen, der sich (angeblich) in Einsteins Wesen geltend mache. Ich habe einen solchen egozentrischen Zug an Einstein nie bemerkt, im Gegenteil, ich habe ihn stets gütig, hilfsbereit und erstaunlich aufgeschlossen gefunden. Dies habe ich auch an Einstein nach Amerika geschrieben, als die Franksche Deutung aufkam und einiges Aufsehen erregte. Einstein hat meine Erklärung mit einem fröhlichen Scherzwort akzeptiert — und damit war die Sache zwischen uns erledigt. Es war aber nicht zu verhindern, daß die Version Frank, wie alles Ungewisse und Ungenaue, das ein langes Leben zu haben pflegt, weiterhin herumspukte, mir immer wieder begegnet ist und mir in der Folgezeit noch manchen Ärger verursacht hat.

In Wahrheit hat, wie schon angedeutet, zur Figur Keplers mein Freund Werfel viel Wesentlicheres und Schmerzlicheres beigetragen als Einstein, der doch nur ein flüchtiger Gast auf meinem Schicksalswege war. In Kepler wollte ich das vom Glück begünstigte junge Genie darstellen, das sich von seinen Anlagen treiben und von äußeren Umständen, daher auch von Freundschaftsverpflichtungen und Dank wenig beeinflussen läßt, während Tycho den älteren Mann darstellt, der dauernd von Schicksalsschlägen verfolgt ist, weil er sich mit dem Schicksal einläßt, weil er es nicht geringzuschätzen und über seine Tücke durchaus nicht ahnungslos, unbewußt hinwegzuvoltigieren weiß. Vor lauter Gewissenhaftigkeit wird er zum Stiefkind des Lebens, während Kepler kein anderes Gewissen kennt als die Bedürfnisse seiner Arbeit. Von der historischen Wirklichkeit bin ich dabei aus künstlerischen Gründen der Struktur stark abgewichen — nicht im Tycho selbst, den ich auf Grund der Berichte, die ich las, ziemlich genau nachschuf; wohl aber in seinem Gegenspieler Kepler, den ich eben als Gegenspieler Tychos, völlig nach dem der Dichtung immanenten Gesetz der Gegensätzlichkeit aufgebaut habe. In der geschichtlichen Wahrheit war Kepler dem Tycho weit ähnlicher, als ich ihn dargestellt habe; beide haben auch sehr verwandte Gelehrtenschicksale des Verkanntseins erlitten — allerdings mit charakteristischen Abweichungen, die mir eben als Idee des ganzen Romans eines Tages aufgeleuchtet sind und die Basis dieser Dichtung in mir gleichsam momenthaft, in einem einzigen Blitz als Begegnung mit mir selbst und meinem Schicksal klargelegt haben.

Viel später ist mir dann einmal eingefallen, daß schon in den *Namen* meiner beiden Helden etwas liegt, was sie dazu vorbestimmt haben mag, mir als Symbole des in mir so lange und so peinvoll schwärenden Lebenskonflikts zwischen Werfel und mir zu dienen. Man möge das allenfalls als Spielerei ansehen, noch dazu als eine Spielerei, die mit einer ähnlichen Überlegung Kafkas über sein »Urteil« manches gemeinsam zu haben scheint. Faktisch aber ist sie anders geartet, wie ich gleich darlegen werde, ist auch von Kafka unabhängig, denn ich habe ja Kafkas Tagebuchaufzeichnungen erst viel später, nach seinem Tode kennengelernt. Nun heraus mit dieser Spielerei, obwohl sie ja (als echtes Spiel) auch etwas Lächerliches an sich hat: Die historischen Namen sind ähnlich oder erinnern doch an die anregend zugrundeliegenden Lebensverhältnisse — »Brahe« hat denselben Anlaut wie Brod, und in »Tycho« mag man in dem seltenen Buchstaben Y eine Analogie zu dem X finden, das meinen Namen schmückt. Kepler hieß Johannes, also Hans, was an Franz (Werfel) gemahnt, und die beiden E sowie die Placierung der Konsonanten sind in den beiden Zunamen »Kepler« und »Werfel« sehr ähnlich. Von den vier Konsonanten sind überdies zwei (L und R) beiden Namen gemeinsam. Ich erschrak, als mir das eines Tages klar wurde. — In Kafkas Tagebuch wird die Analogie des Namens »Bendemann«, den er der Hauptperson des »Urteils« gibt, mit »Kafka« dargelegt; doch dies ist nicht so seltsam wie in meinem Fall, denn Kafka hat ja den Namen »Bendemann« frei gebildet, während ich mich an die von der Historie dargebotenen Namen zu halten hatte.

Zu Beginn des vorletzten Jahres meines unlustig betriebenen juristischen Studiums kam plötzlich und unerwartet Licht in die Öde. Am Anfang des Semesters besuchte ich wie gewöhnlich alle Pflichtvorlesungen, jede ein paar Stunden lang, genug, um zu sehen, ob in der Art des Dozenten oder im vorgetragenen Gegenstand irgend etwas Anziehendes oder Förderliches gefunden werden könne.

Zu meiner Überraschung stieß ich auf einen jungen Professor, der eben aus dem »Reich« eingetroffen war, den noch niemand kannte und der durch seinen höchstpersönlichen Vortrag mich sofort zu äußerster Bewunderung mitriß. Es war Professor Alfred·Weber, sein Gegenstand: Volkswirtschaftslehre, Soziologie, Nationalökonomie.

Unter diesen Schlagworten hatte ich nicht so viel drängende Probleme und blühendes Leben vermutet — namentlich im Rahmen unserer Hochschule nicht, an der alles so trocken und eng behandelt wurde. Hier aber, bei Alfred Weber, machte sich gleich eine ganz andere Luft bemerkbar — und zum erstenmal in meinem Leben lernte ich in meinem dritten Universitätsjahr kennen, in welcher Bestform ein Repräsentant des deutschen Gelehrtentums sich wirksam machen konnte. Die Weite der ganzen Menschheitsgeschichte, umfassendes Wissen und unbedingte Ehrlichkeit, dazu ebensoviel origineller Tiefblick: Das alles vereinte sich, um meinen aufnahmewilligen Geist zu entzücken. Weber hatte damals sein grundlegendes Werk »Kulturgeschichte als Kultursoziologie« zwar noch nicht geschrieben — es erschien erst 1935 in einer holländischen Universitätsstadt —, aber viele Leitgedanken, die er erst später ausgebildet hat, waren in seinen lebendigen Vorlesungen bereits »auf dem Wege«, waren schon vorgedacht, halbfertig formuliert; es war ein Stoßen und Drängen in seinen Kathedermonologen, daß einem Hören und Sehen vergehen konnte. Vieles noch unordentlich, mühsam, sehnsuchtsvoll-ungestaltet — ähnlich seiner in Pünktchen zerfallenden, fast unlesbaren Schrift, die (in späteren Jahren) jeden seiner Briefe zur Katastrophe machte, der man nur in anstrengenden Entzifferungs- und Aufräumungsarbeiten Herr werden konnte. — Weber war einfach ein Phänomen, wie ich es noch nie erlebt hatte, seit der Buchbekanntschaft mit Schopenhauer nicht; diesmal aber sah ich es vor mir als leibhaftigen Menschen von Fleisch und Blut, in den ich mich nach der ersten Kenntnisnahme verliebte: Es war meine erste Begegnung mit der Wissenschaft in ihrer leidenschaftlichen Form — Wissenschaft als Melodie. Wie wunderbar mutete es mich an, wenn der am Vortragspult kämpfende Mann verehrend von seinem »größeren Bruder« Max Weber in Heidelberg sprach und sich ihm in jener Demut unterordnete, die ich meinerseits dem Vortragenden gegenüber empfand. Ein »Größer« und »Höher« als Alfred Weber konnte ich mir freilich durchaus nicht vorstellen — stürzte mich aber mit Eifer in die Lektüre von Max Webers religions-soziologischen Schriften, die ich zunächst in einer Zeitschrift las, dem »Archiv für Sozialwissenschaft und Sozialpolitik«. Ihre Wirkung wird jeder bemerken, der mein Buch »Heidentum, Christentum, Judentum« kennenlernt. — Ohne daß ich die geringste Absicht hatte, für Alfred Weber Propaganda zu machen (wie konnte er, der Überragende, meiner armen ungelehrten

Empfehlungen bedürftig sein), floß doch mein Mund natürlicherweise ständig von dem über, wessen mein Herz voll war — das heißt: von Alfred-Weber-Begeisterung. Und siehe da, das Kolleg füllte sich, es war alles andere als gähnend leer, es ähnelte nicht im geringsten den Vorlesungen anderer Professoren, wo sich nach dem ersten Monat nur noch ein paar Pedanten zeigten; das größte Auditorium im altberühmten Carolinum reichte nicht mehr aus, es hatte sich herumgesprochen, daß man bei Alfred Weber auf die modernste und manchmal auch bissigste Art (mit wilden Ausfällen gegen zeitgenössische Mißstände) seelisch bewirtet wurde. Daß hier eine geistige Erfüllung vor sich ging, die sich mit dem Genuß eines ausgezeichneten Konzertes, eines vorzüglichen Theaterabends wohl vergleichen ließ. Weber wurde Mode in Prag. Selbstverständlich ging dieser sein Sieg in erster Reihe auf die inneren Qualitäten seiner Vorlesungen wie auf ihre äußere Rauschhaftigkeit zurück. Dennoch hat es mich hoch beglückt, als er später einmal bei einem ihm zu Ehren gegebenen Bankett den Satz aussprach: »Für Prag hat mich Max Brod entdeckt.«

Es gelang mir in diesem Falle nicht, Kafka mitzuziehen, ihn zum Besuch der fesselnden Vorlesungen anzuregen, von denen ich damals so schwärmte, oder ihn gar ins Seminar Webers zu lotsen. Kafka war, als Weber in Prag eintraf, bereits im Endstadium seiner Vorbereitungsarbeiten zu den Prüfungen, er interessierte sich nur fürs »Stucken« (und auch das, wie wir alle, nur mit äußerstem Widerwillen). Ich habe ihn weder in Alfred Webers Kolleg noch jemals in seinen Übungen gesehen. — Daß zufälligerweise Weber Kafkas »Promotor« wurde, d. h. der Mann, der den Kandidaten bei der feierlichen Schlußzeremonie dem Rektor vorstellt, hat lediglich formelle Bedeutung. Denn dieses Amt ging nach einer bestimmten Regel rundum.

Alfred Weber war mittelgroß, ein starker Mann, unter dessen kraftvollem Schritt das uralte Parkett des Lehrsaals knarrte und krachte. Wiewohl nicht gerade dick, erschien er doch breit angelegt; so war auch (trotz seiner Jugend) das ungemein lebhafte Gesicht füllig, fast üppig zu nennen. Die Züge scharf umrissen, kühn, rötlich die Wangen, dazu leuchtende dunkle Augen (man war versucht, von Äuglein zu sprechen, die über den Backen eingebettet waren), der dunkelbraune Knebelbart: alles höchst eindrucksvoll und großflächig. Die Bewegungen oft ruckartig. Der Typ des Germanen, aber nicht der blonde, ungebrochene Typ, an den man zunächst denken mag, sondern eine andere Art des Germanen, wie sie mir auch später öfters begegnet ist: dunkel, nervös, sensitiv, zu höchsten geistigen Leistungen aus Zerrüttungen sich zusammen- und aufraffend. Vielleicht an Dehmel erinnernd, den ich leider nur aus Bildern und einem Briefwechsel kennengelernt habe. — Weber sprach völlig frei. Ehe er anfing, verteilte er an alle Anwesenden eine mit seiner schlechten Schrift eigenhändig geschriebene, hektographierte Disposition dessen, was er in der bevorstehenden Stunde zu behandeln gedachte, auch einen Plan der ganzen Vorlesung bis ans Ende des Semesters. Oft wurde er, wenn er in Feuer geriet, so ausführlich, daß ein beträchtlicher Teil der disponierten Punkte für die nächste Lektion zurückblieb. — Sein Buch über Standortprobleme der Industrie (also etwa über die Frage, ob die Industrie der Lage der Kohlen- oder Eisenvorkommen oder beiden folge) war noch nicht geschrieben. Doch deutete er im Kolleg an, mit welchen Spezialuntersuchungen er sich beschäftigte, und einzelne Bevorzugte wurden zu Hilfeleistungen an seiner Arbeit zugelassen. Die Faszination, die für mich von dem einzigartigen Mann ausging, war so groß, daß sie mich verleitete, mich gleichfalls zu einer der statistischen Arbeiten zu melden, die er zu benötigen erklärte. Diese Arbeit war im »Volkswirtschaftlichen Seminar« zu leisten, dessen reiche Bibliothek zur Verfügung stand — aus unzähligen Tabellen einer »Betriebszählung« hatte ich die angeblich entscheidenden Ziffern herauszusuchen. Länger als ein Semester lang hielt ich das nicht aus; für diese Art wissenschaftlicher Praxis taugte ich offenbar nicht, obwohl sie andererseits einem gewissen asketischen oder doch disziplinären Zuge entsprach, der sich öfters in mir geltend machte.

Aber die Abende, an denen ich den verehrten Professor in seiner Wohnung besuchen durfte, um ihm die doch nur spärlichen Ergebnisse meiner »Forschungen« vorzulegen: diese Abende, so nüchtern sie waren, entschädigten für alles. Der Professor wohnte als Untermieter in zwei sehr einfachen Zimmern nahe beim Dejwitzer Wasserturm; unvergeßlich ist mir eine große Petroleumlampe, die auf seinem Schreibtisch brannte. Sie erschien mir besonders handlich und in ihrer sachlich schmucklosen Gestalt von erlesener Schönheit. Ein Unikum unter den Petroleumbrennern, die Lampe aller Lampen. Gewiß gehörte sie ihm persönlich, er hatte sie aus seiner Heimat mitgebracht. Und ich war enttäuscht, als sich aus dem Gespräch, das ich listig auf diesen Gegenstand gebracht hatte, die Tatsache ergab, daß die Lampe ganz unsensationell der Wohnungsvermieterin gehörte. — Ich habe in meinem jüngst erschienenen Buch »Jugend im Nebel«, in der Episode, die von Professor Westertag und einer Briefwaage handelt, etwas Ähnliches dargestellt, wie mir überhaupt zur dominierenden Figur des Professors Westertag die Erinnerung an Alfred Weber, verschmolzen mit einer aus viel früherer Zeit stammenden Jugenderinnerung, einiges Wesentliche beigesteuert hat, ohne daß der Roman im ganzen autobiographisch geworden wäre. Er ist fast ganz »fiction«. Über Westertags Briefwaage sage ich an der angeführten Stelle (und Analoges gilt für Webers großartige Tischlampe): »Es ist ja beinahe komisch, jedoch nun einmal nicht zu bezweifeln, daß ein ganz gewöhnlicher Gebrauchsgegenstand wie eine Briefwaage unter besonderen Umständen den Himmel öffnen kann und in einem Glanz dasteht, den man kaum erträgt. Vielleicht lebt man überhaupt nur deshalb, um gelegentlich solche Verwandlungen eines gewohnten Gegenstandes in etwas überirdisch Herrliches zu erleben. Jetzt, von da ab, würde der Professor mehr darüber sagen (er hatte eigentlich noch gar nichts gesagt), er würde mir den Weg zeigen, auf dem einem solche Sicherheit des Herzens tagtäglich erblühte.«

Wesentlich entschiedener auf dem Boden des Tatsächlichen bewegte ich mich im Seminar Webers. Mit überlegener Kraft leitete er unsere Studien über Darwinismus, Lamarcks »direkte Anpassung«, die Forschungen Mendels, über Rassentheorie, über August Weismanns »Kontinuität des Keimplasmas« und seine Ablehnung der »Vererbung erworbener Eigenschaften« (die dann durch die Rassenlehre des »Dritten Reiches«, später in entgegengesetztem Sinne durch die Theorien des Sowjetgelehrten Lyssenko wiederum ein Streitgegenstand geworden ist). Man sprach weiters über die Volksgemeinschaft und ihre generative Gesundheit — Probleme, die einige Jahrzehnte später auf schmerzliche und ganz unwissenschaftliche Art in unser aller Leben eingreifen sollten. Mit meinem Freunde Felix Weltsch, der zu den eifrigsten Mitarbeitern des Seminars gehörte, teilte ich mich in eines der ersten Referate, die unter Webers Leitung gehalten und diskutiert wurden: über das Buch von Schallmeyer »Auslese und Vererbung im Lebenslaufe der Völker«. Später wurde von anderen ein Buch von Tönnies über Gemeinschaft und Gesellschaft gründlich analysiert, dann kam Semons »Mneme« an die Reihe, die Mutationstheorie von Hugo de Vries; im zweiten Jahrgang der weiterlaufenden Debatte sprach ich nochmals, über die »Gegenseitige Hilfe« von Krapotkin. Wobei ich die These aufstellte, daß »mutual aid« kein dem »Kampf ums Dasein« entgegengesetztes Prinzip darstellt, wie Krapotkin wollte. In meinem Buch »Diesseits und Jenseits« habe ich diese meine allzu kühne These eingeschränkt. Jedenfalls bot Webers Seminar überschwänglich Gelegenheit, ganze Kontinente neuer geistiger Einstellungen zu entdecken. Immer wieder war die »Vererblichkeit erworbener Eigenschaften« das zentrale Thema, um das sich unsere Erörterungen bewegten. Rückblickend habe ich den Eindruck, daß wir, weder Lehrer noch Schüler, die Aktualität des von uns Besprochenen ganz klar durchschauten. Wir streichelten die Höllenhunde, die bereits an ihren Ketten zerrten. Es herrschte unter dem Einfluß Webers eine akademische Objektivität, die gar nicht nach Gefährlichkeit oder Parteifärbung der verschiedenen Wege fragte, auf denen wir die Wahrheit suchten. Wir wünschten die reine Wahrheit, sonst nichts — war sie gefährlich, so wollten wir später auch die Mittel finden, um ihr nur die guten Seiten abzugewinnen, um ihre etwaigen Drohungen zurückzuweisen. Doch vor allem sollte die Wahrheit ans Licht. Die nicht-engagierte Wahrheit! Heraus mit ihr! Wir fürchten uns nicht. So stark fühlt sich die Jugend. Diese Unbedingtheit, mit der wir unter der heiter lächelnden Anleitung des großen Wissenschaftlers um Erkenntnis der Realität und um nichts anderes sonst bemüht waren, in einer Atmosphäre höchster, nicht zweckhafter Freiheit — diese Unbedingtheit zeichnete die Lernstunden in unserem soziologischen Seminar vier Semester lang aus, als ob wir ein geheimnisvoller kühner Ritterorden wären. Diesen, man kann es wohl so nennen, sokratisch erhabenen Lernstunden und dem Umgang mit Professor Christian von Ehrenfels verdanke ich es, daß schließlich doch der Begriff des Universitätsstudiums für mich kein leeres Wort blieb, daß er Leben und Inhalt gewann. Wovon mir in den ersten beiden Jahren meiner Hochschulstudien kaum ein Hauch zugeflogen war.

Die Seminarübungen Webers fanden nicht in einem der dunklen Säle des in die gotische Zeit zurückreichenden Carolinums statt, wo er seine Vorlesungen hielt; sondern in einem gleichfalls alten, doch freundlicheren Milieu, im glanzvollen Barockpalais Clam-Gallas, dessen markige Karyatiden, michelangeleske Riesengestalten, das Portal in der Karlsgasse flankierten — das ganze Gebäude ein Werk des Johann Fischer von Erlach, des Meisters der Wiener Karlskirche; die dekorative Plastik von Matthias Braun. Bewundernswerte Künstler, deren ich immer bewegt gedachte, wenn ich an den zwei balkontragenden Sklavenpaaren vorbei in den stillen Hof schritt, die Treppe zur Seminarbibliothek emporstieg. »Heute wieder Ritterorden. Die Ritter vom Geiste hoch!« Ich freute mich, daß ich die schöne Zeit erleben durfte. Und Alfred Weber war der König Artus inmitten der wagemutigen Ritterschar.

Von ganz verschiedener Art war meine Beziehung zu der anderen der beiden großen Individualitäten, die ich unter meinen Hochschullehrern vorfand: zu Prof. Christian von Ehrenfels. Gegenüber dem weltläufig genialen, markant männlichen Alfred Weber war Ehrenfels ein Sonderling. Zwar auch ein höchst männlicher Typ, aber bei allem Scharfsinn, der ihn auszeichnete, immer in gefährlicher Nähe des Wahnhaften. So erschien es einem zumindest bei erstem flüchtigem Blick. Lernte man Ehrenfels und sein System näher kennen, so gab sich einem bald die eiserne Logik seines Denkens kund. Aber auch sie, gerade sie konnte einen erschrecken und zuweilen (vielleicht mit Unrecht) den Eindruck des Wahnhaften verstärken, der sich einem gleich anfangs aufgedrängt hatte.

Während sich Alfred Webers Leben bei aller Freiheitlichkeit seiner Gesinnung in den Rahmen einer normalen Gelehrtenexistenz einspannte, bot Ehrenfels in seinem Alltag wie in seinem Schaffen ein gespenstisches Bild. Die Dämonie des Außerordentlichen, Genialen, völlig Eigengesetzlichen umgab die hohe Gestalt des vollbärtigen Mannes, der durch die Prager Straßen energischen Gangs hinstrich. Man begegnete ihm häufig. Er trug Kleider, die wie vorweltlich aussahen. Nie war ein solcher klobig brauner Winterrock Mode gewesen; er machte nicht den Eindruck, vom Schneider angefertigt, eher wie von einem Holzfäller mit dem Beil zurechtgeschnitzt zu sein. Felix Weltsch beschreibt den vorzüglichen Mann in einem Essay, der 1932 nach dem Tode von Ehrenfels nur in tschechischer Übersetzung gedruckt wurde und dem ich für das Nachfolgende manches entnehme. Ehrenfels wird dargestellt, wie er, »die Arme auf besondere Art hinter dem Rücken gekreuzt, mit herausgewälzten Schultern einhergeht, die Welt beobachtend und doch den Blick in sich gekehrt«. »Er war ein Philosoph, der vom Leben her zum Denken kam. Er schuf nicht im Kontakt mit Büchern, sondern in unmittelbarer Anschauung des Weltgeschehens. Er saß nicht am Schreibtisch, er durchwanderte Stadt und Land. Dieser Professor der Philosophie war nicht der Typ eines Professors, überhaupt nicht der eines Gelehrten. Er war vielmehr ein genialer Einsiedler, ein Mann, den die Musik geweckt hatte und den Eros trieb, der mit aller Kraft darum rang, Leben und Welt ins Bessere zu heben.«

Freiherr Christian von Ehrenfels wurde als Sproß einer altadeligen Familie im niederösterreichischen Schloß Lichtenau, dem Heim seiner Ahnen geboren. Seine Mutter war Französin. Frühe Haupterlebnisse: die Musik Wagners, die Philosophie Franz Brentanos. Er betrachtete sich zeitlebens als Brentanisten eigener Prägung, von der Brentano-Schule aber wurden seine Thesen abgelehnt, öfters als lächerlich verspottet, womit ihm krasses Unrecht geschah. Er war in seiner Jugend leidenschaftlicher Jäger, begeisterter Landwirt gewesen, verzichtete aber auf alles, schenkte den größeren Teil seiner Besitzungen seinem jüngeren Bruder Bernhard, um sich ganz der Philosophie widmen zu können. Er lernte und lehrte in Wien, dann wurde er Hochschulprofessor in Prag, wo er ziemlich isoliert blieb.

Nur *einen* treuen Schüler hatte er, den Mittelschulprofessor Dr. Kampe, der auch in der Jugendbewegung tätig war und der sich, beim Einmarsch der Nazis in Prag — so hörte ich — entleibt hat. Kampe hatte auch den Gang, die Kleidung und das Gehaben des Professors nachgeahmt, soweit das einem jüngeren Manne möglich war. — Im übrigen schlossen sich in Prag nur kleinere Gruppen lose an Ehrenfels an. Mit den zeitgenössischen philosophischen Richtungen hatte er keinen Kontakt, außer mit der Schule Brentanos, deren Reaktion kühl und feindselig blieb.

Inzwischen aber verbreitete sich an deutschen Universitäten, in Amerika und England seine »Lehre von der Gestalt«, wurde weltbeherrschend, ohne daß Ehrenfels selber viel Notiz von diesem in der Geschichte der Philosophie einzigartigen Erfolg einer Doktrin nahm. Die »Gestalttheorie« entwickelte sich selbständig, die auswärtigen Schüler zitierten (wie schon oben ausgeführt) nicht immer den eigentlichen Entdecker der »Gestalt« und sehr selten ausgiebig genug; der Meister aber schlug sich indessen längst mit anderen Problemen herum. Er war eine Größe von internationalem Format geworden und wußte es nicht, weder damals noch später.

Während die Ideen der Ehrenfelsschen Gestaltlehre in anderen Köpfen weiterwuchsen (ein System der Begriffsbildung, das Felix Weltsch mit mir entwarf — »Anschauung und Begriff«, Kurt Wolff 1913, gehört hierher), erregte Ehrenfels Aufsehen auf ganz anderen Gebieten: Er befaßte sich mit Sexualethik, forderte Polygamie für jene Männer, die biologisch die wertvollsten Eigenschaften der Menschheit repräsentieren. Durch diese Maßnahme der *Eugenik* wollte er der zunehmenden Depravation des Menschengeschlechts, der Rassenverschlechterung entgegenwirken. Die Erzeugung einer gesegneteren, schöneren, geistigeren Menschenart sollte versucht werden — und zwar ohne Zeitversäumnis, da sich das Übel der Niveausenkung ohnehin schon allzu tief eingefressen hatte. Man kann sich vorstellen, wie sich der Professor in dem nach außen hin prüden und konventionellen Prag durch solch einen Angriff auf die geheiligte Monogamie unmöglich machte. Ehrenfels wies auf die generative Überlegenheit des Islam und der gelben Rasse hin. Überall dort, wo Vielweiberei erlaubt sei, gerate die Auslese der nächsten Generation besser. Er konnte allerdings nicht angeben, welche Instanz bei uns jene Männer auswählen sollte, die viele Frauen und viele Kinder besitzen dürften, eine Instanz, die auch dafür zu sorgen hätte, daß die weniger wertvollen Männer sich wie bisher mit einer einzigen Frau begnügten. — Ein Proteststurm erhob sich. So etwas wagt man, an einer k. k. Universität vorzutragen! »Fort mit ihm!« schrie der Chor. Es kam zu lärmenden Studentenversammlungen; bei einer von ihnen steigerte Ehrenfels die allgemeine Unruhe noch durch die freimütige Mitteilung, daß unter seinen Vorfahren auch ein jüdischer Ahnherr vorkomme und daß ihn dieser Einschlag mit Stolz erfülle. Er hat immer scharf gegen den Antisemitismus Stellung genommen. Pro und contra flammten in der Prager Studentenschaft auf. Schon die Art, in der ein Professor außerhalb des Hörsaals mit den Studenten, gegen sie diskutierte, war neu und erregte Aufsehen. Das ereignete sich etwa um 1910.

Im Krieg versank der Professor in eine tiefe Depression. Dieser ehrenwerte Mann konnte nicht in den ihm vertrauten Bahnen weiterarbeiten, wenn in der Umgebung alle Grundlagen der Kultur zusammenstürzten. Die Zukunft der Menschheit sah er durch die »kontraselektorischen« Folgen des Krieges gefährdet; denn der Krieg rafft gerade die Kühnsten, Kräftigsten, Jüngsten weg, deren Überleben und Zeugen biologisch am erwünschtesten ist. Alle seine Bemühungen um eine biologische Ertüchtigung des Menschengeschlechts schienen zur Erfolglosigkeit verurteilt. Die Depression wurde noch durch die Angst um den einzigen Sohn, Rolf Ehrenfels, verstärkt, der dem Kriegsalter entgegenreifte. (Dieser Sohn, mit dem mich später eine herzliche Beziehung verband, trat in der Folge zum Islam über; vermutlich in weiterer Konsequenz der sexualbiologischen Verbesserungsvorschläge seines Vaters. Omar Rolf Ehrenfels lehrte dann an der Universität Heiderabad, jetzt in Heidelberg — eines Tages brachte mir die Post sein mit Fleiß und Scharfsinn geschaffenes umfangreiches Buch über »Mutterrecht in Indien«.)

Den Ausweg aus seiner Depression fand Ehrenfels, der sich in der Kriegszeit fast ausschließlich mit Mathematik beschäftigen konnte, durch eine neue Tat: Er entdeckte das durch Jahrtausende gesuchte Gesetz der Primzahlen. Allerdings kristalisierte sich ihm dieses Gesetz nicht in der exakten Gestalt einer mathematischen Formel; sondern eher annäherungsweise, durch eine neue Modifikation seiner Gestalttheorie.

Während der Kriegsjahre (und auch schon vorher) besuchte ich den Gelehrten öfters in seiner schönen alten kleinen Villa, die in den Belvedere-Anlagen sich verbarg, hoch über dem dumpfen dunstigen, wimmelnd belebten Talkessel von Prag. Die Villa mit ihrem schiefergedeckten Türmchen sah zwar aus wie aus dem Spielzeugkasten. Doch hier oben war Besonnenheit. Wenn auch nicht Ruhe. Kam man zu Ehrenfels, so hatte man oft den Eindruck, daß man ihn aus unruhigen Träumen aufgescheucht habe. Er nahm die Störung dankbar entgegen, lächelte gütig. Seine außerordentliche Herzlichkeit, die sich mit seiner sehr tiefen, vibrierenden Baßstimme zu einer Einheit verband, hatte stets etwas Überraschendes und dabei Natürliches; nur unserer kalten Zeit war sie fremd und wirkte sonderbar.

Es ist übrigens nicht schwer zu begreifen, was Ehrenfels zu seinen Primzahlen-Forschungen getrieben haben mag. Vorher hatte er sich mit seiner »Kosmogonie« beschäftigt, die er selbst als sein wichtigstes Buch ansah — er überdenkt darin die Erschaffung der Welt, die nach seiner Ansicht nicht beendet ist, sondern täglich weiter vor sich geht. Sie erscheint ihm als Kampf zwischen dem gestaltenbildenden Gott und dem Chaos, das gestaltlos ist. Gott ist nicht, er wird. Im menschlichen Geist gelangt Gott wachsend zum Bewußtsein seiner selbst. Vieles in der Welt gehört heute noch dem Gebiet des Chaos an, daher kann die Welt in ihrer Gesamtheit nicht rational erfaßt werden. Sie enthält Unvernünftiges neben Vernünftigem, Böses neben Gutem. Die Theorie vom »werdenden Gott« im Gegensatz zum vollkommenen, bestehenden, von Anfang an vorgegebenen Gott hat eine ehrwürdige Vorgeschichte, sie erscheint bei Zoroaster als Kampf zwischen Ormuzd und Ahriman, bei den Manichäern, in der Kabbala, auch (in modifizierter Form) bei Hugo Bergmann, und ist später in einer bestimmten Entwicklungsperiode Max Schelers (vielleicht nicht ohne Zusammenhang mit der »Kosmogonie« von Ehrenfels) wieder zum Vorschein gekommen — sie entsendet ihre Strahlen in ein noch ungedrucktes Manuskript, das mir neulich Felix Weltsch als »Summa« seines Lebens geliehen hat und dessen Drucklegung mir sehr wesentlich erscheint, obwohl ich in einigen Hauptpunkten (zum Beispiel gerade in der Frage des »werdenden Gottes«) anderen Ansichten anhänge.

Wie führt nun der Weg von der Kosmogonie zu den Primzahlen? Und warum war wohl Ehrenfels angeregt, gerade diesen Weg zu beschreiten? — Die Primzahlen sind jene Zahlen, die nur durch sich selbst und durch 1 teilbar sind. Also, beispielsweise: 17, 19, 23, 29. Man könnte nun als Laie glauben, daß diese Primzahlen durch immer größere Abstände voneinander getrennt werden, je weiter man in der Zahlenreihe fortschreitet, je höhere Zahlen man aufsucht. Doch das trifft nur in groben Umrissen zu. Tatsächlich stoßen wir auf seltsame Unregelmäßigkeiten. Wohl sind unter den höheren Zahlen die Primzahlen dünner gesät. Doch noch in sehr hohen Regionen der Zahlenwelt, unter den Millionen- und Billionenziffern, finden sich ganz unvermutet sogenannte Zahlenzwillige, das heißt: Primzahlen, die so wie 17 und 19 nur durch *eine* Zahl voneinander getrennt sind. Es gibt anscheinend gar keine Möglichkeit, durch Aufsteigen zu immer höheren Ziffern diese Zwillinge aufzuschließen, das heißt: von ihnen nicht überrascht zu werden, sie gänzlich loszuwerden. Sie wirken wie gesetzlos über die ganze unendliche Zahlenreihe aus einer Streusandbüchse hingestreut. Das hat, befaßt man sich einmal mit den eisigen und sternenklaren Phänomenen dieses Seinsgebietes, etwas Verblüffendes. Die Zahlenreihe ist doch allem Anschein nach ein durch und durch gesetzmäßiges homogenes, durch äußerste und ausnahmsloseste Ordnung entstandenes Gebilde. Eins plus eins plus eins etc. — Kann es etwas Einfacheres, Reguläreres geben? Und nun tanzt trotzdem der Zufall toll herein? Sollte das Chaos, das in der Kosmogonie so gefahrvoll droht, sogar in dieser gleichsam lämmchenfrömmsten, am besten geglätteten und regulierten Zone auch noch Gewalt haben? Wie weit reicht eigentlich das Chaos, der Zufall in die primärsten Grundlagen der Welt?

Ehrenfels als Dichter war mir wesentlich fremder als in den anderen Ausdrucksformen seiner so mannigfach schöpferischen Geistigkeit. Seine »Chordramen«, in denen der Einfluß der antiken Tragiker mit dem von Wagner ausgehenden Ideenreichtum zusammenstieß, machten auf mich einen ungefügen und unfertigen Eindruck, so sehr ich mich, schon aus Respekt vor dem Philosophen, um ihr Verständnis bemühte. Sein Trauerspiel »Die Sternenbraut«, in dem er seine eugenischen Prinzipien auf die Szene brachte, wurde am Prager deutschen Theater aufgeführt. Achtungserfolg. Es war mehr gedacht als geformt. Ich schrieb damals eine notdürftige, im ganzen wohlwollende Kritik, für die mir Ehrenfels geradezu übertrieben dankbar war. Daß der alternde Mann sich bei den Proben in eine schöne junge Schauspielerin verliebte und ihr von da ab von ferne, in gemessenem Abstand eine Zeitlang folgte, wirkte auf seine Verehrer eher beklemmend.

Musikalisch stand ich ihm in jeder Hinsicht viel näher. Seine Begeisterung für Wagner wußte er klug mit Argumenten zu unterbauen. So erinnere ich mich gern, wie er mir bei einem Gespräch an seinem Klavier den »Tristan« als große Symphonieform interpretierte, wobei er (beispielsweise) darauf hinwies, daß das Sehnsuchtsmotiv, mit dem die inspirierte Ouvertüre beginnt, in der ganz anders gefärbten Einleitung zum dritten Akt »vergrößert« wiederkehrt. (Sein Buch über Wagner kenne ich leider nicht.) — Ich suchte ihn für Mahlers symphonische Herrlichkeiten zu gewinnen. Mit meinem Bruder spielte ich ihm vierhändig in seiner Wohnung die »Vierte« vor. Der erste Satz schien an ihm eindruckslos vorbeizugleiten. Aber nach dem langsamen Satz sagte er mit seiner klingenden, pathetischen Stimme: »Das breitet ja sooo die Arme aus« — und er machte die entsprechende große Geste.

Felix Weltsch erzählte mir, daß Ehrenfels einmal in Tränen ausbrach, als ihm Frau Weltsch eine Sonate von Brahms vorspielte. — Die Musikfreude des Philosophen war also keineswegs parteimäßig (Wagner gegen Brahms) in enge Schranken gepreßt. Sein Herz freilich gehörte mit nicht zu übertreffender Hingabe den Göttern seiner Jugend: Wagner und Bruckner.

Ehrenfels war Schüler Bruckners gewesen. Und so habe ich aus seinem Munde vieles über Bruckner erfahren, was in der großen Welt unbekannt geblieben ist. Ich höre allerdings, daß einige der Anekdoten, die ich zuerst im »Prager Tagblatt« veröffentlicht habe, ihren

Weg in eine Bruckner-Biographie (ohne Quellenangabe) gefunden haben. Sei's drum! Man kann diese Anekdoten freilich kaum richtig so nacherzählen, wie Ehrenfels sie hervorsprudelte. Die Wärme der Stimme, das freudige Aufleuchten der Augen, die liebevolle Zustimmung zu all den menschlichen Schrullen des Meisters – das kann nur dazugedacht, nicht wirklich nachgebildet werden. Es gehörte zu meinen besonderen Freuden, Professor Ehrenfels in die rechte Stimmung zu bringen, in welcher der abstrakt ernste Philosoph einem fast kindlichen Beobachter konkreter Tatsachen, längst versunkener Selbsterlebnisse wich. Auf erstaunliche Art verband er dann scharfsichtige Analyse der Erinnerung und humoristisch-gütige Kritik mit der dauernd verehrungsvollen Haltung des einstigen Bruckner-Schülers. – Ja, Ehrenfels hatte als junger Mann vom Frühling 1880 bis zum Einjährigenjahr, zum Oktober 1882, bei Bruckner Kompositionslehre (Harmonie und Kontrapunkt) studiert. Bruckner wohnte damals in Wien, Schottengasse oder Schottenbastei. Und Ehrenfels hatte die Absicht, seine eigenen dramatischen Werke in Musik zu setzen. Dabei kamen einander Lehrer und Schüler menschlich nahe, überdies durch den gleichen Enthusiasmus für Richard Wagner eng verbunden.

Als Lehrer konnte Bruckner recht ausfällig werden. Einmal kommt Ehrenfels dazu, wie Bruckner einen Schüler wütend herunterputzt. Bis der sich gar nicht mehr zu helfen weiß und sich aus lauter Verzweiflung in ein nicht gerade gewöhnliches Argument rettet: »Aber Herr Professor, wie können Sie nur so mit mir schreien, mit einem verheirateten Menschen.« Darauf Bruckner, ganz betreten: »Dös hab i ja gor net g'wußt. Warum ham's denn dös net schon früher g'sagt?« Und dann ganz höflich, wie um das Geschehene schnell gutzumachen: »Und wie geht's denn der gnädigen Frau Gemahlin?«

Ein andermal findet Ehrenfels seinen geliebten Lehrer in größter Aufregung, mit wilden Schritten das Zimmer durchmessend. Auf dem Tisch ein aufgeschlagenes Buch, Schillers »Wallenstein«, den Bruckner, der überhaupt nicht viel liest, zum erstenmal zur Hand genommen hat. (Man sagte, daß er nur die »Österreichische Nordpolexpedition« von Julius von Payer lese.) Bruckner pflanzt sich vor Ehrenfels auf und sagt mit mächtigem Crescendo, in tiefster Erschütterung, absolut fassungslos: »Ja, sogn's mir, is dös wirklich wohr, daß der Wallenstein den *Kaiser* hat verraten woll'n?« Ehrenfels kann sich nicht entschließen, die volle historische Wahrheit oder

Wahrscheinlichkeit zuzugeben, er spricht von der Unsicherheit der Quellen, läßt aber endlich doch durchblicken, daß sehr vieles für die Annahme des Hochverrats spreche. Bruckner ringt die Hände und blickt zur Decke empor: »O du grundgütiger Herrgott!«

Bruckner und Ehrenfels wallfahrten nach Bayreuth, zur ersten Parsifal-Aufführung. Im ersten Zwischenakt treffen sie einander. Bruckner erstrahlt in glühendster Begeisterung. Zweiter Akt. Im zweiten Zwischenakt sieht ihn Ehrenfels wieder, da ist Bruckner ganz anders, klein, niedergeschlagen: »Ja, was gibt es denn?« Bruckner: »Mei Brieftoschn ham's mir zogen. Und i hab do so schön g'want. Jetzt kann i nimmer wanen.« Dann sieht Ehrenfels, wie Bruckner mit Liszt spricht, ihm offenbar dasselbe Leid klagt. Liszt greift mit würdevoller Grandezza in seine Brusttasche, unterschreibt lächelnd einen Scheck. Mit vielen Buckerln entfernt sich der getröstete Meister und kann im dritten Akt wieder nach Herzenslust weinen.

Bruckners Naivität und Unmittelbarkeit stellte seine Umgebung vor immer neue Probleme. Einmal macht Bruckner mit seinem Schüler Paumgartner (Kritiker, Vater des späteren Direktors des Salzburger »Mozarteums«) einen Spaziergang. Sie kehren in ein Wiener Vorortsgasthaus ein. Am Nebentisch eine schlichtbürgerliche Familie, die Tochter ist sehr schön und erweckt sofort Bruckners höchstes Wohlgefallen. Bruckner schreibt auf einen Zettel einen richtiggehenden Heiratsantrag an die unbekannte Schöne, gibt den Zettel dem Kellner mit der Weisung, ihn zusammen mit der Speisekarte dem Mädchen zu übergeben. Der Vater merkt die Manipulation und geht hoch. An Bruckners Tisch macht er einen Riesenskandal; Bruckner steht, ganz verdattert wie ein Schuljunge, vor dem mächtigen Schimpfer und stammelt nur immer wieder: »I hob ja gor nix Böses g'wollt.« Endlich gelingt es Paumgartner, die Aufmerksamkeit des Vaters auf sich zu ziehen, er fährt sich mit der Hand über die Stirn, das bekannte Zeichen für »Plemplem«. Damit ist die Situation gerettet. Der rasende Bürger retiriert. — Paumgartner, der Retter, war derselbe, dessen Frau (die Sängerin Rosa Papier) von Bruckner hochverehrt wurde. Er schenkte ihr seine Photographie mit der Widmung: »Meinem P. T. Ideale«. (P. T. »pleno titulo« — »mit vollem Titel« — wurde im alten Österreich aus Höflichkeit und Vorsicht gern der Adresse von öffentlichen Institutionen vorangesetzt.)

Die strenge Beobachtung von Formen entsprach dem ländlichen Milieu, aus dem Bruckner stammte. Bei all der ungeheuren Verehrung für Wagner blieb Wagner für Bruckner »Euer Wohlgeboren«, während Hans von Bülow als Adeliger die Titulatur »Euer Hochwohlgeboren« erhielt. Auch die Baronie des jungen Herrn von Ehrenfels machte Eindruck auf Bruckner. Einmal schrieb Ehrenfels den Baßschlüssel statt auf die vierte Zeile etwas tiefer. Der in solchen Dingen sehr genaue Bruckner bemerkt: »Eigentlich g'hört der Schlüssel daher! Außer — wenn der Herr Baron originell san woll'n.« Kamen die Studenten, um ihn nach Klosterneuburg mitzunehmen, wo er auf der großen Orgel herrlich spielte, so verlangte er zunächst immer auf dem Bock zu sitzen. Aus Bescheidenheit, gleichfalls ländlichem Höflichkeitsstil entsprechend. Doch war dies Sich-Zieren durchaus nicht ernst gemeint und wehe, wenn man wirklich seinen formalen Wunsch erfüllt und ihn nicht höchst zeremoniell in den Wagen genötigt hätte! Denn bei aller Bescheidenheit war Bruckner von Selbstbewußtsein erfüllt. Das zeigte sich, als er endlich durchgesetzt hatte, daß die Wiener Philharmoniker eine Symphonie von ihm spielten. Bruckner kommt zur Probe, der berühmte Hans Richter dirigiert. »Aber was spielen's denn da? Dös hab i doch gar net g'schrieben.« Richter entschuldigt sich, er habe eine Stelle verändert, sie klinge doch jetzt viel besser. »Woas? Verändert hast du?« schreit Bruckner und dann, ganz laut: »Lausbub!«

Die heilige Cäcilie war Bruckners Schutzpatronin. Wie er den Cäcilientag feierte? »In zwoa Messen geh i in der Fruh, dann lauf i in alle Kirchen und dann krieg i an schön Hunger. Da laß i mir an Anten geben und an süaßn Wein. Am Tag von meiner Schutzpatronin werd i dös do derfn?!«

Über das Scherzo in seiner vierten (romantischen) Symphonie sagte er einmal, daß das eine Jagd darstelle. »Da kommt a Hirsch gerannt — da kommt a Reh«, kommentierte er die einzelnen musikalischen Phasen. Und über das behagliche Trio meinte er: »Jetzt setz'n sich die Jag'r nieder. Jetzt packen's den kalten Kalbsbraten aus.« Eine authentische Erklärung, die vielleicht bei manchem Bruckner-Verehrer ein leises Kopfschütteln verursachen wird.

Naiv wie der ganzen Welt stand er eben auch seinem Schaffen gegenüber. Einmal spielte er Ehrenfels ein soeben neugefundenes Thema vor, und Ehrenfels bemerkte dazu, daß das doch sehr an ein bestimmtes Wagner-Motiv erinnere. »So? Wagnerlt's?« fragte Bruckner lebhaft. Und bei der nächsten Stunde zeigte er dasselbe Thema, er hatte es verändert. »Jetzt wagnerlt's nimmer«, konstatierte er befriedigt. — Auch ein Adagio aus einer eben beendeten Symphonie spielte er Ehrenfels vor. Einige Zeit später kam die Nachricht vom Tod Wagners. Bruckner lädt Ehrenfels zu sich, spielt das Adagio: »Das ist mein Trauermarsch für Wagner!« — »Aber Meister, das haben Sie mir doch schon vor Monaten gespielt!« Bruckner schien den Widerspruch, in irdischen Daten ausgedrückt, gar nicht zu merken; sein Gefühlsleben bewegte sich auf einer Ebene, die der Zeit entrückt war. »Es war eben eine Ahnung«, sagte er, als sei das die selbstverständlichste Sache der Welt.

Obwohl ich mit dem Grundzug der Ehrenfelsschen Weltschau nicht übereinstimmen kann, habe ich mir eine glühende Verehrung für Teilaspekte seiner Lehre, für ihre Größe, Lauterkeit und Hoffnungsfreudigkeit bewahrt. Sie war in gewissem Sinn charakteristisch für sein und mein Zeitalter, in dem man sich mit großem Ernst um das Gute auf Erden bemühte. Es ist meiner Meinung nach unrichtig, die Generation, die ihre entscheidenden Impulse in den Leiden des Ersten Weltkrieges (sei es als Generation der Lehrer, sei es als die der Schüler) empfangen hat, als die »verlorene Generation« zu bezeichnen, wie es in England und Amerika geschieht. Sie war vielmehr, diese vielgeprüfte Generation, eine Generation des Mutes, der starken Neigung zum Versuch, das Gute Realität werden zu lassen; eine »Generation des Trotzdem«. So möchte ich sie nennen; man wird im nächstfolgenden Abschnitt einige Belege zu dieser Behauptung lesen. Die »Kosmogonie« von Ehrenfels ist ein Dokument dieser Generation, der zum erstenmal Weltuntergangsstimmung in die Knochen gefahren war, die aber doch nicht in Furcht verging; die unablässig, theoretisch wie praktisch, auf den verschiedensten Wegen daran herumexperimentierte, dem ewigen Guten und Ordnenden eine Stelle in dem nervenzersägenden Getriebe der Zerfallserscheinungen zu erkämpfen. Der literarische Ausdruck hiefür war der Expressionismus. Ich wandte mich von ihm ab, weil ich ihn zu rhetorisch fand. Zu unecht, unredlich. Wo er aber ehrlich gemeint war, war er groß. Man machte sich nichts vor. Man stellte sich den Sieg oder doch das allmähliche Raumgewinnen des Guten nicht etwa leicht vor. Man rechnete nur mit ganz allmählichem und zunächst geringfügigem Vorrücken der Linie — geringfügig, verglichen mit dem unendlichen Unglück in einer ungerecht regierten und allerorts ausgebeuteten Menschheit. Nur dem ehrlichsten, einfachsten, direktesten, hundertfach geprüften Willen, dem Bestehen auf lückenloser Wahrheit könne ein wirklich zählender, in die Seelen eingreifender Erfolg beschieden sein — so dachte und fühlte man in der »Generation des Trotzdem« —, und war dann sehr enttäuscht, daß alles so leicht ging. Nämlich das Gegenteil, der Sieg des Bösen, des Hitlerismus. Er ereignete sich nicht auf dem mühsamen, opferreichen, tausendfach-überlegten Weg, den wir für den allmählichen Triumph der Güte und Vernunft vorbereitet hatten und an dem wir mit allen Kräften zäh und entschlossen weiterarbeiteten; nein, das ging anscheinend auf einem Nebenweg, ohne Schwierigkeit und rasch wie der Blitz. Das Erlebnis dieser Leichtigkeit, zusammen mit den nachfolgenden verschiedenartigen Lügensystemen in den bolschewistischen Diktaturstaaten, die dem ersten, besonders überraschenden Vorbruch des Bösen folgten, die eklatante, ja rohe Kombination von Schmeichelei, Reklame, Betrug, gröbster Propaganda und Zwang war dann für die »Generation des Trotzdem« eine weit ärgere Erfahrung als die des Ersten Weltkrieges und hatte weit ärgere seelische Verwüstungen zur Folge. »Rasch wie der Übergang vom Guten zum Bösen«, heißt es in G. E. Lessings Faust-Fragment. Wir haben das nur gelesen, nicht geglaubt. Wir haben lernen müssen, es zu glauben. — Das »Trotzdem« aber bleibt weiterbestehen!

Zu den Meistern, von denen ich in der Hochschulzeit (und in der Dekade nachher) Entscheidendes gelernt habe, gehört auch einer, der damals kein Lehramt bekleidete. Nicht formell, wohl aber tatsächlich war er einer meiner wichtigsten Lehrer; ihm verdanke ich Richtlinien meines Lebens, die seither nie mehr ernstlich in Frage gestellt wurden. Dieser Mann war und ist: Hugo Bergmann.
Wie er — vielmehr das in seiner Wohnung aufgehängte Bild Theodor Herzls — mich zum Zionismus gebracht hat, habe ich bereits erzählt. Wie er mir darüber hinaus diese zionistische Zielsetzung mit mehr als formalistisch-nationalem Inhalt gefüllt hat, nämlich: mit dem Gedanken der sittlichen Freiheit des Menschen, dem Gedanken der Umschaffung der ganzen menschlichen Gesellschaft in eine Welt der Gerechtigkeit und Liebe: das ist die Geschichte unserer weiteren Beziehung, die um einen fundamentalen Essay Bergmanns kreist. Er ist 1913 im Sammelbuch »Vom Judentum« erschienen (Kurt Wolff Verlag, herausgegeben vom Verein jüdischer Hochschüler Bar-Kochba).

Schon vorher war eine geistige Fühlungnahme zwischen diesem Kreis (Bar-Kochba) und mir entstanden. Seltsamerweise zunächst gar nicht freundlich, sondern eher in antagonistischer Auseinandersetzung.

1909 hatte ich meinen kleinen Roman »Ein tschechisches Dienstmädchen« veröffentlicht und mit ihm an allen möglichen Seiten angeeckt. Der Roman schildert die Liebe eines weltunerfahrenen, ungeschickten Bürgerjungen, der von der Umgebung, in der er sich bewegt, nur abstrakte Begriffe, keine lebendigen Anschauungen empfängt. Unendlich fern lebt dieser junge Mann von der Natur, von jeder Unmittelbarkeit. Das Schicksal vieler Städter verdichtet sich in einem besonders Einsamen. Die fehlende Kontaktnahme mit der Wirklichkeit und dem tätigen praktischen Sein wird meinem William Schurhaft aus Wien, der in Prag einen bescheidenen kaufmännischen Posten innehat und das besondere Leben Prags anfangs überhaupt nicht versteht, ja nicht einmal bemerkt, erst durch die schüchterne und verworrene Liebesleidenschaft zu einem schönen tschechischen Mädchen zuteil. Die Liebe führt den jungen Beamten ins reale Leben. Und mit dem Ende dieser Liebe sinkt für ihn die Welt wieder in eine begrifflich-tote, gespenstische, uninteressante Unwirklichkeit zurück, voll von unfruchtbaren Träumen.

Das kleine Buch wurde lebhaft begrüßt, doch auch lebhaft angegriffen. Frau Jesenská schrieb von tschechischer Seite dagegen. Es war natürlich nicht Milena Jesenská, die spätere Freundin Kafkas; wohl aber deren Tante, in jeder Hinsicht ihre Antipodin, chauvinistisch, reaktionär, eine sehr rechts stehende Publizistin. Sie fühlte sich im Namen der tschechischen Nation beleidigt, weil ich (angeblich) nur die physische Seite meiner Landsleute und Landsmänninnen zu kennen und zu schätzen den Anschein erweckte. Das stimmte nun ganz und gar nicht. Denn in dem Buch konnte man auch einen aufrichtigen Lobgesang auf die Musik, Sprache und Volkskunst der Tschechen lesen, und sogar den Versuch einer Würdigung ihrer besonderen politischen Situation, ihrer inneren Schwierigkeiten, ihrer agrarischen Krise und des von dieser Krise ausgelösten Ansturms auf das deutsche Sprachgebiet. »Ich verstehe die Tschechen, diese Nation von vielen Talenten und Schönheiten«, hieß es da. Und dieser Satz wurde mir nun wieder von Extremisten deutscher Gesinnung übelgenommen. So aufrichtig zu schreiben, mitten im Kampf die guten Eigenschaften des nationalen »Erbfeindes« anzuerkennen

— das war verboten, grenzte an Hochverrat. In gewissen deutschen Blättern Böhmens durfte von diesem Zeitpunkt an mein Name nicht mehr genannt werden.

Das Seltsamste aber war, daß auch die Juden sich beschwerdeführend meldeten. Als ich meinen kleinen Roman schrieb, hatte ich an jüdische Angelegenheiten überhaupt nicht gedacht, denen ich mich gerade in jener Zeit noch in keiner Weise nahe fühlte. Ich wußte nichts von ihnen, ihrer Wichtigkeit für mein Leben war ich noch nicht gewahr geworden. Doch ohne zu wollen, hatte ich in William Schurhaft einen allem Natürlichen entfremdeten Typ geschildert, wie er damals unter Großstadtjuden wohl häufiger als unter Nichtjuden anzutreffen war. Schon der englische Vorname betonte die Fremdheit, gewissermaßen jüdische Exterritorialität des Helden, natürlich ohne daß sich der Autor dieser Zusammenhänge auch nur im geringsten bewußt war. Viel später erkannte ich, daß der ostjüdische Dichter Berdyczewski ähnliche Typen, ähnliche Entwicklungsgänge geschildert hatte. Ahnungslos hatte ich etwas sehr Typisch-Jüdisches gestaltet. Auch mochte in der auf dem Höhepunkt der Erzählung eintretenden restlosen Verständigung zwischen zwei dem Stande nach wie auch volklich einander fremden Personen, einem Deutschen und einer Tschechin, unbewußt etwas von jener prophetischen Ursehnsucht mitschwingen, die nach Universalismus strebt, nach dem höchsten Gut einer Versöhnung aller Menschen. Nur wer die tiefgehende, das ganze Alltagsleben durchdringende, gegenseitige Verhetzung der Völker in Böhmen miterlebt hat, kann es verstehen, daß mein Buch mit seiner so einfach menschlichen Lösung und Verliebtheit etwas der damals in Prag herrschenden Stimmung durchaus Entgegengesetztes brachte, das überraschte und viele schockierte. — So tönte auch die Stimme aus dem jüdischen Lager rauh genug, aus diesem Lager, das ich damals als mir gänzlich fremd betrachtete, ja von dessen Existenz ich nur höchst Ungenaues, Ungefähres wußte. Die Post brachte mir die Kritik eines nationaljüdischen Blattes, das ich bei dieser Gelegenheit zum erstenmal sah. Es war die »Selbstwehr«. Im ganzen war diese Kritik anerkennend, nahm die völkerversöhnende Stimmung meiner Erzählung nicht ohne Wohlwollen hin — doch dann hieß es mit einer höchst unhöflichen Wendung: »Der junge Autor scheint zu glauben, daß nationale Fragen im Bett entschieden werden können.«

So war es nun allerdings nicht gemeint gewesen. Der Herr Kritiker hatte eine recht unerlaubte Vereinfachung vorgenommen. — Aber etwas Richtiges war gleichwohl in dem Vorwurf mitangetönt. Ich fuhr entrüstet auf.

Die Kritik war unterzeichnet: Leo Hermann. — Er ist später einer meiner nahen Freunde geworden, ja er hat mir einen der wichtigsten Dienste geleistet, die mir je widerfahren sind. In seiner Eigenschaft als Bevollmächtigter der zionistischen Organisation in London hat er durchgesetzt, daß mir die geringen Ersparnisse, die ich während vieler Prager Arbeitsjahre machen konnte, nach Palästina folgen durften — mir wie vielen anderen, die 1939 meine Schicksalsgenossen waren. Ohne ihn hätten wir alle noch viel armseliger gelebt, noch härtere Anfangslasten der Einordnung im palästinensischen Umschulungsdasein zu tragen gehabt, als es ohnehin zunächst der Fall war. Und wir waren damals schon weit über das Jugendalter hinaus, in dem einem auch das Schwerste leichtfällt. Ich zählte bei meiner Einwanderung bereits fast 55 Jahre.

Doch 1909 war ich gegen den Kritiker, der ebenso jung war wie der Autor und der so altklug tat, ehrlich empört. Ich lud ihn zu einer Aussprache ein. Wir diskutierten lange und heftig. — Am Ende der Debatte wußte er einiges über den Gedanken der reinen Kunst, der dichterischen Tendenzlosigkeit, der ich damals in der Nachfolge Flauberts exakt und dabei, ohne es zu wissen, höchst schwärmerisch anhing; ich dagegen hatte das Primitivste über die jüdische Volksbewegung gelernt; und war reif für die bald nachher einsetzenden Gespräche mit Hugo Bergmann über das unerschöpfliche Thema: jüdisches Volk, jüdischer Glauben, jüdische Religion.

So hat eigentlich das »Tschechische Dienstmädchen« eine zwar zufällige, aber wichtige Rolle in meinem Erwachen gespielt. Allerdings nicht ganz die Rolle, die ihr in der Erzählung selbst zugedacht war. Immerhin aber doch die Rolle einer Erweckerin. Es war der Anfang meiner Einführung in die echte Problematik des Volks- und Glaubenswesens.

Von Haus aus wußte ich sehr wenig von all diesen Dingen. Zwar hatten wir eine Art von Religionsunterricht in der Schule. Doch der brachte nichts als Routine, Langweile, das Gefühl von etwas völlig Überlebtem. Man schämte sich zuzuhören, wenn der alte stupide Lehrer (abseits der Schule sollte er — so hörte man, ohne es glauben zu können — ein bedeutender Gelehrter in hebraicis sein) jedes Jahr mit den Namen der Vokale, der Monate und mit der einfachsten

Konjugationsform kam und uns dies nebst auswendiggelernten Übersetzungen einiger Bibelverse als zu bewältigenden Wissensstoff einer fremdsprachigen Grammatik vorkaute. Wir wußten doch aus anderen Unterrichtsstunden (Latein, Griechisch etc.), wie man sich einer fremden Sprache näherte, wie man sie zu lernen hatte. Und wir hatten dort unser Leid, doch auch unsere Freude daran. Die Religionsstunde dagegen neigte immer mehr dazu, in leeren Ulk und Unsinn auszuarten. — Zwar gab es noch etwas anderes, aus frühester Kindheit schwebte ein Duft von exotischen Früchten heran — ein paar Tage lang war Morgen für Morgen zusammen mit der kühlen Herbstluft ein alter Mann husch-husch in unsere Wohnung gestürzt, hatte Zweige, einen Palmast, eine Art von Zitrone dargereicht, die man aber »Ethrog« nannte — der Vater hatte hastig den Palmzweig geschüttelt, den Ethrog zur Nase geführt und Luft eingesogen, einen Segensspruch gesagt — dann war der fremde Mann sehr rasch wieder weggerannt, denn er hatte noch in vielen anderen Wohnungen den gleichen rätselhaften Dienst zu leisten. Reste der Zeremonien des Laubhüttenfestes waren das, die sich in einer »aufgeklärten« Familie knapp noch ein Jahr lang schattenhaft erhielten, ehe sie ganz verschwanden. Etwas mehr Festigkeit zeigten die Gebräuche des Tempelweihfestes, das Anzünden der Lichter, während der Vater einen alten Gesang anstimmte und alle Familienmitglieder einfielen. Und zu Pessach (Ostern) gab es gar ein großes Abendessen, es gab die ungesäuerten Brote oder Mazzot, das Osterlamm wurde gegessen, vier Becher Weins wurden getrunken oder von den Kindern doch wenigstens angenippt, viele Gebete erklangen unverständlich, an denen wir, unsere Familie wie die eingeladenen Verwandten, teilnahmen, während der Vater die ganze Ordnung leitete — aber hier wurde freilich von den Kindern viel gelacht, und ein nobles Wort wie »bimhero«, »bald« (»Gott möge seinen Tempel *bald* wieder aufbaun, in unseren Tagen«), mußte sich gefallen lassen, so ausgesprochen zu werden, daß die möglichst scharf hervorgestoßene Silbe »bim« eine Glocke nachzuahmen schien. Und wer das am besten erzielte, dem wurde Beifall zuteil. Das Wort kam auch allzuoft vor, es schien uns, als ob es geradezu zur Karikatur herausfordere. Niemand war da, die aufgeregte tobende Kinderschar zurechtzuweisen. Und nicht nur bei uns: In vielen Häusern jener Übergangsperiode ging es so zu. Und doch, und doch, so unglaublich und unsinnig es erscheint: Dieses Nichts an Überlieferung, dem eigentlich nur Absicht und Bewußtsein fehlte, um als höllische Blasphemie aufzutreten — diese Entwürdigung, die, genaugenommen, weniger als nichts war, genügte, um etwas wie ein jüdisches Selbstbewußtsein und sogar eine Art Stolz in mir und meinen Geschwistern wachzuerhalten. Die miserablen Bilder in den schlecht gedruckten Büchern, die am Pessachabend schlecht vorgelesen wurden, waren in all ihrer Erniedrigung und Armut ein Verbindungsfaden zu der großen Vergangenheit des Volkes. Und dieser dünne Faden ist nie gerissen. Er war fast das einzige, was uns noch an die Geschichte des Hauses Israel band.

In späteren Jahren, als wir durch Hugo Bergmann und seine Freunde erfahren hatten, was es mit dieser Vergangenheit und unserer höchst fragwürdigen Gegenwart und Zukunft auf sich habe, veränderte dieser jährliche Festabend seinen Charakter. Wir lachten nicht mehr, wir tollten nicht mehr. Wir verstanden nun auch die Worte, die gesagt wurden, und siehe da, sie waren schön und tiefernst und von abgründigem Witz. Eine echte Volksdichtung ist diese Oster-»Haggada« oder »Erzählung«; die Kompilation aus vielen alten Quellen, aus Bibel, synagogaler Lyrik, Frage- und Antwortspiel, anonymer Phantasie (Brentano und Achim von Arnim haben eines der Stücke, das Lied von Lämmchen, in »Des Knaben Wunderhorn« mitaufgenommen), ein wahrer Schatz, dessen jedes andere Volk sich freuen müßte (nur bei uns verfiel er dogmatischer Zergliederung und Abtötung), ein weither überliefertes Repertorium, dessen freundlich einladende Melodien mein Vater noch genau kannte — wie durch einen Zufall, aber durch einen höchst sinnvollen Zufall waren diese Melodien da. Der Text besserte sich, er wurde richtiger vorgetragen. Der gute Vater, den wir darum baten, die Leitung nun ernstlich zu übernehmen, tat uns gern den Gefallen; wie er in den Jahren, da uns das Verständnis für all das Festtreiben fehlte, einer Verwilderung der Ordnung nachgiebigerweise zugestimmt, ja ihr Vorschub geleistet hatte. »Ordnung« hieß ja ironischerweise dieser Abend, »Seder« hieß er und das bedeutet »Ordnung«, Ordnung der Mahlzeit, der Gebräuche, der Rezitationen — und wirklich, alles kehrte allgemach zur richtigen Ordnung zurück. Die Melodien aber haben sich besonders lieblich und kraftvoll meinem Gedächtnis eingeprägt. Und wenn der Vater in jenen späteren, besseren Jahren den großen Satz dreimal ertönen ließ (das dritte Mal mit gesteigertem Anschwellen des Gesangsbogens): »Im nächsten Jahr in Jerusalem!« — dann langte die Glorie und die Schönheitspracht in unser halbverfallenes Seelenhaus einer schwankenden Familie und erschütterte es mit priesterlichen Tönen bis in alle Tiefen.

Hier fällt mir ein, daß ich auch schon in den Jahren vorher, als ich mich wochenlang zur Feier meines dreizehnten Geburtstages vorbereitete und viele alte Texte, sei es auch mit ungenügendem Wissen, studierte, eine religiös bewegte Zwischenzeit durchlebt habe. Ebenso beim Tode meiner Großmutter. Doch das ging rasch vorbei. Und in all diese Ansätze und halbverstümmelten Gefühle kam erst durch die Leute vom Bar-Kochba eine Art bleibender Logik. Zukunft und neue Aufgabe wurden sichtbar. (Leo Hermann sowie Hugo Bergmann gehörten diesem Verband Bar-Kochba an.)

Was sonst Juden mit dem Judentum verbindet oder entzweit, war bei mir nur lückenhaft in Erscheinung getreten. Ich hatte in mir kaum etwas vom »jüdischen Selbsthaß« verspürt, dem Theodor Lessing eine geistvolle Monographie gewidmet hat; auch von jüdischen Minderwertigkeitskomplexen hatte ich in mir nie etwas bemerkt. Das hatte vermutlich seinen besonderen Grund. Im Stefansgymnasium waren wir Juden in den meisten Klassen in der Überzahl, wir ließen uns von den »anderen« nichts gefallen — und der Stärkste in der Klasse war ein untersetzter Bursche, mein Freund Max Bäuml, ein Jude vom Lande, aus dem kleinen Städtchen Theusing bei Karlsbad. Dieser robuste Kerl, ebenso scharfsinnig wie gewandt, verprügelte jeden, der es wagte, ungehörig aufzumucken. Für mich wurde Bäuml das erste Exempel geistiger Verbundenheit. Gemeinsam entdeckten wir in den Oberklassen Ibsen, begeisterten uns in langen Spaziergängen für die geheimnisvollen Hintergründe der »Wildente« und des »Baumeisters Solness« — wir lasen Schopenhauer und Nietzsche, mit dem schon geschilderten Ergebnis, das seine Spitze gegen Nietzsche wandte. Ich weihte ihn in meine ersten schriftstellerischen Versuche ein. Da er selber nicht produktiv, doch unendlich feinfühlend in seiner Aufnahmebereitschaft war, erschien mir sein Beifall selbstlos und voll von jugendlicher Echtheit. Ich konnte ihm Pläne zu Romanen erzählen und an Stellen abbrechen, wo ich selber nicht weiterwußte. »Du streckst beide Hände aus, ich werfe dir das Garn über und du hältst es mir, bis ich dir's wieder abnehme« — so schrieb ich einmal diesem Treuesten der Treuen. Leider hatte ich ihm bald seine Grabinschrift zu dichten, der kraftvolle Jüngling hatte einen Herzfehler und starb frühzeitig, infolge häuslicher Sorgen und beruflicher Überanstrengung. Nur ein paar Jahre lag das Gymnasium hinter uns. Und ich schrieb ihm auf seinen Grabstein, seine Redlichkeit und ungemeine Klugheit feiernd: »Schöner Spiegel einer reinen Welt, — Bist erhoben, aber nicht zerschellt. — Dein Abbild blieb in unsern Herzen stehn, — Erfreulich richtig, wie wir uns in dir gesehn.« Der Marmorstein befindet sich vielleicht noch heute auf dem Prager Friedhof in Straschnitz. — Es dürfte nicht gerade häufig vorkommen, daß auf einer Friedhofsinschrift das Wort »erfreulich« zu lesen ist, und nicht etwa im transzendenten, nein, in einem ganz und gar irdischen Sinne. Aber dies gibt genau unsere damalige Stimmung wieder. Das Glück spielte damals noch die erste Violine im Orchester unserer Erlebnisse. Und in der Jugend hat man vor großen Worten keine Angst.

In derselben Sphäre der »Erfreulichkeit« ging mein Judentumserlebnis vor sich. Ich schämte mich meiner Abstammung nicht; nie wäre ich auf den Einfall gekommen, daß es da etwas gäbe, was einen kleinmachen könnte. Ich war auch nicht etwa besonders stolz auf mein Volk. Es war eine Atmosphäre der Selbstverständlichkeit, die mich umgab. Lange Zeit beschäftigten mich jüdische Dinge überhaupt nicht, aber ich hatte sie nicht etwa vergessen. Ganz fern lag mir jegliche Empfindlichkeit, die manchen Westjuden packt, wenn man nur im entferntesten auf seine Volkszugehörigkeit anspielt — diese Überempfindlichkeit, die ein besonders unangenehmes Zeichen von Schwäche und Unsicherheit ist. Shakespeare, der alles weiß, hat auch dieses ungeduldige Auffahren amüsant gezeichnet, das gleich einschnappt, wenn man nur das Wort »Nation« (noch ohne jede beleidigende Bezugnahme) ausspricht. In einem der weniger beachteten Auftritte (König Heinrich der Fünfte, 3. Akt, 2. Szene) läßt er seinen wackeren wallisischen Kapitän Fluellen den Irländer Macmorris ganz ohne böse Absicht ansprechen:

Kapitän Macmorris, ich denke, seht Ihr, unter Euer Genehmhaltung, es sein nicht viele von Eurer Nation —.

Worauf der reizbare Ire gleich losplatzt:

Meiner Nation? Was ischt meine Nation? Ischt ein Hundsfott, und ein Bastard, und ein Schelm, und ein Schurke? Was ischt meine Nation? Wer spricht von meiner Nation?

Und Fluellen bemerkt mit vollem Recht:

Seht Ihr, wenn Ihr die Sache anders nehmt, als sie gemeint war,
Kapitän Macmorris, so werde ich unmaßgeblich denken, daß Ihr
mir nicht mit der Leutseligkeit begegnet, als Ihr mir vernünftiger-
weise begegnen solltet.

Von solch altirländischer Hypertrophie des Nationalismus also, die
immer gleich beleidigt aufschreit, habe ich mich immer frei gewußt.
Und die Fühlungnahme mit dem zionistischen Studentenverein und
Altherrenverband Bar-Kochba hatte auch zunächst die Wirkung,
daß ich mich in meinen jüdischen Grundlagen zwar angesprochen
fühlte, aber sofort die entgegengesetzte Richtung einschlug. Die
Zionisten waren damals die Unzufriedenen, die young angry men
jener Zeit, sie hielten das jüdische Existieren in der Diaspora für
nichtig, leer und zukunftslos, sie setzten alles auf die *eine* Karte:
Neuaufbau in Palästina, Änderung unserer Lebensformen vom
tiefsten Grund aus. Alles, was sich mit den bestehenden jüdischen
Daseinsbedingungen zufriedengab und halbwegs abfand, wurde
Opportunismus gescholten, galt als unheiliges Kompromißlertum.
Es war eine Revolution an Haupt und Gliedern. — Ich fand dies
zu einseitig gedacht. Und auch heute bin ich der Meinung, daß ein
Judentum ohne zentrale Kraft in Israel ebenso unmöglich ist wie
ein Judentum ohne das nervös und im Gewissen beunruhigte, oft gerade infolge dieser Reizbarkeit hochgeistige Fluidum der Diaspora,
ohne die Wechselwirkung der *beiden* Faktoren: Zentrum und peri-
phere Gemeinschaften. Aus Trotz gegen die zuteilgewordene Belehrung aber warf ich mich damals gerade auf die innige Erforschung
des bestehenden, nicht des zu ändernden Judentums. Eine arme
Wandertruppe von Ostjuden, in den Westen versprengt, die gerade
in einem kleinen Caféhaus Prags auftrat, wurde, wie schon erwähnt,
zum Angelpunkt meiner Wandlung. Es war alles falsch und elend,
was da gezeigt wurde, aber überall blickte das Richtige durch, das
Traditionelle, Ehrwürdige, Zärtliche und Gewaltige, das Shakespea-
risch-Rüpelhafte, das Neue, das mich (und bald nachher auch Kafka)
anging. Anfangs war für mich das miserable Café Savoy, wo diese
Schmierenkomödianten ihre schlechten Stücke spielten, ein Gegenpol
gegen die »akademische« Art des Bar-Kochba, die dem ausgearteten
und halbverkommenen, aber echt volkstümlichen Kunsttreiben aus
der kühlen Distanz ihrer Diskussionsabende zusah. Im Theater war
das Leben, im Verein herrschte die Theorie. — Doch dieser Gegensatz

selber war mehr ausgedacht als realistisch gesehen. Martin Buber, der damals in Prag seine ersten Vorträge hielt, schlug mit seinen chassidischen Geschichten die Brücke zwischen Ideal und Volkstümlichkeit. Der ostjüdische Volkssänger Leo Gollanin brachte die richtige vitale Musik zu diesem Brückenschlag. Ich lernte die gute Überlieferung von der östlichen Operette unterscheiden, die auch bereits ein Verfallsprodukt war, wenn auch kein so grausiges wie die »Unterhaltungskunst« von Wien und Budapest; doch ihre gefällige Seichtheit war ganz angetan, die eben erst gesichteten Grenzen wieder zu verwischen.

Es waren mehrere Skyllen, mehrere Charybden, zwischen denen ich mich herumtrieb, und es nimmt mich eigentlich wunder, daß ich damals im Wirrwarr nicht geistig untergegangen bin.

Das rettende Seil warf mir Hugo Bergmann zu.

Kaum jemals hat in der Folgezeit ein Schriftwerk einen so erleuchtenden Eindruck auf mich gemacht, wie Bergmanns oben erwähnte Arbeit, die den Titel trug: »Die Heiligung des Namens (Kiddusch Haschem)«.

Das Wort »Namen« steht hier nach altjüdischem Brauch anstelle des Wortes »Gott«, das der Fromme nur im völlig ernstgemeinten Gottesdienst verwendet, nicht im theoretischen Zitat.

Bergmann geht von einer Stelle im 22. Kapitel des dritten Buches Moses aus, die recht schwer verständlich ist. »Entweihet nicht den Namen meiner Heiligkeit, auf daß ich geheiligt werde in der Mitte der Kinder Israels. Ich bin Jahwe, der euch heiligt.«

Bergmann hebt die Schwierigkeit klar hervor, indem er ausführt: Ein Widerspruch könnte in der Forderung erblickt werden, Gott solle durch die Kinder Israels *geheiligt werden*, er, der doch selber der Inbegriff der Heiligkeit ist, der die Heiligkeit verleiht. — Zunächst wird die Ansicht abgelehnt, als ob es sich in den beiden Versen um bloße Metaphern handle. Dann führt der Autor aus: »Wenn Gott in sich heilig ist, was soll es heißen, daß er durch den Menschen geheiligt werden soll? Wollen wir dies verstehen, so müssen wir uns in die Gottesvorstellung vertiefen, welche die jüdische Religiosität charakterisiert. Sie ist von der uns aus der Begriffswelt unseres Kulturkreises bekannten gründlich verschieden. In der Betrachtungsweise des heutigen Abendlandes sind Gott und Welt etwas Ein-für-allemal-Gegebenes, die Welt und die Menschen in ihr von Gott geschieden. Auch die jüdische Auffassung trennt Gott und Welt, aber sie verknüpft das Schicksal der Welt und Gottes so miteinander, daß nicht bloß die Welt von Gott, sondern — und das ist für unsere Betrachtung von zentraler Bedeutung — *das Schicksal Gottes von der Welt abhängt.*« — Hier vergißt Bergmann freilich, daß es einen Angelus Silesius gibt, von dem die kühnen Worte stammen: »Ich weiß, daß ohne mich Gott nicht ein Nu kann leben. Werd ich zu nicht, er muß vor Not den Geist aufgeben.«

Und auch die oben dargestellte »Kosmogonie« (Ehrenfels) weist verwandte Züge mit dem auf, was Bergmann hier aus dem Urgrund der jüdischen Mystik ans Licht bringt.

Mit einem wesentlichen Unterschied allerdings: Silesius und Ehrenfels kennen nur den werdenden, in Entwicklung fortschreitenden Gott. Bergmann läßt neben dem »werdenden Gott« auch den vollkommenen, fertigen, allmächtigen, keines Wachstums bedürftigen Gott in höchstem Maße, in aller Fülle gelten. Den paradoxen Widerspruch zwischen den beiden Anschauungen bemerkt er wohl, er geht aber über ihn hinweg, ohne ihn aufzulösen; behandelt ihn mit Recht als ein Irrationales, ein Geheimnis.

Doch nicht auf Fragen der Originalität und der inneren Widerspruchslosigkeit kommt es hier an, wo es um das tatsächliche Geschehen geht. So wie der Essay dastand, wirkte er mächtig auf mich ein. In meinem »Tycho Brahe« findet man die Spuren der Bergmannschen Konzeption nachklingen — später (beispielsweise in meinem Roman »Das große Wagnis«) hatte ich dann freilich das Grundverhältnis, als ob der Mensch in der Freiheit seiner sittlichen Entscheidung beinahe gottebenbürtig sei, in mannigfaltiger Art, in schmerzlichen Erfahrungen nochmals durchzukosten, durchzuprüfen, den Irrtum abzubüßen. Und meine ganze dichterische Phantasie und Gestaltung stand dann lange Zeit im Zeichen des Konflikts der beiden einander widersprechenden Urprinzipien: »Der gute Mensch ist ein Helfer Gottes« — und »Der gute Mensch, mag er sich bemühen bis zum Selbstzerreißen, bleibt im wesentlichen ein Nichts, ein Sünder, auf Gottes Hilfe angewiesen.« Erst viel später habe ich in diesem Widerstreit eine Art von festem Neben-Einander zu finden gewußt. Hieraus entsprang meine Hauptlehre, die vom »edlen« und »unedlen« Unglück. Zunächst aber war ich von Bergmanns einfachen und starken Postulaten entzückt. Sie lebten in mir. Sätze wie die folgenden standen mir mit Großbuchstaben vor Augen: »Wer eine sittliche Tat vollbringt, wie z. B. der gerechte Richter, wird ein Genosse Gottes im Werk der Schöpfung. Und wie der Mensch durch seine sittliche Handlung das Schöpferwerk Gottes erneuert, so hängt auch umgekehrt mit seiner Sünde eine Erniedrigung Gottes zusammen.«

Diese und ähnliche Feststellungen Hugo Bergmanns, der Umgang mit dem edelsten Menschen, unsere eine Zeitlang sehr in Blüte stehende Wechselbeziehung: das alles erkenne ich als entscheidende Faktoren meines weiteren Schicksals an. Dieser Einfluß beschwingte mich zu meinen ersten Schritten in der Politik, zur aktiven Teilnahme an den Bestrebungen, die einen weiteren Verfall und ein physisches Verschwinden des jüdischen Volkes verhindern wollten. Da während des Krieges Not am Mann war, rückte ich bald, ich mochte wollen oder nicht, in führende Positionen der Bewegung ein. Dabei schwebte mir immer wieder vor, zu meinen unterbrochenen dichterischen Arbeiten zurückzukehren — wie Cincinnatus nach geleistetem Werk zu seinem Pflug. Mit Cincinnatus verglich mich tatsächlich ein später erschienener Artikel Kaznelsons. Aber zunächst stimmte leider das Gleichnis nicht. Mühsal umgab mich ohne Ende, die Mühe der Realität. An den idyllischen Pflug war nicht zu denken. Die Kriegsjahre hielten mich in ihren Klauen. Was ist mir von alldem in Erinnerung geblieben? Die freiwillige Mitarbeit an der von dem wahren Menschenfreund Professor Alfred Engel begründeten und mit äußerster Energie in die Tat umgesetzten Flüchtlingshilfe. Wir eröffneten Schulen für die Kinder der Volksmassen, die vor den zaristischen Armeen in den ihnen fremden Westen Österreichs geflohen waren. Jahrelang trug ich in einer der Schulklassen einen von mir kreierten Gegenstand vor: »Weltliteratur«. Ich besprach Kulturprobleme, staunte über die herzerfrischende Naivität meiner Schülerinnen, besprach mit ihnen Homer, Shakespeare, Dante, die Bibel als Dichtung. Die Frommen unter den Eltern betrachteten es mit Mißtrauen, daß ich mit Mädchen biblische Gestalten diskutierte. Ich sehe den alten Mann in der Pelzkappe, der mich in meiner Wohnung besuchte, um gegen diesen unerlaubten »Eingriff« in die Erziehung seiner Kinder zu protestieren; denn mit Mädchen erörtert man allenfalls noch solche Dummheiten wie den heidnischen Homer, das bleibe mir freigestellt, wenn ich nicht wisse, was ich mit meiner Zeit anfangen solle — er habe ja gehört, daß ich für meine Lehrtätigkeit keine Zahlung nehme; das sei schön von mir, und er erkenne es an. Was aber das jüdische

Wissensgebiet angehe, da müsse er sich diese modernen Ansichten doch sehr verbitten. Nach alter Sitte lehre man Mädchen und Frauen nur einige wenige Tatsachen des Rituals. — Ich stellte ihm die Gefahr des Abfalls in fremder westlicher Umgebung mit all meiner Beredsamkeit vor Augen. Hier geht es nicht zu wie im Osten mit seinen konzentriert wohnenden Judenschaften. »Wenn Ihre Töchter nichts vom Judentum wissen, was soll sie bewegen, nicht von uns wegzuziehen?«

Als wir uns trennten, war er mein Freund und Anhänger geworden.

Meine ganze Familie stellte sich in den Dienst der Sache. Vor allem mein Vater, meine beiden Geschwister. Sogar meine Mutter, die mit ihrer Geradheit und Unhöflichkeit beim Helfen immer wieder anstieß, war mit ganzem Herzen dabei, Wäsche und Möbel für die Flüchtlinge zu sammeln, zu verteilen. Meine Frau erwies sich plötzlich als ausgezeichnete Handarbeitslehrerin; sie wurde von den Mädchen fanatisch geliebt. Wir machten mit den Kindern Ausflüge, was sie und uns in besonders frohe Laune brachte und uns zeitweise alle Kriegsscheußlichkeiten, sogar den Hunger vergessen ließ. Kafka begleitete uns bei diesen Wanderungen. Auch an meinen Unterrichtsstunden nahm er oft als einziger Zuhörer teil, der nicht Schüler war; in der letzten Bank saß er, streckte die langen Beine aus und lächelte glückselig. Er schwärmte für meine Arbeit, ermunterte mich, wenn ich schwach wurde. Ich erlebte damals gerade eine der schmerzlichsten Episoden meines Privatlebens, eine erotische Anfechtung in einem ganz anderen Lebenskreis. Kafka hielt mich mit dem Zuruf aufrecht: »Denk an die galizischen Mädchen!«

Ich habe meinen Schülerinnen ein Gedicht gewidmet, das mit dem altjüdischen Motto beginnt: »Auf dem Atem der Schulkinder steht die Welt.« Es findet sich in meinem Versbuch »Das gelobte Land« und heißt: »Schule für galizische Flüchtlingskinder«. Und es enthält u. a. folgende Zeilen:

> Sie strömen ein, sie sitzen hier,
> In ihren Bänken vier und vier,
>   Und wiegen die sittigen Wangen.
> Ihr guten Mädchen, wißt ihr nicht,
> In euer Haus der Räuber bricht!
>   Wie werdet ihr heimgelangen? —
> Die braven Mädchen, es kümmert sie nicht.

Groß wird die Karte aufgehängt,
Ins Weiteste der Blick gelenkt
    Und bunte Erscheinungen schweben.
Ihr Mädchenblumen, Mutter weint,
Der sanfte Vater flucht dem Feind.
    Zum Bettler wurde er eben. —
Die Mädchenblumen, sie lauschen vereint.

Nein, Blumen wären längst verdorrt,
Gepflückt von ihrem Wurzelort.
    Ihr blüht in Kräften und heiter,
Wenn rings die Welt sich toll zerreißt:
Von einer höheren Macht gespeist,
    Lebt ihr und rüstet euch weiter.
Ihr tapferen Mädchen: ihr seid der Geist!

Ich habe von meinen Schülerinnen mindestens ebensoviel gelernt wie
sie von mir. Ich habe von ihnen gelernt, wie man Leiden und auch
ungewohnte Dürftigkeit mit Heiterkeit und Würde trägt.
In Israel habe ich dann, Jahrzehnte später, viele dieser Schülerinnen
wiedergesehen. Sie haben mir ihre Freundschaft und Achtung bewahrt. — Einigen ihrer Söhne bin ich hier begegnet, die in ihren
Berufen führend tätig sind; einem davon im »Studio« der »Habimah« unter den Jungschauspielern.
Das politische Leben riß mich in seine Eigengesetzlichkeit hinein. —
Wenn ich zurückblicke, habe ich immerhin die Genugtuung, einigen
Hunderten meiner Landsleute die menschliche Selbstachtung und
das Leben gerettet zu haben. Vielleicht waren es Tausende, Zehntausende, die ich (natürlich nicht ich allein, sondern als Mitarbeiter
meiner Gesinnungsgenossen) für den jüdischen Weg und schließlich
im Laufe der Jahre für die rechtzeitige Auswanderung nach Israel
gewonnen, den mitleidslosen Händen der Henker entzogen habe,
die 1939 einbrachen. Habe ich meine Zeit verloren, indem ich eine
lange Spanne hindurch meine Bücher und Schreibhefte ruhen ließ?
— Ich glaube, man kann das tätige Leben, das ich führte, nicht
verloren nennen. Ich habe in unzähligen Volksversammlungen gesprochen, auch in Bahnhofshallen, in Theatern, in Pavillons von
Kurkapellen, wo man redend längs des Geländers im Kreis herum-
gehen mußte, weil auf allen Seiten Publikum stand und keiner zu
kurz kommen sollte. In den Karpaten habe ich in den bescheiden-

sten Spelunken übernachtet, mit Mäusen als Mitbewohnern, oft bin ich nächtelang in ungeheizten Eisenbahnzügen gesessen —, das Leben eines Agitators für die gute Sache. Alles vergessen, alles verschmerzt. Nur zwei Monate drängen sich mir auf, wenn ich an diese stürmische Lebensperiode zurückdenke, die glücklicherweise dann doch einem kontemplativen Leben wich. Da ist der weißbärtige Universitätsprofessor, der sich in einer öffentlichen Versammlung der »Jüdischen Partei« als nationaler Deutscher bekennt, ein rabiater Assimilant nach alter, fast könnte man sagen: patriarchalischer Art. Und als man ihm zurief: »Sie sind doch Jude«, erklärte der Mann voll Stolz (im übrigen herzensgut und wissenschaftlich nicht ohne Bedeutung): »Ich bin aus dem Judentum ausgetreten.« Darauf ein Zwischenruf: »Aber das Judentum nicht aus Ihnen, Herr Professor.« Kurze Pause, schallendes Gelächter. Der Zwischenrufer war ich gewesen.

Die zweite Episode ist etwas mißmutigerer Natur. Parlamentswahlen; die ersten in der Tschechoslowakei. Man hatte mich als Spitzenkandidaten der jüdischen Partei im Wahlkreis Eperies aufgestellt. Eperies in den Karpaten, im ehemaligen ungarischen Komitat Sáros. Gemeinsam mit dem anderen Kandidaten, meinem Freunde Dr. Angelo Goldstein, war ich in die mühsame Wahlarbeit eingespannt. Tag und Nacht gab es feindliche Parteien zu bekämpfen oder Rivalen in der eigenen Partei auszusöhnen. Unsere »Schwarzen« waren die Hauptgegner; Orthodoxe, die sich als Regierungsanhänger und unverfälschte Magyaren oder Slowaken ausgaben. Daneben aber lernte ich auch die einfachen Herzen kennen, das Volk in seiner erfreulichen Schlichtheit. Selten habe ich so innigen Kontakt mit allen Schichten gefunden wie in diesen Wochen, die der Wahl vorangingen. In all seinen Spielarten, guten und schlimmen, habe ich das Volk kennengelernt. Am Wahltag mußte ich nach München fahren, dort sollte mein Einakter »Die Höhe des Gefühls« gespielt werden. Die »Kammerspiele« unter Direktor Falckenberg hatten mich immer dringender telegraphisch eingeladen, schließlich gab ich nach. Am Wahltag selbst hatte ja ohnehin die Propaganda zu ruhen. — Das Stück hatte bei der Uraufführung am Staatstheater Dresden großen Erfolg gehabt, dann war ihm der Erfolg in Berlin (am Staatstheater bei Leopold Jessner) treu geblieben. Abgesehen von allem: Es war und ist wirklich ein gutes Stück, das auch heute nur einiger Kürzungen bedürfte, um zu wirken. Ich hatte also eigentlich keine ernstlichen Befürchtungen. — München, im Hotel, am Morgen weckt mich das Telephon. Georg Heinrich Meyer, der getreue und ein wenig boshafte Eckart des Kurt Wolff Verlags, spricht: »Herr Doktor, wir haben da ein Telegramm aus einer Stadt bekommen, die wir nicht kennen. Eperies. Wenn das kein Irrtum ist. Wir verstehen das Telegramm nicht. Es lautet: ›Brod durchgefallen‹.« – Ich verstand. Und es war kein angenehmes Vorgefühl für die Premiere, die zwei Tage später stattzufinden hatte.

In Dresden und Berlin hatte man meinen Einakter als Sonntags-Matinee gegeben, ohne weitere Zutat. Er vertrug keine, denn er war durchaus einheitlich und seltsam. Die Einheitlichkeit der Form ist sein besonderer Vorzug. Das Stück handelt nur davon, daß einer auf sein geliebtes Mädchen wartet – er hat dabei in dem Wirtshaus »zum halbgoldenen Stern«, in dem er sitzt, allerlei Begegnungen, mit dem Wirt, mit der Tochter des Wirts, die ihn liebt, mit einem Krüppel, drei Kartenspielern, die Unsinn quasseln, mit zwei Malern, die über die Probleme ihrer Kunst disputieren, mit einem Kammerherrn, der eine Auszeichnung des Monarchen überbringt – alles will ihn von seiner einzigen Beschäftigung abziehen, die das Warten auf sein Mädchen ist, und diese Beschäftigung macht ihn unendlich glücklich. Das Mädchen kommt nicht. Und der Held bleibt weiterhin glücklich, erreicht sogar zuletzt, im Abgehen, einen Gipfel von Glück und Zuversicht, den der eine der beiden Maler, der wirkliche Künstler, verständnisvoll, der andere, der Opportunist, unwillig anstaunt.

In München nun hatte man mein Opus ins Abendprogramm eingespannt, als ob es ein ganz normales konventionelles Theaterstück wäre. Voran ging ein anderer Einakter, ein biblisch-realistisches Drama »Kain« von Koffka (nicht Kafka, bitte). Von diesem Autor hatte ich vorher nie etwas gehört. Und auch nachher kam mir, vielleicht ungerechterweise, sein Name nur höchst selten zu Gehör. Nur gerade an jenem unheilvollen Abend mußte mir Namen und Werk in voller körperlicher Massivität in den Weg treten. – »Kain« war eine umfangreiche Angelegenheit und sehr aufregend. Da man den letalen Schluß laut Geschichte vorauswußte, wartete man gespannt, wie sich die Handlung (sie war übrigens ausgezeichnet geführt) bis zum Moment des Zusammenstoßes der beiden Brüder entwickeln würde. Man wartete auf das niedersausende Beil. – Und nun, nach der Pause, das zweite Stück: und wiederum ein nervös machendes Warten. Allerdings in ganz anderem, in lyrisch-verträumtem Sinne. Dieses zweite Warten sollte rosenrot, tänzerisch, spielerisch, feldeinsamkeitsähnlich sein —, für diese leichte Elastizität des dramatischen Schwebens aber hatte man nach dem schwerblütig aufreizenden Hingehaltensein des ersten Stücks die Geduld verloren. Bald nach Beginn meiner Dialoge begann es zu knistern. Da ich schon zwei erstrangig große Aufführungen des Werkes mit den, wie mir schien, notwendigerweise dazugehörigen Beifallsstürmen durchlebt hatte, kam mir zunächst der Verdacht gar nicht, es könne etwas nicht in Ordnung sein. Doch nun war ein halb unterdrücktes Lachen nicht mehr zu überhören. In der ersten Parkettreihe lachte man, dann in der vierten oder fünften. Man lachte sich offenbar Mut an. Was geht da vor? Ein Lachen an Stellen, die nicht humoristisch gemeint sind. Nichts Schlimmeres kann dem Theatermann begegnen. Und auch das Zweitschlimmste fehlte nicht: Humoristische Stellen, bei denen man in Dresden und Berlin gelacht hatte, ließ man mit verdrießlichem, feuchtem Ernst vorbeiziehen. — Meine Frau war die erste, die die Situation richtig verstand. Sie floh aus der Loge. Nach Schluß des Ereignisses fanden wir sie, wie sie gerade aus einem gewissen kleinen Zimmer ins Foyer hervortrat. Sie hatte sich für den Rest des Abends eingeschlossen — bis alles vorüber war, die Kluge. Ich dagegen hatte an der Seite des Verlegers und seines gutmütig schadenfrohen Eckart alle Phasen des sich entwickelnden Aufruhrs unbeweglichen Antlitzes zu überstehen. Man lachte, man zischte. Wie halte ich das alles aus, dachte ich. Ich überlegte den ganzen Text, der noch zu sprechen war — einen schönen Text, nur leider nicht geeignet, eine schon aus dem Gleichgewicht geratene Zuhörermenge zu beschwichtigen. Da hatte der Wirt zwei Verse zu sagen:

> Was steh ich da herum,
> Es wird mir schon zu dumm.

Ich sah diese zwei Verse am Horizont. Die wird mein Einakter bestimmt nicht überleben. Und unaufhaltsam näherten wir uns ihnen, unaufhaltsam wie der Strom der Zeit — oder wie ein schlecht gesteuertes Auto, das auf einen Baum zurast. Dort in der Ferne standen die beiden Verse, und wir näherten uns ihnen, ich sah den Zusammenstoß kommen und konnte doch nichts abwenden. — Unerbittlich bringt der Wirt die Unheilsverse. »Es wird mir schon zu dumm.« Hoho, brüllt es aus dem Publikum — »uns auch, hoho, uns auch«. Ironischer Applaus. Das schöne Stück konnte kaum zu Ende gespielt werden. Es war ein richtiger Theaterskandal, der einzige, den ich erlebt habe. Ende. Vorhang. Plötzlich ertönt lautes Händeklatschen. Der Vorhang hebt sich. Ein langer Kerl steht vorn im Publikum und applaudiert wie toll, mit ihm eine ganze Gruppe. »Unser Beifall gilt nur den Schauspielern!« Das brüllt der lange Lackel. Gelächter. Und etliches über »Jüdische Frechheit« ist aus dem Getümmel deutlich zu vernehmen. In München bereiteten sich damals die ersten Spannungen der Hakenkreuzperiode vor. Sie lagen in der Luft, das hat wohl bei der ungünstigen Aufnahme meiner heiteren Phantasie auch mitgewirkt, nicht weniger als die durch Koffka erzeugte Nervenabnützung. Mein Stück hatte in den beiden anderen Städten sanfte Entspannung ausgelöst. Und hier? Aus der Loge neben uns schreit Mimi, die Frau Heinrich Manns, etwas ins Parkett. Das Wort »Arier« mit nicht gerade schmeichelhaften Zutaten ist in ihrem Ausruf mitenthalten. Nun wird der Tumult bedrohlich, ohne indes die Grenzen zivilisierter Formen zu verlassen. Es bleibt bei Verbalinjurien.

Immerhin zwei Durchfälle. Zwei binnen zwei Tagen. Das war auch für einen harten Humor wie den meinen ein wenig schwer zu ertragen.

Es gab natürlich nicht bloß Unglücksfälle in meiner politischen Arbeit. Einige meiner Aktionen führten wenigstens zu Teilerfolgen. Die Rettung der jüdischen Bevölkerung, die vom Haß der mächtigen reaktionären Gruppe unter den Tschechen an Leben und Habe bedroht war — die Sicherung einer geordneten Auswanderung — der Genuß staatsbürgerlicher Freiheit für jene, die nicht auswandern konnten oder wollten: Das waren die Vordergrundziele, für die ich stritt. Das wirklich gemeinte Ziel dahinter: Bekämpfung des Bösen in der Welt. Wie ich es tat, dafür ist der hier nachfolgende Brief von mir an Leo Hermann ein Beleg. Es handelt sich um den gleichen Leo Hermann, der durch seine Kritik meines »Tschechischen Dienstmädchens« meine Konversion zum Zionismus miteingeleitet hatte. Viele Jahre waren seither verflossen. Hermann saß jetzt in der Londoner zionistischen Zentrale — und ich hatte mir die Sorge um das Leben vieler Tausender meiner engeren Landsleute aufgebürdet. Ich schrieb also am 18. Oktober 1918, das ist zehn Tage vor der

Proklamation des tschechischen Staates, vor dem Ende des Weltkrieges:

Lieber Herr Leo Hermann,
Nachtrag zu meinem gestrigen Brief:
Es sollen tatsächlich am 14. 10. in Pisek bereits Judenplünderungen vorgekommen sein; doch ist das noch nicht sichergestellt. An diesem Tag wurde in vielen tschechischen Landstädten der tschechoslowakische Staat (Republik) proklamiert. In Prag selbst wurde durch allerstärkstes Militäraufgebot die Proklamation verhindert. Es ist mir klar, daß bei der wohl nicht mehr aufzuhaltenden späteren Proklamation große Ausschreitungen gegen die Juden vorkommen werden, die geradezu zu Progromen ausarten dürften, falls nicht durch eine äußere Macht Einhalt geboten wird.
Ich mache Ihnen daher folgenden Vorschlag. Ich werde Ihnen, sobald hier Ernstes vorgeht, telegraphieren. Da aber in diesem Moment die neuen tschechischen Behörden einen wahrhaftigen Bericht nicht zulassen werden, schlage ich Ihnen folgende konventionelle Zeichen vor:

Wenn ich telegraphiere:	So bedeutet das:
gratuliere zur Hochzeit	dringende Pogromgefahr in Prag
gratuliere zur Verlobung	dringende Pogromgefahr in Landstädten
Glückwünsche zur Hochzeit	Pogrom in Prag bereits ausgebrochen
Glückwünsche zur Verlobung	Pogrom in Landstädten bereits ausgebrochen
gratuliere zur Eröffnung Ihres Geschäfts	Plünderung von jüdischen Läden
herzlichstes Beileid	Ermordung von Juden
Urlaub erhalten	das Militär geht gegen die Juden vor
ankomme mit Frühzug	die tschechische Demokratie und das Proletariat geht gegen die Juden vor
erbitte baldige Nachricht	die tschechische Bourgeoisie geht gegen die Juden vor

Ich werde Ihnen nur dann telegraphieren, wenn absolute Sicherheit über Tatsachen besteht. Sie können sich also auf die von mir gemeldeten Tatsachen verlassen und jedes Dementi abweisen. Der Zweck ist, daß Sie sofort nach Erhalt dieses Telegramms die Nachricht nach Kopenhagen (an unser Büro) und an die uns nahestehenden neutralen Stellen weitergeben, sowie daß diese Nachricht durch neutrale Vermittlung möglichst schnell an die englischjüdischen Organisationen, an die englische, amerikanische Regierung, Wilson, Masaryk gelangt. — Von diesen neutralen Stellen, eventuell natürlich auch von der Entente her, falls dies zu erzielen ist, sind sofort drohende und mahnende Telegramme an die tschechischen Führer zu richten und zwar an:

1. Dr. Kramář Prag Národní Listy
2. Dr. Franke Prag České Slovo Wenzelsplatz 42
3. Klofač Prag České Slovo Wenzelsplatz 42

Auch ein geschicktes Telegramm des zionistischen Zentralbüros Berlin könnte schon wirken.

Ich bitte Sie, mir den Empfang dieses Briefes zu bestätigen und mir Ihre Ansicht über den Plan mitzuteilen.

Herzlichst Ihr Brod

Der Plan funktionierte und etliche Verbrechen wurden verhütet, unedles Unglück wurde zunichte gemacht — was dann leider später, in der Naziepoche nicht mehr gelang.

Hugo Bergmann hat sich wundervoll entwickelt. — Er ging als einer der ersten von Prag nach Jerusalem. Zuerst organisierte er die Bibliothek der werdenden Universität. Er fand einige Regale hebräischer Bücher vor, dazu ein paar Bücherkisten, auf denen mit hebräischen Lettern (Bergmann hat es mir lachend selbst erzählt) nichts geschrieben stand als die Worte: »Bilbul móach«, das heißt: »Verwirrung des Gehirns«. Diese Kisten enthielten die fremdsprachigen literarischen Schätze der werdenden Institution, deren Nicht-Ordnung vorläufig eine perfekte war. Aus solchen Grundlagen schuf Bergmann die größte und reichhaltigste, modernste Bibliothek des Mittelostens. Er wurde dann Ordinarius für Philosophie an der hebräischen Universität, später Dekan der philosophischen Fakultät, für eine geraume Zeit sogar Rektor. Er übersetzte, wie schon bei einer früheren Gelegenheit erwähnt, grundlegende philosophische

Werke ins Hebräische, schrieb einen Essayband »Moses«, einen anderen »Jawne und Jerusalem« (in dem auch der Essay »Die Heiligung des Namens« seine Stätte gefunden hat), ferner »Wissenschaft und Glauben« (1945 Tel Aviv), er bemüht sich in seinem persönlichen Leben vorbildlich um Verinnerlichung seiner religiösen Einstellung zu allen Problemen des täglichen Lebens und knüpft heute vielfach an die alte Weisheit Indiens und Chinas an. Er bekämpft die »Umwandlung des messianischen Ideals in ein nur national-politisches Ideal«. Als Wesensart des jüdischen Volkes erscheint ihm das hohe Ethos der Propheten, die in den Prophetenbüchern ausgesprochene weltumspannende Humanität. »Ein jüdisches Volk, das dieser seiner Wesensart untreu würde, wäre zum Niedergang und Untergang verurteilt.« Zu seinem 75. Geburtstag veröffentlichte Professor Ernst Simon eine Würdigung, in der es zu folgenden Formulierungen über die wahre Erprobung der jüdischen Eigenart kommt:
»Als ein Kerngebiet solcher Erprobung hat Bergmann schon 1911 in dem Aufsatz ›Bemerkungen zur arabischen Frage‹ Israels Beziehungen zu seinen Nachbarn erkannt. Mit Jitzchak Epstein, der bereits 1907 diese ›verborgene Frage‹ in einem Aufsatz des ›Haschiloach‹ ans Licht gezogen hatte, stellte er das Postulat auf: ›Wir wollen niemanden verdrängen‹. — Diese Gesinnung betrachtete er als eine ›Besinnung auf das Grundwesen des Judentums‹ und lehnte den gerade heute wieder so geläufigen Einwand des ›gesunden nationalen Egoismus‹ mit den gewichtigen Worten ab: ›Ein solcher könnte bei uns nur darin bestehen, daß wir in unserem Leben das Judentum verwirklichen‹. Genau dies aber ist die ›Heiligung des Namens‹.«
Hugo Bergmann erscheint als ein besonders eindrücklicher Vertreter jener »Generation des Trotzdem«, über die ich oben im Zusammenhang mit der Philosophie von Christian von Ehrenfels berichtet habe. Es war eine Generation unerschrockener Humanisten, natürlich nicht nur etwa in Prag, sondern über ganz Europa zerstreut, mannigfach in ihren Bekenntnissen, Glaubensarten und Volkstümern, verschieden in ihren Berufen. Es gab Literaten, Dichter, Musiker, bildende Künstler, Philosophen, Gläubige und Nichtgläubige, Politiker und einfache Praktiker der Tat in dieser Gruppe, Organisatoren richtigen, gerechten Geschehens. Die schlichte und stille Selbstlosigkeit erschien uns als Grundlage, als Lösung vieler Fragen, die man gern für unlösbar hält, weil man der einzigen einfachen Lösung: »Sei gut!« unter den seltsamsten Vorwänden ausweicht. Bald ist

diese Lösung nicht tief genug, bald nicht kompliziert genug, bald zuwenig elegant. Und dergleichen mehr. Man will sie einfach nicht sehen. Sie liegt dem Anschein nach (nur dem Anschein nach, nicht in Wahrheit) zu sehr auf dem Wege, zu sehr auf der flachen Hand. Es stimmt allerdings nicht, es ist eine oft nachgesprochene Illusion, daß sie so leicht erfaßbar sei. Um tief und kompliziert und dann wohl auch elegant genug zu sein, muß man mit dieser Lösung der radikalen Selbstlosigkeit nur Ernst machen, sie in Wirklichkeit umzusetzen versuchen. Sonst verläuft man sich in Phrasen. Man muß für das Humane bei aller Leichtigkeit der Form jene Strenge innerster Selbstprüfung aufbringen, die man im allgemeinen nur an religiös gebundenen Naturen beobachten kann. — Eines aber ist sicher: Man war damals, in der »Generation des Trotzdem«, wahrhaftig auf dem Wege zu einem neuen Typ: dem des selbstlosen Menschen und Künstlers — und zwar eines Künstlers, der Tugend nicht etwa nur spielt oder zum Zweck gesellschaftlichen Brillierens zumindest teilweise spielt (teilweise allerdings auch ehrlich tugendhaft empfindet wie etwa Voltaire) — unterwegs zu einem Künstler etwa, der wirklich um die ganze Schwere der ethischen Forderung weiß, sei es auch, daß er ihr in erster Linie auf seinen, auf künstlerischen Gebieten gerecht werden will. Zu einem Künstler, der unter der ganzen Last der Verantwortung dieser schlichten Forderung »Sei gut und wahr!« zu leben versucht. Flaubert war ein Vorbild dieses Typs. Gustav Mahler ein anderes. Man hat bis heute noch zu wenig sowohl über Flaubert wie über den neuen Typ des sich bis in die letzte Faser verantwortlich fühlenden Künstlers nachgedacht. Ich erhebe diese Forderung der Zukunft, die Forderung nach dem unzynischen Typ.

Dieser Typ ist heute durch die Herrschaft der Lüge, gewissenlosen Propaganda, der Unanständigkeit und Effekthascherei zeitweilig in den Hintergrund und Untergrund gedrängt worden. Er ist aber vorhanden. Es fehlt ihm nur der Mut zu sich selbst. Und selten ist naturgemäß bei ihm (wie überall) das Genie der Mannigfaltigkeit, der tausend Einfälle, der unerstarrten Formen. Es fehlt oft die glückliche Hand, die Präzision und äußerste Strenge mit beseligender Grazie verbindet, wie dies bei Flaubert, Gustav Mahler, John Cowper Powys, Robert Walser, Hofmannsthal der Fall war — um nur einige der vollkommensten und heitersten Sternbilder an unserem Himmel zu nennen. Eine Zeitlang, in der »Generation des Trotzdem«, sah es so aus, als würde der Typ, der solche Sterne anbetete, von der Mode getragen, die als Expressionismus auftrat, die aber den Menschheitsfreund rasch ästhetisch verniedlichte oder rhetorisch aufplusterte und verpappendeckelte. Gut, daß die Mode vorbei ist. Das gibt dem rechten Typ eine Chance.

Denn der soll und kann ja nur in der uneingeschränktesten Wahrheit und fern aller Heuchelei wirklich existieren. — Zu diesem Nicht-Heucheln gehört es freilich, daß man sich auch der Dialektik nicht verschließt, die hier verborgen liegt. Gut sein, das Herz in Reinheit dem Allgemeinen öffnen — doch andererseits ist es aus dem Künstlertum niemals wegzudenken, daß die Individualität alle Schranken durchbricht, in ungebändigter Leidenschaft und Leidensherrlichkeit das Neue, Ungeahnte schafft. Nur in Wunderminuten der Menschheit kann die Seele beiden Strömungen Genüge tun, beide zusammenfassen — die Klarheit des Allgemeinen wie die trüb und unregelmäßig, stoßweise sprudelnden Instinktquellen des Persönlichen, das Rationale zugleich mit dem Irrationalen, die Ordnung wie die dem Genie nie ganz fremde Unordnung. Wäre es nicht einigemal wirklich so geschehen (zum Beispiel bei Shakespeare): man könnte es sich nicht vorstellen.

Rund um die »Generation des Trotzdem«
Heinrich Mann, Robert Walser,
Gäste in Prag

Ich bin kein Systematiker und bilde mir nicht ein, daß meine Generation, die des »Trotzdem«, durchaus nur den Beispielen folgte, die dem eben umrissenen Typus des selbstlosen Priesters der Kunst entsprachen. Oder daß gar in den Begegnungen mit Künstlern und Denkern, die ich erlebte und an denen ich manchmal eine ziemliche Strecke meines Lebens weit festhielt, immer nur jener von mir am meisten verehrte Typus hervortrat. Es gibt unter diesen Begegnungen, wie man gleich bemerken wird, sogar einzelne Vorkommnisse, die man mit einiger Böswilligkeit sogar fast als Verkörperung des Gegentyps ansehen könnte — wie etwa Franz Blei. Aber auch mit solchen Erscheinungen ließ sich eine Zeitlang recht treuherzig und sogar nahezu freundschaftlich zusammenleben. Denn sie brachten viel realen Erfahrungsstoff, sie waren voll von Witz und Erfindungsgabe. Die letzte Vollkommenheit allerdings war im Umgang mit ihnen nicht anzutreffen. Weshalb diese Beziehungen auch meist kein gutes Ende nahmen; aber das hatten sie auch mit manchen besseren Beziehungen gemein — es ist auf diesem Gebiet vieles vom Zufall abhängig. Man soll nicht so selbstgerecht sein, das zu leugnen.

Im ganzen scheint es mir, daß man eine Bewegung nicht ausschließlich nach dem Weg beurteilen darf, die ihr Zentrum und Kern genommen hat; daß man vielmehr auch das beachten muß, was an ihrer Peripherie durch den Raum schwirrt, sich saumartig und verschwimmend um sie herumlegt. Nur wenn man auch das Ungenaue mit hereinnimmt, erreicht die Beschreibung einen halbwegs befriedigenden Grad von Genauigkeit. Um das anzuzeigen, habe ich das vorliegende Kapitel ausdrücklich »Rund um die Generation des Trotzdem« genannt. Doch alle Ausdrücklichkeit hilft nichts, »wenn der Hörer ein Schiefohr ist«. So habe ich auch meinem Roman »Mira« den Untertitel »Roman um Hofmannsthal« und nicht etwa »Roman über Hofmannsthal« gegeben, um klar anzukündigen, daß ich keine Biographie des verehrten Großen bieten, sondern daß ich nur die Emanationen und Ausstrahlungen seines Wesens auffangen wollte. Es hat sowenig genützt, daß einige besonders blutgierige Kritiker mich sogar beschuldigt haben, ich hätte eine Irreführung der Leser beabsichtigt, hätte mehr versprochen, als ich zu leisten vorgehabt hätte — und was dergleichen Freundlichkeiten mehr sind.

Heinrich Mann

»Nichts kann einem Schriftsteller so wichtig sein wie die Liebe der Jungen, die sich noch nicht oft hingegeben haben.« Diese Zeile, von der Hand Heinrich Manns geschrieben, steht auf einer Ansichtskarte aus Riva am Gardasee. Die Ansichtskarte zeigt ein Segelboot; der Dichter lehnt am Mast, neben ihm mein Bruder Otto.

Mein Bruder und ich waren von den drei Romanbänden »Göttinnen« (Diana, Minerva, Venus), Romane einer erträumten wunderschönen und wunderklugen Herzogin von Assy, in Ekstase versetzt. Wir liebten auch »Im Schlaraffenland«, den Roman eines jungen, rheinländisch-fröhlichen Hochstaplers, eines vorgeahnten Krull, der in Berlin Erfolge scheffelt; ferner »Jagd nach Liebe« und »Zwischen den Rassen«; aber die farbenglühende revolutionäre Herzogin hatte es uns besonders angetan. Wie beglückend, daß mein Bruder, der zum erstenmal in Riva, Torbole, Arco für uns den Süden entdeckte (ein Jahr später sollten Kafka und ich ihm folgen), zugleich auch durch Zufall den Dichter antraf, der für uns nichts anderes als eine südlich-mythische Figur, einen Exorzisten der Leidenschaft darstellte. Das Sanatorium Hartungen war der Ort der Begegnung. Dort mag mein Bruder dem Verehrten von unserer gemeinsamen Schwärmerei erzählt haben (von der Kafka allerdings nichts wissen wollte). Die Photokarte war das Siegel auf diesem Bund zwischen dem Meister und zwei Anbetern.

Einige Zeit nachher konnte ich es durchsetzen, daß Heinrich Mann von einem Kreis junger Kunstfreunde zu einer Vorlesung nach Prag eingeladen wurde. Nun befand sich damals in unserer Gesellschaft der Maler Max Oppenheimer, der sich das bizarre Pseudonym Mopp beigelegt hatte und immer auf Sensationen aus war, sei es eine schamlose Verszeile von Verlaine oder eine noch wenig bekannte Zeichnung von Beardsley, die er jedem unter die Nase hielt. Den schon berühmten Erzähler zu porträtieren und dadurch selbst bekanntzuwerden, war er fest entschlossen. Er hatte nur keine Zeile von ihm gelesen. Kaum war er vorgestellt, als er ihn anbrüllte: »Kennen Sie Flaubert?« Er mußte immer mit irgend etwas protzen, was noch nicht allgemein in Geltung stand. Wir erschraken. Vor einigen Monaten hatte Heinrich Mann das klassische Buch über die Freundschaft Flauberts mit der George Sand veröffentlicht. Mit hanseatisch grandseigneuraler Ruhe erwiderte der Dichter dem stürmischen Kenner: »Ja, ein wenig.« — Aber das Porträt mit den beiden so ganz ungleichen Wangen ist dann doch recht gut ausgefallen und berühmt geworden.

Die noble, feste Haltung des nordischen Erzählers, so ganz im äußersten Gegensatz zu dem wilden rücksichtslosen, oft zynisch aufgelösten Geschehen in seinen Romanen, lernten wir in der Nacht nach seinem Vortrag kennen. Wir hatten schon eine ganz bestimmte Tour durch die Prager Nachtlokale, die selbst bei ausgepichten Kennern wie Liliencron oder Franz Blei Erstaunen hervorrief. Gegen Morgen waren wir schon ein wenig wirren Geistes, man erzählte Geschichten von dem (gleichfalls hochverehrten) Peter Altenberg, darunter auch die von der Einweihung des Kabaretts »Fledermaus« in Wien. P. A. hatte damals geäußert: »Dieses Theaterunternehmen ist einfach sicher. Es ist so raffiniert ausgeklügelt, daß selbst dann, wenn gar niemand in die Vorstellung geht, die Garderobegelder allein alle Spesen decken.« — Man wurde immer lustiger, schließlich kamen einige auf den Einfall, eine gemeinsame Postkarte an P. A. zu schreiben. Jeder setzte seine Unterschrift auf die Karte, die Texte wurden stufenweise gewagter. Einer schrieb: »Lieber Peter, man erzählt uns, daß Sie eine gewisse Befriedigung dabei empfinden, wenn Sie kleinen Mädchen die Fußzehen küssen.« Und in diesem Stil ging es weiter. Dann kam die Karte an Heinrich Mann. Er las alles, lächelte still, realistisch und freundlich, dann sagte er: »Diese Karte werden wir lieber nicht wegschicken.« Und schon hatte er sie, ehe ein Widerspruch laut werden konnte, in kleine Stücke zerrissen.

Immer wieder trat sein zartes Rechtsgefühl, sein Gewissen hervor. Er ließ weder sich noch die Menschheit aus dem Zügel. Seinen späteren Werken in ihrem krausen Wortschmuck und mit manchen mir fernen Tendenzen vermochte ich dann nicht mehr zu folgen. Unsere Wege trennten sich leider. Aber in jener Nacht (und noch oft) habe ich ihn ehrlich und ganzen Herzens geliebt. — Es ist mir auch heute unbegreiflich, warum die Bühnen nicht nach einer der schönsten Blumen seines Rechtsgefühls, nach dem wohlgearbeiteten Drama der Bastille »Madame Legros« greifen.

Robert Walser

Schon 1913 habe ich in meinem Essaybuch »Über die Schönheit häßlicher Bilder« auf den markanten Dichter Robert Walser hingewiesen. Der Hinweis hat wenig oder, genauer gesprochen, gar nichts genützt. Robert Walser ist ein Dichter ohne Erfolg geblieben, obwohl andere (ich erwähne vor allem seinen Freund Carl Seelig, ferner Prof. Muschg, Hermann Hesse, Franz Blei usf. oder den vortrefflichen Hans Zeller in der Zürichsee-Zeitung, einen Autor, den ich nur aus diesem einsichtsreichen Aufsatz über Walser kenne) gleichfalls oder noch intensiver als ich für die Erkenntnis des uns mit Walser und durch ihn Geschenkten tätig gewesen sind. Dabei verstehe ich gar nicht, warum die Menschen die Schönheit und Erfreulichkeit der Schöpfungen Walsers nicht begreifen. Er ist wohl kompliziert. Aber das sind andere Dichter auch. — Er ist kompliziert und einfach zugleich. Das ist schon schwerer zu fassen. Aber geht einem nicht auch die Schönheit eines Kastanienblattes leicht ein, in der Einfachheit und Kompliziertheit einen in Worten nicht beschreibbaren Bund eingegangen sind? Walsers Gedichte, seine Prosawerke sind solche Kastanienblätter. Es scheint, daß die Gegenwart für Gedichte in der demütigen Gestalt von Kastanienblättern wenig übrig hat. Ich bin überzeugt; die nächste oder übernächste Generation wird das nachholen.

Vorläufig mühen wir uns vergebens. Wiewohl Seelig mit viel Energie eine Neuausgabe einiger Bücher Walsers durchgesetzt, ferner aus seinem Nachlaß »Unbekannte Gedichte« herausgegeben hat. – Am 25. Dezember 1956 wurde Robert Walser tot im Schnee aufgefunden. Er war am Weihnachtstag von der schweizerischen Irrenanstalt Herisau aus spazierengegangen, in der er seit 1933 (ein kleines Menschenalter lang!) ohne Kontakt mit der literarischen Welt als Patient gelebt hatte. Unmittelbar nach seinem Tode schien sich für ein Weilchen das Schweigen zu lichten, das diesen wohl eigenwüchsigsten zeitgenössischen Dichter umdrückte. Eine Reihe von Beobachtern hohen Ranges ließ sich damals hören, viele Zeitungsartikel erschienen, in denen es etwa hieß: »Hier ist etwas gutzumachen, hier hat die Mitwelt gesündigt und es der Nachwelt überlassen, richtig zu sühnen.« Doch bald sind diese leidenschaftlichen Rufe wieder verstummt. Um Walser ist es wieder dunkel geworden. Zum Mode-Autor eignet er sich nun einmal nicht, dazu ist sein seelischer Tiefgang zu stark. Er hat auch nie das Geringste getan, um sich selbst zu interpretieren, für sich zu werben. Im Gegenteil: Es sieht manchmal so aus, als habe er mit seiner bizarren Ironie geradezu Sorge dafür getragen, seine Spuren zu verwischen, die Urteile auch Wohlmeinender über seinen Wert zu verwirren. Er war ganz einsam. »Einsamkeit« ist zwar auch ein Mode-Wort geworden, man hält sie für ein Ehrenprädikat, mit dem ein Gewaltiger, ein wenig Verstandener geschmückt werden muß. Aber auch das ist Cliché. Wo die Einsamkeit eine wirkliche Finsternis, eine erschreckende Gruft um eine Seele wird, da verhallen die Rufe der geschäftigen Welt, die mit ihrer Reklame-Etikette »einsam« sonst so gern und rasch bei der Hand ist. Und dort erst, wo gar kein Ruf und Echo mehr zu hören ist, dort beginnt die richtige, schaurige Einsamkeit mit ihrer undurchbrechbaren Mauer. Dort erst beginnt der merkwürdige Fall Robert Walser, der bis heute vielen ein Rätsel geblieben ist.

Das Besondere liegt (unter anderem) darin, daß Walsers Einsamkeit nebst ihrem Schwermütig-Gruftartigen, das selten ganz fehlt, oft recht fröhlich ausschaut, etwas Kindliches oder Derb-Gesundes oder auch Zart-Verträumtes an sich hat, das an Eichendorffs romantischen »Taugenichts« erinnert. Und dann macht ein kalt-manieriertes Wort, mit Absicht zerstörend gesprochen, die ganze romantische Anmut plötzlich zunichte. Und erinnert daran, daß wir uns hier auf einem Grenzposten, in einem Außenbezirk aller Existenz bewegen. Am Rande des Menschseins. Und dies bei anscheinender Naivität des Dargestellten und des Darstellenden. Offenbar hat diese Naivität etwas gefährlich Trügerisches, einen doppelten Boden — und bleibt dabei doch echte herzliche Naivität.

Ich habe Walser nie gesehen. Aber ich habe indirekt viele Nachrichten über ihn erhalten. Der direkte Briefverkehr zwischen uns beginnt 1912 und zieht sich (mit Unterbrechungen) bis 1927. Walsers Briefe und Postkarten sind Naturphänomene; in sauberer, ja gestochener, kindlich anmutender Kurrentschrift wird ganz genauso phantasiert und Dichterisches ausgesagt wie in den Versen und Prosa-Capriccios. Die Welt verliert ihr grämliches Gesicht, ihr zweckhaft oder asketisch bestimmtes Schopenhauer-Gesicht. Zweck und Nicht-Zweck wirbeln durcheinander. Ein manchmal fröhlicher, manchmal grausiger, immer bedeutungsvoller Tanz. — Abgesehen von diesem Brief-Schatzkästlein besitze ich, wie schon erwähnt, die Nachrichten. Sie stammen von Carl Seelig. Robert Walser war bis an sein Lebensende interniert, entmündigt. Die Behörde setzte Seelig, der auch die finanzielle Sorge für Walser übernahm, zu seinem Vormund ein. Seelig besuchte ihn immer wieder, machte lange Wanderungen mit ihm. Walser war mit all dem einverstanden. Diese seine absichtsvolle Flucht in das Entmündigtwerden ist mir immer wie ein Selbstmord erschienen, bei dem das Leibliche wie nebenher erhalten bleibt. Aber mit allem anderen, mit Sorgen und Sich-Anstrengen und weltlichem Streben wird für immer Schluß gemacht. Ein einmaliger Fall; ich zumindest kenne keinen zweiten ähnlichen. Er wird dadurch nur noch undurchsichtiger, daß gewiß auch medizinisch faßbare Tatbestände vorlagen, die Gefahr für den Patienten, vielleicht auch für die Umwelt anzeigten. Aber die Hauptsache bleibt doch: Robert Walser *wollte* nicht in dieser unserer ordinären Welt leben, vielleicht konnte er es auch nicht, für seinen außerordentlichen und im höchsten Grad empfindlichen Geist war es erforderlich, einen anderen

Weg zu gehen als die übrigen Menschen, die sich (beispielsweise) mit dem Erwerbsleben abplagen, während Walser ein genußfroher, begeisterter Spaziergänger war und nie etwas tun wollte als das, was ihm eine wesentliche und poetische Freude bereitete. »Ich will keine Zukunft«, heißt es im Roman »Die Geschwister Tanner«, »ich will eine Gegenwart haben. Das erscheint mir wertvoller. Eine Zukunft hat man nur, wenn man keine Gegenwart hat, und hat man eine Gegenwart, so vergißt man, an eine Zukunft überhaupt nur zu denken.« — Nein, der Hinweis auf Eichendorffs »Taugenichts« klingt doch etwas zu spielerisch, eine tragische Gestalt nähert sich, um die Ablehnung des sorgenden, alltäglichen Lebens zu tielen: Hölderlin. Seelig hat in einem Buch »Wanderungen mit Robert Walser« knapp, anschaulich, mit sehr präzisen Umrissen aller Vorgänge die Gespräche dargestellt, die sich ergaben, wenn er mit Bewilligung der Anstalt mehrmals im Jahre seinen betagten Schützling abholte und mit ihm (manchmal mehrere Tage lang) über Land ging, durch dick und dünn, bergauf, bergab, in Sonne, Gußregen, Schnee und sogar im Hagelwetter. Dabei gehören zu den angeschlagenen Themen Walsers Berliner Jahre (1906–1913). Sein Bruder Karl, der Maler, bildete bei.Reinhardt einen besonderen anmutigen Dekorationsstil aus und hat Robert ins Großstadtleben hereingeholt; fremdartig und dabei verliebt in die »Riesin« Berlin steht der rustikale Dichter da. Hievon spricht Walser mit Seelig, dem Freund; mit seinem unvergleichlichen Gedächtnis leuchtet er in jeden Winkel seines Lebens und zugleich in den kleinsten Zitaten - Winkel hinein. Lord Byron, Kleist, Gottfried Keller, Tolstoi, aber auch die Marlitt werden hervorgeholt. Walser gibt feurige und aller Konvention ferne Charakteristiken dieser Autoren, er läßt, während bescheidenen kulinarischen Genüssen zugesprochen wird, weltgeschichtliche Vorgänge aufleben, große Kunstwerke, große merkwürdige Lebensläufe von Ausnahmemenschen, Räubergeschichten, Lebensprobleme, sein Geist arbeitet stürmisch, glücklich — trotzdem aber kehrt er abends willig in die Anstalt zurück, die die Geisteskranken beherbergt. Seit Dezennien schreibt er nicht mehr. Über Neudrucke darf man mit ihm nicht reden, er faßt das als Beleidigung auf. »Sie wissen doch, daß ich damit ein für allemal abgeschlossen habe.« Othellos Tagwerk ist getan. Stolz verschmäht der Dichtenr eine Rückkehr in die von Eitelkeiten und Konkurrenzkämpfen gepeitschte Atmosphäre der Zeitgenossen. Er sagt einmal: »Es ist gut, wenn man durch das Elend wieder zu den einfachen Dingen zurückgeworfen wird.« Er fügt sich gern der Anstaltsordnung, klebt Tüten, falzt Papier und denkt dabei an eine harmonische Welt, der er das Recht zuspricht, »das Disharmonische von sich zu stoßen«. Er wehrt sich nicht. Die Tränen kommen einem, wenn man solche Worte einer ins Transzendente weisenden, gegen sich selbst zielenden Bescheidenheit liest. Es ist derselbe liebenswerte makellose Charakter, der in Walsers schönstem Roman »Der Gehülfe« am Werke ist. Er will nicht ein verstandesmäßig reguliertes Leben führen, er will beherrscht sein, will dienen, will, von außen gedrängt wie von innen, das Notwendige und Schöne tun.

»Ich dichte aus einem Gemisch von hellgoldenen Aussichten und ängstlicher Aussichtslosigkeit, war immer halb in Angst, halb in einem beinah überschäumenden Frohlocken« — so beschreibt er sich selbst. Mit »verfiebertem, beglücktem Mute« will er singen, dieser Unbezähmbare, Freiheitsliebende, Kompromißlose, dessen Weg in die Fülle seiner Gesichte und damit in den Wahnsinn führte. Dabei leitet ihn eine ganz bestimmte Vorstellung: Er sehnt sich nach Sehnsucht, nach ewiger Jugend, nach schmerzlichen Erfahrungen, die er in einem Rest puritanischen Lebensgefühls (obwohl er sonst alles andere als ein Puritaner ist) besonders hochstellt:

> Jung ist derjenige, der die kühlen, schwülen
> Lebensannehmlichkeiten noch nicht kennenlernte,
> Von dem sich noch nicht jeder Wunsch entfernte,
> Zu leiden und zu entbehren. Mit der Freude
> Ich das Befähigtbleiben, mich zu freun, vergeude.

Eine offenbar strenge Erziehung vereint sich mit der Neigung zu üppigen Epikuräismen. Es entsteht eine Lebensschau, die bis in die zartesten Modulationen hinein unvereinbare Widersprüche in sich festhält. »Einst als wir noch wie Wälder grünten — und aussichtslos zu sein erkühnten« — das ist der Ausgangspunkt, er will keinen Erfolg (wenn auch ein unberührbares Etwas in ihm vom Erfolg geschmeichelt wäre), er will die Aussichtslosigkeit, den Traum, das Irresein jenseits der gängigen Wertungen der Welt. Eine Zeitlang geleitet ihn sein guter Genius diesen gefährlichen Gipfelgrat hin. Zuletzt stürzt er ab und verstummt, indem er uns als reiches Erbe die Einsicht hinterläßt, daß das Menschenherz noch ganz anderer Abenteuer und ins eigentlich Wesenhafte steuernder Gestaltungen fähig ist, als man ihm für gewöhnlich zutraut.

In jenem zitierten Essay in meinem Buch »Über die Schönheit häßlicher Bilder«, das 1967 bei Zsolnay neu erschienen ist, habe ich Walser dadurch zu charakterisieren gesucht, daß ich, ihn von Autoren
unterscheidend, die »zweischichtig« schaffen wie z. B. Hamsun oder
Dostojewskij, an ihm drei Schichten beschrieb: »Obenauf, in der
ersten Schicht, ist Walser naiv, fast ungeschickt, schlicht, geradeaus.
Wenige lassen sich davon täuschen, man spürt schnell die zweite
Schicht unter der ersten, die Ironie, das Raffinement. Also ist Walser,
wie man so zu sagen pflegt, ›gemacht‹ und ›unecht‹. O nein, etwas
weit Überraschenderes ist er. Er hat nämlich unter der tiefen zweiten
Schicht noch eine tiefere dritte, einen Grund, und der ist wirklich
naiv, kräftig und schweizerisch-deutsch. Und den muß man gut
durchgefühlt haben, ehe man ihn versteht, in dem wurzelt manch
seltsamer Reiz seiner Sprache, Gesinnung, ja des Aufbaus seiner
Werke. – Zunächst die Sprache. Man hat wohl schon lange nicht in
unserer Zeit, die sich von aller einfachen Prosamelodie abzukehren
scheint, Sätze gehört wie diese: ›Übrigens sind einem ja die Menschen, die man Macht und Einfluß hat fühlen lassen, immer lieb. Die
Wohlhabenheit und Gutbürgerlichkeit demütigt gern, nein, vielleicht
das nicht gerade, aber sie schaut doch ganz gern auf Gedemütigte
nieder.‹ Welche blendende Einfachheit, doch mit einem deutlich fühlbaren Einschuß von Gestuftheit, welche Abgewogenheit in den Voka-
len, der Stellung und Länge der Worte, welche ungezwungene
Musik.«
Und so analysierte ich ganz kurz, aber immerhin auf neun Druckseiten, den Stil unseres geliebten Poeten an konkreten Beispielen und
schloß mit Walsers bedeutungsvollem Satz, der es erklärlich macht,
daß einige in der »Generation des Trotzdem« an dem bizarren Walser so großes Gefallen und viel Herzstärkung fanden. Der Satz aus
seinem Meisterwerk, dem Roman »Der Gehülfe« lautet:

> »Nichts kann mich so tief aufregen wie der Anblick und der Ge-
> ruch des Guten und Rechtschaffenen. Etwas Gemeines und Böses
> ist bald ausempfunden, aber aus etwas Bravem und Edlem klug
> zu werden, das ist so schwer und doch zugleich so reizvoll. Nein,
> die Laster interessieren mich viel, viel weniger wie die Tugen-
> den.«

Die erste aufbewahrte Postkarte von ihm, die aber wohl auf vorangehenden Briefwechsel hinweist, macht mich 1912 auf seine »Vers-

komödie« »Aschenbrödel und Schneewittchen« aufmerksam, die einst in der »Insel« erschienen war. Ich solle sie Rowohlt empfehlen. Im Mai 1913 dankt er mir für die »Schönheit häßlicher Bilder« und »Arkadia«: »Es freut mich, auch einer derjenigen zu sein, die in diesem Griechentempel lustwandeln.« »Hier ist prachtvolle Bergluft und ich mache zehn- und mehrstündige Märsche durch die besten Gegenden. Ich sorge für Erzeugung von Durst und für Beseitigung desselben, indem ich Gelegenheit finde, ihn in schönen Biergärten zu löschen.« Im Juni schreibt er aus Biel, Adresse »Croix Bleu«, das, soweit ich orientiert bin, eine Alkohol-Entziehungsstätte ist. Er wohnt »in einer Palastmansarde«. »Ich bade jeden Tag, bei Sonnenschein, Wind und Regen im schönsten See. Wenn Sie sich mit raffiniertester Phantasie einen See phantasieren, so ist er noch nicht halb so schön wie der Bielersee. Ermessen Sie demnach mein Bade-Glück.« — Ein Treffen in Berlin wird verabredet, dann aber abgesagt: »Ich werde wahrscheinlich den Winter über hier in Biel bleiben, einer Stadt, die viel Köstliches hat, wie z. B. sieben alte Türme und in ihrer Nähe ebenso viele und noch ältere Berge.« — Eine lange Pause. Möglicherweise habe ich nicht alles aufgehoben. Die folgenden sechs Postsachen sind Briefe, einige davon ausführlich, alle aus den Jahren 1926 und 1927. Ich war inzwischen in die Redaktion des »Prager Tagblatt« eingetreten, arbeitete als Theater- und Musikkritiker, eine Zeitlang leitete ich auch die literarische Sonntagsbeilage. Nun bemühte ich mich, Walsers Gedichte unterzubringen. Dem Chefredakteur gefielen sie ganz und gar nicht, und ich hatte jedesmal seinen Widerstand zu überwinden. Die Gedichte paßten eigentlich auch wirklich nicht in den Rahmen eines durchaus auf Erfolg ausgehenden Blattes. Es gab immer wieder Krach wegen der Walser-Gedichte. Auch Leser meldeten ihre Einsprüche an. Manchmal gebrauchte ich den Trick, am Montag eine Krankheit vorzuschützen und nicht in die Redaktion zu kommen. Schließlich hatte der Chefredakteur andere Sorgen als das kleine Sonntagsgedicht, und wenn ich am Dienstag erschien, hatte er die Freundlichkeiten, die er mir zu sagen vorhatte, längst vergessen. Diesen prachtvollen Chefredakteur Dr. Blau, der immer mein Freund geblieben ist, habe ich in meinem Roman »Rebellische Herzen« zwar nicht porträtiert, aber doch einige seiner liebenswerten und einige seiner ertragbaren Züge zu der, wie ich glaube, lebendig-widerspruchsvollen Gestalt meines Dr. Simta mitverwendet. Es ist nicht etwa eine Photographie. Die

Hauptsache, die Struktur, ist (wie in allen meinen Romanen) dichterische Erfindung.

Die Sache ging dann so weiter, daß unser Konkurrenzblatt, die »Prager Presse«, gleichfalls Gedichte von Robert Walser brachte. Das stärkte natürlich meine Kampfposition. Doch nur vorübergehend. »Die Prager Presse«, fuhr mich Dr. Blau an, »wird von der Regierung bezahlt, sie braucht keine Rücksicht auf ihre Leser zu nehmen. Das Defizit wird aus unseren Steuern gedeckt.« Nun mußte ich wieder vorsichtig sein. Doch gelang es mir, immer wieder etwas von Walser einzuschmuggeln. – Erst viele Jahre später erfuhr ich, daß in jener Zeit das »Prager Tagblatt« und die »Prager Presse« nahezu die einzigen Blätter waren, die noch etwas von dem inzwischen unmodern gewordenen und, aufrichtig gesagt, immer verwirrteren Dichter druckten. Man muß sagen, daß Walser diesen bedauerlichen Zustand sehr geschickt zu verschleiern verstand. Ich habe es mehrmals erlebt, daß gerade die durchaus »irrationalen« Poeten in derartigen Situationen einen geradezu übernatürlichen Instinkt der Vernünftigkeit entwickeln. So die Lasker-Schüler, die im allgemeinen ihren Launen folgte, doch wenn's hart auf hart ging, auch äußerst praktisch sein konnte. Es ist und bleibt freilich ein Skandal, daß die Dichter, statt unbeirrt ihrem Genius zu folgen, solch einen praktischen Schutz-Instinkt nötig haben.

Auf diese Not bezieht sich manches in Walsers Briefen. So schreibt er mir einmal: »Möglich ist, daß Ihnen einiges unter dem Inliegenden gefällt. Was Sie nicht haben wollen, d. h. was Ihnen für eine Veröffentlichung bei Ihnen nicht tauglich scheint, sind Sie höflich gebeten, mir wieder zurückzugeben, es nicht etwa machend wie unser begabter, aber eigenmächtiger Freund François Blei von Gottes Gnaden, der mit Freunden und Kollegen etwa mit Robert Walser umgeht wie mit Lakaien, d. h. Minderwertigen usw. Er behält ganz urgemütlich Manuskripte und hüllt sich in einen Nebel von hoheitsvollem, patriarchalischem Schweigen, wenn man fragt, was die Manuskripte machen. Wie es scheint, schreibt er immer noch mit denkbar größter Vorliebe Nach- sowohl wie Vorworte zu Liebesbriefen hoher, verstorbener französischer Damen. Also ahmen Sie ihn, was Behandlung von Einsendungen betrifft, nicht nach, das wäre nicht liebenswürdig von Ihnen. Wir haben aber samt und sonders die schöne, manchmal vielleicht uns etwas sauer ankommende Aufgabe, äußerst nett zueinander zu sein, mit welcher gesunden

Anschauungsweise ich Sie hochachtungsvoll und freundlich grüße als
Ihr —«

In einem der Briefe wird Walser sehr massiv; nicht gegen mich, sondern gegen die Nation der Verleger. Ich hatte ihn angefragt, ob ich
einen Band seiner ungedruckten Gedichte einem bestimmten Verlag
schicken solle. Am Anfang des Briefes schimpfte er. Dann heißt es:
»Ich bin immerhin frohbewegt, d. h. einverstanden, wenn Sie mich
gelegentlich dem Lausbuben empfehlen wollen, der, wie jeder übrige
Verlegerschnuderbub, vor Gedichten zittert, was man ja begreifen
kann. Wenn Sie dem ... schreiben, so tun Sie's bitte sehr kurz, ernst,
großzügig, lieber prahlerisch als irgendwie bittend. Die Schriftsteller, die eine Lumpenbande in der Verleger Augen sind, sollten mit
Letzteren wie mit räudigen Schweinen umgehen. Seien Sie diesem
Kulturagent gegenüber, was mich betrifft, stolz, zart, nachlässig,
hochtrabend. Ich würde diesem Schafseckel vorläufig kein Material
vorlegen, ansonst er bloß in einen stinkenden Dünkel versänke. Es
kommt eben meiner Meinung sehr darauf an, wie man sie behandelt.
Und dann dünkt mich eine Buchausgabe so lange schön und interessant, als sie noch nicht stattfand. Jedes Buch, das gedruckt wurde,
ist doch für den Dichter ein Grab oder etwa nicht?«

Abschließend sei noch bemerkt, daß Kafka es war, der meine Liebe
zu Walser angeregt hat. Er hat Walser in der »Neuen Rundschau«
entdeckt, die eine Zeitlang in vielen Monatsnummern regelmäßig
»Aufsätze« von Walser brachte, gewöhnlich am Ende oder fast am
Ende des Heftes. Wenn das Heft einlangte, stürzte sich Kafka zuerst
auf die Schlußseiten des Textes. Viele Stücke von Walser hat er mir
vorgelesen. Einige mehrmals. Mit besonderer Vorliebe rezitierte er
die kleine kunstvolle, doch wie völlig unabsichtlich hingeworfene
Beschreibung »Gebirgshallen«. Es geht um ein sehr einfaches Berliner Nachtlokal mit Tanz und Gesangsdarbietungen. »Kennen Sie
die Gebirgshallen unter den Linden? Vielleicht probieren Sie einmal
einen Gang dorthin. Wenn Sie die Kassiererin auch Brot und Wurst
essen sehen, so müssen Sie nicht degoutiert umkehren.« Mit immer
mühsamer unterdrücktem Lachen las Kafka weiter. »Und da wird
Ihnen eine große Figur, eine Art Rübezahl, begegnen; es ist der Wirt
des Lokals, und Sie werden gut tun, ihm durch Hutlüften zu salu-
tieren. Er sieht das gern, und er wird Ihnen artig für Ihre Höflichkeit danken, dadurch, daß er sich halb von dem Sitz, auf dem er
sitzt, hochhebt.« Nun konnte sich Kafka vor Lachen kaum mehr

halten. »In der Seele geschmeichelt, treten Sie näher an den Gletscher heran, es ist dies die Bühne, eine geologische, geographische und
architektonische Merkwürdigkeit.« Und jeder der folgenden Sätze
war ihm ein Schlager, der seine Heiterkeit noch steigerte. Bis er zum
Höhepunkt kam, zur Stelle: »Der Wirt macht die aufpassende Raus-
schmeißrunde durch das Lokal. Er sorgt für den Anstand und das
gute Betragen. Gehen Sie doch mal hin, ich kann Ihnen sagen, na!«
Hier platzte Kafka los und war eine Zeitlang nicht zu beruhigen.
Das schneidig hinausgestoßene »Na!« schwang metallisch nach. Von
da ab ging es nun absteigend, ritardando, ins Pianissimo verlaufend.
»Vielleicht treffen Sie dort auch mich wieder einmal an. Ich aber
werde Sie gar nicht kennen, ich pflege dort, von Zaubereien gebannt,
stillzusitzen.« Und der Schluß, der merken läßt, wie sehr Kafka in
mancher seiner kleinen Erzählungen von Walsers Stil beeinflußt ist:
»Ich lösche dort meine Dürste; Melodien wiegen mich ein, ich
träume.« Erinnert das nicht an den Schluß von Kafkas »Auf der
Galerie«? – Den Schluß las Kafka besonders klingend vor, ein zartes Glöcklein schwang –.

Gäste in Prag

Ich könnte eine lange Reihe von Gästen anführen, deren Besuch in
Prag mich erfreut hat. Da Kafka und ich zu den ganz wenigen Prager Dichtern deutscher Zunge gehörten, die nicht ausflatterten, die
der Heimatstadt treu blieben (Kafka bis zu seinen notgedrungenen
Aufenthalten in Sanatorien, ich bis zu meiner Auswanderung nach
Palästina 1939), wurde das gastmäßige Auftreten einiger auserwähl-
ter Geister zu unserem Kontakt mit jener Welt, die uns wahrhaftig
anging. Ich möchte nicht vergessen zu erwähnen, daß auch Paul
Leppin, Oskar Baum und der ausgezeichnete Erzähler Ludwig Winder gleichfalls Prag viele Jahre lang nicht verlassen haben. Auch
mein treuer Freund Hans Regina von Nack, der in einer kritischen
Situation tapfer zu mir hielt, gehörte zu meinem engeren Kreis. Ich
habe das Lustspiel »Die Opunzie« mit ihm geschrieben, das in vielen
Städten aufgeführt wurde. Auch er wich nicht von Prag. – Es kam
vor, daß wir manchmal alle gleichzeitig mit den gefeierten Gast-
freunden zusammensaßen. Mit einem seltenen, geradezu sagenhaft
anmutenden Gast war ich allein. Zufällig hatte ich den Namen in

der Zeitung entdeckt, unter den in Prag eingelangten Reisenden. Es war Madame Caroline Franklin Grout. Ich erkannte den bedeutungsschweren Namen; es war Flauberts Nichte, das von ihm einst so heißgeliebte junge Wesen. — Da war keine Zeit zu verlieren, ich konnte niemanden verständigen. Vielleicht war sie schon im Abreisen? Ich eilte ins berühmte Hotel »Blauer Stern«, dasselbe, in dem einst (1866) Bismarck den Frieden zwischen Preußen und Österreich unterzeichnet hatte. Und etwa 45 Jahre später durfte ich dort einer verehrten alten Dame einen Rosenstrauß überreichen. Ein kurzes Gespräch, bei dem sich mir der Kopf drehte. Ich hatte gar nicht gewußt, daß sie noch lebte. Das Zusammentreffen hatte etwas vom Zurückblättern in alten Büchern, von gespenstischer Historik. Die Dame reiste nur so, ohne repräsentativen Zweck. Niemand außer mir hatte von ihrer Anwesenheit in Prag Kenntnis genommen. Flaubert, Flaubert beinahe in Person! — Ich erhielt dann eine Einladung, die freundliche, ein wenig ins Majestätische stilisierte Herrin und ihren Mann in ihrer Pariser Wohnung zu besuchen. Und in ihrer Villa »Tanit« in Cannes durfte ich die auf dickem Bütten geschriebenen Originalmanuskripte Flauberts in Händen halten.

Mit John Cowper Powys, dem Verfasser des von mir heißbewunderten Romans »Wolf Solent«, eines üppigen Blumen- und Moorlandschaftsstücks, eines der schönsten Epen, die es gibt, konnte ich nur einige Briefe wechseln. Powys lebte in Amerika. — Hesse habe ich in Montagnola bei Lugano besucht. Wir haben einen weiten Ausflug gemacht und in einem Landwirtshaus unsere Gläser edlen Tessiner Weines auf das Wohl Gerhart Hauptmanns geleert. — Von Knut Hamsun, den ich trotz seiner späteren politischen Verirrung nicht aus meinem Herzen hinausbekommen kann, besitze ich nur wenige Schreiben, von denen ich eines seines krausen und selbst in den paar Zeilen süß verspielten Stils hier mitteile: »Genehmigen Sie meinen Dank für ihren liebenswürdigen Brief. Ich kann nicht die Vorlesung in Prag halten aus dem guten Gründe, daß ich nicht Deutsch kann. Nein auch nicht Deutsch kann ich.«

Zu den Gästen, auf die ich mich wochenlang im vorhinein freute, gehörte Thomas Mann und seine kluge Frau. Auch Erika mit ihrer »Pfeffermühle«. Thomas Manns Ausgeglichenheit war mir ein sittliches Vorbild. Auf den Schriftsteller stürmt so vieles ein. Er ist verloren, wenn er nicht Haltung bewahrt. Haltung, selbst wenn es in der Seele donnert, blitzt und einschlägt. — Als später die Gefahr des

Hitlerismus anstieg und ein Verbleiben in Prag Qualen und den Tod bedeutete, hat sich Thomas Mann meiner angenommen, ohne daß ich ihn darum hätte ersuchen müssen. Eine Tat von Noblesse. Durch Manns Intervention war alles so geschickt gefügt, daß eine Professorenstelle für mich an einem amerikanischen College wartete. Ich zog es vor, dem Genius meines Lebens zu folgen und nach Palästina zu gehen. Thomas Mann hatte volles Verständnis für mich, nahm es mir nicht übel, daß ich seine wohlgemeinten Bemühungen durchkreuzte. Meine palästinensischen Freunde rieten mir damals ab. Gerade Menschen von meiner Art könnten, so hieß es in Briefen, in dem im Aufbau befindlichen Jungland keine Arbeit finden. Als ich in Tel Aviv ankam, bekam ich sofort zwei Anträge, wundervolle Posten betreffend. Es kam auch eine Abordnung der im Lande ansässigen hebräischen Schriftsteller in mein Hotel. Man begrüßte mich herzlich. Nach der Festivität nahm mich einer von ihnen, der große Dichter und Übersetzer Saul Tschernichowsky, unter den Arm, führte mich ins Nebenzimmer und sagte schüchtern: »Reden haben Sie jetzt genug gehört, aber vielleicht brauchen Sie etwas Geld?« Ich war durch so viel Realismus gerührt. Glücklicherwiese konnte ich damals ablehnen. – Viele Jahre nachher, nachdem der Graus vorbei war, konnte ich Thomas Mann mehrmals in Zürich und Küsnacht meinen Gegenbesuch abstatten. Von den vielen Gesprächen sind mir drei besonders deutlich im Gedächtnis geblieben: seine Wertschätzung Heines, und zwar des noch lange nicht genug gewürdigten Prosaautors und Denkers Heine (wir trafen einander wieder einmal in der Übereinstimmung über diesen Punkt) — seine freudige Zustimmung nach der Premiere meiner Dramatisierung von Kafkas »Schloß« im Zürcher Schauspielhaus (»Es war ein unvergeßlicher Abend«, so empfing er mich im Logenfoyer, als ich von der Bühne zurückkam) — und ein letzter Besuch bei ihm, als er mich beim Abschied noch in sein Arbeitszimmer bat, das einen Stock höher lag, mir zeigte, wie er, auf dem bequemen Sofa sitzend, schreibe, dann aber, das leise klagende Gesicht mir voll zuwendend: »Ich bin sehr müde.«

Es war in einem der spannungsreichen Jahre vor dem Ersten Weltkrieg. Wir standen auf dem Perron des Prager Staatsbahnhofs und sahen im Fenster des eben einfahrenden D-Zuges aus Deutschland eine lebhaft winkende Riesengestalt, deren Ausmaße und Bewegungsrhythmen die gerahmte Öffnung zu sprengen schienen. Wir: das heißt die Herren des »Böhmischen Quartetts«, von denen mir der Sekondgeiger Josef Suk besonders lieb war. Er hatte mich eingeladen, mitzukommen und den berühmten Gast mit abzuholen. Der winkende Riese war Max Reger.

Was dieser Mann für mich bedeutete, läßt sich schwer oder gar nicht klarmachen. Nichts liebte ich damals mehr, als gemeinsam mit meinem Freund Felix Weltsch, manchmal auch mit dem Geiger Erwin Stein in häuslicher Intimität Regers Violin-Klavier-Sonaten zu spielen. Namentlich die heute zu Unrecht von Prokofieffs ähnlich strukturierter Symphonie verdrängte »Suite im alten Stil«, op. 93.

Und nun stand also dieser göttliche Mann vor mir, machtvoll dick, ein Koloß, in die Erde eingewurzelt, ein Heros, zu dem auch leiblich emporzublicken Schicksal und Ehrfurcht mir geboten. Vor drei Menschen bin ich im Laufe meines Lebens so gestanden, ohne in hitziger Erregung auch nur ein einziges Wort herausbringen zu können. Sie waren Sendboten aus höheren Kreisen der Schöpfung: Gerhart Hauptmann, Hofmannsthal, Reger. Suk kannte ihn schon, hatte schon öfters mit ihm konzertiert. Er führte uns gleich von der Bahn aus in eine der altberühmten Weinstuben auf dem Wenzelsplatz.

Bei dieser Gelegenheit darf ich es nicht unterlassen, an einige der ergreifenden und einfallsstarken Werke Suks zu erinnern, namentlich an seine höchst dankbare und von echter, dunkler Leidenschaft gebildete »Fantasie für Violine und Orchester«, sein bezaubernd instrumentiertes »Scherzo Phantastique«, seine Symphonien »Praga« und »Reifwerden«. Die Rundfunkstationen sind ja auf der Suche nach aller Schönheit der Welt. Hier, bei Suk, wären alte Schätze neu zu entdecken. Suk, der selbstlose Meister (eine unter Künstlern seltene Eigenschaft, diese Selbstlosigkeit), er war es, der mich auf Janáček hinwies. Und nie werde ich die Stunde, die Nacht vergessen, in der wir beide durch die alles undeutlich verzerrenden Mattscheiben des Bahnhofsrestaurants zusahen — im Franz-Josephs-Bahnhof war es —, wie 1914 Truppen des Prager Hausregiments an die serbische Front einwaggoniert wurden — mein Bruder und ein Verwandter Suks waren unter den Unglücklichen. »Alle Menschen werden Brieder«, flüsterte mir in seinem harten Deutsch der todtraurige Musiker zu, vor Erregung stotternd. Er weinte; um das Wohl aller Menschen bekümmert, das damals ein entscheidendes Leck bekam. Niemand konnte den großen liebenden Menschen Josef

Suk trösten. Auch ich konte es nicht. Ich war ebenso verwundet wie er.

Doch noch ist es nicht so weit – mindestens noch ein Jahr fehlt bis 1914.

Wir sitzen und trinken. Besonders eifrig trinkt Reger. Daheim überwacht ihn seine Frau, so erzählt er unbefangen; auf Konzertreise fühlt er sich frei. Alles geht gut, wiewohl manchmal eine gefährliche Wendung auffällt. Wir loben sein Es-dur-Quartett, das morgen zur Aufführung kommen soll. Reger hat nichts dagegen, wenn man der Reihe nach dies und jenes Detail anerkennend hervorhebt. Seine naive Eitelkeit enthüllt nichts Böses, sie ergötzt. Nun preisen wir die großartige Schlußfuge. Reger nickt ernst: »Die wär' noch viel schöner und länger geworden. Ich habe sie in *einer* Nacht komponiert. Aber da hat mir dann meine Frau die Lampe weggenommen. Leider!«

Aus dionysischen Freuden verfällt er in bitteres Schluchzen. Die Arme liegen auf dem Tisch, das rote Gesicht tränenüberströmt auf den Armen. »Meine arme Mutter. O Gott, meine Mutter. Sie ist im Irrenhaus.« Ich erlebe zum erstenmal solch öffentlichen Leidenschaftsausbruch. Von allen Tischen nebenan wird man auf den berühmten Gast aufmerksam. Auch merkt man mir wohl mein Entsetzen an. Suk stößt mich leicht in die Flanke: »Machen Sie sich nichts draus, mein Lieber. Das erzählt er immer. Seine Mutter ist seit zwanzig Jahren tot.« Ein leichtfertig unbegründeter Trost zieht in mein Herz ein. Und allmählich bemerke ich an Reger das, was allen längst klar ist.

Er aber kommt erst jetzt in volle Fahrt. Unerschöpflich entsteigen Erzählungen, fröhliche Geschichtchen seinem lauten Mund. Er läßt niemand anderen an die Reihe kommen. Sogar Zustimmung ist ihm unerträglich. Einer beginnt ein Parallel-Histörchen. Wird von Reger sofort heftig niedergebrüllt, zum Schweigen verwiesen. Nur von Zeit zu Zeit tritt eine naturbedingte Unterbrechung seiner Rede ein, wenn der mächtige Riese einen Ort draußen aufsucht, zu dem es nun einmal Trinker immer wieder zieht. In seiner Abwesenheit ergreife ich das Wort, berichte irgend etwas. Doch schon ist er wieder da. Noch von der Türe aus, die Linke noch an den Hosenknöpfen, fällt er mir wütend in die Rede, hebt beschwörend die Rechte: »Auf den da hört's nicht, das is all's a Lügen. Ich will euch was erzählen, ich . . .« und ist schon in einer famosen Moritat mittendrin.

Am nächsten Tag, erst ziemlich gegen Mittag, holten wir ihn im Hotel »Blauer Stern« ab, zeigten ihm die Prager Burg. Jetzt war er ernst und großartig. Nie wieder habe ich so stark das Gefühl gehabt, daß um eine geniale Person die elektrischen Funken wirbelnd toll zur Erde knistern. Ich arbeitete damals gerade an meinem Roman »Tycho Brahe«. Die blutvolle jähzornige Gestalt des großen Astronomen — und der unbändige, seinem Genius völlig hingegebene Komponist — sie verschmolzen in mir zu einem einzigen lebendigen Menschen. So kommt es, daß mein Tycho in vielem die Züge Regers und jener zwei Tage trägt, die ich in Regers Nähe zubringen durfte.

Am Abend vor dem Konzert wurde mir die Ehre zuteil, den Halbgott ins Konzert zu lotsen, bei dem er mit einigen seiner eigenen Klavierstücke die Streichermusik unterbrechen sollte. »Sie bringen ihn lebend oder tot«, lautete Suks strenger Befehl. Er hatte richtig vorausgeahnt. Reger saß in seinem Zimmer bei Cognac, er war nicht mehr in schlichtmenschlichen Regionen. Dennoch gelang es mir, ihn ins übliche Virtuosenkostüm, in Frack und Lackstiefel zu introduzieren. Stolz wies er auf die goldgestickten Ornamente der Frack-Reverse. »Da sehen Sie die Palmen an meinem Frack«, fuhr er mich an. »Die hat nicht einmal der Richard Strauß. Das ist das Ehrendoktorat von Oxford.« Die Stiefel konnte er nicht ankriegen, das Hotelstubenmädchen mußte gerufen werden. Sie tat ihr möglichstes, wie der Bürgermeister in der berühmten Szene von »König Ottokars Glück und Ende«. Reger war höchst unzufrieden. »Das soll ein Knoten sein?« unwirschte er und zeigte dem Mädchen, wie er, er persönlich den Knoten haben wollte. »Sehn Sie«, erhob er sich dann wieder und wandte sich schnaubend an mich, »alles muß ich die Menschen unterrichten, sogar wie man einen Stiefelknoten bindet.« — Nun, das wird ja heute abend im Konzert schön werden, dachte ich herzensbekümmert.

Und dann, im großen Saal spielte Reger mit einer Zartheit, einer gottergriffenen Innigkeit, einer Feinheit und Präzision, wie ich zeitlebens nie wieder Klavier spielen gehört habe.

Die Szene mit den Knoten aber hat im »Tycho Brahe« ihren Platz gefunden.

Eine der größten Erquickungen in meinem Leben war es stets, Kammermusik zu spielen. Mit meinem Bruder vierhändig, mit meiner Schwester, die die Lieder und Opernpartien sang. Lange Zeit hatte ich auch mit musikliebenden Freunden zusammen ein ständiges Trio; die beiden Klaviertrios von Schubert, Beethovens lange Reihe, Brahms, Saint-Saëns, Tschaikowskij und andere wurden mit freudigen Kräften aufgeführt. Manchmal wurde der kleine Musikkörper zur Klavierquartettform, zum Quintett erweitert. Das war schon ein kleines Orchester. Es gab auch eine Zeit, in der ich mich bemühte, die letzten Schwierigkeiten bis zur Stufe des Konzertpianisten zu überwinden. Es gelang mir nicht. Aber die Fähigkeit, gut Klavier zu spielen, auch schwierige Werke vom Blatt zu lesen, ist mir nach jenen Anstrengungen geblieben. Bald traten Partiturstudien hinzu. Mein Musiklehrer war mein Jugendfreund, der Komponist und Dirigent Adolf Schreiber, ein Schüler Anton Dvořaks, so daß ich mich wohl einen Enkelschüler Dvořaks nennen darf. Ich machte Janáček und Nielsen auf die blitzartig einleuchtenden, vorbildlosen Kompositionen Schreibers aufmerksam. Beide waren begeistert, ich besitze Briefe von ihnen, die das bezeugen. Dennoch blieb Schreiber gänzlich unbegriffen und unbekannt. Er stürzte sich in den Wannsee und fand den Tod. Ich habe dann einen Band seiner Lieder und eine Monographie über ihn herausgegeben. Vergebens.

Von meinen eigenen Kompositionen will ich in diesem Zusammenhang nicht reden. Es widerstrebt mir aus mancherlei Gründen. Vielleicht komme ich bei anderer Gelegenheit auf das Thema zurück.

Die unendlichen Wonnen des Klavier-Violin-Zusammenspiels kostete ich mit Felix Weltsch aus. Es ist oft beseligender, als in ein großes Virtuosenkonzert zu gehen: einen Freund zu besuchen, der schön, wie ein eifriger Musikliebhaber eben, die Violine meistert, dann nach kurzem Gruß an seinem Klavier sich niederzusetzen und die Sonne wunderkräftiger Melodien erstrahlen zu lassen, wir beiden Zauberer. Allen jenen, die es gern ebenso machen wie ich, habe ich einen guten Rat zu geben. Gewiß haben sie, ebenso wie ich, schon oft schmerzlich empfunden, wie gering dem Umfang nach eigentlich die Literatur für diese herzerhebenden kleinen Konzerte ist. Man spielt die Klassiker. Die Vorklassiker. Ein Glück, als Reger kam. Und die drei durch und durch lichterfüllten Sonaten von Brahms, dazu die beiden letzten, die eigentlich für Klarinette geschrieben sind, aber auch für Violine lassen sie ihr »Ade, Ade, Lebewohl«, unsagbar rührend erklingen ... Zu Ende. Da muß jeder dankbar sein, dem ein neues Licht begegnet, ein wirklich die Hintergründe des Weltganzen aufreißendes Werk, den beiden Instrumenten anvertraut, die so schrill und sanft zusammenklingen zwischen den heimischen Möbeln. Carl Nielsens Violinsonate opus 9 (Verlag Wilhelm Hansen in Kopenhagen) ist solch ein Werk.

Ich wurde auf Nielsen durch den »Kunstwart« aufmerksam gemacht, diese ernst pflegerische, im besten Sinn Erziehung ausstrahlende Zeitschrift, dergleichen es heute nicht gibt. Denn alles will zu sehr blenden, imponieren, von der Unvergleichlichkeit der eigenen Kenntnisse überzeugen, nicht den Leser leise, liebevoll an das Neue heranführen, wie es der »Kunstwart« tat. Den Musikteil leitete damals Richard Batka, der wissensreiche und geschickte Experte, nur leider allzu wagner-orthodox. Batka brachte damals (vermutlich 1910) als Musikbeilage der Monatsschrift den zweiten Satz der »Symphonischen Suite« von Nielsen, die ironischerweise, mit ihrer großen Könnerschaft, ihrem Adelsstammbaum von Bach her, das Motto aus Goethes venezianischen »Epigrammen« im Schild trägt: »Ach die zärtlichen Herzen! Ein Pfuscher vermag sie zu rühren.« — Ich liebte sie sofort. Diesen zweiten Satz, ein »quasi Allegretto«, dessen Anfang durch die dorische Tonart geformt wird, erhob ich zu meinem Losungsspruch, seine zärtlich und doch so entschlossen hämmernden Rhythmen haben mir in mancher schweren Situation der folgenden Jahrzehnte Trost und Rat zugesprochen. Und das kontrastierende Gegenthema kommt direkt aus dem »Wohltemperierten Klavier« herangehüpft, doch schicklicherweise in nordisch folkloristischer Verbrämung und mit dem unwiderstehlichen Ansturm einer neuen schroffen, harten Individualität. Und dann wiederholt sich süß, klagevoll tröstend der Anfangsgesang dieser eigensinnigen Schöpfung.

Ich habe eine unheilbare Schwäche für alles Eigensinnige und Eindringliche. So beschaffte ich mir die *ganze* Suite, dann auch gleich einige Lieder und die besagte Geigensonate. Es war eine heitere Offenbarung. — Lange Zeit war es mir seltsam erschienen, daß die skandinavischen Völker mit der Strenge ihres Ibsen, mit Strindbergs

Verstiegenheit und Reizbarkeit und mit der natürlichen Kraft und Einfachheit Knut Hamsuns, als Musiker nichts Gleichwertiges hervorgebracht haben sollten. Ihr Kjerulf erschien mir zu simpel, Gade zu maßvoll, Grieg (bei ergreifenden Einzelheiten) doch zu sehr im Glanz von Salonparketten untergehend. Alle drei schätze ich, aber trugen sie mir wie Hamsun in Wolken jagende, unheimlich drohende Schönheitsträume zu? – Nielsen, das ist die Antwort. Nielsen hat die Hamsun entsprechende Musik der Nordländer geschaffen (der langweilige Sibelius hat sie selbstverständlich nicht geschaffen). Seit Nielsens Werke meinen Horizont berührt hatten und glanzvoll heraufzogen, war die (übrigens so kindische, so jugendliche) Frage nach dem Analogon Hamsuns beschwichtigt. Ich erkannte in Nielsen Hamsuns phrasenlose straffe, tüchtige Männlichkeit wieder sowie seine unter diesem Panzer verhüllte Zartheit und Schwermut. Seine gute Laune bei allen Übeln, seinen Mut, seine Nicht-Weichheit, seinen manchmal verzweifelten Humor. (Von seiner politischen Beschränktheit spreche ich nicht.) Lebt in Hamsuns zentralen Figuren immer ein heißer, fast übertriebener Trieb zu Rechtlichkeit, Anständigkeit, zu erlaubten Mitteln, Vermeidung aller Effekte, Bescheidenheit, ja zu einer Verschleierung eigener Vorzüge: so finde ich dasselbe in Nielsens legitimem Kontrapunkt, in seiner ehrlichen und reinen Stimmführung, die keiner noch so scharfen Kante ausweicht, in seiner Vorliebe für das Fortissimo, in seiner zarten, einfachen und doch so neuen Melodik, kurz in dieser ganzen Musik, die unzergliedert bleiben möge, so wie sie einer liebevollen Landschaft gleich mit Freudengewalt bis zum Zerspringen mein Herz erfüllt hat.

Die letztzitierten Sätze sind einer Kritik entnommen, die ich in einer Wiener Musikzeitschrift im Oktober 1910 (und 1913 in meinem Buch »Über die Schönheit häßlicher Bilder«) veröffentlicht habe. Die Zeitschrift führte den unschönen Namen »Der Merker«. In seiner Briefantwort hebt Nielsen besonders das Zutreffende des Ausdrucks »Legitimer Kontrapunkt« hervor. Er schreibt: »Das ist reizend, ist generell bedeutend, weil die Forderung an Legitimität für alle Künste und Wissenschaften gültig ist.« – Ich besitze sechs Briefe von Nielsen, zum Teil ausführliche Schreiben, manche andere sind im Laufe der Zeit verlorengegangen. Wir wollten einander in den Ferien treffen, aber ein Straßenunfall machte seinem Leben ein Ende. Er wurde auf dem Weg in die königliche Oper (Kopenhagen), deren Leiter er lange Zeit gewesen war, tödlich überfahren.

Als ich zum erstenmal über ihn schrieb, war er noch jung. Er hat seither eine Fülle von Meisterwerken geschaffen, die seinen Namen über die Grenzen der Nordländer hinausgetragen – die ihn, wie der unziemliche Ausdruck lautet, »durchgesetzt« haben. Denn nicht auf ihn, nicht auf seinen Ruhm kommt es an, sondern darauf, daß sich bei uns, den Hörern, das rechte Gefühl einer absoluten Kunsterkenntnis und gerechten Dankbarkeit »durchsetze«. Um unsertwillen. Tua res agitur.

»Wo bleiben seine Triumphe?« schrieb ich einmal entrüstet, »wo seine Münchener Festspielwochen?« Diesen Satz hat Nielsen sich gemerkt. Er zitiert ihn in einem der Briefe. »Zum 31. Oktober (1913) dirigierte ich dasselbe Programm plus mein neues Violinkonzert in das kgl. Opernhaus in Stockholm. Die Hofkapelle in Stockholm ist wirklich gut. Denken Sie: ich wurde ordentlich gefeiert! Es schmeckte von: ›Wo sind seine Münchener Festspielwochen?‹ Ich denke immer an Ihnen wenn ich so etwas erlebe. Sie fragen vielleicht: ›Warum schicken Sie dann nicht eine Karte?‹« – In dem gleichen Brief heißt es: »Wie oft habe ich Ihnen schreiben wollen! Ich bin Ihnen, so lange ich lebe, dankbar für alle schöne und gute was Sie mir gebracht haben. Ich habe Ihnen schon früher gesagt wie viel Ihre Teilnahme für mich bedeute, und ich wiederhole es immer und immer. Sie wissen noch nicht daß Sie wie die Taube mit dem Ölblatt gewirkt haben.«

Der letzte Brief ist aus dem Jahre 1927. Dazwischen liegt die schäumende »Luziferische Suite« op. 45 (für Klavier), die Symphonien, darunter besonders bedeutsam die »Espansiva« und die, welche »Das Unauslöschliche« betitelt ist, das Violinkonzert, ferner die »Hymne an den Schlaf« für Chor und Orchester, die Orchesterfantasie »Pan und Syrinx«, vier Streichquartette usf. Da taucht ein Lied auf »Fahr wohl, du kleiner Dampfer«, das in all seiner leidenschaftlichen Unschuld und Sehnsucht wirklich wie aus Birken und Sand und Strand, aus Hamsuns »Pan« losgerissen und herangeweht scheint. Und wieder bin ich bei der heißverehrten Violinsonate, die voll von feinsten Geheimnissen ist, unprogrammatisch, weil tief erlebt; der Übergang zur Durchführung des ersten Satzes und der Anfang der Durchführung selbst (etwa 18 Takte und mehr) stellt inspirierteste Hamsun- und Waldmusik dar, grünen, sanft in sich ruhenden Frieden. Die Waldtiere schaun langsam auf; und während sie sich auf ihren duftenden Futterplätzen im Schatten der Bäume lagern, den Abglanz entfernter Gletscher wie ein dünnes Schneegestöber zwischen sich, gleichen sie schon den ernsten, gesetzmäßigen, kraftvollen Tönen der lieben Sonate, scheinen sie im Chor zu singen und zu brüllen, Rehe, Vögel, Eidechsen, Käfer, Bären ... Wir sind im Norden. Seltsam mischt sich zur strengen Kunst Nielsens das Nationale, diese abwechselnd großen und kleinen Terzenschritte, die immer wieder auf denselben Grundton zurückfallen, eine hartnäkkige Schalmei, aus der hie und da eine Quart jubelnd heraufschlägt, eine Sekunde traurig herab, das Ganze trotzig und klagend, hart und doch in unklaren Nebeln, präzise Verschwommenheit. Wie bei Bach zeigt sich hier die Kraft in mannigfaltigen, durchsichtigen und beweglichen Sechzehntelfiguren, die gleichsam stets bis ins Innere erleuchtete, veränderliche Organismen bleiben, niemals zur Begleitung trübe erstarren ... So in dieser Prachtsonate. Königlich setzt das Hauptmotiv ein, nie gehört, es spaltet sich, ein Teil dient als Nebenstimme der Kantilene, er breitet sich fächerförmig aus, zuckt wie nach elektrischen Schlägen empfindlich zusammen, ein anderer Teil wird in der Durchführung überraschend selbständig, durch eben diese abwechselnd geschärften und abgestumpften Terzen zu einem zauberhaften Gewebe ausgespannt, die Vergrößerung des Einfalls mit dem Original verbunden zu einem eigensinnigen Witz. Und die Stimmung über alldem durch Gesetze hervorgebracht, für deren Benennung noch keine Worte existieren.

Man erkennt den großen Meister auch an den erlebten Schlüssen, da setzt sich die Melodie pulsierend bis ins äußerste Glied des letzten Akkordes fort, ein klopfendes Herz, während die Nichtskönner ein Bumbum und endlos immer wieder und noch ein schallendes Bumbum imposant an ihr Machwerk picken, Schablone, Schablone. — Nielsen kennt keine Schablone, auch nicht die der berechnenden und krampfig verzerrten Moderne. Daher hat auch heute noch seine Musik zu kämpfen, die außerhalb der Mode wesende Schönheit ist noch vielen guten Menschen und Künstlern unerkannt geblieben.

Ich habe mir auch ein Bild Nielsens verschafft, aus dem er von mir wegschaut wie ein begabter, unergründlicher Schuljunge, mit breiten Lippen, starrer Stirn, abstehenden Ohren, dünnen, blonden Haaren, und mit solch stillen Augen! Dieses Gesicht, ähnlich wie das Regers, wirkt auf den ersten Blick kahl und matt, das Gesicht eines erwachsenen Kindes. Aber schnell ahnt man bei beiden den Reichtum hinter dieser scheinbaren Nüchternheit, hinter diesem Vagen den Blitz!

Noch ehe der »brave Soldat Schwejk« als Buch erschienen war, habe ich in einem Artikel auf ihn aufmerksam gemacht. Die Kenntnis des Schwejk, der damals nur in Fortsetzungsheftchen unter der Bevölkerung kursierte, verdanke ich meinem guten Kollegen Dr. Bléha im Presse-Departement, in dem ich damals als Theaterkritiker tätig war. Auf unseren endlosen Wegen vom Büro nach Hause hat er mir mit Genuß und Kennerschaft Episode für Episode des damals noch fast unbekannten Schwejk erzählt. Schwejk ist der Pazifist aus Stupidität, aber hinter seiner Stupidität blitzt gesundes Empfinden eines Volkes hervor, das hauptsächlich ungeschoren sein und leben will. Der Sancho Pansa von Prag. Seine wohlwollende Bosheit ist enorm. Er ist das Gegenteil eines programmatischen Revolutionärs (als den ihn später Piscator auffaßte). Er tut das Richtige, weil es ihm so paßt, weil er es gewohnt ist, weil sein Instinkt es gebietet. Nicht irgendeiner Theorie zulieb.

Der Artikel wurde dann in mein 1923 erschienenes Buch »Sternenhimmel« aufgenommen. Jetzt Neuausgabe bei Zsolnay (1966).

»Durch Ritzen nimmt man Abgründe wahr«, mit diesem Briefwort hat Flaubert die Struktur unseres menschlichen Daseins wie auch jedes wirklichen Kunstwerks ausreichend gekennzeichnet. Daher habe ich nie das Plakatierte gemocht, habe den Expressionismus verlassen. Ich liebe es, wenn man mit einem Satz, einer Geste, einer Anekdote das Wesen einer Person, ja einer ganzen Zeitperiode an die Oberfläche zieht.

Meine Begegnung mit Jaroslav Hašek war von solcher Art. Dr. Bléha erzählte mir, daß Hašek sämtliche Rechte an einem seiner Werke einem Theaterdirektor für ein Glas Pilsner Bier verkauft habe. Das war die erste Kunde, die zu mir drang.

Bald nachher hörte ich, daß er sich auch am Wahlkampf beteiligen wolle. Die junge tschechoslowakische Republik, 1918 ins Leben gerufen, stürzte sich damals mit Leidenschaft in ihre Parteistreitigkeiten. Hašek war kürzlich aus russischer Kriegsgefangenschaft heimgekehrt. Übrigens mit einer neuen Frau, wie es hieß, einer Fürstin Lvová. Und ohne sich von seiner ersten Frau, die mit seinem Söhnchen in Prag zurückgeblieben war, scheiden zu lassen. Da alle Gesetzesparagraphen dicken Schimmel ansetzten, warum sich gerade um den gegen Bigamie kümmern? — Hašeks Novellen »Zwei Dutzend Erzählungen«, im Karpatengebiet unter huzulischen Räubern, rumänischen Dieben, jungen und alten Zigeunerinnen sowie sehr klugen Bären spielend, erregten keinerlei Aufsehen. Heute liest man sie mit anderem Blick, würde wünschen, daß ihre frechen, ja grausamen, knapp und witzig erzählten Abenteuer einen Übersetzer fänden. Dennoch wird Hašek stets der Schöpfer eines einzigen Buches bleiben, des Schwejk. Und der Schwejk war damals noch nicht geschrieben. Was sollte der junge Heimkehrer tun? Er warf sich aufs Politische, mischte auch hier sofort die Karten ironisch durcheinander, gründete mit einigen Spießgesellen eine neue »*Partei des maßvollen Fortschritts im Rahmen der Gesetze*«.

Für diese Partei zog er durch die Lande, hielt Wahlreden, in Biergärten, Kabaretts, in rauchgeschwärzten Butiken. Bei einer solchen Wahlrede, inmitten von stürmischem Gelächter, in das er laut miteinstimmte, habe ich den blassen Mann mit dem Vollmondgesicht und der kleinen spitzen Nase zum ersten (und einzigen) Mal gesehen. Er trug eine kosakische Fellmütze.

Ich diente damals als Kulturreferent im Ministerrats-Präsidium des neuen Staates. Der wundervolle junge Kollege namens Dr. Bléha, einer jener gebildeten vorurteilslosen jungen Tschechen, die damals (unter Masaryk) den Ton angaben, sprach den ganzen Tag in Hašekschen Redewendungen auf mich ein. Der tschechische Schwejk begann in Heften (pro Fortsetzung eine Krone) zu erscheinen. Laut Bléha ging der Autor selbst von Haus zu Haus und verkaufte sein Werk nach Art von Kolportage-Romanen; er zog die Hintertreppe und die Dienstmädchen vor. Öfters war er betrunken, und es kam beim Einkassieren zu kleinen Meinungsverschiedenheiten.

Bei der hohen tschechischen Literatur war Hašek weniger als nicht angesehen, er war überhaupt nicht vorhanden. Bléha steckte mir die auf Zeitungspapier gedruckten Heftchen zu. Ich war sogleich erschüttert. Ich veröffentlichte etwas später eine Kritik, die eine Attacke auf die ganze tschechische Öffentlichkeit war. Ganz ebenso hatte ich mich einige Jahre vorher mit der Entdeckung des Komponisten Janáček bei den Tschechen unbeliebt gemacht; denn auch Janáček wurde zunächst von der hochoffiziellen Kritik nicht ernst genommen. Über Hašek also schrieb ich (dieser Satz wurde dann auf den Umschlägen der ersten deutschen Schwejk-Ausgabe, übersetzt von Grete Reiner, nachgedruckt): »Hašek ist ein Humorist des allergrößten Formates, den mit Cervantes und Rabelais zu vergleichen vielleicht einer späteren Zeit nicht allzu gewagt erscheinen wird.«

Das Zweideutige, Hintergründige, Gemischte, das alle unsterblichen Gestalten der Weltliteratur auszeichnet, umschwebt auch den »guten Soldaten Schwejk«. Er ist derb, aber fügsam, gar nichts von Ekrasit ist an ihm, durch beflissenes Jasagen bringt er den Krieg, den Militarismus grinsend ad absurdum.

Er siegt durch seine Weichheit, in der unauffällig das gesunde Empfinden des Volkes und eine Dosis wurschtiger Hinterlist steckt. Pallenberg hat die Figur sehr wirksam, aber falsch gespielt. Der erste tschechische Darsteller des Schwejk (Noll) war um vieles echter, stiller, vertrottelter. Man kann ein Trottel sein und doch tausendmal gescheiter als unsere Kriegspolitiker — das sprach aus Noll mit jeder seiner Grimassen. Einige Sketche aus dem Roman, nicht abendfüllend, einakterhaft, wurden damals im Cabaret »Adria« gespielt. Bléha nahm mich mit. Unter den Darstellern fand ich einen alten Bekannten, den Maler Pittermann, der unter dem Namen E. A. Longen auftrat. Der lange Burian, nicht der berühmte Regisseur gleichen Namens, gab einen Erzherzog oder Oberarzt (genau weiß ich es nicht mehr), der das Tschechische grandios radebrechte. Der Schwejk begann in Prag populär zu werden.

Hašek trank zu viel. Man hatte ihn in ländliche Einsamkeit, nach Lipnice an der Sazawa gebracht. Ein Fehlgriff, dort kam er aus dem Wirtshaus überhaupt nicht mehr heraus. Longen besuchte ihn draußen, und beide schwelgten nun in Alkohol. Sie schrieben mir gemeinsam, ich habe die beiden Ansichtskarten vor mir:

12. 12. 1921
Lieber Herr Brod! Ich danke Ihnen für Ihre liebliche Kritik und möchte Sie bitten, mir die Exempläre zu senden unter meine Adresse J. Hašek, Lipnice u Světlé n. Sázavou.

Mit vielem Grüß   Jaroslav Hašek
Ich sende Ihnen ein Bild!   Ihr Longen
(zusätzliche Unterschriften:) Longenová — Lvová

Lieber Herr Brod, wir feiern meine Ferien mit Hašek zusammen und dürfen dabei des besten Menschen: Herrn Brod! nicht vergessen. Wir sind vorbereitet dabei große Szenen aus dem »Švejk« zu spielen: den Feldkurat wie er mit seinem »Švejk« säuft. Wir grüßen Sie und Frau Gemahlin herzlichst und verbleiben
Ihre Freunde   Jaroslav Hašek — E. A. Longen

Von Longen gibt es einen tschechischen Roman »Schauspielerin«, randvoll von Sex, Champagner und fieberhaften künstlerischen Ambitionen jener Zeit. Das tragische Schicksal seiner Frau Xena Longenová, die sich, mit dem Kopf voran, aus dem Fenster stürzte und am Straßenpflaster zerschellte. Sie war die herrliche erste »Galgentoni« im Sketch von Egon Erwin Kisch, der in dem gleichen verachteten Chantant »Adria« gespielt wurde, wie die ersten Schwejk-Szenen, in denen damals kaum drei, vier Menschen mehr als bloßen Mumpitz gesehen haben.

Hašek selbst war sehr stolz auf meine Kritik, meinen Dramatisierungsplan. Er sah jetzt seine Zukunft gesichert. Longen erzählte mir, wie sich Hašek geäußert habe, als er meine Kritik las. Er tat es in volkstümlicher Weise: »Bisher war nix mit mir. Aber jetzt wo das ein Jud in die Hand nimmt, jetzt werdet's ihr sehen.«

Die glanzvolle Piscator-Premiere (Berlin) der Dramatisierung von Brod und Reimann traf ihn nicht mehr unter den Lebenden.

Meinen Kampf für Janáčeks Oper »Ihre Ziehtochter« (der ich den Titel »Jenufa« gegeben habe) und für die Durchsetzung seiner musikalischen Gesamtpersönlichkeit begann ich mitten im Ersten Weltkrieg – mein entscheidender Artikel, in dem ich die nicht-tschechische Welt auf »Jenufa« aufmerksam machte, erschien unter dem Titel »Tschechisches Opernglück« am 16. November 1916 in der Berliner »Schaubühne«, die später »Weltbühne« hieß.

1916 war die Stellung Janáčeks unter den Tschechen aufs peinlichste bestritten und außerhalb des Kreises seiner Landsleute überhaupt nicht vorhanden. Jenseits der Grenzen der mehrheitlich tschechischen Landesteile Österreichs (Böhmen, Mähren und Schlesien) wußte man nichts von ihm. Auch nach dem Erfolg der »Jenufa« blieb er vielen tschechischen Kritikern ein Stein des Anstoßes, namentlich denen, die vom hochangesehenen Universitätsprofessor und Musikologen Nejedlý beeinflußt waren. Wie ich den Nachrichten entnehme, die über das heutige tschechische Musikleben zu mir dringen, hat Professor Nejedlý (heute Kulturminister) seine Stellung gegenüber Janáček revidiert. Wohl deshalb, weil Folklore heute Trumpf ist. Solange Janáček lebte, hat Nejedlý ihn gerade folkloristischer Neigungen wegen angegriffen. So ändern sich die Zeiten. – Ein Schüler Nejedlýs saß im Theater regelmäßig bei Premieren neben mir. Wir waren beide Musikkritiker und kollegial gewissermaßen aneinandergefesselt. Nebenbei bemerkt: Fast alle wichtigen Musikkritiker waren damals Schüler Nejedlýs. Er beherrschte mit seiner Janáček-feindlichen Einstellung die öffentliche Meinung. — Damals hatte ich gerade begonnen, meiner Begeisterung für die Musik Janáčeks im Ausland Ausdruck zu geben. Ich tat es immer wieder. Sooft ich nun im Theater erschien, empfing mich mein lieber Kollege mit folgendem Satz in tschechischer Sprache: »Hören Sie, Brod, mit diesem Janáček nähen Sie sich einen schönen Stiefel.« Es war nicht leicht für einen jungen Menschen wie mich, diesen jedesmal suggestiv hervorgeschleuderten Worten zu widerstehen. — Ich erzähle diese Anekdote gern, um junge Menschen heute zum Widerstand und Ausharren gegen jedes Kunstgeschwätz zu ermuntern, und sei es noch so autoritativ vorgebracht.

In seiner Heimat also hatte Janáček es ungeheuer schwer. Er lebte in Brünn, wo er die dortige Orgelschule (Konservatorium) leitete; in der Hauptstadt Prag galt er daher als provinziale Erscheinung. Er mußte 62 Jahre alt werden, ehe sein Hauptwerk *Jenufa* auf der Bühne des Prager tschechischen Theaters erschien.

Das Skurrile dabei ist: Diese herrliche Oper, zweifellos ein Standardwerk, war gar keine Neuheit, war am Tage ihrer Prager Erstaufführung bereits zwölf Jahre alt gewesen. Und nicht nur das; sie war im Jahre 1904 in Brünn uraufgeführt worden, hatte sich dort all die zwölf Jahre hindurch ständiger Wiederholungen, großer Beliebtheit erfreut! Und dennoch, dennoch: Die Prager Herren hatten es nicht für nötig befunden, diesen »Provinzialismus« näher in Augenschein zu nehmen.

Janáček erzählt mir, wie es dann doch zur Prager Aufführung gekommen ist: Ein Zufall, ein lächerlicher Zufall! Eine Dame singt im Kurörtchen Bohdanec immer wieder Arien aus »Jenufa«. Ein Schriftsteller spaziert vorbei, erkundigt sich, gerät in Erstaunen. Er telegraphiert um den Prager Theaterdirektor, der seinen Urlaub in der Nähe verbringt. Die Dame erklärt sich bereit, den beiden die ganze Oper vorzusingen. Tut es. Begeisterung. Die Partitur geht nach Prag, Kapellmeisterkollegium. Resultat: Die Oper wird abgelehnt, wie in den Jahren zuvor. Doch jetzt läßt der Schriftsteller nicht mehr locker. Annahme. Schon bei den Proben Enthusiasmus der Darsteller. Ungeheurer Premierenjubel. Nach dem ersten Akt gesteht ein zweiter Kapellmeister dem Komponisten, in furchtbarer Erregung, daß er es war, der immer wieder das ablehnende Gut-

achten abgegeben, daß er aber in die Partitur nur flüchtig hinein-
geschaut habe . . .
Nun, es ist immerhin lehrreich, hinter die Kulissen der Kunst- und
Kulturgeschichte zu blicken.
Später einmal schrieb ich in meiner kleinen Zeitung, dem »Prager
Abendblatt« (das auch den Spitznamen »Der Kreuzerfrosch« führte),
rückblickend den folgenden Artikel:
»*Der Meister und seine Schule.* Das Erstaunliche, daß Janáček durch
all die Enttäuschungen seines Daseins nicht verbittert worden ist.
Er lebt im Glück einer völlig jugendlichen, ungebrochenen Schaffenskraft. Auch äußerlich eher ein Fünfundvierzigjähriger als ein
Fünfundsechziger! Sieht man ihn, hört man seine ehrlichen, temperamentvollen und treffsicheren Bemerkungen, so beginnt man
doch wieder zu glauben, daß Gott mit der Menschheit Größeres
vorhat, als der tägliche Anschein lehrt. — Oh, wie deutlich fühlt
man: Nichts geht über das Wunder der Hingegebenheit. So einfach
lebt dieser einzige, Stille in Leidenschaft für seine große Sache. Er
setzt sich nicht in Szene, er versteht es gar nicht, aber er merkt nicht
einmal, daß dieser Mangel ihm schadet. Vor allem ist ihm nur seine
Arbeit wichtig. Daß sie dann liegenbleibt, daß sogar heute noch,
nach dem durchschlagenden »Jenufa«-Erfolg, der größte Teil seiner
Werke ungedruckt daliegt — es ärgert ihn wohl, es ist ihm nicht
angenehm. Aber daß er Anstalten treffen würde, diesem Übelstand
abzuhelfen, das merke ich nicht.
Es ist so herrlich, daß es immer noch Künstler gibt, die nicht wissen,
wie's gemacht wird.
Sie leben wohl so wie Janáček. Im Vorstädtchen einer Provinzstadt.
In einem Garten, in einem kleinen Parterrehäuschen, das bescheiden,
doch ganz nach eigenem Zuschnitt eingerichtet ist. Von der Straße
her ist es nicht zu sehen. Von der Straße her verdeckt diesen Privat-
aufenthalt das große öffentliche Werk, Janáčeks Orgelschule. Auch
dies ist ein einfaches und nicht sehr beachtetes Gebäude, doch edel,
hell, mit griechischen Tempelsäulen geschmückt. Jahrzehntelang nur
Vereinsbesitz, heute vom Staat übernommen, so daß der Meister
wenigstens finanzieller Sorge überhoben scheint. Hier trägt Janáček
vor. — Hier hat er Scharen tüchtiger Musiker erzogen. Überflüssig
zu bemerken, daß seine unschätzbar eigenwilligen Vorlesungen ungedruckt sind . . .« (usf.)
Heute ist Janáček in seiner Heimat der große Trumpf. Jede Zeile

von ihm wurde erforscht, fast alles ist gedruckt worden. Ein eigenes Staatsamt und Archiv befaßt sich mit akkuratester Janáčekforschung. Wie kam es dazu? Ich gehe noch einen Schritt weiter zurück. Wie war der Anfang? Wie kam ich dazu, mich in den Gang der Geschehnisse einzumischen?

Im Jahre 1916 schrieb mir eines Tages der große Komponist Suk ganz unvermittelt — ich hatte ihn seit den Tagen mit Reger und dann seit dem Kriegsbeginn nicht wiedergesehen —: ich solle mir nur ja die Oper »Jenufa« im Prager tschechischen Nationaltheater anhören.

Ich gehorchte und hatte das größte künstlerische Erlebnis seit Kriegsbeginn . . .

Das Haus ausverkauft, mit Mühe fand ich auf der obersten Stehgalerie Platz. Ich sah nichts, hörte nur. Plötzlich stampfen Urklänge eines Rekrutenliedes, eines Bauerntanzes zu mir herauf. Tränen der Seligkeit, lang entbehrte Tränen standen mir im Auge . . . Ach, da war es wieder einfach und gut, auf dieser Welt da zu sein! Da wachte auf das Herz!

Einige Monate später. Ein unbekannter alter Herr steht in meinem Zimmer. Es ist Sonntag, noch ziemlich früh. Noch nicht acht Uhr. Ich habe eben noch tief geschlafen. Träume ich weiter? — Dieser Kopf mit der hohen, schöngewölbten Stirn, die blitzend-ernsten, offenen, großen Augen, der geschwungene Mund: Das ist Goethes Kopf, wie ihn Stieler gemalt hat, doch hier ins Slawisch-Weichere transponiert . . . Ein Namen klingt mir in den Traum. »Leoš Janáček.« Es ist der Komponist der »Jenufa«.

In der Zwischenzeit hatte ich in der »Schaubühne« über mein »Jenufa«-Erlebnis berichtet. Ist es nicht wirklich ein außergewöhnlicher Fall, daß eine Meisteroper zwölf Jahre in den Kanzleien der Theater modert, um dann plötzlich, durch Zufall entdeckt, ans Licht zu springen und sofort alle zu packen, alle zu rühren durch die ihr einwohnende unendliche musikalische Macht. So daß man erstaunt fragt: Warum erst heute? Warum mußte eine Generation sterben, ohne diese Erschütterung erlebt zu haben?

Doch am Ende paßt es nicht übel zu unserer Vorkriegs- und Kriegszeit, daß ein Genie wie Janáček sechzig Jahre alt werden mußte, ehe es wenigstens in seiner eigenen kleinen, leicht überblickbaren Nation zur Anerkennung gelangte.

Ich wollte die Übersetzung nicht übernehmen, hatte dem Verlag bereits einen Absagebrief geschickt. Eigene Dramenpläne näherten sich der Reife. Ich hatte in der Berliner Zeitschrift auf das Werk dringend aufmerksam gemacht, glaubte genug getan zu haben ... Da kam der Meister selbst zu mir, die weite Reise aus Brünn scheute er nicht. Sein Blick bezwang mich. Mehr noch ein Wort, dessen heilige Naivität ich in mir aufbewahre. Während es nämlich sonst in der sogenannten »Welt des Geistes«, will sagen: in der kommerzialisierten Welt des Pseudogeistes sehr oft vorkommt, daß von zwei Verhandelnden jeder der beiden sich bemüht, dem anderen vorzuspiegeln, ihm selber liege eigentlich nichts an dem positiven Ausgang der Verhandlungen, der Abschluß geschehe allenfalls ausschließlich im Interesse des *anderen* Partners, beileibe nicht im eigenen Interesse, ging Janáček den umgekehrten, den aufrichtigen und nicht geschäftstüchtigen Weg. Er deckte sofort alle seine Karten auf, breitete sie auf den Tisch. Ließ sich keinen Rückhalt frei. Ihm liege sehr viel, ja alles daran, daß ich, gerade ich die Übersetzung übernehme. »Wer A sagt, muß auch B sagen« — mit diesem durch nichts bewiesenen Sprichwort drang er auf mich ein. Und er begann eine längere Rede, etwa folgenden Inhalts (zum Teil klingen mir seine Sätze noch wörtlich nach): »Ich habe den Nachtzug Brünn-Prag genommen. Unterwegs konnte ich nicht schlafen, immer habe ich an Sie gedacht. Und jetzt gehe ich schon seit 6 Uhr früh vor Ihrem Haus auf und ab und sage mir: Wenn dieser Brod die Übersetzung macht, dann ist alles gut. Lehnt er sie ab, so bin ich wieder da, wo ich war. Alles bleibt beim alten, und ich kann nicht durchdringen.« Er sprach unklug, gab sich preis. Das gewann mich im Moment. Als ich ihn so vor mir sitzen sah, in völliger Hingabe an sein Werk, an den Dienst, den ich leisten sollte, fühlte ich: So hat Gott den Menschen gewollt. Stark, unmittelbar, redlich. So hat ihn Gott gewollt. Was aber haben wir aus uns gemacht! — Ich schob alle Arbeiten zur Seite, sagte zu. So wurde ich zum Entdecker Janáčeks für die nichttschechische Welt und habe viele seiner Lieder und Chöre, den Liedzyklus »Tagebuch eines Verschollenen«, ferner alle seine Opern übersetzt, mit Ausnahme eines erst viel später aus seinem Nachlaß erschienenen Werks (»Schicksal«) und mit Ausnahme des »Brouček«, weil hier in einer der Szenen der Krieg verherrlicht wird. Aber die Musik gerade dieses »Brouček« ist ja besonders durchglüht und eigenwüchsig; es war ein schweres Opfer, das ich meiner pazifistischen Überzeugung gebracht habe. Heute bedaure ich es fast ...

Doch jedenfalls ist es mir gelungen, den Bann zu durchbrechen, den Janáčeks Feinde und Neider um den naiv-arglosen, dabei in seinem Temperament oft unbesonnenen und daher vielen Mißverständnissen ausgesetzten Mann gelegt hatten.

Meine erste Aufgabe sah ich damals zunächst darin, für die »Jenufa«, die mich entzückte und die seither eines der wenigen festen Elemente meines Lebens geworden ist, einen Verlag zu finden. Ich schrieb an Direktor Hertzka von der Universal-Edition in Wien, er möge sich die tschechische Aufführung in Prag anschauen. (H. W. Heinsheimer hat in seinem Buch »Menagerie in F.-Sharp« eine ziemlich willkürliche und rein materiell fundierte Darstellung dieser Vorgänge gegeben.) Ich war damals in meinem Enthusiasmus völlig überzeugt davon, daß solch ein Verleger die herrliche Musik nur zu hören brauche und daß er selbstverständlich mit beiden Händen zupacken würde. Wie sehr hatte ich mich da aber geirrt! Hertzka kam nicht allein nach Prag, sondern hatte als Sachverständigen den Komponisten Julius Bittner aus Wien mitgebracht, dessen Oper »Höllisch Gold« damals gerade ein Erfolgsstück der Universal-Edition war und der daher für Hertzka eine Autorität vorstellte.

Wir drei (Hertzka, Bittner und ich) waren von der Direktion in die Proszeniumsloge eingeladen, knapp über dem Orchester; und gleich das angstvoll-klopfende Vorspiel mit der Begleitung des Mühlrades versetzte mich in Trance. Dann Jenufas leidenschaftliches Gebet. Es dauerte eine Weile, ehe ich bemerkte, daß meine beiden Nachbarn meine beglückte Aufregung durchaus nicht teilten. Da und dort ließ Bittner gewichtige Kritik hören. Zuerst strafte ich ihn mit schweigender Verachtung. Als ich aber bemerkte, daß Hertzka unter die Suggestion seines Landsmannes geriet, begann ich durch Gegenreden zu protestieren. In der ersten Pause sagte mir Hertzka, er werde die Oper wahrscheinlich ohnehin nicht annehmen, schon des Textes wegen, in dessen Mittelpunkt der Mord an einem Säugling stehe. »Einem europäischen Publikum«, sagte er, »kann eine derartige Barbarei nicht zugemutet werden.« — Wir standen mitten im Ersten Weltkrieg, schrieben das Jahr 1916!

Als der zweite Akt begann, versuchte ich, die beiden nochmals auf die Schönheit der Musik aufmerksam zu machen. Bittner replizierte kühl. Da packte mich plötzlich die nackte Wut, ich stand in ehrlicher Entrüstung auf und schlug die Logentür hörbar hinter mir zu. Ich glaube, diese instinktive Aufwallung hat entschieden. »Wer über gewisse Dinge den Verstand nicht verliert, der hat keinen zu verlieren. Den ganzen Abend ließ ich mich bei den Gästen nicht sehen. Am nächsten Vormittag rief mich Hertzka an, er wolle den Vertrag abschließen. Bald nachher wurde der Klavierauszug und die Partitur in Druck gegeben.

Man würde aber fehlgehen, wenn man annähme, der Leidensweg des Werkes (und damit auch der meine) sei nun zu Ende gewesen. Er begann ja erst.

Der neue Kaiser von Österreich (Karl), der damals zur Herrschaft gelangte, soll persönlich den Befehl gegeben haben, daß »Jenufa« an der Hofoper in Wien zur Aufführung komme. Ich habe nie erfahren, ob das Gerücht auf Wahrheit beruhte. Man sprach davon, daß der junge Kaiser sich von seinem deutschen Bundesgenossen etwas unabhängiger machen und sich mehr auf die »Minoritäten« in Österreich, also auch auf die Tschechen, stützen wolle. Man fand, daß die deutsche Erstaufführung einer tschechischen Nationaloper in Wien ein gewisses Entgegenkommen gegen die Tschechen, eine freundliche Einladung bedeuten sollte.

Ich weiß nicht, ob das alles stimmt und ob wirklich meine bescheidene Arbeit eine Zeitlang so etwas wie einen Faktor im Gebiet der hohen Politik abgegeben hat. Was ich aber sehr wohl weiß und bald zu spüren begann, war die Tatsache, daß gewisse, wahrscheinlich deutschnationale Kreise in Wien alles daransetzten, die schöne unschuldige Oper *Jenufa* zu Fall zu bringen — was ihnen zuletzt auch wirklich gelang. Zunächst wurde die Einstudierung einem nicht sehr befähigten Kapellmeister der berühmten Hofoper übertragen. Er begann gleich damit, meine Übertragung zu »verbessern«. Ein wilder Briefwechsel entspann sich. Die Universal-Edition schrieb mir zuletzt, die Wiener Premiere werde nicht stattfinden, wenn ich weiterhin Änderungen des Dirigenten ablehnte. Ich war damals jung, der alte Janáček hatte alle Hoffnungen seines so oft enttäuschten Herzens auf die große Wiener Chance gesetzt, daher mußte ich nachgeben. Ich habe später Wiederherstellung meines Wortlauts im Textbuch und im Klavierauszug verlangt.

Viel schlimmer war nun aber freilich, was dieser Unglücksmensch mit der Musik anstellte. Janáček fuhr vierzehn Tage vorher zu den Proben nach Wien, ich folgte mit meiner Frau erst am Tag der Aufführung. In tiefer Niedergeschlagenheit traf ich den Meister in Wien an, in seinem Hotel »Zur Post« (es war das Hotel, in dem viele

Tschechen zu wohnen pflegten; übrigens ist es geheiligt als das Logis auf dem Fleischmarkt, das Mozart bei seinem ersten Wiener Aufenthalt genommen hatte). Bei den Proben war der Dirigent hochmütig über alles hinweggegangen, was Janáček einwandte. Für den großen Hofkapellmeister war eben der noch unbekannte alte Mann ein kleiner böhmischer Musikant aus der Provinz, nicht ernst zu nehmen. »Alle Tempi nehmen sie falsch«, klagte mir Janáček. Die Proben hatten ihn so aufgeregt, daß er einmal auf dem Heimweg im gefrorenen Schnee ausgeglitten war und jetzt mühsam hinkte. »Ein Unglück folgt dem anderen«, das war Janáčeks Stimmung an seinem Ehrentag in Wien.

Bei der Aufführung (16. Februar 1918) saß ich neben ihm in der Loge. Bei jedem Fehler auf der Bühne, jeder Tempofälschung half sich Janáček damit, daß er mir einen Stoß gab. Nach dem ersten Akt muß meine linke Körperseite ganz blau gewesen sein, alle Rippen taten mir weh. Ich rückte möglichst weit von ihm weg.

Regie und Aufführung gingen in die Irre, obwohl man sich mit der Ausstattung viel Mühe genommen und die besten Kräfte (die Jeritza in der Titelrolle) aufgeboten hatte. Als es zum großen Chorensemble kam (»Jedes Paar muß im Leiden seine Zeit überstehen«), verschleppte der Dirigent das Tempo um das Doppelte. Die Rippenstöße fielen immer dichter. Ein Höhepunkt in dieser Hinsicht war der erste Auftritt der »Küsterin«, auch für diese Rolle hatte man eine vielbewunderte Künstlerin ausersehen, ich glaube, die sang sonst die Brünhilde. Diese Figur hatte die Textdichterin (Gabriela Preissová) und mit ihr Janáček unmittelbar aus dem mährischen Bauernleben entnommen, eine königliche Gestalt, eine Art Deborah, eine Richterin, zu der das ganze Dorf respektvoll aufblickt und die auch dementsprechend in vollem bäuerlichen Sonntagsstaat (es ist Festtag) erscheint, das schöne Spitzentuch in der Hand haltend, nach Landessitte. Man küßt ihr die Hand. Oft hatte mir Janáček erzählt, daß er einst mit Rodin eine Rundfahrt durch Südmähren gemacht hatte und daß der Bildhauer das adelige vornehme Auftreten dieser Dorfrichterinnen hingerissen bewundert habe. Wie brachte die Wiener Hofoper diesen Typ? Die Küsterin erschien in beschmutztem Arbeitsgewand, quasi »realistisch« (in Wirklichkeit falsch gesehen), mit der Mistgabel über der Schulter. In diesem Moment sah ich auf Janáček. Sein Gesicht war verzerrt, er weinte.

Die Kritiken waren lau oder ganz ablehnend. Nach zehn Aufführungen verschwand das Werk und wurde dann sieben Jahre nicht mehr gespielt. Erst 1926 setzte ich durch, daß »Jenufa« die zweite deutsche Aufführung erlebte, diesmal in Berlin, unter Erich Kleiber. Und erst von da begann der Siegeszug des Werkes über alle Opernbühnen, bis an die Metropolitan in New York.

Janáček hat auch späterhin nicht immer reine Freude an seinen Werken gehabt. So zum Beispiel ärgerten ihn die Retouchen, die der Dirigent der Prager »Jenufa« (Kovarovic) an der Instrumentation vorgenommen hat. Natürlich denkt man sofort an den Parallelfall: Rimski-Korssakow hat in der Partitur von Mussorgskis »Boris Godunow« Änderungen vorgenommen, und in dieser Form bahnte sich das Werk, das die Petersburger Hofoper nach anfänglichem Erfolg bereits wieder abgesetzt hatte, später dann doch den Weg zum überragenden, verdienten Weltruhm. Heute aber verzichtet man da und dort auf die »Verbesserungen« Rimskys und führt die Urfassung der Oper auf ... Die Geschichte wiederholt sich nicht. Die Änderungen, die Kovarovic vorgenommen hat, sind wirkliche Verbesserungen. So zum Beispiel hat der erfahrene Dirigent in das mächtige Orchesterfinale der »Jenufa« eine kontrapunktische Gegenstimme eingeführt, die erschütternd dreinfährt und die ich mir gar nicht mehr wegdenken kann. Es ist die Wiederholung der Hauptstimme, kein fremdes Thema. Janáček brachte mich einmal ins Archiv des Prager Nationaltheaters, um mir das Originalmanuskript der Partitur und die ominösen Korrekturen zu zeigen. Er beklagte sich bitter. Hauptsächlich darüber, daß er bei jeder Aufführung soundso viel an Tantiemen dem Kapellmeister abgeben müsse, der ja doch nur die schöne Arbeit verpfuscht habe. — Ich fand das eigentlich etwas kleinlich von Janáček, bei dem von Zeit zu Zeit die bäuerlich-sparsame Eigenart unverfälscht durchbrach. Jedenfalls würde ich, all meiner Verehrung für den Meister ungeachtet, bei ferneren Aufführungen der Jenufa die Beibehaltung der Kovarovicschen Adaptionen befürworten.

Ich will hier noch drei Aussprüche Janáčeks festhalten. Der erste bezieht sich auf die Vierteltonmusik. Was die Vierteltonmusik anlangt, die Alois Hába in Prag propagiert hat, so bietet sie ein Schulbeispiel dafür, daß nicht alles Gold ist, was glänzt — konkreter gesprochen: für die Tatsache, daß manches, was man eine Zeitlang als den unbedingten Weg der neuen Kunst ausschreit, in Wahrheit gar kein Weg ist, keine Fortsetzung findet und sich nach einigen erfolgreichen Reklame-Jahren als Sackgasse erweist. Und selbst wenn es eine Zeitlang als das Notwendige und Einzig-Mögliche sich dargeboten hatte und für die Ewigkeit gegründet schien: Es läuft einfach nicht in Fruchtbarkeit weiter, es dient nicht als Grundlage weiterer Entwicklung, es verlischt. (So auch Wagners Leitmotiv-Technik und Theorie vom »Gesamtkunstwerk« etc. Nicht in ihnen liegt Wagners Bedeutung, sondern in ganz anderen Dingen als in dieser Schrulle, z. B. in seinem neuen Instrumentalsatz, in seinen vorher ungeahnten Harmonien.) — Hába also komponierte in Vierteltönen, für ein eigens von der berühmten Firma Förster im Erzgebirge konstruiertes Klavier, für Streicher, für Singstimmen, die sich die Kehlen verrenken mußten. Wenn ich nicht irre, waren auch bereits spezielle Klarinetten für Dritteltöne vorhanden. Aus alldem ist dann nichts geworden. Rückblickend sieht man das Ganze als Verirrung. Womit ich nicht etwa sagen will, daß alles, was sich nicht durchsetzt, der Vergessenheit würdig ist. Der größte aller modernen tschechischen Komponisten, für mein Gefühl ebenso wichtig wie Janáček, ist Ladislav *Vycpálek,* ein folkloristisch gefärbter tschechischer Bach erster Größe, der vielleicht noch lebt, doch ohne daß man sich seiner tiefernsten und beispiellos strengen, gotisch getürmten Kantaten (»Von den letzten Dingen des Menschen«) zu erinnern geruht. — Der alte Janáček nun, sonst immer mit den Jüngsten einig, war dieser viertelgespaltenen Ramifikation des alten Gottesgeschöpfs Musik nicht geneigt. Er blieb mißtrauisch. Nicht ohne heimliches Vergnügen erzählte er mir einmal: »Da war ich mit Hába zu einem Musikfest unterwegs. Mit ihm seine Quartettleute. Er brachte sein neues Viertelton-Quartett nach Donaueschingen mit. Ich fragte ihn im Eisenbahnwaggon: Lieber Hába, hören Sie denn auch wirklich, ob die Burschen all Ihre Vierteltöne richtig spielen? Darauf er: Sie haben's mir versprochen.«

Dann die Sätze über mich. Janáček hat sie in seinen autobiographischen Notizen veröffentlicht. Sie lauten: »Dr. Max Brod. Zur rechten Zeit kam er wie ein Bote des Himmels. Selbst ein Dichter. Ich fürchte mich, seine begeisterten Worte bis ans Ende zu lesen. Ich würde stolz werden.«

Ein anderes Wort Janáčeks ist mir durch einen Nächstbeteiligten überliefert worden. Janáček war in seinen letzten Lebensjahren mit Frau Kamilla Stoeßl befreundet; oft war er bei ihr zum Abendessen eingeladen. Er liebte es aber, obwohl sonst (in späteren Jahren) an einen bürgerlich behaglichen, wenn auch nicht luxuriösen Lebensstil gewöhnt, das Abendessen in der Küche einzunehmen. Ich denke mir, daß da vielleicht Jugenderinnerungen, Mutterbindungen, Einflüsterungen des bescheidenen Dorfmilieus mithereingespielt haben. In jener Zeit, aus der mir ein Augenzeuge, der Mann jener genannten Frau Stoeßl, die kleine Szene überliefert hat, arbeitete Janáček an seinem »Totenhaus«. Er konnte das Motiv einer der Hauptfiguren, einer vielgepeinigten jungen Frau, nicht finden. Plötzlich fiel aus der Ofentür leuchtender Feuerschein auf Frau Kamilla. Janáček starrte sie an. »Jetzt hab' ich's« — und sofort, noch während des Essens, warf er seine wilden Notenhaken aufs Papier.

Im August 1928 starb Janáček.
In seinem zweiten Streichquartett (»Intime Briefe«) wollte Janáček dieser Frau, der großen Liebe seiner letzten elf Jahre, seine Verehrung bezeugen. Der ganz persönliche Stil dieses letzten Kammermusikwerkes unseres Meisters ist noch nicht ins allgemeine Bewußtsein der Musikfreunde gedrungen; hier bleibt der kommenden Generation eine Kostbarkeit, die noch der Erschließung harrt. Als Ort der Uraufführung hat Janáček Písek bestimmt, in dem die genannte Dame lebte, deren Einfluß auf die letzte Schaffensperiode Janáčeks gar nicht hoch genug angeschlagen werden kann. Er schrieb in Gedanken nur für sie, sie verkörperte ihm all die temperamentvollen und seelisch reinen Frauengestalten, die er schuf. Das hat er mir wiederholt mit allem Nachdruck erzählt, er hat auch dafür gesorgt, daß ich die Frau, die ihm so viel war, persönlich kennenlernte. Es geschah in einer Loge des Prager deutschen Theaters, bei der deutschen Uraufführung von Katja Kabanowa. Während er seine letzten Werke schuf (»Aus einem Totenhaus«, 1928, und das unvollendete symphonische Gedicht »Die Donau« — die, merkwürdigerweise, für Janáček ein panslawistisches Symbol war), stand er in regstem Gedankenaustausch mit ihr. Als Frau Stoeßl ihn mit ihren beiden Kindern in Hukvaldy besuchte und eines der Kinder sich im Walde verirrte, lief der Meister mit jugendlichem Temperament stundenlang bergauf, bergab, um den Knaben zu suchen. Die Erkältung, die diesen Aufregungen folgte, verbunden mit einer Herzschwäche, die sich schon vorher angekündigt hatte, führte wenige Tage nach dem die Kräfte überspannenden Abenteuer zum Tode Janáčeks im Sanatorium Dr. Klein in Mährisch-Ostrau.

Prof. Vašek zitiert aus einem der 650 Briefe, die Janáček an Frau Stoeßl geschrieben hat: »In meinen Kompositionen, dort, wo reines Gefühl, Aufrichtigkeit, eifernde Wahrheit wärmen, dort bist du, von dir stammen meine zärtlichen Melodien, du bist jene Zigeunerin mit dem Kind im ›Tagebuch des Verschollenen‹, du die arme Elinor Makropulos, und du bist im ›Totenhaus‹ dieser liebenswerte Knabe Alej. Wenn der Faden risse, der mich an dich bindet, würde mein Lebensfaden reißen.« (8. August 1927.) In einem anderen von Leidenschaft erfüllten Brief bezeichnet er Frau Stoeßl als »meine Akulina« (gleichfalls eine anbetungswürdige Gestalt aus den Erzählungen im »Totenhaus«). — Ob diese Briefe, ob die Empfängerin der Briefe, die Jüdin war, den Nazigraus in Böhmen überlebt haben, ist mir nicht bekannt. — Das von ihr inspirierte 2. Streichquartett ist ebenso wie das »Totenhaus« erst nach Janáčeks Tod uraufgeführt worden.

Die Kunde von seinem Tod. Ich stehe, inmitten einer erschütterten Menge, im Foyer des Brünner tschechischen Theaters am riesigen, von Kränzen überlasteten Bronzesarg, der die sterblichen Reste Janáčeks birgt. Es ist halb elf vormittags. Hier in dem Haus, in dem wir so viele Uraufführungen der Opern Janáčeks gehört haben, erklingt unter dem Taktstock des Opernchefs Fr. Neumann, seines hingebungsvollsten Interpreten, die Stelle aus dem Finale des »Klugen Füchsleins« mit den zauberhaften, nur ihm eigenen Hornsequenzen (Klavierauszug Seite 171), die letzte Arie des Försters: »Das ist das wahre Jungsein! Im Wald fängt das Leben immer neu an. Und die Nachtigallen kehren im Frühling zurück. — Und die Menschen gehn vorbei und senken still den Kopf, wenn sie's verstehn, und was Ewigkeit ist, ahnen sie.« — Wer damals nicht geweint hat, hat wohl nie im Leben richtig geweint. — Und dann begann die fast endlose Reihe der Abschiedsreden. Unter den vielen ergriff auch ich das Wort, der einzige in deutscher Sprache. »Im Namen der vielen Zehntausende, die in deutschen Opernhäusern das Glück deiner Kunst erlebt haben«, stammelte ich zwei Sätze des Dankes.

DRITTER TEIL

Die Rettung

Die Gewitterwolken rings um den kleinen Staat der Tschechoslowakei wurden immer dunkler und gepreßter. — Über die Jahre, in
denen ich in stets schärfer hervortretender Untergangsstimmung am
deutschliberalen »Prager Tagblatt« arbeitete, habe ich einiges in
meinem Werk »Prager Tagblatt«, Roman einer Redaktion, aufge-
zeichnet. Es ist kein autobiographischer Roman, aber viele auto-
biographische Daten sind in dichterischer Chiffernschrift in ihm
geborgen.
Dann kam 1938 die Besetzung Wiens, die Feigheit der Verhandlungen in München, die trügerische Hoffnung, daß »Frieden für unsere
Zeit« erzielt sei, die Abtretung der Randgebiete Böhmens (mit den
starken Festungen) als Friedenspreis, der wohl gezahlt wurde, aber
nicht zum Frieden, sondern nur zu weiteren Forderungen Hitlers
führte. Mein tschechischer Freund Dr. Bléha, der mir den Hašek bei-
gebracht hatte, starb an einer Grippe, ein junger, blühender, lebens-
lustiger Mensch, ganz ohne Zusammenhang mit der Krise — und
doch vielleicht in geheimem Zusammenhang mit ihr. Sein echter
Patriotismus wollte (ähnlich wie der des Dichters Karel Čapek) in
das nicht eintauchen, was sich nun heranwälzte. Er war wohl zu
stolz, diesen Zusammenhang einzugestehen, und blieb äußerlich
lebensfroh bis zum Schluß. Aber er *wollte* sterben. Und ich habe ihn
stillschweigend verstanden.
Gleich nach den Münchner Vereinbarungen, die der Tschechoslowakei
nur noch eine Schein-Souveränität beließen, hatte ich mit einigen
Freunden die Immigration in das damals unter britischem Mandat
stehende Palästina beschlossen. Wir meinten nicht gerade Eile zu
haben. Hitler hatte öffentlich erklärt, er sei nun, da man ihm
Deutschböhmen (genauer gesagt: das ganze Sudetenland) abgetreten
habe, durchaus am Ziel seiner Wünsche und beabsichtige nicht, auch
nur einen einzigen Tschechen unter seine Herrschaft zu bekommen.
Wir waren so naiv, das zu glauben; betrieben aber trotzdem unsere
Auswanderung — erstens war dies immer unser Lebensprogramm
gewesen; und nur der genaue Zeitpunkt der Ausführung war all die
Jahre lang offengeblieben. Zweitens: das geistige Klima der soge-
nannten »zweiten« tschechischen Republik, die mit dem Pakt von
München begann, schien uns, die wir an Freiheit gewöhnt waren,

unerträglich — es kamen jetzt die reaktionärsten tschechischen Schichten zur Herrschaft, und der Freisinn, der in der ersten Republik (wenn auch nicht durchwegs, wenn auch manchmal nur oberflächlich) den Staat gelenkt hatte, rauchte rasch aus. An Leib und Leben bedroht fühlten wir uns nicht, wohl aber an allen Ecken und Enden unangenehm behindert. Es kam zu lächerlichen Anomalien. So etwa durfte ich, jahrzehntelang Kritiker des »Prager Tagblatt« für die deutschen und tschechischen Bühnen, plötzlich auf Weisung unserer Regierung über deutsche Bühnen nicht mehr schreiben, nur über tschechische — die tschechoslowakische Regierung suchte Zustände zu schaffen, die den durch die Nürnberger Gesetze hergestellten soweit als möglich ähnelten. Diese Liebedienerei wurde freilich seitens des mächtigen Nachbarn nicht honoriert.

Es gab unter uns auch Mißtrauische. Sie wiesen auf seltsame Nebentöne hin, die ihnen unheimlich vorkamen. So etwa auf den Umstand, daß angeblich an der neuen Grenze bei Leitmeritz, wo jetzt die verkleinerte Tschechoslowakei begann, auf tschechischer Seite das Zollgebäude bereits aufgeführt sein sollte, während der angrenzende Hakenkreuzstaat sich mit dem enstprechenden Bau eines deutschen Zollhauses Zeit ließ. Man leitete aus dieser Tatsache weitere Annexionsabsichten des Hakenkreuzes ab. Doch erschien das den meisten phantastisch, ja kindisch. Hatte denn der Oberherr nicht soeben wörtlich versprochen, er wolle keinen einzigen Tschechen haben?

»Wie lange wollt ihr eigentlich noch warten?« bemerkte einmal in seiner trockenen Art Ludwig Winder, der erfindungsreiche Erzähler der »Jüdischen Orgel«, des »Thronfolger«-Romans, der die Ballade von Sarajewo 1914 ergreifend sachlich darstellt. Er war von Weltsch, Baum und mir in den engen Kreis der »Vier« aufgenommen worden, an Stelle Kafkas sozusagen; und erwies sich als trefflicher Freund, der besonders Oskar Baum nahestand, aber auch uns anderen beiden viel Verständnis und Herzlichkeit bewies, so daß wir ihn allmählich sehr lieb gewannen und alle (seltenes Geschenk) ganz aufrichtig zueinander sein konnten. — Es gab daher weiterhin, nach langer Unterbrechung, wieder die regelmäßigen Zusammenkünfte, abwechselnd in unseren vier Wohnungen. Wir lasen einander vor, dichterische und politische Schwierigkeiten wurden zu lösen versucht. Es war gespenstisch anders als mit Kafka und erinnerte uns doch an die gute versunkene Zeit. Diesmal hatte uns Winder ersucht, zu einer besonderen Sitzung ins Palace-Café zu kommen; ohne unsere Frauen;

er habe etwas ganz Ernstes für unsere Beratung. »Wir müssen weg, so rasch wie möglich.« Man schrieb den Dezember 1938. — Ich glaube, Winder war es, der die Sache mit dem noch nicht begonnenen deutschen Zollhaus aufs Tapet brachte. Er hatte aber, auch sonst, als Redakteur der »Bohemia«, die den Deutschnationalen näher stand als das »Tagblatt«, gute Informationen, die uns überraschten. Trotzdem dachte keiner von uns an eine unmittelbar bestehende Gefahr. Auf die Dauer zwar könne man es allerdings in dem neuen Staat nicht aushalten, der so eifrig nach dem Beifall der Nazi-Nachbarn schielte; aber mit einem Einmarsch der feindlichen Panzerwaffe rechnete man in allernächster Zukunft nicht, da doch eben erst alle erdenklichen Konzessionen gemacht waren, um den Frieden laut allen Gelüsten des Nachbarn zu erhalten. Was gab es nun zu tun, was für uns privat zu veranlassen? Um die Ausreise hatten wir bei unserer Regierung bereits angesucht, Zertifikate der englischen Mandatsregierung für Palästina und (für Baum und Winder) anderweitige Emigrationsmöglichkeiten waren uns in Aussicht gestellt. Man ging also daran, die Erledigung zu »urgieren«, wie ein guter Ausdruck aus der alten österreichischen Praxis lautete. Mehr als zu den Behörden laufen und um Beschleunigung der Prozedur zu ersuchen, war freilich nicht möglich. Aber da lernte man die Behörden erst richtig kennen. Ganz genauso wie in Kafkas »Schloß« war alles auf Verhinderung angelegt. Genaue ellenlange Verzeichnisse mußten in je fünf oder zehn Exemplaren geschrieben werden; sie enthielten unzählige Fragen und Unterfragen; die Anzahl der Silberbestecke, die man besaß und mitnehmen wollte, war (beispielsweise) für die Leitenden besonders interessant. Nur die Anzahl? Auch das genaue Gewicht. Schließlich mußte ich eine von soundso viel Amtsstellen abgestempelte Bescheinigung vorlegen, daß ich keine Hundesteuer schulde. Ich hatte nie einen Hund besessen.

Das waren die tschechischen Behörden. Die englischen wetteiferten mit ihnen an Langsamkeit und Bedenkenfülle. Sie stellten 2500 Zertifikate (Einreiseerlaubnisse nach Palästina) für diejenigen Juden zur Verfügung, die aus dem von der Naziregierung besetzten Sudetengebiet in das Restgebiet des tschechischen Staates geströmt waren. Die Verteilung ging so langsam vor sich, daß an dem Tag, an dem der deutsche Einmarsch in Prag und im Staatsrest erfolgte, womit alle weitere Auswanderung bis auf einzelne Ausnahmen gelähmt war — daß an diesem Schicksalstag gerade erst 1000 dieser Rettungs-

zertifikate verwendet erschienen. So entnehme ich es einem rück-
blickenden Artikel von Dr. Fritz Ullmann, der an der Leitung der
ganzen Aktion von jüdischer Seite her sehr aktiv mitbeteiligt war
und sein Bestes tat. Wir selbst, die wir mitten im Getriebe steckten,
wußten überhaupt nicht, was »oben« vorging. Wir fragten nur: Und
was geschieht mit den Juden in Prag, in den tschechischen Gegenden?
Flüchtlinge waren wir nicht, wie die sogenannten »Sudetenjuden«,
die man im Oktober von Haus und Hof gejagt hatte. Aber doch
ebenso gefährdet wie sie. Die Haarspaltereien begannen. Schließlich
bewilligten die Briten für die Prager (d. h. für die am meisten Ge-
fährdeten, politisch Exponierten unter ihnen) ganze zehn (sage und
schreibe 10) Zertifikate, obwohl klar war, daß im Falle einer Besetzung Prags vielen Tausenden qualvoller Tod bevorstand. Gemildert
wurde die Schrecklichkeit dieser Situation, die man sich im Rückblick
gar nicht mehr klar vorstellen kann, durch den unentwegten Illusio-
nismus, der fast alle beherrschte: »Er« wird nicht einmarschieren, er
denkt gar nicht daran, er hat es gar nicht nötig, da die Tschechen sich
doch ohnehin bemühen, jeden seiner Wünsche zu erfüllen, noch ehe
er ausgesprochen ist.
Im Laufe der Monate hatte man endlich alle Dokumente beisammen, die nötig waren, um die Reise in die Zukunft anzutreten und
einen Teil seines Hab und Gutes mitzunehmen, das man in ehrlicher
jahrzehntelanger Arbeit kärglich genug erworben hatte und jetzt
also durch gewisse Kunstgriffe ein zweites Mal zu erwerben genötigt
war, als sei es unrechtmäßiges Gut oder als würde es einem geschenkt. Der Staat aber, dem man entstammte, sah seine Aufgabe
nicht etwa darin, einem das Entkommen aus der tödlichen Gefahren-
zone zu erleichtern, wenn er einen schon nicht zu verteidigen vermochte; sondern mit behäbiger Langsamkeit stellte er in seinen Vorschriften noch und immer wieder neue Netze auf, in denen man sich
verfangen mochte, in denen die »anderen« einen mit leichtem Hand-
griff aufklauben und erschlagen konnten.
Nun waren also diese gefährlichen Netze schließlich doch passiert.
Doch nein, es fehlte noch ein Stempel, eine Klebemarke, die ein
Beamter des britischen Konsulats in unsere Prager Pässe einzupicken
hatte. Das ist wörtlich gemeint. Die Marke war zufälligerweise ausgegangen — und war in der kritischen Zeit einige Wochen lang einfach nicht vorhanden. Vielleicht war die Londoner Sendung, die
diese Klebemarken enthielt, auf der Post in Verlust geraten. Immer

wieder wurden wir mit unseren Anfragen und Bitten, den Paß komplett zu machen, sehr höflich und wohlbegründet (»die Marken sind noch nicht da«) abgewiesen. Endlich fuhr ein Beamter der britischen Majestät nach London, um die berühmten Papierstückchen zu holen. Kein Dichter dürfte so unwahrscheinliche Hindernisse ausdenken, wie das Leben sie erfindet. — Man muß ja überhaupt die Geschichte unserer Rettung in doppelter Perspektive lesen. Im nachhinein betrachtet, bietet sie folgenden Anblick: In der Nacht, in der die Deutschen den Rest der Tschechoslowakei okkupierten, verließen wir wunderbarerweise genau mit dem letzten Zug, der überhaupt noch vom freien Gebiet abging, unser altes Heimatland — und eher noch eine knappe Stunde zu spät als zu bald, wie man aus dem folgenden entnehmen wird. Denn die tschechische Grenzstation Mährisch-Ostrau war ja von den feindlichen Truppen schon besetzt. Unmittelbar hinter uns wurde die Grenze gesperrt. Das aber ahnten wir nicht voraus; noch im Moment des Erlebens merkten wir nicht die Gefahr. Zumindest ich, in glückseliger Dummheit, merkte gar nichts. Die andere Perspektive, in der wir (fälschlicherweise) das Ganze sahen, bot sich so dar, daß wir in aller Ruhe abreisten und keine Ahnung davon hatten, daß wir gerade noch knapp im letztmöglichen Zuge saßen. — Das Fehlen der winzigen Klebemarken hätte unsere Abreise verzögern, mit anderen Worten: uns töten können. Aber da wir glaubten, ohne alle Hast unsere Vorbereitungen gemächlich treffen zu können, von niemandem gedrängt, von keinerlei nach dem Kalender exakt vorrückenden Kolonnen des Feindes leicht zu überraschen, war uns jede Art von Nervosität fern. Wir reisten in Wahrheit wie der bekannte Reiter über den gefrorenen Bodensee.

Es fehlte nicht an einer letzten Verschärfung der Pointe. Alle bekamen ihre Pässe mit der eingeklebten Marke, nur ich nicht. Es ließ sich nicht herausbringen, was gerade bei mir in die Quere gekommen war. Ich hatte doch, genauso wie alle anderen, alle Belege ordentlich abgegeben. Einfach ein Rätsel. Im Schatten dieser Rätselhaftigkeit, die wieder wie eine giftige Frucht Folter und Tod als Kern in sich barg, verging Woche um Woche. Ich kümmerte mich in meiner Sorglosigkeit schon gar nicht mehr darum, weshalb ich anders behandelt wurde als meine Gefährten. — Da entdeckte zufällig mein Freund Felix Weltsch mit seinen Luchsaugen bei einem seiner Besuche im Palästinaamt, daß mein Paß unbeachtet in einem der

Regale lag. Man hatte ihn dort vergessen, die Dokumente aller anderen waren richtigerweise »in Schritt und Tritt« ihres Weges gewandert, meine waren aus irgendeinem unbegreiflichen Grunde, der auch später niemals aufgeklärt wurde, hängengeblieben. An diesem Faden hing mein Leben. Weltsch ließ sich den Paß geben, machte die Sekretärin nachdrücklich auf ihn aufmerksam. Erst von da an kam für mich alles in Schwung. Das Schriftstück rappelte sich auf und hinkte eilig hinter den anderen her.

Jede Woche gingen schon seit geraumer Zeit unter Aufsicht einer britischen Kommission Flüchtlingszüge vom Prager Wilsonbahnhof ab, jede Woche einer mit Sozialisten nach Stockholm und ein zweiter über Mährisch-Ostrau durch Galizien nach Rumänien; dann führte die Route vom Hafen Constanza aus zu Schiff durch die Dardanellen über den Piräus an der Südküste Kretas vorbei nach Tel Aviv. — Seit Wochen stand es fest, daß meine Gruppe, in der sich meine Frau und viele meiner Freunde befanden, am 14. März nachts abzureisen und sich am 17. März um 1 Uhr mittags in Constanza auf der »Bessarabia« einzuschiffen hatte. Die Fahrkarte, auf Kabine 228 lautend, lag in meiner Brieftasche. Alles war in bester Ordnung; man hatte beinahe das Gefühl, eine Touristenreise, eine Frühlings-Kreuzfahrt im Mittelmeer anzutreten, nur mit dem Unterschied, daß das Ziel ein festes, endgültiges war, das Ziel unserer Sehnsucht und unseres festen Entschlusses seit langen Jahren. Natürlich war es nicht leicht, mit fünfundfünfzig Jahren in einem neuen, auch sprachlich ungewohnten Milieu von vorn anzufangen, und viele waren von Sorge erfüllt. Die Hauptsache aber, daß hinter uns der freie tschechische Staat einstürzen würde, der Staat mit allen unseren Angehörigen, die jetzt jeglicher Willkür und Grausamkeit ausgeliefert waren: diese Sorge lag uns völlig fern. Noch kurz vor der Abreise hatte ich meiner Frau vorgeschlagen, zur bequemen Erledigung einiger restlicher Angelegenheiten noch ein paar Tage lang in Prag zu bleiben und den nächsten Dampfer, die »Transsylvania« zu benützen, die um eine Woche später von Constanza abgehen sollte. Meine Frau hatte den glücklichen Instinkt, gegen einen solchen Verzug zu protestieren und ihn, der mir statt des schönen rumänischen Dampfers den Kahn Charons beschert hätte, durch ein Scherzwort zu verhindern.

Als wir zum Bahnhof fuhren, bot sich Prag als eine völlig ruhige Stadt dar. Für den vorangegangenen Sonntag, den 12. März, hatte

man Demonstrationen und Exzesse erwartet. Die Prager Deutsch-
Faschisten hatten an diesem Sonntag, einem eigens zu diesem Zweck
erfundenen Gedenktag, Hakenkreuzfahnen ausgehängt. Da alle
diese mächtigen, stockwerkhohen Fahnen funkelnagelneu und der
Größe nach völlig gleich waren, lag der Verdacht nahe, sie seien von
einer zentralen, wahrscheinlich ausländischen Stelle aus geliefert
worden. Die tschechische Regierung, die derartiges in einem früheren
Stadium nie geduldet hätte, gab diesmal die Parole aus, die fremden
Fahnen nicht zu beachten. Es kam zu keinerlei Gegendemonstratio-
nen. Neben jeder Flagge stand ein Polizeimann. Die tschechische
Bevölkerung blieb ruhig. So verging der Sonntag.
Wohl marschierten am Dienstag Viererreihen deutscher Jugendlicher
durch die Hauptstraßen, riefen taktmäßig »Sieg-Heil«. Aber die
Polizei marschierte mit, schützte die Marschierenden. Man wollte
jeden Zusammenstoß mit dem im Nachbarstaat herrschenden Regime
vermeiden. Wir hielten das für weise Zurückhaltung, es vermehrte
in uns das Gefühl einer allerdings etwas beklommenen Sicherheit.
Wohl waren an diesem Dienstagnachmittag viele Bekannte bei mir
in meiner Wohnung, die zu verlassen ich mich anschickte. Sie kamen,
um von mir Abschied zu nehmen; unter ihnen auch viele Deutsche.
Einige von ihnen wußten vielleicht, was sich vorbereitete: So lege
ich mir nachträglich ihr wohlwollend-ängstliches Benehmen zurecht,
in dem sie aber trotz allem nichts von dem Geheimnis verrieten. So
groß war die Angst vor dem organisierten Terror. — Sie sagten nur,
diese guten Freunde: »Sie reisen also heute abend ab. Das ist gut.
Das freut mich aufrichtig — in einem gewissen Sinne —, muß ich
sagen. Lassen Sie sich nur ja nicht durch irgend etwas zu einer Ver-
schiebung bewegen.« — Das erinnerte daran, daß man in deutschnationalen Kreisen Prags vom 14. März seit langem gerüchtweise als
von einem entscheidenden Datum geflüstert hatte. Doch fast alle
hatten das für Altweiberschwatz gehalten.
Am Dienstag, gegen 9 Uhr abends, kamen wir auf dem Wilsonbahnhof, ehemals Franz-Josephs-Bahnhof, an. Im Hintergrund
dampfte der Zug, dessen Bestimmungsort Stockholm war. Auf dem
Bahnsteig Nummer zwei, an unserem Zug, hatten sich viele Freunde
eingefunden. Die meisten von ihnen beabsichtigten, uns in den nächsten Tagen oder Wochen zu folgen. Wir freuten uns auf das Wiedersehen. — Mit uns fuhren 160 zionistische Familien, die meisten aus
Deutschböhmen; viele Kinder befanden sich in dem Zug.

Die letzte Zeitungsnachricht besagte, daß Hácha, der tschechische Staatspräsident, zu Hitler gefahren sei. Es standen also Verhandlungen bevor. Solange man verhandelt, kann nichts geschehen. — Wir wußten, daß unsere Regierung, an deren Spitze der Rechtsagrarier Beran stand, Hitler nicht gefiel, obwohl sie sklavisch tat, was der Mächtige befahl. Sie war ihm immer noch zu liberal. Ein tatsächlicher Konflikt zwischen der tschechischen und der reichsdeutschen Regierung bestand aber nicht. Die Slowakei hatte sich soeben abgelöst. Unsere Regierung schwieg. Man würde jetzt vermutlich Hácha zwingen, die wenigen linksgerichteten Minister zu entlassen, die er noch in seiner Koalition hatte. Das Schlimmste, was man befürchtete, war eine völlig neue Regierung, aus tschechischen Faschisten zusammengesetzt. Keiner dachte daran, daß die Hitleristen persönlich nach Prag kommen würden, um die Sache selbst in die Hand zu nehmen.

Gerade als wir in den Zug stiegen, kamen einige der Abschiednehmenden mit einem neuen Gerücht: Mährisch-Ostrau sei soeben von deutschen Truppen besetzt worden. Seit Oktober 1938 lag Mährisch-Ostrau, früher eine innertschechische Stadt, an der polnisch-tschechischen Grenze.

»Unsinn«, sagten einige von uns. »Das kann gar nicht geschehen, während Hácha in Berlin ist, von Hitler eingeladen. Die beiden verhandeln.«

Einer behauptete, daß die deutschen Truppen vielleicht durch Ostrau in den slowakischen Staat marschieren, der sich soeben unabhängig gemacht, das heißt, als deutschen Satelliten erklärt hatte. — Dies schien vielen nicht unwahrscheinlich.

Dann kam einer unter unser Waggonfenster und sagte uns, er habe soeben telephonisch mit Mährisch-Ostrau gesprochen. Dort wisse kein Mensch etwas von deutschen Truppen.

Jakob Edelstein, der Leiter des Prager Palästinaamtes, ging abschiednehmend längs des Zuges, ferner Dr. Fritz Ullmann, der Vorsitzende des Hilfskomitees, und der Vertreter der englischen Regierung, der Mr. Stopford hieß. Er war von jener Runciman-Mission zurückgeblieben, die (vor München) das ihrige zur Untergrabung des freien tschechischen Staates beigetragen hatte — jetzt aber war er mit Finanzfragen der Auswanderung beschäftigt; die Weisungen, denen er folgte, waren anscheinend sehr weitherzig, wie man überhaupt anerkennen muß, daß die Engländer sich in der Hauptfrage der

Zuteilung von Zertifikaten zwar ungemein knauserig zeigten (offenbar um »die Gefühle der Araber« nicht zu verletzen), daß sie aber da, wo es auf geldliche Bestimmungen und deren Interpretation ankam, recht großzügig und human vorgingen. Die Details wurden uns nicht mitgeteilt, kamen erst viel später ans Tageslicht. Alles wurde unheimlicherweise über unsere Köpfe weg geregelt. — Mr. Stopford nun inspizierte nochmals den ganzen Transport, ließ sich die Leiter vorstellen, und auf die Frage, was man von den Ostrauer Gerüchten halten solle, versicherte er uns, daß an dem ganzen Gerede kein wahres Wort sei.

Dies aber tat er wohl nur, um uns zu beruhigen. Aus viel später erschienenen Berichten geht hervor, daß die Engländer ganz genau wußten, was in jener entscheidenden Nacht vor sich ging, in der Hácha von Hitler zum Verzicht auf die tschechische Staatssouveränität gezwungen wurde. — So flackerten denn auch noch vor Abgang des Zuges neue Gerüchte auf: Die Deutschen seien in Olmütz eingerückt, von Westen her hätten sie Pilsen erreicht. Je nach Stimmung und optimistischer oder pessimistischer Charakteranlage der Hörenden wurden diese Unglücksbotschaften verworfen oder geglaubt.

Um 11 Uhr nachts war es so weit, unser Zug rollte ab. Um vier Uhr früh würde er die Grenze bei Mährisch-Ostrau erreichen. Knapp vorher sollten wir zur Erledigung der Zollformalitäten geweckt werden. Wer also noch schlafen wollte, mußte sich beeilen. Es blieben nur knapp fünf Stunden. — Ich hatte Plätze im Schlafwagen genommen und schlief sofort tief ein. »Denn dieser letzten Tage Qual war schwer.« Jene, die sich den kleinen Luxus der Schlafwagenbetten nicht gegönnt hatten, hatten eine schlechte Fahrt; an jeder Station bekamen sie zu hören, welche Orte sich die Hakenkreuzarmee bereits einverleibt hatte. Gerüchte und Gegengerüchte — von ihnen blieb ich gnädig verschont. Ich bin sonst kein erstklassiger Schläfer; in *dieser* Nacht aber schlief ich ruhig wie sonst nur selten. Ich ritt nicht bloß, ich schlief über den Bodensee.

Vier Uhr morgens. Aufstehen: Morgenwaschung, sich ankleiden. Der Zug hielt in Ostrau. Ich verließ mit meiner Frau den Schlafwagen, er blieb in der Grenzstation; noch ganz schlaftrunken schritt ich längs der Waggonreihe meines Zuges zu den reservierten Plätzen im gewöhnlichen Wagen. Während ich die Stufen zum Abteil emporsteige, kommt ein junger Bursch, eine Art Pfadfinder aus dem Wagen. Er trägt am Arm eine Hakenkreuzbinde. Die spielen mal wieder

Inspektor, dachte ich. Ich hatte ja am vergangenen Sonntag Hakenkreuze genug im tschechischen Prag gesehen. Es schien mir nichts Besonderes zu bedeuten.

In meinem neuen Abteil sitzend, sah ich durch das Fenster in die Bahnhofshalle. Zehn Schritte von mir stand ein Hakenkreuzsoldat in voller kriegerischer Ausrüstung, Stahlhelm auf dem Kopf, Gewehr mit Bajonett bei Fuß. Auch das erschien mir merkwürdigerweise nicht als etwas Katastrophales. Daß Ostrau oder doch zumindest der Bahnhof schon in den Händen der deutschen Armee war, kam mir gar nicht zum Bewußtsein. – Der Soldat stand regungslos. Die Statue eines römischen Legionärs, eigentlich sehr schön. Die jungen energischen, gespannten Gesichtszüge ließen an die der Kämpfer Julius Cäsars in Gallien oder an die auf der Trajanssäule denken.

In der Halle, längs der Schienen – überall Gruppen ähnlich Bewaffneter. Immer noch dachte ich nichts Beängstigendes.

Es ist schwer zu erklären, warum dieser Anblick mich nicht in Schrecken setzte. Ich glaube, weil ich so müde, so traumhaft unausgeschlafen – und weil der mir zunächststehende junge Soldat ein so schönes Menschenexemplar war. Es ist mein alter Fehler: Schönheit in jeder Form hat immer mein Entzücken geweckt und mich mehr als einmal in meinem Leben der völligen Vernichtung nahegebracht.

Dann weckten mich die tschechischen Zollbeamten aus meiner Verzauberung. Sie durchschritten den Zug in Eile, revidierten gar nichts. Viele Prager Wochen hatte man damit zubringen müssen, in äußerst gründlichen Verzeichnissen jede Unwichtigkeit von Besitztum zu registrieren, die man mitnehmen wollte. Jetzt sahen die Beamten überhaupt nichts nach. »Weiter, weiter«, riefen sie, hatten für niemanden und für nichts einen Blick. Auch diese ungewohnte Beamtenliberalität: ein Umstand, der an unserer Rettung mitbeteiligt war. Wenige Minuten nachher fuhr der Zug zischend ab, noch ein paar weitere Minuten und er hatte das tschechische, jetzt bereits deutschbesetzte Gebiet verlassen und lief durch das unabhängige Polen. Wir wußten nicht, daß wir erst jetzt in Sicherheit waren. Denn Mährisch-Ostrau war damals wirklich bereits dem Reich angegliedert. Die Soldaten hatten nur noch nicht den Befehl erhalten, sich »zu rühren«. Sie standen »habtacht«, wie mein römischer Legionär. Sie griffen noch nicht ein – und auch diesem winzigen Umstand verdanke ich, daß ich heute, mehr als zwanzig Jahre später, hier sitze und dies schreibe.

Eine Stunde nachher: Krakau. Viele Freunde an der Bahn. Polnische Extrablätter melden, daß die tschechische Republik ihr Ende gefunden habe. Sie ist Protektoratsgebiet Deutschlands geworden. Die polnischen Schaffner zeigen unverhohlen Schadenfreude. Sie ahnen nicht, wie dicht das gleiche Verhängnis auf sie wartet.

An diesem Morgen war Prag bereits in der Macht des deutschen Militärs und der Gestapo. Gestapoleute drangen in die Redaktion der »Selbstwehr« ein, dessen Chefredakteur Felix Weltsch gewesen war und für die er wie ich, wie auch der junge Dr. Hans Lichtwitz (Uri Naor), viele Artikel gegen die neue Barbarei in Deutschland geschrieben hatte.

Man suchte uns drei. Es fehlte offenbar nicht an Angebern und wohlorganisierten Registraturen. Die ganze Szene wurde uns einige Monate später in Palästina von polnischen Journalisten erzählt, die als vorläufig noch Neutrale anwesend gewesen waren.

»Wo ist Felix Weltsch?« fragte einer der dreintappenden Biedermänner.

»Gestern abend weggefahren.«

»Aha — jetürmt«, meinte der Wackere mit einigermaßen deplaziertem, verachtungsvollem Spott. Offenbar war er der Meinung, daß es unsere Pflicht gewesen wäre, das Todesurteil ordentlich abzuwarten. — »Und wo ist Max Brod?«

»Auch gestern weggefahren.«

»Auch jetürmt. Und Herr Lichtwitz — selbstverständlich dasselbe.«

Lichtwitz aber war noch in Prag, allerdings gut versteckt. Und erst einige Wochen später gelang es ihm, durch die Labyrinthe der Ostrauer Kohlengruben unterirdisch nach Polen zu entkommen. So wie viele andere. Die größere Zahl aber — verloren in unsäglichem Elend.

Ich selbst betrachtete von da ab mein weiteres Leben als reines Geschenk. Es kann mir nichts geschehen. Denn eigentlich lebe ich von rechtswegen nicht mehr. Von rechtswegen bin ich längst hingerichtet. Und was mir allenfalls seit 1939 zugestoßen und gelungen ist, habe ich als Zusatz, als unverdiente Gabe, als Überschuß anzusehen.

Ich sagte mir auch: In meinem ganzen Leben habe ich ziemlich viel Unglück gehabt. Ich kann mich durchaus nicht oder nur in eingeschränktem Sinne als Glückskind bezeichnen. Oft war ich in der Lage jenes Frédéric Moreau, von dem Flaubert in seiner »Éducation sentimentale« ironischerweise bemerkt: »Er fand, daß ein durch die

Vortrefflichkeit seiner Seele wohlverdientes Glück allzu lang auf sich warten ließ.« (Il trouvait que le bonheur mérité par l'excellence de son âme tardait à venir.) — Doch jetzt ist meine Meinung, daß der eine unwahrscheinliche Glückstreffer der Nacht vom 14. März 1939 alles aufwiegt, was mir das Schicksal je an Unbilden zugemessen hat.

In Constanza traf mich ein Telegramm meines Bruders: »Alles in bester Ordnung.« — Sogar in seinem ärgsten Unglück dachte er daran, mich zu beruhigen. Das gelang ihm freilich nicht. Nur eines wußte ich: In seiner schlimmsten Stunde war er um mein Wohl bekümmert. Die Sorge um ihn begleitete mich von da ab unablässig — bis ich nach dem Schluß des Zweiten Weltkrieges das traurige Ende erfuhr.

In Athen erwartete mich eine Nachricht aus Indien: Omar Ehrenfels sandte mir einen Freund, einen Bruder des Paneuropavorkämpfers Graf Coudenhove-Kalergi. Es hatte etwas Tröstliches für mich, diese Botschaft Asiens und eines künftigen vereinten Europa im bedeutungsschweren Augenblick zu empfangen, da wir von dem zerklüfteten und verwüsteten Europa durch einen Besuch der Akropolis Abschied nahmen.

Wenige Tage später näherte sich das Schiff dem Strand Palästinas, der in ruhiger Majestät vor unseren Augen lag.

In Dankbarkeit gedachte ich des allmächtigen Schöpfers, der mich hierhergebracht hatte, damit ich einen wesentlichen, bisher vernachlässigten Teil meiner Lebensaufgabe in Angriff nehmen könne. Zugleich zerrte mir Verzweiflung am Herzen, wenn ich meines Bruders und all der anderen in Böhmen, in Europa hilflos Zurückgelassenen gedachte. Zwischen sanfter Dankbarkeit und schärfstem Schmerz war meine Seele in beispielloser Weise geteilt.

Damit aber beginnt eine neue Seite im Buch meines Lebens.

»Am Kriege sterben« — das ist eines der letzten Worte des edlen Stefan Zweig in Brasilien, das Ernst Feder in seinen »Begegnungen« überliefert. Es zeigt die ganze leidvolle, allzu weiche Tiefe dieser vornehmen Seele.

Aber »Mitarbeiten an der Verhinderung künftiger Kriege und Ungerechtigkeiten« — das empfand ich als den harten, unabweisbar mir vom Geschick auferlegten, gar nicht beneidenswerten, aber notwendigen Auftrag von innen, während das Schiff an der Küste des Heiligen Landes anlegte.

> Hier beginnt das kurze Glück meines Lebens; hier
> kommen die friedlichen, aber raschen Zeitperioden,
> welche mir das Recht gegeben haben, zu sagen, daß
> ich gelebt habe. Köstliche und oft zurückersehnte
> Augenblicke — fangt aufs neue eure zauberische Rei-
> henfolge für mich an, und wenn es möglich ist, zieht
> langsamer vorüber, als ihr es in eurer flüchtigen Wirk-
> lichkeit tatet.
>
> *J. J. Rousseau »Geständnisse«*

Ein fröhliches Wort an den Anfang dieses Kapitels, das neben allem
anderen doch auch so viel Unfrohes, Schmerzliches und sehr Müh-
sames ins Gedächtnis zurückruft.

Schon in den ersten Monaten nach meiner Einwanderung hielt ich
Vorträge in hebräischer Sprache. Am Anfang lernte ich die Anspra-
chen auswendig. Zur Sicherheit schrieb ich mir den hebräischen Text
in lateinischen Buchstaben auf und las ihn ab. Über die besonderen
Schwierigkeiten, unter denen dieser Sprung ins kalte Wasser vor sich
ging (»Spring und lerne schwimmen«), folgen später noch einige
Bemerkungen. Hier nur die Tatsache: Es ging, wurde viel bewundert, trug mir lebhafte Sympathien ein. Einige Monate später sagte
mir der geistvolle Journalist Dow Malkin: »Ich beglückwünsche
Sie. Mit Ihrem Hebräisch geht es schon viel besser. Sie machen schon
Fehler!«

Nichts konnte mir den Abgrund, in den ich mich hineingewagt hatte,
deutlicher zeigen als diese Gratulation zu meiner einigermaßen
freieren Bewegung auf dem Gebiet der schweren schönen Sprache,
der ich mich zunächst nur mechanisch, in pedantischer Abhängigkeit
anvertraut hatte.

Wie war es zu alldem gekommen? Ich habe bereits in einem früheren
Kapitel erzählt, daß mich gerade die besten Freunde, die ich in
Palästina besaß, gewarnt hatten, ins Land einzuwandern. Leute mit
intellektuellen Berufen, noch dazu solche, die ein gewisses Alter
überschritten hätten (ich zählte bei der Einwanderung 55 Jahre),
seien hier nicht gerade gesucht. Was man brauche, seien kräftige junge
Menschen, Pioniere, Männer der Tat, Ingenieure, Traktoristen, Hüh-

nerzüchter, Baumfäller, Hirten. Trotzdem schlug ich einen amerikanischen Antrag ab, als Professor an einer US-Universität zu wirken, ging auf gut Glück ins Ungewisse. Nie habe ich es bereut, nie eine richtigere Entscheidung aus gutem Gefühl getroffen. »Wer wagt, gewinnt.« Und so sah ich mich bald nach meiner Ankunft im Gelobten Land, die eine kleine Sensation war, nicht vor einer, sondern sogar vor zwei verlockenden Anträgen, die schöne, sei es auch bescheidene Lebensstellungen verhießen. Der Kleinmut der Freunde hatte wieder einmal geirrt. Zu dieser »Sensation«, die ich nur das eine Mal in meinem Dasein erlebt habe, trug einiges bei: das zufällige Zusammentreffen der Abreise meiner Gruppe, der außer mir mein Freund Felix Weltsch und andere wichtige geistige Führer des Volkes angehörten, mit dem Einmarsch Hitlers in Prag — einige falsche Zeitungsmeldungen, die berichteten, wir seien an der Grenze gefaßt und hingerichtet worden — die Tatsache, daß wir, als das Dementi herauskam, von da an von der wohlwollenden Presse Palästinas sozusagen von Station zu Station geleitet wurden (von diesem liebenswürdigen Interesse erfuhren wir aber erst bei unserer Ankunft) — der festliche Empfang im Hafen von Tel Aviv, die rührende Freude unserer Landsmannschaft, mit dem Abgeordneten Dr. Angelo Goldstein an der Spitze, das Zusammentreffen mit anderen Pragern wie der Schauspielerin Ruth Klinger, die Begrüßung in einer feierlichen Sitzung der führenden Parteien, bei der Schasár sprach (damals noch als Redakteur Rubaschoff berühmt — »wie hießen Sie doch mit Ihrem Mädchennamen?« fragt man bei uns manchmal jene, die ihren Namen hebraisiert haben). Dann die vielen Artikel, die in der hebräischen Presse über meine Bücher und mich erschienen, auf einen geradezu jubelnden Ton gestimmt; es hatte einige Tage lang den Anschein, als ob die Zeitungen über nichts Wichtigeres zu schreiben hätten als über uns, die Geretteten. Ich war überwältigt; ich hatte nie geahnt, daß die Dienste, die ich jahrelang meinem Volk mit reinstem Herzen, uneigennützig und oft mit gewaltiger Anstrengung, aber doch nur in provinziellem Maßstab geleistet hatte, mir so viel Beachtung, einen Schatz von Liebe eingetragen hätten. Ich war um so mehr überrascht, als mir bei meiner zionistischen Arbeit immer Kafkas Worte aus »Josefine, die Sängerin« vorgeschwebt waren, daß »das Volk, herrisch eine in sich ruhende Masse (ist), die förmlich, auch wenn der Anschein dagegen spricht, Geschenke nur geben, niemals empfangen kann«.

Und nun diese Welle echter spontaner Dankbarkeit, die mir überall entgegenschlug, wo ich mich zeigte! Meine Frau, die mit einem ganz eigenartigen, trocken-ironischen, nie boshaften Humor begnadet war, faßte die seltsamen Geschehnisse, die uns damals wochenlang einhüllten, in die nüchternen Sätze: »Es ist doch eigentlich ganz schön, wenn man mal ein bissel prominent ist.« Die bizarre Wortverbindung »ein bissel prominent« wurde damals in unserem Kreis oft zitiert, wurde zum homerischen Laufvers für viele komische und in sich widerspruchsvolle Begebenheiten. Die Huldigungen gipfelten in den schon angedeuteten zwei praktischen Vorschlägen.

Die führenden Mitglieder des Theaters »Habimah«, deren Wortführer in jener Zeit der einfallsreiche Regisseur und Schauspieler Zwi Friedland war, erschienen im Hotel »König Salomon«, meinem ersten Wohnort im Lande. Das Hotel hatte ein hübsches Sprechzimmer, das fast täglich einer Delegation als Rahmen diente, die zu meiner Begrüßung kam. Ich sage das nicht, um mich zu rühmen, sondern um die ungemeine Treue und Dankwilligkeit des jüdischen Volkes hervorzuheben, das einen sehr feinen Sinn dafür hat, wenn etwas von einem seiner Söhne oder Töchter aus reiner Liebe, nicht um des Ehrgeizes oder materiellen Vorteils willen zu seinen, des Volkes Gunsten unternommen worden ist — und wenn sich dieser Sohn, diese Tochter nicht aus leidiger Assimilationssucht vom Volk abwendet, wie dies, beklagenswert genug (siehe Werfel, siehe Pasternak oder, wie schon das Pseudonym sagt, Italo Suevo) allzuoft geschieht.

Die Direktion der »Habimah« bot mir die Stelle eines Dramaturgen an. Über die detaillierten Bedingungen sollte noch verhandelt werden.

Tags darauf kam das Konkurrenztheater angerückt, der »Ohel«. Wortführerin war eine schöne Schauspielerin. Allem Anschein nach kannte man meine Schwäche für weibliche Anmut. Die Dame nahm auf dem Sofa Platz, neben mir; sie trug ihr Anliegen sehr reizvoll vor. Aber mein Herz hatte sich schon für die »Habimah« entschieden, deren Leistungen (besonders die weltberühmte Aufführung des »Dybuk«) schon in Prag, viele Jahre zuvor, bei einer europäischen Tournee der Truppe, mich als künstlerische Taten ersten Ranges gefesselt hatten. Ich hatte den »Dybuk« zweimal, auch anderee Habimah-Stücke in Prag gesehen. — Meine Entschließung, im Stabe der »Habimah« zu arbeiten, war unbedingt die richtige gewesen. Daran habe ich die ganze Zeit über, auch in den Zeiten arger Krisen der führenden hebräischen Bühne, nie gezweifelt. Ich bin der Habimah treu geblieben – und sie mir. Es gab Epochen, in denen ich zusammen mit dem alten Theatergründer und nervös-plastischen Schauspieler Gnessin allein in den hallenden Gemächern des nicht vollständig zu Ende gebauten Schauspielhauses umherging. In höchst melancholischen Gesprächen. – Gnessin hatte solche Perioden der Dürre wiederholt erlebt. Er erzählte von den abenteuerlichen Anfängen des hebräischen Theaters, damals noch in Jaffa und noch nicht Habimah, sondern eine ihrer Vorstufen. In der Garderobe lagen die Säuglinge der Damen, die sich auf der Bühne betätigten. Man hatte nicht das Geld, Wärterinnen anzustellen. Die Männer spielten gleichfalls Theater. Es war eine Besessenheit. Die liebenden Mamas mußten ihre Babies abends ins Theater mitnehmen und abwechselnd bewachen. – Jetzt dagegen herrschte ein Notstand anderer Ordnung. Zwei Parteien hatten sich im Ensemble gebildet, sie bekämpften einander. Da die Truppe ein strenges Kollektiv war, alles den Schauspielern gehörte, gab es im Fall der Uneinigkeit kein Kommando. Über alles wurde in Vollversammlungen abgestimmt, auch ob dieser oder jener Akteur diese oder jene Rolle spielen solle. Diesem Zustand einer unpraktikablen Demokratie wurde später durch Einsetzung eines staatlichen Direktoriums ein Ende bereitet. Eine Zeitlang aber sah die Situation ganz hoffnungslos aus. Wieder einmal bewährte sich unser Sprichwort: »Wer ist hier im Lande ein Realist? Nur wer an Wunder glaubt.« Schlechter Trost, wenn alles streikt. Niemand dachte an Aufführungen, niemand an Proben, niemand an Gagen. Alles schien am Ende angelangt. Aber dann trat eine Wendung ein, die Pforten nach außen öffneten sich wieder, die schaulustige Menge strömte herein, und Abende neuen Glanzes begannen.

Auch zur Zeit meines Auftauchens im Lande ging es der »Habimah« nicht gerade sehr gut. Daher war man auf den Einfall gekommen, Propagandaaufführungen in großen und kleinen Städten des Landes zu veranstalten; bei einem dieser Propagandaabende in Jerusalem hielt Martin Buber die Einführungsrede; ich trat nach ihm auf. – Ich erinnere mich noch, wie er mit großer Hingabe ein Zukunftsprogramm der »Habimah« entwarf, unter anderem eine Aufführung von Hofmannsthals »Turm« empfahl – zu der es in-

dessen leider nie gekommen ist. Auf die Eröffnungsreden folgten
ausgewählte Szenen aus den beliebtesten Stücken: so zum Beispiel
aus Max Zweigs »Marannen« der höchst dramatische Zusammenstoß, in dem die Königin von Spanien Isabella (meisterhaft dargestellt von Frau Chana Rowina) vom Großinquisitor Torquemada,
den Aron Meskin impetuos wortkarg spielte, eingeschüchtert wird
und zuletzt den von ihm gewiesenen Schreckensweg geht. — Meine
Aufgabe war die des einleitenden Kommentators, der neugewon-
nene Dramaturg machte sich gern nützlich; ich hatte einem Publikum, das mit den Errungenschaften der modernen hebräischen
Bühne noch wenig vertraut war, anfangs in deutscher, später in
hebräischer Sprache die Grundlinien unserer Entwicklung und unserer Bestrebungen sowie die Bedeutung des Stückes, dessen Fragmente zur Aufführung kamen, knapp und einleuchtend darzulegen.
Ich verfaßte eine ganze Anzahl solcher Vorreden, z. B. auch zu
Gutzkows »Uriel Acosta«, der damals im Repertoire der »Habimah« stand, und es scheint mir, daß auch ich mit diesen Analysen,
vor allem aber durch eine Reihe von Vorträgen über Shakespeare,
mich in die Kette unserer Pioniere eingefügt habe. — Die »Habimah«
spielte regelmäßig seit 1928 in Palästina, ihr Vorbereitungsstadium
in Moskau, unter der Ägide von Regisseuren ersten Ranges wie
Stanislawski und Wachtangow, geht bis auf das Revolutionsjahr
1917 zurück. Trotzdem waren, als ich 1939 zu arbeiten begann, nur
zwei Werke von Shakespeare in ihrem Repertoire: »Was ihr wollt«
in der Regie von M. Tschechoff und »Der Kaufmann von Venedig«
in der Regie von Leopold Jessner. Hierin sah ich eine Schwäche,
einen Punkt, an dem ich einzugreifen hatte. Meine grenzenlose
Verehrung für Shakespeare als weltliche Bibel ging mit meinem
Aufbauwillen für die »Habimah« einen Bund ein, der bis heute
dauert. Ich hielt es für nötig, daß die »Habimah« mit der Zeit alle
wichtigen Werke Shakespeares in ihren Kreis aufnehme. Und so
geschah es. Ich war für diese meine Grundidee in der Repertoire-
kommission tätig, ich regte die Einladung des Regisseurs Julius
Gellner (aus Prag, später London) an, der mit dem »Sommernachtstraum«, mit »Othello«, mit »Der Widerspenstigen Zähmung« neue
Wege zeigte — ich wiederholte immer wieder innerhalb und außerhalb der »Habimah« meine Serie von sechs abendfüllenden Vorträgen (also nicht mehr bloßen Prologen) über Shakespeare, deren
einer dem Hamlet-Problem galt und der Aufführung dieses Welten-

dramas (mit dem ausgezeichnet formenden Schauspieler Sh. Finkel in der Titelrolle) Verständnis zu schaffen bestimmt war. Den Vorträgen über Shakespeare schloß sich später eine etwas kürzere Serie von Vorträgen über Flaubert an, ein Vortrag über Heine, über Kafka, zwei oft wiederholte Analysen von Gustav Mahlers Musik; denn meine Vorträge über Shakespeare hatten die unerwartete Folge, daß ich eine Zeitlang zu einem der beliebtesten Redner in hebräischer Sprache geworden war. Den Vortrag über »Humor in Mahlers Musik« hielt ich besonders oft in Kibbuzim (Kollektivsiedlungen), wobei ich die Exegese durch Vorführungen am Klavier unterbrach; wie oft erklangen die derben oder lieblichen Klänge: »Ich weiß nicht, wie mir ist«, »Es kam ein Herr zum Schlösseli«, »Die Lieb ist noch nicht aus« und »Ist's dein Wille, holde Maid« (aus Tirso de Molinas »Don Juan«) in weltfernen, um ihre Existenz hart ringenden Niederlassungen am Rande der Wüste oder der judäischen Berge. Ich hoffe, diesen über allen Preis erhabenen, sich selbst aufopfernden Arbeitern ein wenig den Lebensmut gestärkt, die Kräfte erfrischt zu haben. Nur das Beste ist für diese friedliche Eroberung des Bodens und ihre Helden knapp gut genug. Ich wählte lange, sorgfältig, ohne Rücksicht auf die Mode. So zum Beispiel sind die volkstümlichen Mahler-Lieder in ihrer frischen Einfachheit draußen in der großen Welt bis heute nicht voll gewürdigt, sie gehören zu dem Genialsten, was Mahler geschaffen hat, namentlich die Melodie nach Tirso de Molina erscheint mir zuweilen als die absolut schönste, die je erfunden oder, besser gesagt, gefunden worden ist. Denn sie muß seit Ewigkeit bestehen, aus so unverletzlich reinem Stoff ist sie aufgebaut. Man kann ermessen, welches Glück es für mich war, unter schlichten unverbildeten Seelen gewissermaßen der erste Herold derartiger Köstlichkeiten von Shakespeare bis Mahler zu werden. Daher ist die Erinnerung an die selige aktive Zeit jener ersten Jahre meines Wirkens im Lande für mich so bedeutsam, so einzigartig. Leider waren die Strapazen dieser schönen Kulturarbeit, die weiten Reisen auf öfters schlechten Wegen, die primitiven Unterkünfte zuviel für mich. Ich wurde mehr als einmal krank. In späteren Zeitperioden, in denen meine physischen Kräfte nachließen, mußte ich diese Tätigkeit, die mir so viel Freude machte, allmählich abbauen.

Jene ersten Jahre glänzen wie reine weltentrückte Sterne in meinem Gedächtnis. Alles ist von scharfem gesundem Meeresduft durchweht, blaue und rote Blumen schwanken im Wind, das Leben hat wieder einen Sinn bekommen — früh wache ich nach festem Schlaf gestärkt auf, und von da ab hat jede Stunde des Tages ihre Aufgabe, ihre Bedeutung. Sie geht bis zum späten Abend ihren geraden Schritt. Nie in meinem Leben war ich einem sinnvollen Dasein so nahe — nur eines hinderte mich, völlig mit Haut und Haaren in den Himmel hineinzuspringen, ein Schatten stand ja unverkennbar und unverrückbar immer zwischen mir und dem vollkommenen Glück: das Schicksal meines Bruders und seiner Familie, das Schicksal vieler Freunde, die in Prag, die anderwärts schutzlos, der Vernichtung preisgegeben, unter dem Hitlerregime zurückgeblieben waren, ferner die von Verderben bedrohte Sache der ganzen Menschheit, die Wolke eines Krieges, die sich immer näher heranschob. Meine Freude wurde durch Zeitspannen der ärgsten Verzweiflung unterbrochen. War es am Ende nur Illusion, daß mir die Menschen meiner jetzigen Umgebung liebenswürdiger, dienstfertiger, offener, freundlicher erschienen, als ich sie je in Prag kennengelernt, im düsteren Prag, wo mich zuzeiten das Gefühl überwältigt hatte, von Feinden umringt zu sein? — Immer wieder sagte ich mir: »Das hat sich geändert, du hast ein neues Leben begonnen. Du darfst dich jetzt nie wieder unterkriegen lassen. Tu, was du tun kannst, um dem Unheil der Welt entgegenzuwirken. (Und ich habe in der Tat um keiner Sache willen so viele Bittgänge unternommen, so viele Demütigungen ertragen, so viele Pläne von weitem herangeholt und Masche für Masche zusammengeknüpft wie zu dem Zweck, die Einwanderung meines Bruders zu erzielen — leider ohne allen Erfolg.) Aber wenn du nach bestem Gewissen das Deine getan hast, dann denke wenigstens zeitweise an anderes, vergiß die Sorge, schone deine Kräfte für den Aufbau. Der Aufbau ist die beste Gegenaktion, die du den negativen Barbarenkräften entgegenstemmen kannst, er ist deine einzig mögliche Antwort auf das unbewältigte Phänomen Hitler.« Alles in allem lebte ich in einer schwer deutbaren Verwirrung. Ich war tief glücklich und tief unglücklich zugleich. In dem auf und ab steigenden Gewölk zeigte sich je nach den Blickpunkten siedeheißer Schmerz — oder ruhige Fernsicht in Landschaften der logisch richtigen und erforderlichen Arbeit, des Fortschritts. Wenn der Widerstreit gar nicht mehr auszuhalten war, stürzte ich mich in verdoppelte Anstrengungen. Das Unmögliche möglich zu machen — das war der einzige Ausweg.

Oskar Baums schöner Roman »Die Tür ins Unmögliche« kam mir dabei immer wieder in den Sinn oder der paradoxe Ausspruch eines deutschen Philosophen, den mir Hugo Bergmann überliefert hatte: »Man muß aus dem Durst einen Trank bereiten.« Dabei spitzte sich alles hie und da auch zu heftigen Auftritten zu, die ich mir heute gar nicht erklären kann. Ein hoher Funktionär der Jewish Agency, von dem ich einmal früher den (unmöglichen) Schutz und die Einwanderung meines Bruders verlangt hatte, lud mich höflich zu einem Vortrag ein. Ich schrie, in dem bei mir leider manchmal ausbrechenden Jähzorn: »Nicht früher als bis mein Bruder befreit ist.« Der Funktionär sah mich entsetzt an. Unter seinem Blick fiel ich in Ohnmacht. Es war eine Szene an der Grenze der Menschheit und ihrer äußersten Anspannungen, völlig sinnlos, ungerecht.

Mein Bruder war mir eben mehr als ein Bruder, er war auch einer meiner besten Freunde, in Dichtung und Musik mir gleichstrebend.

So wogten in mir die Seligkeiten und das Unselige durcheinander. Ich beschloß geradeauszugehen, mich nicht an Deutungen meiner Seelenkämpfe zu verlieren. Dunkel ahnte ich immerfort, daß in der einzigen Zeit meines Lebens, in der ich ganz auf der Höhe stand und in der das, was man Tugend, virtus nennt, zum Greifen nahe lag: daß mir in dieser Zeit äußere Schicksale, die üble Beschaffenheit der Gegenwart das Konzept verdarben. Ich fand einen Ausweg: Die Sorgen waren ferne entrückte Schatten, wenn auch bleibende stete Schatten. Die Anstrengungen lagen gleich links auf meinem Schreibtisch: meine hebräische Grammatik, Hefte, Übungsstücke. Die merkwürdige, rational unfaßbare Mischung dieser ganz disparaten Elemente (ferne Schatten, nahe greifbare Bemühungen) macht das Eigenartige meiner ersten Zeit in Palästina aus.

Ich habe gar kein besonderes Talent für fremde Sprachen, obwohl ich einige von ihnen zärtlich liebe. Trotz Aufwand vieler Jahre habe ich das Tschechische nie bis zur letzten Korrektheit erlernt, wiewohl ich im Staatsdienst stand und diese Korrektheit bitter benötigt hätte. Nicht das Französische oder Englische, obwohl ich lange Zeiten in französischer und englischer Lektüre geradezu eingewühlt war. Im Gespräch aber fragen: »Wie spät ist es?« — das ging meist über meine Kraft. Nur im Hebräischen habe ich es verhältnismäßig recht weit gebracht; was ich immerhin zu den seltsamen Tatsachen meines Lebens rechne. Voreilige mystifizierende Schlüsse will ich daraus nicht ziehen. Aber so ist es und nicht anders. Ich kann mich in diesem, seiner ganzen Struktur nach europafernen Idiom gut ausdrücken. Meine Aussprache findet Anerkennung. In der Debatte weiß ich zu parieren. Namentlich wenn es um abstrakte Dinge oder um Dinge der Kunst geht. Beim Gemüseeinkauf finde ich mich schwerer zurecht.

Ich lernte manchmal bis zu zehn Stunden täglich. Zwei Jahre lang galten alle meine Mühen der Sprache und ihren Feinheiten. Wenn man mich fragte, worin der Unterschied des Hebräischstudiums in der Diaspora und in Palästina liege, so war meine Antwort: »Als braver Zionist habe ich im Ausland immer wieder angefangen, Hebräisch zu lernen. Jahr für Jahr. Immer von vorn. Ich bin aber immer wieder steckengeblieben, bin nur bis zum Hifil gekommen. (Der ›Hifil‹ ist eine schwierige, aber in der Praxis häufig vorkommende Verbalform.) In Palästina habe ich die Hürde des ›Hifil‹ genommen. Ich verwende ihn, ohne es zu wissen. Das ist der Unterschied.«

Indessen war auch diesen leidenschaftlichen Bemühungen eine Schranke gesetzt. Nicht für jedermann merkbar, aber doch (beispielsweise) für die »Königin der hebräischen Bühne«, für Chana Rowina. Einmal traten wir gemeinsam in Haifa, in einem großen Saal des Technikums auf, sie las eine Novelle von Stefan Zweig, wobei sie mitfühlend in solche Erregung geriet, daß sie in Weinen ausbrach. Das ganze Publikum schluchzte mit ihr. Ich hatte vorher eine Studie über Stefan Zweig vorgetragen, die ich möglichst frei zum besten gab, nicht eben am Manuskript haftend, das ich wie gewöhnlich mit lateinischen Buchstaben niedergeschrieben hatte. Zuletzt sagte mir die Rowina im Vertrauen: »Ihre Abhandlung war ausgezeichnet, Ihr Hebräisch ist schön. Nur eines stört: Man sieht, wie Ihre Augen von links nach rechts wandern.« Im Hebräischen schreibt man von rechts nach links, die Buchstaben werden gleichsam mit einem imaginären Meißel archaisch von rechts nach links in den Granit gehauen. Diesen Anblick konnte ich meinen Zuhörern und Zuschauern nicht bieten. Sie mußten mit den in verkehrter Richtung wandernden Augen vorliebnehmen.

Ich darf hier nicht übergehen, daß einige hebräische Schriftsteller den freundlichsten Anteil an meinen halsbrecherischen Versuchen nahmen, mir bei der recht schwierigen Stilisierung meiner Skizzen halfen. Abgesehen von Sch. Schalom, über den ich noch manches zu sagen haben werde, war es eine ganze Gruppe, mit dem Redakteur

Libai im Vordergrund, die praktische Sprachlehre mit mir trieb, mit mir prinzipiell immer nur hebräisch redete (obwohl anfangs ihren Sprachnerven dabei Übles zugemutet wurde) und die namentlich die Vorlesungen über Shakespeare mit mir sprachlich aufbaute. Libai gehörte zu den hier gar nicht so seltenen Menschen, die ihr alles an eine leitende Idee hingeben und die im Kampf um dieses Ziel fallen. Dabei ist es einerlei, ob dieses Ziel eine Liebhaberei oder ein wesentliches Institut unserer Volkswerdung ist. Der Dämon des einseitig konzentrierten Willens verlangt seine Opfer. Es wird alles so behandelt, als ob Wohl und Wehe des ganzen Weltalls von dieser einen Angelegenheit abhinge. Libai hatte es sich in den Kopf gesetzt, die erste gute illustrierte Wochenschrift zu schaffen, die dem hebräischen Volk, der Bildung, der Heimat dienen sollte. Die Schwierigkeiten waren ungeheuer. Der Redakteur zerstörte sich selbst in maßloser Arbeit, die Zeitschrift floriert heute. — Ein anderer Helfer, von weniger tragischem Zuschnitt: Israel Segal, der wackere Paukenist unseres berühmten Philharmonischen Orchesters, nebenbei Begründer und Ausgestalter der Theaterbibliothek der »Habimah« und eifriger Schriftsteller, der sich bemühte, in einem großen Buch die jüdische Abstammung Richard Wagners wahrscheinlich zu machen. Liebevoll betreute er meine Shakespeare-Essays, schrieb sie für die Publikation um.

Ferner lebte und wirkte mit mir der feingebildete Gerschom Chanóch, der Organisator des Habimah-Jugend-Kreises, der mein »Tschechisches Dienstmädchen« sowie ein Drama von mir ins Hebräische übersetzte, der mir wohlwollend in allem mit Rat beisprang, der unzählige Vorträge von mir, in Tel Aviv wie in manchen kleinen Orten, arrangierte. Auch er ist in jugendlichem Alter auf der Strecke geblieben. Wie so viele, die einmütig mit mir nach dem gleichen Ziel langten. Hier denke ich an meine beiden Hebräischlehrer; der eine, klein und robust, stieg später zu hohen Stellungen in der Stadtverwaltung auf, er hielt durch seinen unzerbrechlichen Optimismus meinen Mut in jenen verzweifelten Wochen und Monaten aufrecht, als die deutschen Armeen gegen Leningrad und Moskau vorstürmten. »Rußland kann nicht geschlagen werden«, wiederholte er immer. — Der andere, nervös und phantasiebegabt, gönnte sich im Übereifer inspirierten Unterrichtens keine Ruhe. An dem Tag, an dem er zum erstenmal Ferien machte, erlag er auf der Landstraße einem Schlaganfall. In seinem Studio (wir waren eine kleine

Lerngemeinschaft von neun oder zehn Schülern) lernte ich auch Ilse
Ester Hoffe kennen, die sich, allzu bescheiden, immer nur meine
»Sekretärin« nennt, die aber mehr war und ist: meine schöpferische
Mitarbeiterin, meine strengste Kritikerin, Helferin, Verbündete,
Freund. Sie trat auch 1967 erfolgreich mit einem Versband »Ge-
dichte aus Israel« hervor. — Seltsam ist, daß ich mit Esters Mutter
gemeinsam schon in Prag an einer guten Sache zusammengearbeitet
hatte. Es war ein Hilfswerk für die Hungernden im Erzgebirge, bei
dem ich die besondere Klugheit, Tatkraft und Herzensgüte dieses
edlen Menschen, Frau Hedwig Reich, bewundern konnte.
Ich kann nicht allen meinen Helfern namentlich danken. Der ge-
steigerte Lebensrhythmus ist mein Dank.
Doch einen darf ich nicht unerwähnt lassen: Professor Dr. Chajim
Kugel aus Minsk in Weißrußland, einen der treuesten und uneigen-
nützigsten Menschen, die mir auf meinem Lebensweg begegnet sind.
Wir hatten schon im Prager Jüdischen Nationalrat zusammengearbeitet, auf meinen Antrag war ihm der Aufbau des hebräischen
Schulwerks in Munkacz (Karpatorußland, damals eine Provinz der
Tschechoslowakei) übertragen worden, und er hatte die ihm anver-
traute Aufgabe mit Sorgfalt und Elan durchgeführt. Dann war er
eine Zeitlang vor mir nach Palästina gegangen, auch er (wie Dr.
Goldstein) Abgeordneter des Prager Parlaments, das zerstoben war.
Als ich ins Land kam, kämpfte er noch um seine Einordnung, später
wurde er Städteplaner, Miterbauer und erster Bürgermeister des
aufblühenden Cholón, einer Stadt im Umkreis Tel Avivs. In ihm
war gleichsam der gute Geist der neuen Heimat verkörpert, die
mich hier in Empfang nahm. Obwohl selbst mitten in den Schwierigkeiten des neuen Lebens stehend, verfehlte er keinen Morgen, in
meiner Wohnung zu erscheinen und sich angelegentlich und fröhlich, hoffnungsfest, nach meinen Tagesbedürfnissen zu erkundigen.
Sichtlich wollte er, daß es mir gut gehe, daß es mir im Lande
gefalle. Er war von rührender Allwissenheit und Besorgtheit um
das Kleinste wie das Größte. Was menschliche Solidarität, was Brüderlichkeit ist, konnte man an Kugel wie an einem Modellfall nach-
weisen. Denn ich war nicht etwa der einzige, um den er sich kümmerte. Es war ein ganzer Kreis von Menschen, um deren Wohl er
tätig bemüht war. Und unter jedem Trupp von Neuankömmlingen,
der eintraf, fand er die Leute, die seiner Hilfe am dringendsten
bedurften. — Mir ging es damals, äußerlich betrachtet, gar nicht

zum besten. Und nur die jugendliche Begeisterung, angefacht von der Berührung mit so außerordentlich dienstwilligen, leuchtenden Menschen, wie Kugel einer war, half über die schweren ersten Schritte hinweg. Ich hatte kein Geld, lebte von Darlehen, mein »Transfer« (Geldübertragung via London) war noch nicht eingetroffen, alle literarischen Verbindungen mit Europa wurden durch den bald nach meiner Immigration ausbrechenden Weltkrieg zerrissen, auf Jahre hinaus war eine argentinische Übersetzung meines »Rëubeni« das einzige von mir, was außerhalb Palästinas gedruckt wurde. Mit 55 Jahren hatte ich ganz von vorn anzufangen. Und um das Unglück voll zu machen: meine beiden großen Lifts, in denen meine Bücher, Manuskripte und Noten, mein Klavier, meine Möbel reisten, kamen nicht. Der Teufel weiß, wo sie steckengeblieben waren. Alle meine Mitauswanderer »wohnten« bereits, hatten ihre in Prag aufgegebenen Möbel erhalten. Nur ich nicht. Daß ich den Mut nicht sinken ließ, war Kugel zu verdanken. Er führte mich bei einer Reihe von Institutionen und Behörden ein, er machte mir klar, daß ich nicht für immer im Hotel bleiben konnte. Er half mir eine Wohnung suchen. Als der Hausherr mir nicht recht traute (meine Kapitalsschwachheit ließ mich recht unsicher auftreten), rief Kugel des Hausherrn kleines Töchterlein: »Habt ihr von dem Mann da nicht in der Schule gelernt?« Ja, sie lasen Teile aus »Rëubeni«. Nicht nur das — das Töchterlein erkannte mich persönlich, sie besaß mein Porträt in einem hebräischen »Dichter-Quartettspiel«, jubelnd brachte sie es heran. Jetzt erst ließ der Hausherr mit sich reden. — Doch nun spazierten wir in den leeren Zimmern. Kugel sorgte auch dafür, daß seine und meine Freunde uns das Notwendigste, Sessel, Tische, Schränke liehen. Meine tapfere Frau, in Prag ein wenig verwöhnt, ließ sich den rauhen Wind des Lebens um die Ohren streichen, mächtig griff sie zu. Bald brachte der eine ein Bett, jener ein Kanapee. Mit vereinten Kräften wurden wir eingerichtet. In jenen Tagen der fröhlichen Improvisationen schien nichts unmöglich. — Endlich, nach Monaten, als wir gar nicht mehr daran dachten, kamen unsere Lifts an. Daß während ihrer langen Fahrt sämtliche Teppiche, die einzigen Wertgegenstände, die wir besaßen, herausgestohlen waren, konnte uns das Vergnügen nicht rauben, wieder in den eigenen Möbeln zu wohnen.

Nur in einem einzigen Punkte ist dem lieben Dr. Kugel nicht das gelungen, was er mit mir vorhatte. Er hatte meine Frau und mich unter anderem auch in einen Kibbuz gebracht, wo wir eine Zeitlang behaust und bewirtet wurden. Diese Landarbeiter gehörten zur »ungläubigen Sektion« (es gibt natürlich auch Kibbuzim, in denen die alte geheiligte Lehre sich lebendig erhält) — aber sie waren nicht nur ein Gegenbild der Frommen, sie erschienen mir (und das war wichtiger) als Antithese der Frömmler. Sie führten genau das Gegenteil dessen aus, was die Frömmler tun: Mit dem Mund leugneten sie Gott, in der Tiefe ihrer Seelen aber dienten sie ihm und seinen manchmal so schwer deutbaren Geboten mit unerschütterlicher Rechtschaffenheit. Endlos waren die Gespräche, in denen ich sie zu überzeugen suchte, daß sie eigentlich sehr fromm seien, daß sie in einer Art von weltlichen Kloster lebten, mancher verzehrenden Eitelkeit fern. Alle diese jungen Leute waren in ihrer Heimat, in Osteuropa, streng religiös erzogen worden; ihre Auswanderung war Revolte gegen ihre Eltern, daher auch gegen die (mißverstandene) Religion ihrer Eltern. Sie waren den Jeschiwot (talmudischen Lehranstalten) entlaufen, ihre Opposition gegen religiöse Begriffe, religiöse Stimmungen trug alle Zeichen übertriebener Schärfe, persönlicher Verletztheit. Kugel vermittelte zwischen uns. Er schlug mir eine Aufgabe vor: Seit langem wollten einige Kibbuzim das Pessachfest (Ostern) erneuern, als Gedenktag der Freiheit, als Naturfest des Frühlings, irgendwie, wie es auch sei. Ich solle versuchen, das alte Volksbuch der »Haggada«, das am Osterabend gelesen wird, für den heutigen Gebrauch umzuformen. Der Festtag nahe, man wolle es mit meiner Dichtung oder Umdichtung wagen. Ich erinnerte mich, daß einzig dieses Fest und seine Jahrtausende alte Liturgie den Faden der Tradition in mir und meinen Geschwistern unzerrissen bewahrt hatte. Eben jene alte treuherzige »Haggada« (oder »Erzählung«), die ich so liebte, war das Gefäß meines Glaubens geworden, hatte mir etwas vom Glanz der Urtage überliefert, ohne mein religiöses Gefühl zu Ritualvorschriften erstarren zu lassen. Die »Haggada« zu aktualisieren, wie es in manchen Kibbuzim Brauch war: das wies ich schon aus ästhetischen Gründen als Geschmacklosigkeit zurück. Wir sollten doch froh sein — so führte ich aus —, daß wir einen Schatz besäßen, der sich mit Percys Balladen oder »Des Knaben Wunderhorn« vergleichen ließe — und darüber hinaus noch von religiöser Bedeutsamkeit sprühe. Jedes andere Volk wäre froh mit einem solchen Besitz, nur wir müßten rationalistisch an ihm herumkritteln. — Schließlich machte ich mich anheischig, die dramatisch bedeutsamen Teile der »Hagga-da« herauszuheben und durch ihre Aneinanderreihung, mit ihren eigenen Worten, eine Art kleinen Festspiels auf die Bühne zu bringen. Es gab ein paar Proben unter meiner Anleitung, der Versuch realisierte sich. Berufsarbeit in der »Habimah« hinderte mich daran, die letzten Proben zu sehen. Was erlebte ich nun am Abend des Festes? Schon die Einleitung ließ nichts Gutes ahnen. Es gab da einen berühmten Text-Teil, den nach uralter Sitte ein Kind, »das jüngste Kind aus der Tischgesellschaft« vorzutragen hatte. Das Kind stellt die von Geschlecht zu Geschlecht weitergetragene Frage: Wodurch ist diese Nacht von allen anderen Nächten unterschieden? (Mit etlichen Nebenfragen, die sich aus dieser einen ergeben.) Der Chor der Männer gibt Antwort und beginnt die Geschichte des Auszugs aus der Pharaonen-Knechtschaft zu erzählen. Hievon hatte ich mir einen scharfen szenischen Kontrast versprochen (wie ich ihn schon vorher in meinem Pessach-Oratorium, Musik von Paul Dessau, verwendet hatte). Aber nun erfuhr ich, daß meine Fassung der im Kibbuz herrschenden »Gleichheit« widerspreche. Hier dürfe kein Kind vorgezogen werden. Die klassische Frage wurde also von einem Chor sämtlicher Kinder gesungen. — Nun, dies Feuerwerk eines sturen Dogmatismus mochte noch hingehen. Bald aber folgten die Szenen, in der die Rabbinen der Talmud-Zeit ihr naiv-großartiges symbolisches Streitgespräch anhoben. Das alte Volksbuch berichtet knapp und stolz über die Führer und Lehrer des Volkes während des Kriegs gegen Rom, über Rabbi Elieser, Rabbi Jehoschua, Rabbi Eleasar ben Asarja, Rabbi Akiba und Rabbi Tarfon, »die in Bne Berak saßen und die ganze Nacht über den Auszug aus Ägypten sprachen, bis ihre Schüler eintraten und ihnen sagten: ›Unsere Lehrer, gekommen ist die Zeit des Morgengebets.‹« Diese Stelle hat mich in ihrer unüberbietbaren Einfachheit und Echtheit immer, sooft ich sie las, zu Tränen gerührt — und auch jetzt, während ich sie neu übersetze, fühle ich meine Augen naß werden. Was aber brachte die Bühne, unter Benutzung meiner so wohlgemeinten Anweisungen (Heines Bemerkung, daß auch der Atheismus seine Pfaffen habe, stach mir in die Augen): Karikaturen von Priestern sprachen wild und immer wilder aufeinander ein, suchten einander durch Gesten, Wackeln der angeklebten Bärte, Fuchteln, Stimmenaufwand zu übertrumpfen. Das Publikum im Saal bog sich vor Lachen. Zuletzt wurden die Burschen auf der Szene handgreiflich gegeneinan-

der. — Das ganze antiklerikale Ressentiment der ehemaligen Jeschi-
wa-Schüler war losgelassen. — Seit jenem Abend habe ich es mir
versagt, als Religionsreformator aufzutreten.

Ohne Zusammenhang mit dem vorigen sei hier vermerkt, daß auch
die reine Seele Chajim Kugels zu der großen Schar jener Helden
des Aufbaus gehörte, die den Anstrengungen nicht gewachsen waren.
In ihm verlor ich einen Freund, mit dem ich kritisch alles besprechen
konnte, was mir in dem stürmischen Vorwärtswuchten hier gefiel
und was mir nicht gefiel. Er tröstete mich oft, er stärkte meine
Hoffnungen auf die Zukunft unseres Volkes wie der ganzen Menschheit. Manchmal war ich ganz mutlos. Siehe, da kam Dr. Kugel des
Weges, wie von ungefähr, und wußte mit ein paar gesalzenen Worten meine Lebensgeister anzufachen. Er starb inmitten der im öden
Dünengelände aufwachsenden Häuserreihen seiner fixen Idee: der
Küstenstadt Cholón, die sich dann großartig entwickelt hat.
1942. Ein anderer schwerer Verlust hatte mich lange vorher aus
einer ganz anderen Wind- und Geistesrichtung getroffen: der Frei-
tod Stefan Zweigs und seiner Frau in Brasilien.
Ich hatte mich damals gerade in jahrelanger Arbeit einigermaßen
eingewöhnt, glaubte meinen Weg gefunden zu haben, als mich dieses
schaurige Ereignis aus meiner Bahn herausriß, mich für eine Zeitlang
vollständig lähmte. Rational ist das nicht zu erklären. Es war ein
Band tiefer Sympathie, das mich an Zweig fesselte. Obwohl unsere
Meinungen über das jüdische und allmenschliche Problem weit
auseinandergingen. Wir konnten nicht zusammentreffen, ohne den
Zwiespalt zu erörtern; aber dies geschah stets in freundlichster Weise
und mit einer Ahnung gegenseitigen Verständnisses. Zweig sah das
Ziel im Universalen, Kosmopolitischen, er wollte die geistigen Menschen erasmisch abseits der Politik halten; ich hatte seit je das tätige
Mitwirken mitten durch die Politik hindurch gewählt, obwohl ich
wie Zweig ein im Grunde unpolitischer Mensch war. Als Endziel
schwebte auch mir eine universale Erlösung *aller* Menschen vor, im
Sinne unserer großen Propheten Jesaja, Jeremija, Amos, Micha usf.
— aber ich sah es als unausweichliches Schicksal an, daß die Juden
erst wieder ein richtiges Volk werden müßten, wie sie es einst waren,
um zusammen mit den anderen Volksgemeinschaften und ihnen
völlig gleichberechtigt, ohne Ressentiment, an der Befriedung der
ganzen Erde zu arbeiten. Im gerechten Aufbau des jüdischen Staates

in Palästina (des Staates, der dann den alten Namen »Israel« zurückbekam) sah ich unseren, meinen Beitrag zur Abwehr des menschen-schlachtenden Hitlerismus. Stefan Zweig hatte eine andere Richtung gewählt. Und hatte nun die Waffen gestreckt, war zusammengebrochen. Diese Niederlage des anderen hatte in mir, was eben logisch-verstandesmäßig nicht zu erklären ist, keine Spur von Rechtfertigungs- und Überlegenheitsgefühlen, sondern nichts als pure Trauer ausgelöst. Schließlich hatte ich doch immer eine Art Halt an der bloßen Tatsache gefunden, daß Stefan Zweig existierte und auf seine stille Art kämpfte. Vielleicht bot auch meine Weise der Abwehr ihm eine gewisse Stütze. In der Gedenkrede, die ich ihm hielt, brachte ich unsere dezennienlange Verbundenheit zum Ausdruck.

Ich gedachte der alten Zeiten. Ich war noch sehr jung, als ich zum erstenmal dem jungen Stefan Zweig gegenüberstand. Er hatte mich freundlich eingeladen, ihn zu besuchen, wenn ich einmal aus Prag nach Wien käme. Und nun war das große Ereignis eingetreten. Der Provinzler tauchte in den Gesichtskreis des Weltstädters, des Humanisten. Ich muß mich sehr schüchtern und nicht wenig komisch ausgenommen haben; Stefan Zweig hat von dieser unserer ersten Begegnung einen rührend gütigen und eindringlichen Bericht gegeben; er ist als Vorwort in einigen Ausgaben meines »Tycho Brahes Weg zu Gott« mitabgedruckt. Ich habe ihm nichts zuzufügen.

Für mich war alles neu und imponierend, was ich in den wenigen Stunden mit Stefan Zweig erlebte. Wir streiften durch die Straßen Wiens, standen bewundernd vor machtvollen, dabei diffizil ausgewogenen Barockfassaden, und schließlich war der Wurstelprater unser Ziel. Nachher nahm mich Zweig in seine Studentenbude mit. Fast unbegreiflich war es mir, einem verzogenen Muttersöhnchen, daß Zweig nicht bei seinen in Wien lebenden Eltern wohnte. Anatols Abenteuer schwirrten mir durch den armen Kopf. Und dazu bekam ich die vielen seltenen Bücher in fremden Sprachen zu sehen, bekam einen Danziger Schnaps vorgesetzt, in dem kleine dünne Goldpapierblättchen schwammen. Das erschien mir als Gipfel großstädtischer Verruchtheit. Und dazu die Weisheitssprüche des um einige Jahre Älteren – kurz, ich war völlig zu Boden gewalzt.

Wir sahen einander dann öfters, in Prag, in Salzburg. Wir schrieben einander lange Briefe und wurden Freunde. Seinen »Erasmus«, seinen »Castellio« bewunderte ich rückhaltlos. Die Tage Hitlers kamen. In Salzburg geleitete mich Zweig durch die vielen Zimmer seiner schönen Villa auf dem Kapuzinerberg. Traurig klangen seine Worte, mit denen er mir all die Pracht vorführte: »Eine schöne Bibliothek habe ich gehabt. Eine schöne Wohnung habe ich gehabt.« Alles stand noch da. Aber die prophetisch schattenhaften Sätze schwebten heran, machten alles unwirklich.

Dann war sein immer den weitesten Fernen zustrebendes Leben ganz und gar aus meinem Gesichtskreis geraten. Und nun plötzlich die Schreckensnachricht. Sie wühlte tiefer in meinen Nerven, als ich darlegen kann, ohne mich wieder in jenen Abgrund zu verlieren. Hier war einer, der in der gleichen Front wie ich gegen die Barbarei des Jahrhunderts stand, und er war der Verzweiflung anheimgefallen. »Sein Zweifeln am Sieg«, sagt Heinrich Eduard Jacob, »— genauer gesagt: seine Gleichgültigkeit dem zu erhoffenden Sieg gegenüber — wurde als etwas Furchtbares empfunden.« Ich bin einer von den vielen, die das bezeugen können. »Wer damals Zeitungen las, der weiß, daß der Tod Stefan Zweigs in seiner Wirkung fast dem Fall von Singapur gleichkam« (aus dem gleichen Nachruf von Jacob). — Und doch galt es, die Zähne zusammenzubeißen und weiterzuschreiten. Die einmal gefundene Rettungs-Sicht durfte nicht aufgegeben werden. Ich dachte an die Worte, die ein Größerer seiner Selbstbiographie vorangesetzt hat: »Der nicht geschundene Mensch wird nicht erzogen.« In den Tagen, die unter dem schwarzen Stern von Stefan Zweigs Tod standen, erreichte dieses »Geschundenwerden« eine kaum mehr erträgliche Deutlichkeit. So sehr erzogen werden — das war kaum mehr auszuhalten.

Die Jahre gingen, und allmählich war meine Arbeit in der »Habimah« zu voller Stärke angelaufen. Dieses instrumental geschliffene Ensemble, in dem ich außer der schon Genannten auch noch des rüstigen, vielseitigen, stets intim charakterisierenden Seniors Bertonoff, des früh verstorbenen, in chassidischer Inbrunst lodernden Regisseurs Baruch Tschemerinsky und der ganzen jungen Generation (Mirjam Sohar, Becker und Ascheroff als Beispiele lebensvoller Gestaltung) gedenken möchte, erweiterte die Fläche seiner Theatererfolge (alle in hebräischer Sprache) nach vielen Richtungen. Ich legte der Direktion einen Plan vor, der im Laufe der Jahre sukzessiv durchgeführt wurde. Doch darf man sich nicht etwa vorstellen, daß meine Ratschläge den Kurs der Bühne bestimmten, und ich muß merklich lächeln, wenn ich in ausländischen Berichten hie und da als »Intendant« der »Habimah« vorgeführt werde. Es gab Epochen, in denen ich Einfluß hatte, andere, in denen mein Wort wenig galt. Im allgemeinen war ich immer nur ein winziges Rädchen in dem ungeheuren Maschinenwerk eines großen Theaters. — Wir unterschieden als Ziele, die wir uns vorsetzten und ziemlich gleichmäßig zu erreichen suchten: 1. Meisterwerke der Weltliteratur (Sophokles, Euripides, Shakespeare, Goethes »Faust«, Lope de Vegas »Schafsquelle«, Molière, Beaumarchais, Racines »Phädra«, Schillers »Wilhelm Tell«, Ibsens »Peer Gynt«, Tschechoffs »Kirschgarten« usf.). — 2. Wichtige Werke aus der jüdischen Diaspora: Schalom Alejchem, Bergelsons »Wir wollen leben, nicht sterben«, Brandstätter »Der Kaufmann von Warschau«, Hirschbein »Die Töchter des Schmieds«, Schalom Asch »Warschau« usf. — 3. Die lebendige Moderne: Shaw, Strindberg, Čapek, Wilder, Miller, Wouk, Lorca, Pirandello, Bert Brecht, O'Neill. — 4. Werke hebräischer Autoren: Aschmanns »Dieses Land« und »Michal, die Tochter Sauls«, Hazaz »Das Ende der Tage«, Megged »Fern in der Wüste« (von mir ins Deutsche übersetzt), Kischon »Die große Protektion« (ebenso), Schamir »Das Haus Hillels« usf. Man kann sich schwerlich ein farbigeres Repertoire denken; für Erfolgsstücke und Komödien blieb wenig Raum, doch gab es Zeiten, in denen sie sich an die Rampe spielten, darunter so erfreuliche wie Bahrs »Konzert« oder Birabeaus »Mein Sohn, der Minister«. Auch Zuckmayers »Barbara Blomberg« kam an die Reihe. Von mir wurde meine Dramatisierung des »Rëubeni« gebracht. Während der dritten oder vierten Aufführung hörten wir die Nachricht: »Italien hat den Krieg erklärt«, womit uns die Weltkatastrophe mit ihren Fliegerangriffen, Verdunkelungen, Hungerrationen und allen übrigen höllischen Zutaten noch etwas näher an den Leib rückte.

Es wurde aber ohne Unterbrechung weitergespielt, und jede Premiere kam, wie vorher, nur nach sorgfältigen Vorbereitungen heraus, die im Geiste Stanislawskis zwei bis drei Monate dauerten. Eine Europa unverständliche Übung und Gewohnheit, wie ich bemerkt habe, die übrigens auch von den anderen großen Bühnen Tel Avivs (Kammertheater und Ohel) geteilt wird.

Auch während unseres Befreiungskrieges 1947/1948 pausierten die Musen nicht. Und ich erinnere mich noch des überwältigendsten Eindrucks jener Zeit, den ich hatte: In Genua, wo ich auf der Rückkehr aus der Schweiz, meinem ersten Europaziel nach neun Jahren weilte, war die Meldung in den Tageszeitungen erschienen: »König Abdallah von Jordanien hat Tel Aviv besetzt, die Stadt brennt an allen vier Ecken.« Heftiger als je suchte ich ein Schiff oder Flugzeug, die Sorge um meine Lieben im Lande hatte ihren Höhepunkt erreicht. Kein Schiff fuhr, in den Flugzeugagenturen lachte man mich aus. Man hatte uns abgeschrieben, zu den Toten gelegt. Endlich kam aus Marseille angewackelt: unsere kleine, viel bespöttelte »Kedma«, das Schiff, von dem es hieß, daß es sich nur zum Zwecke der notwendigen Reparaturen von Hafen zu Hafen bewege. Wie war das Stückchen Heimat, das ihre Planken darstellten, uns Wartenden willkommen! Und sie nahm sich zusammen, erwies sich diesmal als ein recht seetüchtiges Vehikel, hatte auch brav den ganzen Schiffsbauch voll Waffen geladen, die sie zu unserer so plötzlich dringend gewordenen Verteidigung mitbrachte. Illegal, leise, im Morgengrauen wurden wir in Akko an Land gesetzt — und da sah ich im ersten Sonnenstrahl zwei Plakate an einer Wand aufglitzern: In Tel Aviv wurde »heute« ein Debussy-Quartett gespielt, und die »Habimah« gab »Tag und Nacht« von Anski, dem großen Dichter des »Dybuk.« So arg konnte es also doch wohl mit dem An-allen-vier-Ecken-Brennen nicht stehen, mindestens ein Winkelchen schien noch intakt zu sein. Mein Herz lachte im frischen Israel-Tag, vor dem alten Mauerwerk der einst viel umkämpften Stadt, die diesmal völlig kampflos in unsere Hände gefallen war.

Und es begann mitten im Befreiungskrieg 1948, dessen eigentliche Entscheidungen erst bevorstanden, von neuem nach der kurzen Europapause mein recht arbeitsreicher täglicher Lebenslauf. Ich hielt (damals oder schon etwas früher, als der Staat nach der UNO-Entscheidung von 1947 im Werden war) Vorträge im Herzl-Gymnasium, während aus nächster Nähe, von Jaffa her, Maschinengewehrlärm sich hörbar machte. Beim Heimweg war es ratsam, an gewissen Ecken den Kopf nicht vorzustecken oder rasch vorüberzuhuschen. Es galt die Parole, das Kulturleben möglichst ungebrochen weiterzuführen, den Mut nicht sinken zu lassen, obgleich die wohlgerüsteten Armeen von fünf arabischen Staaten auf uns losgingen, die wir nichts als halb ungeübte Freischärlertrupps und die Dawidka, eine selbsterfundene Mörserwaffe, ihnen entgegenzustellen hatten. — Damals leitete der amerikanische Dirigent Izler Solomon unsere Philharmoniker; und nie sind mir die acht ehernen Akkorde, die den letzten Satz von Brahmsens Vierter einleiten, so überzeugend unbezwingbar, so schroff und burghaft gewaltig erschienen wie in jenen ernsten Tagen.

Die Proben der »Habimah« gingen also in der gewohnten Art weiter. Die Methode, die, wie schon gesagt, noch aus Moskau 1917, von Stanislawski stammte, verlangte ein sehr gründliches Einstudieren. Damals, in Moskau, hatte die Habimah ihre romantische Vorbereitungsperiode erlebt. Junge Menschen kamen zusammen, um in einer nur wenigen Zuhörern bekannten Sprache zu spielen. Wenn man bedenkt, was sich daraus entwickelt hat − das überaus intensive hebräische Theaterleben der drei großen Städte Israels wie der Landbezirke −, dann faßt man es nicht. In den Anfängen froren und hungerten die jungen Adepten. Man war glücklich, wenn Meskin auf seinem breiten Rücken einen Sack Kartoffeln heranschleppte, den er auf unbekannten Wegen aufgegabelt hatte. Gorki und Lunatscharski klatschten Beifall, schrieben begeisterte Artikel. Es waren dagegen *jüdische* Dogmatiker, die die hebräische Sprache als »reaktionär« verschrien, die schließlich die Auswanderung der »Habimah«, ihre große Tour (Europa, Amerika, Palästina) erzwangen. Gerade dies führte dann, allerdings nach langen Leidensjahren, den definitiven Aufschwung der Habimah herbei. − Doch zunächst ging alles am Ursprungsort und glatt vor sich. Es gab allerdings Stücke, die Stanislawski erst nach einem vollen Jahr Probezeit herausbrachte. Diese Technik war natürlich zu meiner Zeit, in dem vom drängenden Pulsschlag des Tages gequälten Tel Aviv unmöglich; aber Spuren und die ganze reine Kunstgesinnung haben sich erhalten. − Ehe man die Bühne betrat, wurde und wird noch heute das Stück tagelang »am runden Tisch« gelesen, allseitig diskutiert. Stanislawski liebte die »Etüden«, Vorstudien. Sein armenischer Schüler Wachtangow, der eigentliche Lehrmeister der Habimah, folgte ihm hierin. Man stellte den Schauspielern Aufgaben, die im Stück selbst nicht vorkamen, aber dazu dienten, sie mit den Rollen fast völlig vertraut zu machen, ja mit ihnen verwachsen zu lassen. So fragte man, welche Schicksale die drei Nichtstuer oder Betbrüder, mit deren Gespräch der »Dybuk« einsetzt, wohl gehabt haben mochten, ehe sie sich zu frommem Klatsch, zu Folianten und Schnaps für immer oder doch für lange Zeit im Beth-Hamidrasch, im Lernhaus, zusammenfanden. Auch für jede der anderen auftretenden Gestalten wurde eine kleine Biographie gedichtet und allenfalls auch agiert. Jedes Mitglied des Ensembles lernte während der langen Proben nicht nur den eigenen

Part, sondern womöglich sämtliche Rollen des Stücks und konnte im Bedarfsfall für alle übrigen einspringen. Das Stück war allen bis in die feinsten Strukturteile gegenwärtig. Wenn ich gefragt wurde, welches der Unterschied zwischen dem Studium eines Stückes bei der »Habimah« und dem in Europa üblichen Lernverlauf ist, so nahm ich manchmal Zuflucht zu einer Anekdote, die mir Felix Salten erzählt hatte: Felix Salten geht mit Frau Adele Sandrock einmal, bei der 20. Aufführung von Schillers »Don Carlos«, hinter den Kulissen auf und ab. Adele Sandrock spielte damals noch nicht die alte Baronin mit dem Krückstock, als welche wir sie von Bühne und Film her kennen. Sie war noch jung und knusprig, ihre Rolle war die der Prinzessin von Eboli. Als solche hat sie nur die ziemlich bedeutungslosen Anfangsszenen, später ihren großen Auftritt mit dem Prinzen Carlos. Sie ließ diese Episode jedesmal in dämonischer Leidenschaft aufzischen. Während des ersten Aktes also, im Gespräch mit Salten, wirft sie einen Blick aus den Kulissen auf die Bühne. Man gibt, wohlgemerkt, das Stück zum zwanzigsten Male. »Was ist denn das eigentlich für ein Saustück, in dem ich da spiele?« flüsterte die Sandrock dem Kritiker ins Ohr. »Der Kerl macht ja seiner eigenen Mutter eine Liebeserklärung.« — So etwas also, pflegte ich meine Anekdote zu beschließen, so etwas kann bei der Habimah auf keinen Fall vorkommen.

Mein Beruf machte mir Freude, er war schön und ehrenhaft. Inniger als die meisten einwandernden Westjuden war ich von Anfang an mit einem Zentrum der aufblühenden neuhebräischen Kultur verwoben. Doch gab es auch eine weniger erfreuliche Kehrseite. Ich hatte nicht nur Anregungen aus allen vier Ecken der Weltliteratur zu geben, also aktiv zu sein — ich war auch zu einer passiven Auffang- und Filteraufgabe verurteilt, hatte alle Stücke zu lesen, die die »Habimah« erhielt, darunter, dem Himmel sei es geklagt, viele schlechte. Heute sind wir vier für dieses wichtige Geschäft da, in den ersten Jahren aber hatte ich fast allein dem Ansturm standzuhalten. Es war zuzeiten, ich gestehe es offen, über alle Vorstellung fürchterlich. Als ich meinen Posten übernahm, sah es so aus, als sei allen Narren in Stadt und Land ein Signal gegeben worden. In Haufen waren sie da. Aus der großen Menge nur drei Typen: Da war der Mann, der mir eine kleine Erzählung eigener Fechsung vorlas und der sich nie Gedanken darüber gemacht hatte, daß eine Erzählung und ein Drama zwei ganz verschiedene Dinge sein könnten. Mit Aufgebot aller Kräfte erklärte ich ihm das. Endlich sagte er: »Gut, ich sehe das ein. Es muß ein Drama sein — wie Sie es nennen. Aber dieses Drama sollen eben Sie aus meiner Geschichte herstellen.« Es dauerte lange, ehe ich ihm begreiflich machen konnte, daß dies nicht meines Amtes sei. — Ein anderer kam und war schlechthin in sein Werk verliebt. Wie verzückt las er. Es war Mist. Wenn er eine Seite beendet hatte, wandte er sie langsam, feierlich um und sah auf, sah mich erwartungsvoll an. Offenbar wollte er meinen angespannten Zügen etliches Lob entlocken. »Weiter, weiter« — mehr konnte ich in meiner Ungeduld nicht herausbringen, »es ist hier doch keine Szene zu Ende, es ist kein Abschnitt.« »Aber schön ist es«, erwiderte er mit inniger Selbstzufriedenheit. — Einen dritten nannte ich im stillen den »Ermüder«. Er schrieb schneller, als ich las. Kaum hatte ich seinen »Noah« abgelehnt, war er schon mit einem »Elias« zur Stelle. Das ganze Alte Testament war sein Jagdgebiet. Und nicht nur das seine. Nachdem ich fünf »Moses«, zehn »König Ahab« und zwölf »Esra« abgelehnt hatte, hätte ich am liebsten ein Schild an meiner Tür anbringen lassen, demzufolge man lieber die Originalbibel lese als ihre Bearbeitungen auf der Bühne bewundere — und daß ich daher für ein halbes Jahr die Entgegennahme einschlägiger Werke sperren müsse. (Ähnlich hatte ich einmal im »Prager Tagblatt«, wo ich Theater- und Musikkritiker war, eine Zeitlang aber auch das Feuilleton redigierte, verlauten lassen, daß ich keine Kurzgeschichte annehme, die mit Selbstmord oder Wahnsinn endet. Selbstmord und Wahnsinn hatten sich nämlich als bequemste Lösung aller Konflikte, als wahre Eselsbrücken der Novellisten erwiesen. Ich floh vor der Monotonie.)

Manchmal kam ich mir wie ein großer Chirurg vor, vielmehr als das Gegenbild eines solchen. Der Arzt soll und muß den Patienten ihre Angst vor der Operation nehmen, soll ihnen darlegen, daß ihr Fall durchaus nicht aussichtslos sei. »Die Sache ist nicht rettungslos verloren« — das mußte zwischen den Worten eines guten Arztes durchschimmern. »Ihr Stück ist rettungslos verloren«, das war es, was ich so vielen, die zu mir kamen, eindringlich auseinanderzusetzen und mit Beweisen zu belegen hatte, »nein, es kann auch durch eine Operation nicht repariert werden —. Nein, bemühen Sie sich nicht. Es kommt dabei nichts Gutes heraus.« So mußte ich immer wieder meine ganze Autorität abwehrend einsetzen. Denn das waren die schlimmsten Klienten: die mit immer neuen Verbesserungsvorschlägen auftauchten, die ihr grundverpatztes Opus unter keinen Umständen als endgültig abgelehnt wahrhaben wollten. — Hier konnte letzten Endes nichts als unerbittliche Strenge das Feld behaupten, der die Reinhaltung der Kunst und des nach Menschenermessen Vollkommenen oberstes Gesetz ist.

Doch vermutlich hatte ich es, zumindest teilweise, meiner Stellung zu danken, daß ich auch mit den wirklich guten, ja ausgezeichneten hebräischen Dramatikern in Verbindung kam, mit vielen von ihnen nähere Bekanntschaft schloß und einige zu Freunden erwarb, mit denen ich auch heute noch, nach so vielen Jahren, in bester Beziehung stehe. Man weiß draußen (und allzuoft auch drinnen) viel zuwenig von der modernen hebräischen Literatur, die in den letzten Generationen und auch heute einen neuen Stand hoher Blüte erreicht hat. Ich habe noch den Stammvater dieser Renaissance, Chajim Nachman Bialik (in Marienbad) gesehen — wenn auch, nach meiner allzu schüchternen Art, über die ich schon berichtet habe, nicht persönlich gesprochen. Mit dem großen Heiden Saul Tschernichowsky habe ich eine höchst denkwürdige Reise an die Nordgrenze des damaligen Palästina gemacht, in den damals neugegründeten Kibbuz Daphne, der wirklich eine alte Kultstätte Apollons und Pans im Quellgebiet des Jordan bezeichnet, und habe mitangehört, wie bei der Rückfahrt und Rast in Sfat (Safed) der Ungebändigte in einer Dankesansprache vor den orthodoxen Rabbinern der alten Kabbalistenstadt zu deren Entsetzen Worte der Verehrung für Apollon geäußert hat, zwar höchst taktvoll, aber doch unverkennbar deutlich. Diese beiden sind dahingegangen, auch der Dritte im Bunde, der hochgebildete Jakob Cohen, der ein wichtiger Dramatiker und Übersetzer von Goethes »Faust« war. Mit ihnen habe ich viel über das Wesen des Theaters diskutiert. — Ich beabsichtige nicht, an dieser Stelle einen kleinen Abriß der hebräischen Literatur einzuschmuggeln. Es gibt viele gute Bücher über diesen Gegenstand, letztens ist »The Flowering of Modern Hebrew Literature« von Ribalow erschienen (New York 1959), ein dicker Band, in dem auch überzeugend dargelegt ist, daß die hebräische Sprache nie tot war, daß sie im Munde des Volks, im Gebet, in Diskussion, Mystik und Brauchtum alle Exile von Babylon, Persien, Griechenland, Rom bis zu denen in Deutschland und Polen lebendig durchgestanden hat. Ich spreche in diesem meinem Erinnerungsbuch nur oder doch hauptsächlich von meinen persönlichen Erlebnissen und Erfahrungen. Und da stehen die beglückenden Begegnungen mit dem großen Poeten S. J. Agnon im Vordergrund, der die alte Sprache und die Redewendungen der chassidischen Volksbücher in homerischer Einfachheit erneuert und auf Begebenheiten in versunkener Zeit wie auch auf das psychologisch differenzierte Leben des Menschen von heute anzuwenden weiß — mit dem Buntwirker orientalischer Teppiche Burla — mit Alterman, dem hebräischen Kästner — mit dem Heine-Übersetzer Perlman, mit dem zarten Idylliker Shimoni — mit dem Sprachkünstler Hazaz, dem Schilderer des yemenitischen Sonderdaseins. Und viele andere, die ich nicht Gestalt um Gestalt in kurzen Worten aufrufen kann, aber bei besserer Gelegenheit nennen werde (einiger habe ich bei Entwicklung des Habimah-Repertoires gedacht) — sie alle haben mir einen Begriff kühnen Schaffens in unserem Lande gegeben, den ich ihnen danke. Der Sprachneuerer Schlonski zeigt sich in entschiedener Richtung führend, anregend, bedeutend, ferner einer der Jüngsten: Jizhar, dessen vielumstrittener Roman »Die Tage von Ziklag« einen hebräischen James Joyce ahnen läßt. Lea Goldberg, die Übersetzerin des Petrarca, hat das meiner Ansicht nach erlebniskräftigste hebräische Drama geschrieben, das hier auch eine lange Reihe von Aufführungen erlebt hat (»Die Herrin des Schlosses«) und auf das unternehmende Bühnenleiter verwiesen seien. Leider hat nicht die Habimah, sondern das Kammertheater (mit der bezaubernden Chana Meron in der Titelrolle) die Ehre der Uraufführung dieses wahrhaftigen Zeitstückes gehabt.

In der heroischen Reihe dieser Neubeginner schreitet als einer der Aufrechtesten mein Freund Sch. Schalom. Sein eigentlicher Name ist Schalom Josef Schapira. Doch da sein Vater ein angesehener chassidischer Rabbi ist, wollte der Sohn die Kreise des Alten nicht stören, als er 1927 mit weltlichen Gedichten hervortrat, voll Religiosität, doch fern von »Religion«, wie Buber sie in seiner 5. Rede über das Judentum als Summe von Bräuchen und Vorschriften definiert. Er legte sich ein Pseudonym bei, das ihm geblieben ist und in dem das Sch nicht Abkürzung seines Vornamens, sondern nur den hebräischen Buchstaben Sch (ausgesprochen: Schin) bedeutet. Das Pseudonym muß also als »Schin Schalom« gelesen werden.

Seltsam wie sein Name ist sein Schaffen, seine Herkunft, sein ganzes Schicksal. Seltsam unsere Begegnung, aus der wir beide bald unsere innere Verwandtschaft heraenfühlten: die doppelte Liebe zum Realen und zugleich zum Geheimnisvollen, das unveränderlich und in vollkommenem Licht hinter all dem rasenden Ablauf der Geschehnisse erahnt wird. Schaloms autobiographisches Poem »On ben Pele«, seine Gedichtsammlungen, wie vor allem »Von Angesicht zu Angesicht«, sein auch deutsch erschienenes »Galiläisches Tagebuch« (Landschaften und Liebesleid von Hamsunscher Passionskraft), seine meisterhafte Übersetzung der Sonette Shakespeares legen Zeugnis ab für die innere Konfrontierung zweier Welten in seiner Seele. Und merkwürdig war es uns beiden, immer tiefer und ausführlicher zu erkunden, wie zwei Dichter, von denen der eine die ganze Mystik des Ostens in sich aufgenommen, der andere in völlig anderem Erziehungsgang an den Schätzen westlicher Kultur sich gebildet hatte, einander gleichsam entgegenliefen, einander immer näherkamen — wie der Ostjude und der Westjude (von der Gegensätzlichkeit der beiden Elemente wurde eine Zeitlang hier allzuviel Wesens gemacht) schließlich auf der gleichen Linie standen und in den großen Fragen von Volk und Menschheit einander begegneten, in ihrer trunkenen Liebe zu Israel und im real-harten Bekenntnis zur messianischen Aufgabe Israels für das Wohl aller Menschen, ohne daß es dabei jemals das Geringste von der Nietzsche-Geste eines Herrenvolkes annehmen darf.

Ich zitierte damals gern aus einem Brief Miguels de Unamuno zwei hochmarkante Sätze: »Spanien ist nicht das Herz der Menschheit. Aber ich muß ihr hier in Spanien dienen.« Dieses Bekenntnis, das den Messianismus-Gedanken heilsam eingrenzt, ist in diesem Buch überall mitzudenken, wo von messianischer Sendung die Rede ist. Nie darf diese Sendung mit den Nebengefühlen der Gewalttätigkeit, der Nötigung, des Chauvinismus, ja auch nur der Aufdringlichkeit gekoppelt werden.

Schalom erzählte mir von seinem Urahnen, dem berühmten Ruschiner oder Rabbi von Ruschin, auf dessen Armstuhl mit goldenen Buchstaben die Worte standen: »David, König Israels — lebt, lebt und besteht«. Es sind, nebenbei bemerkt, dieselben Worte, die auch im »Dybuk« in der Szene der drei Betbrüder zitiert werden und die mit ihrem klopfenden Rhythmus (ich habe ihn hier in meine Übersetzung übernommen) in Form einer Volksmelodie und einer allgemein bekannten Horra (Volkstanz) weiterleben. Ich sah und hörte, wie man zu diesen Klängen in den Straßen Tel Avivs in einer Novembernacht 1947 Horra tanzte, als die Nachricht eintraf, daß die Vereinten Nationen in Lake Success mit großer Mehrheit beschlossen hatten, dem selbständigen Judenstaat keine Schwierigkeiten mehr in den Weg zu legen, ihn aufleben zu lassen, wie er Theodor Herzl fünfzig Jahre vorher in Basel als Vision vorgeschwebt war. Es war und blieb das einzige Mal, daß ich in Tel Aviv auf Straßen und Plätzen allgemein Horra tanzen sah – von allen Bevölkerungsschichten, nicht bloß von Kindern und Jungvolk. Die ganze Stadt, jung und alt, jauchzte und sprang, auch mich zog man in die stürmischen Freudenkreise. (Und schon am nächsten Morgen knallten aus dem Hinterhalt die Schüsse der Araber.) – Schalom erzählte mir also, als wir einander kennenlernten, daß diese Worte eine besondere Bedeutung in seiner Familiengeschichte hatten. Verleumder, Feinde zeigten den hochgemuten Rabbi von Ruschin bei der zaristischen Regierung an, er wurde wegen des mythischen Spruchs auf seinem Armstuhl der Aufwieglung verdächtig gemacht und in den Kerker geworfen. Nach jahrelanger Haft befreiten ihn seine Anhänger, indem sie den Gefängniswärtern als Bestechung ein Faß, voll mit Dukaten, übergaben. So will es die Sage. Der Rabbi flüchtete, kam nach Österreich, wo er in Sadagora in der Bukowina seine Residenz aufschlug. Manche der Rabbinen dieses Zweigs zeichneten sich durch besondere Pracht der Hofhaltung aus. Neben Asketen gab es in der frommen Dynastie auch solche, die einen Sinn für das Weltliche, für Schönheit, für große Diplomatie, daher auch für Palästina hatten, ohne dabei aus dem Rahmen gottesfürchtiger Bestrebungen zu treten. So widmete der Vater Schaloms in hohem Alter seine Mußestunden der Malerei, erreichte hohe Grade eines durchaus nicht dilettantischen Könnens, wurde und wird auf Ausstellungen beachtet und führt auf diese Art den Beweis, daß Liebe zur Natur auch mit den gesetzestreuesten Strömungen im Judentum vereinbar sei –, daß sich die Gegenüberstellung von diesseitsfeindlichen »Nazarenern« und schönheitsseligen »Hellenen« (Heines großes Entweder-Oder im Börne-Essay) nur als bedingt gültig darstellt.

So reicht lebendige Überlieferung aus jener klassischen Sagenwelt der Chassidim, von der Buber berichtet, bis in die Tage Schaloms und in meine eigenen Tage herein. Durch die galizischen Flüchtlingsschülerinnen, die ich unterrichtet, durch den Rabbi von Grodek, bei dem ich damals die sinnerfüllte »dritte Mahlzeit« des Sabbattages eingenommen und ihre Melodien gemeinsam mit Kafka erlebt hatte (die Melodien enthüllten mir ihren Urrhythmus, der sie mit Gustav

Mahlers Musik verband) — durch all dies bestand auch für mich eine persönliche Bindung an diesen geheimnisreichen Bezirk der Seele. — Die größte Figur und der eigentliche Organisator der Familienwanderung nach Zion war Schaloms Großvater, einst Rabbi von Drohobycz in Galizien. Von ihm hat mir der junge Schalom viel erzählt, auch von der zeitweiligen Berührung seines Urgroßvaters mit den phantastischen Plänen von Lord Oliphant, der lange vor Herzl die Befreiung des Landes Israel auf weltlichem Wege durchführen wollte und eigens nach Sadagora kam, um den berühmten Rabbi zu gewinnen. Der Rabbi lehnte ab. Als aber nach Abfahrt der prächtigen Kutsche die Chassidim den christlichen Neuerer bespöttelten — was Gott im Laufe von Jahrtausenden nicht zustande gebracht, werde diesem Gecken mit seinen geputzten Lakaien gelingen —, da habe der Rabbi so herzbrechend aufgeseufzt, daß alle plötzlich verstummten: »Sei es auf diesem Wege — wenn nur die Erlösung in unseren Tagen kommt.« Diese Worte hätten auf den damals noch jungen Großvater einen tiefen Eindruck gemacht. Seither waren alle seine Gedanken auf die Rückkehr ins Land der Väter gerichtet.

Im Ersten Weltkrieg lebte dieser Großvater mit seinen Anhängern eine Zeitlang, schon auf der Flucht vor den Russen, in einem Karpatendörfchen. An seinem »Hofe« befanden sich allerlei seltsame Luxusdinge der Welt, die nicht gerade in die gewohnte Umgebung eines Rabbi gehörten; unter ihnen auch ein schöner Papagei, der das Herz des Alten erfreute. Die schlicht-frommen Dorfjuden sahen das mit Mißtrauen, sie mochten in der Wichtigkeit, mit der man den bunten Vogel behandelte, eine Art Götzendienst erblicken. Doch wagten sie nicht, dem gelehrten Rabbi und seiner Anhängerschaft Vorhaltungen zu machen. Da kam die Nachricht, daß die russische Armee sich den Karpaten nähere. Der Dorfvorsteher lief zum Rabbi und warnte ihn mit folgenden Worten, in denen sich in derber Volkssprache das endlich ausbrechende Mißtrauen mit sorgender Verehrung unnachahmlich mischte:

»Packt's d'n Vogel und läuft's.«

Schalom erzählt mir weiter: Der Rabbi fuhr mit allen seinen Angehörigen, mit Anhängern und Dienerschaft nach Wien. Nach dem Krieg liquidierte er seinen ganzen europäischen Besitz und begab sich ins Gelobte Land. Weltfremdheit und praktischer Sinn waren in ihm einen merkwürdigen Bund eingegangen. Er ließ in Wien vorausblickend die Familienmitglieder zu Berufen erziehen, die er und die »Sachverständigen« als nützlich für die altneue Heimat ansahen. Ein ganzer Maschinenpark wurde angesammelt, eine »chemische Fabrik«, die vor allem Präparate gegen die Malaria erzeugen sollte (in ihr war auch der junge Schalom beschäftigt), eine Druckerei, eine Buchbinderei, landwirtschaftliche Geräte, Apparate für eine Schreinerwerkstatt. All das nahm seinen Weg von Wien nach Jaffa. Als die ganze Pracht im Lande angelangt war, stellte es sich heraus, daß Maschinen für elektrischen Antrieb eingerichtet waren — in Palästina aber gab es damals noch keinen elektrischen Strom. Die Verwirrung war grenzenlos. Schwindler machten sich an die Gruppe heran, erboten sich, die Motoren auf Petroleumantrieb umzuarbeiten. Ein Teil des Metalls wurde verkauft. Die gemeinsame Einwanderungskasse sank auf tiefe Ebbe. Schalom hat die ganze bizarre Geschichte der Landnahme seiner Familie in einem Buch, das auch englisch und deutsch erschienen ist, eindrucksvoll dargestellt. Hohe Erwartungen, Mut ohnegleichen, Zusammenbruch, bescheidenes Überdauern — all das kommt in vielen, scharf profilierten Gestalten zum Ausdruck, die er mir in lebendiger Erzählung auch mündlich vorführte, wenn wir abends und nachts am Meeresstrand von Tel Aviv, auf den einsamen Sanddünen umherstrichen. Damals näherte sich Rommel mit seiner Panzerwagenarmee dem Mandatsgebiet, wir sahen alles, was die großen Generationen vor uns — unter ihnen auch der phantasiereich unbesonnene Großvater Schaloms und seine Gruppe der Dreißig — aufgebaut hatten, in Feuer und Rauch untergehen, uns beide sahen wir auf dem Wege zum Schafott. Ein kurzes Gedicht Schaloms hält diese Stimmung fest, die wir gemeinsam durchgefühlt haben. »Indem wir aufs Schafott steigen, bauen wir Jerusalem auf«, sang er wie von Sinnen. Könnte ich jemals diese Wochen der Sorge vergessen: die wenigen Zeilen des Gedichtes in ihrer Konzentration würden sie mir mit Blut und Nerven immer neu ins Gedächtnis schreiben. O alle die unschuldigen Kinder, die ahnungslos aufwachsen! All die prachtvolle Jugend mit ihren ungebrochenen Hoffnungen! . . . Es war eine der schwersten Zeiten, die ich hier durchgemacht habe. Dann kam die Schlacht bei El-Alamein. Wir empfanden sie als Wunder.

Neben dem grausigen Ernst die alles übertrumpfende Ironie: Man erzählte damals, die Kabbalisten in der Jerusalemer Altstadt hätten in geheiligt überlieferter Zeremonie eine schwarze Henne geschlachtet. Dieses Ritual werde ganz gewiß verhindern, daß der Feind den Boden unseres Landes betrete. Und man setzte hinzu: »Aber still! Nicht weitersagen! Sonst erfahren es die Engländer und verlassen sich darauf.«

Ein drittes Wunder, diesmal wieder aus den Erzählungen Schaloms. Ich stehe auf dem Balkon seiner luftigen Dichterwohnung, nahe dem Kamm des Karmel. Mit seiner Frau, die eine vorzügliche Violinistin ist, habe ich soeben eine Sonate von Händel in die Lüfte der ungeheuren Ebene geschickt. Haifa, die Schiffe im Hafen, das tiefblaue Meer bis nach Akko, in der Ferne der Schneegipfel des Hermon — es gibt auf der Erde wenige Augenblicke von solcher Schönheit und Helligkeit des unendlichen Raumes. Ist es nicht schon ein Wunder, daß die drei großen Städte Israels so grundverschieden voneinander sind: das vornehm-ruhige Jerusalem, das stolze offene Haifa wie ein Freilufttheater und das tückisch glänzende Labyrinth Tel Avivs.

»Dort unten«, rief Schalom und wies auf einen Punkt in der Ferne der Küstenebene, »dort liegt das Chassidimdorf, wo ich die Kinder unterrichtet habe. Jetzt schaue ich vom Karmel auf das Dorf hinab, damals nahmen meine Blicke den umgekehrten Weg. Dazwischen liegt mein ganzes Leben. All das begann womöglich noch verrückter als die städtische und ›fabriksmäßige‹ Siedlung meines Großvaters. Ein junger Rabbi mit hundert Familien ging aufs Land. So gut wie unvorbereitet. Man begann gleich mit dem Pflügen. Mich stellte man an, weil ich gut zu reiten verstand, sogar auf ungesattelten Pferden. Man nahm sich nicht die Zeit, für die aus Polen mitgebrachten schweren Möbel ordentliche Häuser zu bauen. Zelte wurden aufgeschlagen, die Möbel standen in der glühenden Sonne auf offenem Feld, man hatte sie im Freien angeordnet ›wie zu Hause‹, in den Zimmern. Man arbeitete und sang in unbeschreiblicher Begeisterung. Die benachbarten Beduinen fürchteten sich. Sie vermuteten hinter den sorglos aufgestellten Möbeln ein Geheimnis, unbekannte Waffen. Wenn man so unbeschützt an ein Siedlungswerk ging, dann steckte gewiß etwas Furchtbares dahinter. Die Beduinen sprachen von sagenhaften Helden, die, bis an die Zähne bewehrt, ständig Wache hielten. Aus lauter Furcht beeilten sie sich, uns ihre Freundschaft anzubieten. Es kam nicht zu Räubereien, wie bei anderen Siedlungen, die mit Palisaden umgeben waren. Freundschaft und Brüderlichkeit herrschten in jenen Tagen zwischen uns Chassidim und den Beduinen der ganzen Umgebung: Wir tanzten nachts, und im arabischen Dorf nebenan ertönten dumpfe Klänge, das Stampfen des Schwerttanzes, der ›Debka‹. — Später kam ein wirklicher Feind: die Malaria. Heute wird ja das alles anders angepackt, mit tausend Vorsichtsmaßregeln. Damals trug man aus unserer Siedlung täglich einen Toten auf den Friedhof. Und trotz allem — sieh hinunter, mein Lieber, die Siedlung dort ist heute eine der blühendsten im ganzen Land.«

Zum erstenmal war Schalom in mein Habimah-Büro mit seinem Stück »Schüsse auf den Kibbuz« gekommen, das mich um seiner erlebten Wahrheit und Buntheit willen lebhaft anzog. Ich empfahl es zur Aufführung. Aus technischen Gründen konnte diese Aufführung damals nicht zustande kommen. Ich machte das Drama zur Grundlage eines Operntextbuches, das ich »Dan, der Wächter« nannte. Marc Lavry schrieb die Musik dazu, dirigierte auch selbst — und das Werk wurde als erste (andere sagen, zweite) moderne Oper mit hebräischem Text wiederholt in Tel Aviv und anderen Städten aufgeführt. Lavry hatte vorher mein »Lied der Lieder« in Musik gesetzt, das gleichfalls einige Aufführungen erlebte — ein mit exotischen Klängen reizvoll spielendes Oratorium nach dem Urtext, den ich keinesfalls »bearbeitet« habe (solch eine Barbarei hätte ich mir nie gestattet); ich war nur an einigen Stellen vers-umstellend und kürzend vorgegangen.

Schalom übersetzte mein Drama »Saul, König von Israel« ins Hebräische, wobei seine schöpferische Sprachkunst ins Licht trat. Unsere Zusammenarbeit nahm noch andere mannigfache Formen an. Es wird wohl einmal noch Gelegenheit sein, mit diesen hervorzutreten. Aber manches, was aus Liebe und Freundschaft geschieht, hält man wohl am besten eine Zeitlang bis zum rechten Augenblick verborgen.

Außer dem »Saul« habe ich in den ersten Jahren nach meiner Einwanderung, während des Krieges, wenig geschrieben. Zuerst hatten mich die freudigen Aufregungen überwältigt, dann wurde ich an den jähen Abgrund gerissen — Krieg, Ekel vor der Zerrüttung der Welt, dauerndes Bedrohtsein — der Tod meiner für die feinsten geistigen Regungen begabten, humorvollen, klugen Frau, die eine der aufs zarteste zusammengesetzten Gestalten war, mit denen das Leben mich vertraut gemacht hat: Es überstieg bei weitem meine Kräfte. — Den Schatten meiner Frau findet man in gewissen Einzelzügen von Galileis Tochter Maria Celeste, in der Figur der Edith in meinem Roman »Prager Tagblatt« und in anderen Werken von mir mit behutsamer Hand nachgezeichnet, doch bleibt der zitternde Umriß weit hinter dem Urbild zurück. Sie war nicht mehr ganz gesund, als wir hier eintrafen. Ihre mehr und mehr schwindenden Kräfte konnten dem strengen Klima, den Strapazen der »Einordnung« nicht genügenden Widerstand leisten. So habe ich sie verloren.

Von 1938 bis 1947 ist (außer dem »Saul«) nichts von mir erschienen. Doch wenn ich auch wenig oder nichts publizierte, so studierte ich doch in dieser langen Reihe von Jahren mehr als je, fing gleichsam von neuem an. Die philosophischen und religiösen Grundprobleme wurden im blutigen Abglanz der neuen Erfahrungen neu durchdacht. Säulen stürzten und neue Säulen rückten aus dem Erdboden nach. Es war eine langdauernde und tiefaufwühlende Revolution in mir, namentlich seit dem Tode meiner Frau. Die große Frage: »Ist die Seele unsterblich — und zwar nicht etwa im Sinne des Averröes unsterblich, der die Einzelseele im Licht der allgemeinen Weltseele sich auflösen läßt, sondern im ganz wörtlichen Sinn: als individuelle Seele unsterblich?« — diese Frage umgab mich Tag und Nacht, schrie nach Antwort. — Nach dem Ende des Krieges, als ich die Nachricht erhielt, daß man meinen Bruder in Auschwitz vernichtet hatte, trat eine weitere, ebenso uralte Frage mit der gleichen Dringlichkeit hervor: »Wie läßt sich das Leiden der Welt mit dem Glauben an einen allmächtigen und allgütigen Gott vereinbaren?« — die Frage, die Leibniz in seiner »Theodizee« am klarsten formuliert und sichtlich falsch beantwortet hat (allerdings nicht so falsch, wie Voltaire im »Candide« es bespöttelt). — Diese Frage war in meinem Kopf und Herzen vorhanden, seit ich klar zu denken begonnen hatte. Ich hatte ja in die Welt geblickt, hatte das Böse beobachten gelernt, hatte auch die Schule Schopenhauers nicht ohne Nutzen durchgemacht. Daß ich erst jetzt aus ganzer Tiefe aufschrie, als ich erfuhr, daß mein ungestüm edler, unschuldiger Bruder gasvergiftet worden sei, ist entschieden eine moralische Schwäche von mir. Aber sie ist vielleicht menschlich zu entschuldigen; wiewohl ich nicht aufhöre, sie mir zum Vorwurf zu machen. — Eigentlich hätte die Krise in mir schon früher ausbrechen sollen. Aber war nicht die ganze Zeit, die ich durchlebte, eine nur mühsam unter Kontrolle gehaltene Krise? Ich wiederhole: Die Frage war in mir schon immer da, nur verdichtete sie sich erst jetzt zum wilden Schrei, der auf baldige Antwort drängte oder meinen Tod verlangte. — Seltsamerweise hatte ich mir während des ganzen Krieges eingebildet, mein Bruder und Freund Otto werde aus Theresienstadt wohlbehalten (oder sei es auch krank) hierherkommen, wo er seit 1942 im Ghetto gefangen war. So sicher war mein Glauben, daß ich gewisse Reisen in Palästina aufschob. Diese Sicherheit war freilich mit Perioden grauenhaften Zweifels vermischt. Ich hatte die Absicht, Jericho erst mit meinem Bruder zu besuchen, das Glück der ersten Begegnung mit dieser Wüstenstadt wollte ich nicht allein haben, wollte es mit ihm teilen, nachdem ich schon ohnehin, gleichsam unerlaubt und ihn übervorteilend, das Glück des Eintritts ins Gelobte Land ohne seine Gesellschaft genossen hatte. Zur Fahrt nach Jericho ist es dann überhaupt nicht mehr gekommen. Als nach langer Ungewißheit die Meldung hier einlangte, daß Otto mit seiner Frau im letzten Transport, der von Theresienstadt abging (Oktober 1944), nach Auschwitz überführt worden sei — war Jericho bereits in den Händen der Araber. Und ich habe es nie betreten. — Man hatte das Ehepaar von ihrem einzigen Kind Marianne getrennt. Wenige Wochen nach den Eltern ging Marianne in Bergen-Belsen zugrunde. Sie war gerade zu hellem jugendlichem Liebreiz aufgeblüht. Von der Wand hinter meinem Schreibtisch sieht mich ihr Bild traurig, mahnend, vorwurfsvoll an: »Du lebst, alter Mann, und ich, mit den besten Gaben ausgestattet, bin an der Schwelle des Lebens umgekommen. Ich habe fast nichts von seiner Süße, nur seine Bitternis und Angst erfahren.« Rührend war mir der Bericht einer Frau, die Theresienstadt überlebt hat: »Die junge Marianne fiel auf, wenn der Chor sang. Sie war die Schönste; ohne daß sie etwas dazu tat, zog sie alle Blicke auf sich. Und man hatte das Gefühl, daß sich auch ihre Stimme über die Stimmen aller anderen Mitwirkenden weit hinausschwang.« — Ich habe sie natürlich nur gekannt, als sie ein kleines Kind war. Sie war damals ausnehmend gutartig. Sie unterschied zwischen »wirklichen Hühnern, die herumliefen« und »solchen, die man aß, die bloß nachgemacht waren.« Ohne dieses Märchen, das man ihr immer wieder erzählen mußte, hätte sie kein Hühnerfleisch gegessen. — Man hat später nicht soviel Umstände mit ihr gemacht . . .

Allen diesen Attacken erlebter Ungerechtigkeit setzte ich meine Unsterblichkeitslehre und die »Lehre vom Leiden Gottes« entgegen, mit welch letzterer ich Gott gegen den Vorwurf zu verteidigen unternahm, er handle unbillig, sei böse, ja grausam. Da mir die bisher von Philosophen und Theologen vorgebrachten Argumente nicht genügten, suchte ich unablässig nach neuen. Ich begab mich auf unerforschte Wege. Viele Jahre habe ich damit zugebracht, zu meinem Werk »Diesseits und Jenseits« Material zu sammeln, eigenen Einfällen nachzulaufen und sie mit den Gedanken der großen Denker, vor allem mit denen Platons zu vergleichen. Diese Arbeit brachte mir viele Stunden namenlosen Glücks, in denen ich wirklich (wie Rükkert-Mahler) »der Welt abhanden gekommen« bin und, unbeirrt von irdischer Kleinlichkeit und Bosheit, eine Zeitlang im Lande der Seligen verbracht habe. Mit meiner, wie ich glaube, sehr naheliegenden und doch neuartigen Interpretation Platons setze ich fort, was ich in meinem »Stefan Rott — oder das Jahr der Entscheidung« begonnen hatte. So entstand mein philosophisches Hauptwerk, in gewisser Hinsicht ein Abschluß von »Heidentum, Christentum, Judentum«, doch weniger auf die Verschiedenheiten und Erscheinungsformen der drei großen Religionen des Westens gerichtet als auf ihren gemeinsamen Quell, auf die Sehnsucht nach der Erkenntnis Gottes und der aus dieser Sehnsucht entspringenden Vereinigung mit dem vollkommenen Wesen. 1947 und 1948 erschienen die zwei Bände in Winterthur. Sie sind mein weitaus wichtigstes Werk. Sie sind auch mein weitaus am wenigsten bekanntes. Jetzt liegen sie als Umarbeitung vor (»Das Unzerstörbare«, demnächst auch »Von der Unsterblichkeit der Seele«).

Die Pascalsche Grundunterscheidung zwischen einem »Gott der Philosophen« und dem »Gott der Offenbarung« halte ich für überspitzt. Es sind zwei verschiedene Wege, aber sie führen zum gleichen Ziel. Das darf nun nicht etwa so verstanden werden, als ob ein exakter philosophischer Beweis für das Dasein eines vollkommenen und guten Gottes geführt werden könnte. Wohl aber kann die Philosophie zweierlei leisten:

Erstens zeigt sie, daß die Annahme eines vollkommenen und guten Gottes nicht absurd, daß sie vielmehr im höchsten Grad wahrscheinlich ist, ja daß viele Analogien (auch im Bereiche der modernen Naturwissenschaft, die ich ausführlich behandle) zu dieser Wahrscheinlichkeit hinführen.

Zweitens leitet die Philosophie immer wieder zu unlösbaren Widersprüchen (wie dem zwischen Sein und Werden, Einheit des Urgrunds und Mannigfaltigkeit der Erscheinungen), die aus den bloßen Kräften der Vernunft nicht überbrückt werden können. Die Überbrückung dieses Abgrunds geschieht durch das Erlebnis dessen, was Platon die »Ideen« nennt und was nicht mit der Welt der Begriffe, der Allgemeinheiten verwechselt werden darf. Im religiösen Dasein findet vielmehr dieses Erlebnis immer wieder als unmittelbares Eintreten in den Zusammenhang mit Gott statt, als Bewußtwerden dieses Zusammenhangs, als Theophanie des Absoluten, als unendliche Liebe. Die Vernunft zeigt nur immer die Widersprüche, zu denen sie gelangt, wenn sie ihre Fäden weiterspinnt — doch sind diese Widersprüche erst richtig und sauber dargelegt, dann wird die aufklaffende Lücke vielleicht (man darf es hoffen, eine Zusage im menschlichen Sinn wird in diesen Regionen nicht gegeben) durch das Erlebnis des absolut Seienden geschlossen. Pascals Feuer-Erlebnis, dessen knappe Beschreibung er immer bei sich getragen hat, ins Rockfutter eingenäht, gehört hierher wie der Lebenslauf so unbeschreiblich hoher Erscheinungen wie Platon, Moses, Jesaja, Jesus. Neben allem Verwandten oder gar Gemeinsamen ist naturgemäß auch das Unterscheidende der einzelnen Erlebnisse in den Blick zu nehmen. Letzten Endes zeigt sich, daß die philosophische Vernunft und das Erlebnis des Glaubens einander eher ergänzen (eins gibt das, was dem anderen fehlt), als daß sie einander widersprächen. Ein Gegensatz besteht wohl, aber es ist, wenn man so sagen darf, ein positiver, sich zusammenfügender Gegensatz; keine Zerstörung, sondern Fortsetzung in einer anderen Tonart. Léon Bloys Haß- und Hochmutserlebnis gehört gewiß großenteils nicht hierher, es hat viel vom Wahnsinn und einer häßlichen eitlen Denkart an sich. — Ich habe mich bemüht, mein eigenes Erlebnis, so bescheiden und anfängerhaft es sein mag, in den genannten zwei Bänden möglichst genau und affektlos darzulegen. Dieses Erlebnis bewegt sich hauptsächlich auf dem Gebiet der Mathematik und der schönen Künste. Ich kann hier natürlich nicht einmal andeutungsweise wiederholen, was ich auf vielen hundert Seiten niedergelegt habe. Als Beispiel führe ich an, daß mir die Existenz des Unendlichen unwiderleglich erscheint, und zwar nicht nur des Sich-Annäherns an das Unendliche, der Asymptote, nicht der »schlechten Unendlichkeit« Hegels — sondern der aktuellen Unendlichkeit, wie Cantor mit seinen »Alephs« sie verstand, wie sie als Kontinuum auftritt, als Wunder aller Wunder. Die Tatsache wird dadurch erhärtet, daß die Tangentialfunktion mit wachsendem Winkel anwächst, das Unendliche erreicht, durch das Unendliche *hindurchgeht* und auf der anderen Seite dann wieder im Endlichen erscheint. Das setzt meines Erachtens die reale Existenz des Unendlichen voraus. — Für besonders stringent halte ich den Hinweis auf das Unendlich-Kleine und seine Vielgestalt. Der ausdehnungslose Punkt (Differentialquotient) enthält in sich die Chiffre oder Abbreviatur des Kreises oder auch der Tangente, der Ellipse, unendlich vieler Kurven — dieser Punkt ist die in einen Punkt gebannte, gleichsam konservierte, verschiedenartige Krümmung. Der eine ausdehnungslose Punkt enthält die verschiedenartigsten Individualitäten geometrischer Gebilde. In Analogie hiemit kann man ein Verständnis dafür bekommen, daß die Mannigfaltigkeit der Individualitäten, so wie im Unendlich-Kleinen, auch im Unendlich-Großen, in der Ewigkeit (vielmehr Zeitlosigkeit) nicht ausgelöscht wird, nicht untergeht, sofern die Bestandstücke des Aufbewahrens wert sind. Diese durchaus nicht idealistische, sondern völlig reale Beweisführung scheint mir bemerkenswert.

Nach Beendigung dieses Hauptwerkes erwachte aufs neue in mir der epische Trieb. Jedes der Werke, die ich nun schrieb, hat Beziehungen zu »Diesseits und Jenseits«. Ich nenne nur das Gegenstück zu meinem Roman »Tycho Brahes Weg zu Gott«: — »Galilei in Gefangenschaft« (1948), den Roman aus unserem Befreiungskrieg »Unambo«, den »Meister« (ein Buch aus der Zeit, da Jesus wirkte), die beiden Erzählungen aus meiner Jugend »Der Sommer, den man zurückwünscht«, »Beinahe ein Vorzugsschüler«, ferner »Armer Cicero«, »Prager Tagblatt«, »Mira«, »Jugend im Nebel«. — Ferner schloß ich hier in Israel meine Ausgabe der Werke Kafkas ab. Auch hiebei war mir Ilse Ester Hoffe eine ebenso getreue wie kluge Helferin und Beraterin. — Meine Dramatisierung von Kafkas »Schloß« wurde in Tel Aviv vom Kammertheater, mit Leopold Lindtberg als Gastregisseur, mit Shilo und Orna Porat in den Hauptrollen oft gespielt und stand den Aufführungen in Zürich, Berlin, Dortmund und an anderen großen Bühnen in keiner Weise nach. Das Publikum, namentlich die Jugend, zeigte sich höchst interessiert.
»Als Angehöriger einer Gemeinschaft, die an sich selbst in der fürchterlichsten Weise erlebt hat, wohin eine Ideologie führt, die auf Haß aufgebaut ist, dürfen wir es nicht zulassen, daß er zu einer der Grundlagen unseres eigenen Staates und seiner Gesellschaft wird.« — Diese Sätze finde ich im Israel-Forum (Haifa). Der Verfasser wendet sich dagegen, daß gewisse Kreise in Israel es ablehnen, die Ausschreitungen des »Dritten Reiches« zu verzeihen. Vergessen kann

man freilich nie, was geschehen ist. Aber man muß doch so aufrichtig sein, offen zuzugeben, daß heute führende Köpfe in Deutschland vieles tun, um derartige Strömungen, die einst zum Nazismus geführt haben, nicht wieder aufkommen zu lassen; wiewohl solche Strömungen und Neigungen immer wieder da und dort auf besorgniserregende Weise aufflackern. Aber die Jugend in Deutschland, die ja noch ungeboren oder doch unmündig war, als die Greueltaten des Dritten Reiches sich ereigneten, ist jedenfalls unschuldig. Darüber hinaus habe ich bei meinen Reisen in Deutschland, deren ich seit 1949 einige unternommen habe, viele Repräsentanten der besten Jugend kennengelernt; und bin bei jung und alt in allen Schichten der Bevölkerung immer wieder auf ehrlich humane und oft sogar auf erstaunlich reife Gesinnungen und Taten gestoßen, die Hoffnungen in mir geweckt haben. Möge uns eine lange Zeit des Friedens geschenkt sein! Dann werden die Samenkörner reifen, die von Männern guten Willens heute gesäet werden. Natürlich heißt es wach sein und präzis Rückfälle in die Barbarei der Sitten, in die Roheit der unausgetragenen Gegensätze verhindern. Gegensätze werden immer von neuem aufwachsen, das bringt das Leben mit sich; aber diese Gegensätze dürfen nicht wieder eine vergiftete Aura zwischen den Menschen schaffen.

Ich lese mit einem meiner neugewonnenen deutschen Freunde (Jörg Mager) in einem Gedicht von Mörike die nicht nur durch ihre Schönheit beglückenden Zeilen:

> »Mein Herz durchzückt mit eins ein Freudenstrahl:
> Dein ganzer Wert erschien mir auf einmal.
> So wunderbar empfand ich es, so neu,
> Daß noch bestehe Freundeslieb und Treu!
> Daß uns so sicherer Gegenwart Genuß
> Zusammenhält in Lebensüberfluß!«

Das Zutreffende, das wir den Versen entnahmen, machte sich sofort ebenso stark geltend wie das, was in diesem Gedicht, wenn man es auf unsere Zeit bezieht, nicht mehr stimmt. Wer von den heutigen Dichtern würde es angesichts der allgemein brüchigen Weltlage wagen, eine Wortgruppe wie »so sicherer Gegenwart Genuß« niederzuschreiben! Schon gar nicht zu reden vom »Lebensüberfluß«, an dessen Stelle, da die Gehaltenheit und Stille dahin ist, vielmehr ein Zerfließen, ein langes Haften am Rausch und katzenjammerhaft ein globales Angstgefühl getreten sind. Zur Zufriedenheit ist kein Platz mehr geblieben. Aber gerade der Abstand des sternschönen Gedichtes von der Wirklichkeit des Heute macht vielleicht einigen, die sich zusammenfinden, über allen Zweifel klar, was möglicherweise für immer verloren bleibt, jedenfalls aber für immer, sei es in neuer abgewandelter Form, zu wünschen und anzustreben ist.

Ohne die ernsthaftesten (und außerdem erfolgreichen) Bemühungen um eine gerechte soziale Verteilung der erarbeiteten Güter dieser Erde, ohne Frieden im Innern und Frieden mit den Nachbarn kann Zion nicht Zion sein. Das Analoge gilt im Weltmaßstab für jedes Volk, ohne Ausnahme. Episodisch ist der Frieden nicht zu verwirklichen. Die ganze Erde muß der Gewaltanwendung und Ausbeutung die große Absage erteilen.

Ich spreche nicht als Tourist, sondern nachdem ich dreißig Jahre lang dieses Land bewohnt habe, in dem ich auch weiterhin wohnen werde. Ich beschreibe von innen her einen persönlichen Ausschnitt seiner wechselnden unruhigen Geschichte. Denn seit dreißig Jahren erlebe ich die Sorgen dieses Landes, seine Unruhe und Unsicherhiet, sein Hoffen und Aufatmen mit. Und ich kann, ohne mich zu rühmen, sehr genau beurteilen, wie verschieden die Sicht ist, in der der Tourist (sei es auch der am besten informierte, der wissens- und gefühlsmäßig am treffendsten vorbereitete) und ein anderer das Land betrachtet, der als bescheidener Mitbürger, als einer von vielen, unauffällig, den Alltag und den Nicht-Alltag, das Werden eines Volkes, das Werden eines Staates miterlebt hat und weiter miterlebt. Ich bin nämlich selbst einmal sechs Wochen oder länger als Tourist hier gewesen. Im Jahre 1928. Damals hielt ich eine Rede in einem neuen Haus, das gerade jetzt niedergerissen wird, um einem Wolkenkratzer Raum zu schaffen. Es lag als eines der letzten Gebäude einsam an der Peripherie der Stadt. Heute liegt es nicht etwa im Zentrum, sondern das Zentrum ist nach Norden hin weit über jenes Gebäude hinausgerückt. Damals kam — bald nach meinem kurzen Ausflug — die Habimah am Ende ihrer ruhmvollen, aber mühseligen Europatournee für dauernde Zeit nach Erez Israel (Land Israel). Der Stadtrat von Tel Aviv schenkte den Schauspielern, um ihre Ansiedlung zu erleichtern, den größten Teil eines Häuserblocks — je ein Haus für zwei oder vier Familien, d. h. den noch unbebauten Grund und Boden für solche Häuser. Diese Habimah-Häuser liegen heute in einem der belebtesten Teile der Stadt; damals klagten die

Frauen der »Habimah«, daß man ihnen zumute, draußen mitten in Sanddünen und Wüste, in der Einöde zu wohnen. Damals, als ich vagantenhaft mit Felix Weltsch und mit meinem Chefredakteur Dr. Blau fröhlich im Lande umherreiste, herrschte die ungestörteste Ruhe; kaum war ich nach Prag zurückgekehrt, als die Schreckenskunde vom Überfall der Araber auf die Siedlung Beth-Alfa einlangte. In meiner ersten Rede im Prager jüdischen Rathaus verlangte ich Hilfe und Geldsammlung für die Geschädigten. Die Unruhen hörten seit jenem verhängnisvollen Zeitpunkt nicht mehr auf. Und als ich elf Jahre später einwanderte, verging kaum ein Tag, an dem die sozialistische Hauptzeitung, der »Dawar«, nicht an der Spitze einen Trauerrahmen mit der Angabe der am Vortag aus dem Hinterhalt getöteten jüdischen Arbeiter trug. Dies gehört wohl auch noch zum Bild des Empfangs in Tel Aviv, zu den enthusiastischen Begrüßungen im Hafen, zu meinem dauernden Freudegefühl — es ist der düstere Hintergrund, von dem sich all das abhob und den man immer mitdenken muß, wenn man meinen Eindruck in seiner sehr komplexen Ganzheit zu fassen gedenkt. Aber es ist eben diese Ganzheit und ihre allmähliche Entwicklung, die einem notwendigerweise entgeht, wenn man als Tourist kommt und geht. Selbstverständlich kann man auch als »provisorischer Einwohner« viele sehr richtige und aufschlußreiche Eindrücke haben. Manches sieht man als Tourist vielleicht sogar richtiger, weil es einem nicht so nahe auf den Leib rückt. Aber ich weiß jedenfalls, wie sehr das Bild, das ich 1928 nach Prag mitbrachte, von dem verschieden ist, das sich mir in den Jahren seit 1939 gebildet hat. Mein Urteil ist nüchtern geworden, doch zugleich auch kompromißloser. Ich verlange mehr von uns als früher. Nicht nur einen Friedensschluß, sondern eine aus tiefster Seele emporsteigende Versöhnung der beiden Völker (Juden und Araber) muß unser Ziel sein. Die beiden Völker haben einander noch viel Gutes zu sagen, viel Gutes zu tun. Das, was sie heute miteinander abmachen, ist vordergründiges ephemeres Geschehen. Die tieferliegenden Verbindungsfäden sind in neueren Zeiten kaum berührt worden. Dabei hat es schon einmal eine Periode gegeben, in der Araber und Juden gemeinsam wirkten. Zur Zeit der Abbassiden (750 nach Chr.) und in den folgenden Jahrhunderten waren lebhafte Wechselwirkungen von höchstem geistigem Rang zwischen den beiden sprachlich nahverwandten Nationen das Gebräuchliche, ja Selbstverständliche.

Der große jüdische Denker Maimonides hat einige seiner Werke hebräisch, andere arabisch geschrieben. In arabischen und hebräischen Übersetzungen gelangten die Werke des Aristoteles und seiner Erklärer aus dem formelerstarrten, kulturell absinkenden Ost-Rom ins Abendland, eine hohe Zeit westlichen Philosophierens einleitend. – Dies kann sich allerdings in gleich umfassender Art nicht wiederholen, aber es ist möglich, daß analoge Teil-Situationen wiederkehren. Ich erinnere mich gern an die Diskussionen, die ich in der Wohnung eines hiesigen Gelehrten, eines deutschen Juden, mit einem gelehrten Araber aus Jaffa führte, der an deutschen Hochschulen studiert hatte. Plötzlich war er verschwunden. Ich war damals nahe daran, in der »Habimah« das poesievolle Theaterstück unterzubringen, das ein ägyptischer Dichter in französischer Sprache geschrieben hatte. Der Ägypter besuchte mich in meinem »dramaturgischen Keller«, wie ich mein anfangs recht primitives Büro zu nennen pflegte. Er war in Begleitung des (arabischen) Bürgermeisters von Jaffa gekommen, der ein regelmäßiger Gast aller unserer Premieren war. Mit ihnen ein jüdischer Freund. Sehr vergnügt spazierten wir vier dann auf dem Dach des noch ruinenhaft aufragenden Gebäude-Fragments herum, von unsres »Daches Zinnen« sahen wir unter uns das aufwachsende, unruhig sich streckende Tel Aviv. –

Auch sonst hatte ich politische Bühnenpläne. Den Tag, an dem die »Habimah« Lessings »Nathan den Weisen« spielten, den großherzigen Arabersultan Salah-ed-Din (Saladin) mit dem Juden Nathan Versöhnungsworte tauschen lassen konnte, habe ich als einen der glücklichsten meines Lebens angesehen, nicht etwa weil ich die Augen davor verschließe, daß Kunst und politische Arbeit in getrennten Räumen vor sich gehen – sondern weil ich von der *symbolischen* Bedeutung der Kunst für *beide* Räume überzeugt bin. Ich bin nicht so naiv, die politische Bedeutung zu überschätzen, die die Aufführung eines ägyptischen Dramas auf der hebräischen Bühne haben könnte. Aber ich glaube an die Anfänge. Man kann nie wissen, was sich aus den bescheidensten Anfängen entwickeln mag. Es ist auch nicht wahr, daß Haß einen natürlichen Zustand zwischen Arabern und Juden darstellt; ich entsinne mich, mit welcher Leidenschaft weite Kreise der jüdischen Bevölkerung zu Beginn des Krieges 1948 die Araber dazu bewegen wollten, nicht zu fliehen. Sie sollten in gutem Einvernehmen mit uns im Lande bleiben. Aber die Propagandaredner

unter ihnen hatten mehr Erfolg als wir. Diese gewitzten Redner versprachen ihnen das ganze Land. Wenn sie es freiwillig verließen, würden es die Armeen der selbständigen arabischen Staaten leichter erobern und dann selbstverständlich alles an sie verteilen können. Dieser höllische Schachzug schlug den schlichten Bauer der Vernunft. Ich weiß noch ganz genau, welche Niedergeschlagenheit in Tel Aviv herrschte, als die Nachricht hier einlangte, daß die Araberstämme, die in der Nähe von Herzlia wohnten und mit denen wir niemals den geringsten Streit gehabt hatten, ihre Sachen packten, ihre Wohnungen absperrten und davonzuziehen begannen. Es kann keinesfalls eine Gedächtnistäuschung sein; denn eine tiefe Trauer, wie sie mich damals erfüllte, vergißt man nicht und bildet man sich auch nicht ein. Die Araber von Herzlia hatten die Schlüssel der abgesperrten Wohnungen ihren jüdischen Nachbarn übergeben. Bei der Rückkehr würden sie sie wieder zurückverlangen. So hieß es. Ihren Weggang erklärten sie als unfreiwillig; sie entschuldigten sich tausendmal, die Entscheidung werde ihnen von außen aufgedrängt. »So schlimm also steht es um uns«, sagte ich mir, in tiefer Verzweiflung, »unsere besten Freunde verlassen uns.« — Die ganze Stimmung ist mir gegenwärtig, als ob es gestern geschehen wäre. Der Abzug der arabischen Stämme hatte, zumindest an dieser Stelle des Landes, den Beiklang von etwas höchst Betrübendem, Unheilverkündendem, Unerwünschtem für uns. Man darf also nicht, soundso viele Jahre später, in die Welt hinausschreien, wir hätten die Araber von ihren Böden vertrieben; vielmehr war es unser in der damaligen ungewissen Zeit doppelt drängender Wunsch, die Araber bei uns zurückzuhalten, ihre Flucht zu verhindern. Natürlich muß zugestanden werden, daß nicht überall das Verhältnis zwischen den zwei Völkern so gut war wie in Herzlia (und anderwärts). Es sind leider, und zwar von beiden Seiten, schreckliche Dinge geschehen, die nie hätten geschehen dürfen. Damals und später. Dinge, bei deren Erinnerung sich jedem das Herz im Leibe umwenden muß und die sich nie wiederholen dürfen. Unsere lebhaftesten und aufrichtigsten Bestrebungen müssen dahin gerichtet sein, daß sich derartiges (von beiden Seiten) nie mehr wiederholt.
Es ist aber niemals zu spät, Frieden zu schließen und unter das Vergangene einen Schlußstrich zu ziehen. Am 1. November 1959 lese ich von einem erneuten Vorstoß Israels in dieser Richtung:
»Israel wird alles in seiner Macht Stehende tun, um eine regionale

Abrüstung im Mittleren Osten herbeizuführen, und ist bereit, einer gegenseitigen Kontrolle dieser Abrüstung zwischen den arabischen Staaten und Israel zuzustimmen. Dies erklärte Ministerpräsident Ben Gurion in einem Interview, das er dem Jerusalemer Korrespondenten der ›New York Times‹ gewährte und das gestern veröffentlicht wurde.«

Schon vorher hatte Martin Buber öffentlich eine Aufforderung ergehen lassen, die Frage der arabischen Flüchtlinge möge von unserer Regierung durch Eintritt in Verhandlungen mit den arabischen Regierungen einer Lösung nähergebracht werden, auch wenn noch keine Verhandlungen über einen allgemeinen Friedensschluß laufen – also unabhängig von den allgemeinen Friedensverhandlungen. Erfreulicherweise war dieser Anregung ein offizielles Angebot der Israelregierung oder vielmehr Michael Comays, unseres Vertreters am Sitz der Vereinten Nationen, nachgefolgt, in welchem, dem Standpunkt Bubers gemäß, die Flüchtlingsfrage als vordringlich, die Verhandlung über sie nebst unserer Hilfeleistung als möglich und wünschenswert bezeichnet wird, auch ohne Einleitung von Friedensverhandlungen, die bisher von den Arabern hartnäckig abgelehnt werden. Diese unsere Wendung des Einlenkens wurde vorläufig noch von wenigen der Mitgliedstaaten der UNO beachtet; es war nämlich vor Comays Angebot eine Doktrin der Israel-Politik (von vielen, beispielsweise von meinen Freunden und mir nicht gebilligt), daß der ganze Komplex der Friedens- und Flüchtlingsfragen nur auf einmal, gleichzeitig, zur Diskussion gestellt und gelöst werden darf. Es wäre schon ein Fortschritt, wenn das aus Gründen der Humanität besonders dringliche Problem der arabischen Flüchtlinge aus dem Wirrsal losgelöst und für sich allein geregelt werden könnte.

Ich habe für Ben Gurions Politik große Bewunderung, er ist oft in charismatischer Art der Wegweiser und Leiter des Volkes geworden. Sein ungeheures Verdienst um die Staatsgründung in schwierigster Zeit und um unser Durchkommen durch eine Reihe von Krisen steht historisch fest. Schade, daß er manchmal, wie beispielsweise in diesem Fall der Flüchtlinge (so auch in der Frage der Aufnahme diplomatischer Beziehungen mit Deutschland), zwar das Richtige getan hat, aber doch zögernd, nicht schnell genug. Es ist mir in unserem Parteienwesen, mit dem auch Ben Gurion viel zu kämpfen hat, manches unbegreiflich; das Unbegreiflichste aber scheint mir, daß

Ben Gurion und die Vertreter der großen Parteien bisher nicht daran gedacht haben, daß ein Mann wie Martin Buber in die Regierung des jungen Staates gehört. Eines solchen einzigartigen Manns von hoher Weisheit, Tatkraft und internationalem Ruf sich in der Zeit der Geschichtswende und inneren Umwandlung, Umschulung unseres Volkes nicht zu bedienen —, das grenzt geradezu an Verschwendungssucht. Es ist, wie gesagt, unbegreiflich.

Ich habe Bubers politische Tätigkeit bei zionistischen Kongressen (z. B. in Karlsbad) beobachten können, seinen Weitblick, seine Geistesgegenwart und Geschicklichkeit im Verhandeln, seine Wärme und Offenheit in solchen Gesprächen aus nächster Nähe lieben gelernt — ganz abgesehen von seiner wissenschaftlichen und religiösen Wesentlichkeit. Martin Buber ist, nebst anderem, auch ein großer Politiker. Es hätte nicht geschehen dürfen, daß er in entscheidenden Epochen beiseite steht. Man wird es in Hinkunft einmal, in historischer Rückschau, als einen unserer schwersten Fehler, als trauriges Kuriosum anführen.

Dreierlei erwartet die Menschheit mit Recht von dem neu befreiten Judentum, vielmehr drei Seiten ein und derselben Wandlung, die vom Mittelpunkt des Staates aus einen neuen Menschentypus schaffen und allmählich mit immer weiteren Kreisen in fruchtbare Wechselwirkung bringen soll. Der Staat, in dem wir leben, und die von ihm beeinflußte Diaspora werden insolange unvollkommen bleiben, als dieses Äußerste nicht erreicht ist. Ich bin kein Optimist, die Nöte und Gegenkräfte sind unübersehbar stark, und der Ausgang bleibt ein Wagnis, bleibt ungewiß. Es gehört zur Natur des Menschen, daß er zuweilen etwas Verzweifeltes unternimmt. Dieses Verzweifelte ist für mich — die Hoffnung. In der Tat kann in der heutigen weltpolitischen Situation der beiden Mächteblocks und ihrer Selbstmordbewaffnung nur ein Verzweifelter Hoffnung hegen. Dann wieder gibt es Zeiten, in denen man ruhiger überlegt: Daß schon heute einiges gegenüber früheren Zuständen geschehen ist, daß das Wort »Jude« nicht mehr überall oder vorherrschend den Typus eines zerbrochenen, geplagten, geprügelten, pathologisch nervenzerrütteten, unsteten Stiefkinds der Erde bezeichnet, als den ihn noch Heine erblickte (und für hospitalreif erklärte): das kann doch wohl in aller Bescheidenheit dargetan werden. Große Worte sind nicht am Platze. Derartige Veränderungen der Wirklichkeit vollziehen sich schweigend, stufenweise, fast unmerklich, geheimnisvoll. »Wir heißen euch hoffen«, die Geisterstimme Goethes erklingt als Grundbaß des ganzen merkwürdigen Geschehens.

Nur mit diesem Vorbehalt des Schweigens, das die Einzelheiten der Umwandlung mit Ausnahme der allernächsten Schritte verhüllt, kann man die drei Endziele oder Erwartungen andeuten, die an die Staatwerdung geknüpft sind. Das unbedingt Anzustrebende ist soziale Gerechtigkeit im Innern und Äußern. »Wehe denen, die Haus an Haus reihen, Feld an Feld rücken, bis kein Platz mehr bleibt«, heißt es bei Jesaja (5, 8). Für das Zusammenspiel von Planwirtschaft und Privatinitiative stellt Israel geradezu eine Experimentierschachtel dar. Und mit Freude läßt sich feststellen, daß heute auch ferne Systeme (Burma, einige afrikanische Staaten) von diesem Experimentierkasten freundschaftlich Gebrauch machen. — Soziale Gerechtigkeit im Äußern: das heißt ja eben im Hinblick auf die weniger entwickelten Völker, deren Erziehung, Ernährungsverhältnisse und Durchschnittsalter so erschreckend tief unter dem allgemeinen Niveau liegen. Da bleibt fast noch alles zu tun. Hieran schließt sich das zweite Postulat: Frieden an den Grenzen und darüber hinaus »bis an die Enden der Erde«, wie es wiederum Jesaja sagt, an vielen Stellen, z. B. 49, 6: »Ich mache dich zum Licht der Nationen, damit meine Hilfe bis an die Enden der Erde reiche.« — Die beiden Grundforderungen (sozialer und politischer Frieden) gehören, wie im Schlußkapitel ausgeführt ist, in den Bereich der Bekämpfung des unedlen Unglücks. Auch wenn alle Indizien der modernen Entwicklung, der Atom- und Raketentechnik, in die entgegengesetzte teuflische Richtung weisen: die Bekämpfung darf nicht pausieren. Der dritte Zielpunkt ist von anderer Art — es ist die irrationale Vertrauensentscheidung, von der Felix Weltsch (»Gnade und Freiheit«) spricht, es ist der durch keinen exakten Beweis vollständig ausleuchtbare, nur auf sich selbst gestützte Glaube an die Sinnhaftigkeit der Welt, also der Glaube schlechthin — das was man ohne Umschweife »Religiosität« oder die Konfrontation mit dem Unendlichen nennt. Ob in strengen Formen, die den alten Gestaltungen nach Möglichkeit nacheifern, wie Agnon, Hugo Bergmann und seine »Amana«-Gruppe, Ernst Simon und andere es erstreben — ob in einer radikalen Erneuerung der Grundlagen und des Gottesdienstes die Rettung versucht wird, wozu Schalom Ben-Chorin in seinem faszinierenden Buche »Die Antwort des Jona«

Wege gewiesen hat, die er mit seiner »Progressiven Gemeinde in Jerusalem« auch praktisch betritt — ob man wie Schin Schalom und andere die Vertrauensentscheidung ganz oder doch vorwiegend ohne Ritual, in den Gebilden eines Lebens im Geiste, in phrasenlosen Taten der Menschenliebe und in den hohen Geländen der Kunst zu realisieren sucht: das sind Entscheidungen, die so sehr ins Allerpersönlichste greifen, daß sie für mich keinen Gegenstand eines Streitgesprächs bilden, daß ich nur scheu und in Verzagtheit auf dieses Problem hindeuten kann. So etwa sucht Hugo Bergmann Annäherung an die Geheimnisse Ostasiens, an Meditation, nebst Vertiefung der »Kommunikation mit Gott« im Gebet. Und ich? Nur noch so viel: Gäbe es die bösen Träume nicht, so würde ich mich unbedenklich der dritten Gruppe (Schin Schalom) anschließen. Ich würde aber auch, als unverbesserlicher Realist, der ich bin, in meinen »Schwärmereien« einen Winkel für Projekte wie das des Dr. Sarchin bereithalten, das hier im Lande ausgearbeitet worden ist und nun, im Dezember 1959, in Verbindung mit der Israel-Regierung und der Fairbanks Whitney Corporation (U. S.) in großem Maßstab verwirklicht werden soll: Die billige, ökonomisch tragbare Gewinnung von Süßwasser durch Entsalzung von Meerwasser. Eine solche Erfindung könnte Jahrtausendbedeutung haben und das Antlitz der Erde vollständig verändern, die Leiden vieler Völker in Freiheit mildern. Eine Erneuerung der Seelen müßte dann allerdings hervorkommen und unter Zurückdrängung des Kriegsgeistes mit der geschenkten Fülle sich vereinen. Dann würden alle Wüsten, wie es verheißen ist, von der Oberfläche der Ökumene verschwinden.

Es wird kein Mensch mehr Hunger schrein.
Mahle, Mühle, mahle!

Das Bleibende

Ich spreche jetzt nicht von Bildern, Gestalten und Situationen. Nicht vom Experiment der Sprache, nicht von der Sprach-Erneuerung in meiner Prosa, die Präzision und dennoch Aufschwung will.

Auch nicht von meiner Lyrik, meinen Kompositionen.

Ich spreche hier ausschließlich von meiner Gedankenwelt.

Ist in ihr ein neuer Gedanke, der der heutigen und künftigen Menschheit zu Schutz und Nutz dienen könnte? Würde man mich darum befragen, so würde ich als ersten (ohne andere auszuschließen) den Gedanken vom »edlen« und »unedlen Unglück« in Vorschlag bringen. Ich habe ihn zuerst während des Ersten Weltkriegs gefaßt, dann in meinem religionsphilosophischen Buch »Heidentum, Christentum, Judentum« (1921) ausgesprochen, bin immer wieder auf ihn zurückgekommen — am klarsten wohl in meinem Prager Roman »Stefan Rott«, den manche für mein bestes Buch halten.

Ich würde diesen meinen Königsgedanken folgendermaßen fassen:

Ein Rabbi der Römerzeit (es handelt sich hier also nicht um eine chassidische Legende, sondern um eine Überlieferung aus der jüdischen Antike, dem Talmud) wird durch ein ungeheures Wunder aus Lebensgefahr gerettet, in der er jahrelang schwebte. Er gibt seiner Reaktion auf das unerwartete Geschehnis mit folgenden Worten Ausdruck: »Mir ist ein Wunder widerfahren; daher will ich eine nützliche Einrichtung treffen.«

Die Verkoppelung zweier polar entgegengesetzter Welten — eines Wunders und einer dem praktischen Nutzen zugewandten Tätigkeit — erscheint als das Charakteristische dieses Ausspruchs, in dem eine wesentliche Grundhaltung der Menschheit überhaupt gegenüber den Gefahren von rechts und links konkretisiert ist. Eine Grundhaltung, in der sich (gegen mannigfachen Widerspruch) auch andere große Repräsentanten des ganzen Menschengeschlechts jenseits von Rasse und Volkstum vereinigt finden. Für die zwei diametral verschiedenen Bereiche, a) des überwältigenden Wunders und b) der nützlichen Einrichtung, der mühsam und schrittweise zu erarbeitenden Verbesserung, habe ich die Namen »edles« und »unedles Unglück« vorgeschlagen — eine Terminologie, die man allmählich mehr und mehr in Umlauf kommen sieht.

Bei Goethe heißt es: »Im Betrachten wie im Handeln ist das Zugängliche von dem Unzugänglichen zu unterscheiden; ohne dies läßt sich im Leben wie in der Wissenschaft wenig leisten.« — Mit anderen Worten: Der Mensch muß zwischen den beiden Kategorien, dem »edlen Unglück«, an dem er nichts zu verbessern vermag, nichts ausrichten kann und nur demütig hoffen und glauben mag, und dem »unedlen Unglück« unterscheiden lernen, bei dem ihm dringliche Pflichten und tätige Aufgaben überantwortet sind. — In analogem Sinn unterscheidet Goethe das »Erforschliche« und das »Unerforschliche«, wenn er darlegt: »Das schönste Glück des denkenden Menschen ist, das Erforschliche erforscht zu haben und das Unerforschliche ruhig zu verehren.« — Goethe legt uns gleichsam eine doppelte gleichzeitige Bestimmung auf, die ein entgegengesetztes Verhalten bedingt: die Forderung der Aktivität gegenüber dem unedlen Unglück, während man dem edlen Unglück in stiller Demut entgegentreten muß. — Ähnlich liest man bei Gottfried Keller in der Urfassung des »Grünen Heinrich«: »Man muß wohl unterscheiden zwischen Leiden und Leiden; das eine ist zu dulden, ja zu ehren, während das andere unzulässig ist« sowie die bedeutsamen Ausführungen Kellers, die diesem Diktum folgen. Zu vergleichen ist auch die Unterscheidung, die Friedrich Thieberger zwischen dem Leid der Existenz und dem Leid der Koexistenz macht.

Die Sache scheint, bei Beginn der Deduktion, so einfach wie das Ei des Kolumbus. Aber auch die Voraussetzungen der Koordinatenmethode oder der analytischen Geometrie sind die denkbar einfachsten, es macht den Eindruck, als sei es fast überflüssig, sie in Worte zu kleiden, so selbstverständlich klingen sie — und doch führen sie in weiterer Ableitung zu den merkwürdigsten Schlußfolgerungen. Ähnlich mag sich bei konsequentem Weiterdenken der zunächst so einfachen Scheidung von edlem und unedlem Unglück ergeben, ein wie wesentlicher Teil des Verderbens, das seit je auf der Menschheit lastet, letzten Endes darauf beruht, daß die Menschen und ihre Führer die beiden Sphären des edlen und unedlen Unglücks ständig ineinander gemengt, miteinander verwechselt haben. Die klare Unterscheidung ist der erste Schritt aus diesen unheilvollen Verwirrungen, die allesamt durch »Grenzüberschreitungen« (durch Nicht-Respektieren der Trennungslinie zwischen edlem und unedlem Unglück) gekennzeichnet sind.

Der Mensch lebt in zwei wesensverschiedenen Bezirken. Edles Unglück ist die Tatsache, daß er als ein endliches Wesen in einen unendlichen Weltzusammenhang gestellt ist, daß er stirbt, daß er in seinen Gefühlen wandelbar und vom Körper meist abhängig, in seiner Erkenntnis begrenzt bleibt. Edles Unglück ist mithin all das Unabwendbare, das unabtrennbar mit dem Menschsein mitgegeben ist und gegen das unsere Macht nichts vermag und nie etwas vermögen wird. In diesem Bezirk ist daher die demütige, verehrungsvoll ein Geheimnis anerkennende Haltung, die Haltung, wie sie sich einem Wunder gegenüber ziemt, die einzig richtige.

Unedles Unglück dagegen ist abwendbar und verlangt aktives Eingreifen des Menschen, verlangt das Stiften »nützlicher Einrichtungen«. Mit der Demut, die dem organisch Werdenden gegenüber am Platze ist, würde man im Bereiche des »Machbaren« nur Sünde und Schuld auf sich laden, die furchtbare Schuld der Unterlassung dessen, was in des Menschen sittliche Macht und vernünftige Einsicht gelegt ist. — Die heute wieder sehr oft dargelegte Meinung, der ich auch bei der falschen, d. h. pauschalisierenden Kafka-Deutung auf Schritt und Tritt begegne: daß der Mensch in dem Augenblick, in dem er aus sich selbst heraus, kraft seiner autonomen Vernunft und ihm einleuchtenden Ethik, etwas Rechtes ausrichten will, bereits von Gott abgefallen sei, seine Position als »Geschöpf« aufgegeben und verraten habe: diese Meinung ist nur halb richtig, da sie blind an der Scheidung von edlem und unedlem Unglück vorbeigeht und den Grundsatz der Selbstbescheidung, ja Resignation, der im Reiche des edlen Unglücks am Platze ist, auch auf den ganz anders gearteten Bezirk des unedlen Unglücks ausdehnt.

In diesem aber hat der Mensch die Aufgabe der Aktivität. Abstellbaren Übeln, wie z. B. dem Krieg, dem Völkerhaß, der sozialen Unterdrückung einzelner Volksschichten, soll er nicht »in Demut«, sondern aus eigener Kraft, sozusagen als Delegierter Gottes, entgegentreten.

Die Sonderung von edlem und unedlem Unglück soll nicht dazu führen, einer der beiden Lebenshaltungen den Vorrang zu erschmeicheln oder zu ertrotzen — ganz im Gegenteil: diesen Übergriff, diesen Ganzheitsanspruch, als ob das Sein *nur* in der Kategorie des edlen oder *nur* in der des unedlen Unglücks denkbar und lebbar wäre, zu zerstören: das ist das Ziel!

Eine Vereinigung, eine Gleichzeitigkeit beider Haltungen — das erscheint mir als der nächste Schritt, den die Menschheit zu machen hat, um endgültig die bis heute andauernde niedere Stufe zu überwinden. Nicht die verehrungsvoll demütige Haltung allein, aber auch nicht die selbstsicher bescheidwissende und helfende Haltung allein, sondern das »und« — das »Verehren *und* Helfen« rückt als Idealtypus des künftigen Menschen ins Blickfeld. Damit wird nun allerdings, da die beiden Haltungen einander widersprechen, eine coincidentia oppositorum erstrebt, ein »Zusammenfallen der Gegensätze« (Cusanus), über dessen Schwierigkeit, ja Gnadenhaftigkeit man sich keine Illusion machen mag.

Solcher Schwierigkeit steht die kleine Schar gegenüber, die am »Diesseitswunder« mit seiner paradoxalen Verklammerung zweier Welten festhält oder die vielmehr diese Position, die immer wieder in Gefahr ist, denkerisch verlorenzugehen, konkret lebend, aktiv handelnd zurückerobert. Martin Bubers »Angesprochenwerden vom Ereignis«, »das sakramental aufleuchtet«, gehört als echte Abfolge der platonischen Ideenlehre hierher. Die metaphysische Bedeutung unseres winzig kleinen Lebens und an sich (etwa mit der Unendlichkeit der Sternenwelt verglichen) unbedeutenden ethischen Tuns, das aber doch, getan, alle Sphären durchrollt, hat glücklicherweise immer wieder Entdecker und Bestätiger des »Diesseitswunders« gefunden, so den Talmudsatz: »Wenn du einen Setzling in der Hand hältst und man sagt dir, der Messias sei gekommen, so pflanze zuerst den Setzling und gehe erst dann, den Messias zu empfangen« oder die Maxime Franz Kafkas: »Der Tod ist vor uns, etwa wie im Schulzimmer an der Wand ein Bild der Alexanderschlacht. Es kommt darauf an, durch unsere Taten noch in diesem Leben das Bild zu verdunkeln oder gar auszulöschen.«

Durch unsere *Taten* noch in diesem Leben das Bild des (zuletzt von Heidegger so allausschließlich gemalten) Todes und »Sein-zum-Nichts« auszulöschen — das ergibt auch eine neue politische Haltung, die nicht unheroisch ist, aber den Heroismus nicht zum Götzen erhebt. — Platon forderte für den führenden Staatsmann neben aller Männlichkeit auch die »praótes« (Sanftheit), die Auflockerung durch Liebe, das eigentlich Humoristische in weitestem Betracht. Dies sind die rechten Korrekturen, die an der Haltung der tatschnaubenden Selbstgewißheit vom Bezirk des »edlen« Unglücks her vorzunehmen sind: andererseits verlangt das »unedle« Unglück den festen Willen zur Abwehr des Übels, zur Hilfe, zu nützlichen Institutionen — und eine Energie, die durch den Hinweis, daß wir in Gottes Hand und in einem Tal der Tränen sind, auch nicht für Momente abgeschwächt oder gar gebrochen wird.

Wie schwer ist doch die rechte Vereinigung der beiden einander widersprechenden Prinzipien!

In einer amerikanischen Zeitschrift (»Aufbau«, 13. 3. 1959) las ich die knappste und treffendste Zusammenfassung des Problems; der Autor war dort leider nicht angegeben: »God grants us the serenity to accept the things we cannot change; the courage to change the things we can; and the wisdom to know the difference between the two«. —

Über alle Schwierigkeit hinweg ist nun aber dem Wesen, das Mensch genannt ist, auferlegt, die beiden schwer miteinander zu vereinbarenden Haltungen, die der stummen Andacht und die des tapfer loswerkenden Verbesserungseifers, immer wieder in Einklang zu bringen, sei es durch eine Art von wunderbarer Zusammenschweißung, sei es nebeneinander her. Jedenfalls darf der Mensch nie der Verlockung der Einseitigkeit in einer der beiden Richtungen nachgeben, sondern er hat die Spannung in ihrer ganzen Wucht auszuhalten. Andernfalls läuft er die gerade heute so aktuell gewordene Gefahr, als mißglücktes Schöpfungsexperiment von der Erdoberfläche zu verschwinden.

ANHANG

Ganz unerwartet wurde Max Brod am 20. Dezember 1968 mitten aus seiner Arbeit an der Neuausgabe seiner Autobiographie durch den Tod herausgerissen. Auf seinem Schreibtisch lag ausgebreitet das Material für das letzte Kapitel des »Streitbaren Lebens«.

So bleibt mir als der von ihm eingesetzten Nachlaßverwalterin und seiner langjährigen Mitarbeiterin und Sekretärin die traurige und schwere Aufgabe, aus seinen Tagebüchern von 1960 bis 1968 eine endgültige Auswahl zu treffen. Ich habe nach bestem Vermögen versucht, dadurch dem Leser eine Vorstellung zu vermitteln, was Max Brod in den letzten Jahren seines so reich erfüllten Lebens gedacht und empfunden hat.

Tel-Aviv, im März 1969   Ilse Ester Hoffe

1960

So. 31. 1.
Nachmittags Korrektur des »Meisters«. Im Anschluß hatte ich dann einige gute Momente, schrieb über »Sabina, der Hedonist« einiges nieder. So viele Skizzen — und noch keine Basis. Ich sehe nicht ein, wie das endlich entstehen soll. Nur Ruhe, schließlich ist auch der »Meister« entstanden, nach ebenso mühsamen Vorstudien.

3. 2.
Nervöser Vormittag allein. Als ob ich vor dem Sabina davonlaufen wollte und müßte. Plötzlich gegen 1 (als ich schon zum Mittagessen gehen wollte) kam mir die Eingebung, *neuer Aufbau des Ganzen* — 1. Teil aus Arbes übersetzen. 2. Teil Vision etc. 3. Teil — eine Art Synthese.
Ich war *ganz glücklich.*

4. 2.
Ich schrieb die ersten 4 Seiten des Sabina.

2. April
Weiter am Sabina bei gebessertem körperlichen Befinden.
Gott hat mir da einen herrlichen Stoff geschenkt, dessen Vorzüge mir erst jetzt (nach Ablauf von mehreren Jahren) klar werden.
Ein Vormittag, an dem ich (zum erstenmal seit langer Zeit) ein reines Glück empfand. Göttliche Freude. — Diesmal nicht unter Tränen, seltsamerweise.
Das Große besteht darin, daß zugleich mit der bosselnden Arbeit am Arbes (1. Teil) wesentliche Partien des 2., des 3. Teils mir spontan klar werden — das Ganze einen hinreißenden Zug der Einheit annimmt.

Do. 15. Dez.
Die Arbeit (Sabina) gewinnt Tempo. Heute bis $^1/28$ fleißig. Fast zu Ende gelesen. Nein, es bleibt noch der größte Teil des 3. Heftes.

Fr. 16. Dez.
Zu Ende gelesen. Abend bei Hoffes habe ich Prodaná (»Die verkaufte Braut«) 3. Akt vorgespielt.

Sa. 17. Dez.
Fast den ganzen 3. Teil beendet. Großarbeitstag. Bis ¹/29.

1961

9. 4.
Als einen der größten Glücksfälle meines Lebens muß ich es ansehen,
daß mir das gestrige Konzert ein Beethoventhema schenkte (op. 27,1
letzter Satz), das ich bisher übersehen hatte. — Kritik.* Den ganzen
Nachmittag beschäftigte ich mich mit Beethoven, spielte immer wieder (auch schon Vormittag) das herrliche, zum Leben und Muthaben
auffordernde Thema. Welch ein Glück, daß es so etwas gibt, daß
einem noch im hohen Alter eine solche Überraschung und Gnade
beschert ist. O Gott! — Dieses Thema soll für den Rest meines Lebens
mein Leitgedanke sein.

30. Oktober
Durch Sinzheimers »Shylock«, ein in manchen Teilen vorzügliches
Buch, kam ich auf *Reuchlin*, Tübingen, Epistolae obscur[orum] viro-
rum, Crotus, Rubeanus, Hutten!
Anregung, einen *Reuchlin* zu schreiben. Das würde Studien für den
Rest meines Lebens bedeuten. Großes Thema. Der erste Deutsche,
der dem Judentum (nach dem Mittelalter, das Zinzheimer so deutlich hinstellt) Verständnis entgegenbrachte.
Dann Lektüren: C. F. Meyers »Hutten«. Aber der kleine Graetz
(scheußlich, instinktlos, wie ich schon bei meinem »Reubeni« fand)
zeigt die Schwierigkeiten des Plans: die »bösen« Dominikaner, der
getaufte Jude. Der heutige Standpunkt der Kirche ist wesentlich
anders, das erlebte ich in Deutschland.

18. Nov.
Zum zweitenmal gelesen: Portmann: Neue Wege zur Biologie. In
vielen Punkten trifft sich der verehrte Autor, der mich natürlich

---

* Max Brod war jahrelang Musikkritiker der in Tel-Aviv erscheinenden
deutschen Tageszeitung »Neueste Nachrichten«.

nicht kennt, mit meiner DSC*. Das *Nicht*-Zweckbedingte, *nicht* technologisch und auch *nicht* als sexuelles Anziehungsmittel Erklärbare in der Natur.

1964

1. 2. 64

Immerfort habe ich das Wort von Thomas Aquino hoch gehalten (trotz seiner scholastischen Irrwege halte ich ihn für einen der großen Lehrer der Menschheit): Gratia naturam non tollit, sed perficit. Immer habe ich mir da die Zweifelsfrage gestellt, ob sie nicht tollendo perficit, d. h. durch Spritualisierung, Entkonkretisierung.

Meine ganze Philosophie gibt darauf Antwort, speziell im Stefan Rott, doch genauer in Diesseits und Jenseits.

Da es mir nicht vergönnt zu sein scheint, dieses letztere Buch neu zu edieren, will ich einmal (nach dem Reuchlin) in einem größeren Essai nochmals die Grundlinien ziehen.

Ich könnte dabei den Streit Buber-Scholem über den Chassid[ismus] benützen, der hierdurch eine beiden Autoren ungeahnte Frucht tragen könnte (beide kennen meinen tiefsten Kern nicht — alas!).

Scholem mag recht darin haben, daß Buber den Chass[idismus] nicht richtig darstellt. Aber darauf kommt es ja nicht an. Sondern darauf, ob das, was Buber darstellt, richtig ist, im Sinne der ewigen Wahrheit.

Es ist nur halb richtig.

[Für] Scholem handelt es sich allerdings nicht darum, das Bleibende, die ewige Wahrheit darzustellen. Er ist Historiker. Und zwar mit zwei hervorragenden Eigenschaften: 1. Exaktheit der Forschung plus Fähigkeit, Kenntnisse — ein non plus ultra, 2. Liebe zu Israel. Er stellt dar (was ich auch in mein Kapitel de arte cabb[alistica] im Reuchlin übernehmen will): daß die kabbalistischen Meditationen Israel während seiner ganzen Wanderung durch das dunkle Exil begleitet und auf wunderbare Art gestärkt, zur Ertragung des Martyriums fähig gemacht, gehärtet und getröstet haben, so daß es trotz allem überleben konnte. Daher die Krausheit, Komplikation dieser Mysterien, die sich elastisch jeder, auch der unmöglichsten Lebenslage anschließen, anähneln konnten und Generationen lang hilf-

---

* Diruptio structurae causarum, ein von Max Brod geprägter Begriff, der Durchbrechung der Kausalstruktur bedeutet.

Stellegkler ausspracte.
Buber weil um das Jagt ?
Hier – Felix um das Allgemeine,
– ich will beides. allerdings im
Weder, in der Zeit
Von da Geschichte ausgehen,
die Scholem (auf Basis Bubers) in
Judaica Seite 188 – 192, 193 ausgehält.
Sowohl der Belsstem wie
der Rabbi ~~daber~~ sid in Jordin.

Dagegen dachtet der von uns oft
geziele daß der Chimon bei Jochai
auf das Richtige. Das Wunder plus
das Alltäglich – Drückliche – Nützliche.
Goethe hatte diese Vereinigung.

Wo hat Platon die Vereinigung –
die Allgemeinheit der Ideenwelt ist
Klar — aber die Konkretheit.
Ju der Erzähl weise des Phaidros,
des Symposion – höchste Dichtung, mit
dem Erkenntnis suchen verwendet — im
des, gegen Geheimnis das ssokrales — in diesem
Satz für Lieben von Sokrates ausweichend),

reiche Sterne waren (also die Schimpfworte von Graetz etc. nicht verdienen).

Was nun aber den Wahrheitsgehalt anlangt, der Scholem wenig interessiert und den Buber zur Hälfte verfehlt, so muß man daran denken, daß die platonische Idee eben nicht abstrakt und antikonkret ist, sondern durch coninc[idurtig] oppos[itarum] beides auf rätselhafte paradoxe [Weise] einschließt; das Allgemeine und das Konkrete, wie ich es an beiden (vorige Seite oben) zitierten Stellen klar ausspreche.

Buber sieht nur das Jetzt und Hier — Felix nur das Allgemeine, allerdings im Werden, in der Zeit — ich will beides.

Von der Geschichte ausgehen, die Scholem (auf Basis Buber) in Judaica Seite 188—192, 193 erzählt.

Sowohl der Balschem wie der Rabbi sind im Irrtum.

Dagegen deutet der von mir oft zitierte Satz des Schimon bar Jochai auf das Richtige. Das Wunder plus das Alltäglich-Praktisch-Nützliche.

Goethe hatte diese Vereinigung.

Wo hat Platon die Vereinigung — die Allgemeinheit der Ideenwelt ist klar — aber die Konkretheit[?]

In der Erzählweise des Phaidros, des Symposion — höchste Dichtung, mit dem Erkenntnissuchen vereint — in der ganzen Gestalt des Sokrates — in dessen Satz (also von Sokrates herrührend), daß die Tugend lehrbar ist — in vielem andern darstellen!

Bei den Neu-Platonikern verlor sich das — schon Plotin schämte sich, daß er »im Leibe war«. Nie hätte Plato seinen Geburtsort, all das Konkrete seines Jetzt und Hier verleugnet.

Er war eine Synthese der Eleaten (der fliegende Pfeil ruht) und Heraklits (alles fließt). Man darf ihn nicht interpretieren, ohne des Heraklit zu gedenken! [Folgt griechisches Zitat über einige Zeilen.] »Wir heißen euch hoffen.«

Die Weltgeschichte ist eine Geschichte von Ansätzen, die meist nicht zur Vollendung gedeihen.

Beispiel: Reuchlins grandioses Unternehmen, das Wesen des Judentums (nicht bloß der Kabbala) zu verstehen. Es führte nur zu Teilresultaten, zur Erschaffung der Gestalt des »guten Juden« Simon in »de arte cab« — verglichen mit dem von Luther oder Zasius oder

Εἰς γὰρ σκότον καὶ τὴν ὑπὸ
γῆς πορείαν οὐ νόμος ἐστὶν ἔτι ἐλθεῖν,
τοῖς κατηργμένοις (...)
ἤδη τῆς ἐπουρανίου πορείας, ἀλλὰ
φανὸν (...) βίον διάγοντας εὐδαι-
μονεῖν μετ' ἀλλήλων πορευομένους,
καὶ ὁμοπτέρους ἔρωτος χάριν, ὅταν
γένωνται, γενέσθαι.   Sa. S. 238 Ⅱ

„Wir lassen auch hoffen.''

fast allen Zeitgenossen entworfenen Bild sehr viel — de facto weit
von richtiger Erfassung entfernt.

Anderes Beispiel: der Kommunismus. Richtiges Ziel. In der Durchführung macchiavellistisch. Falsch und zum Scheitern verurteilt
durch die unrichtige Behandlung der Agrarfrage. Der Bauer ist
kein Agrarbeamter. Ferner Atheismus.

Zu Ende gebracht oder nahezu vollendet hat die Menschheit nur
solche Ansätze, die verrückt und schädlich waren —

> die Züge Alexanders, des sogenannten Großen
> die Kreuzzüge
> die Feldzüge Napoleons
> den Hitlerismus

Man könnte den Menschen *definieren* nicht als das ζῷον πολιτικόν
— sondern fast im Gegensatz dazu: das zur Ungerechtigkeit neigende
Geschöpf, ja das die Ungerechtigkeit liebende Geschöpf.

Trotzdem gilt der Grundsatz, den ich schon ausgesprochen habe: Die
Tatsache, daß vieles, ja das meiste in der Welt unentwirrbar ist,
darf einem nicht die Augen davor verschließen, daß es auch ganz
klare Fälle gibt, in denen Recht und Unrecht deutlich sich voneinander abheben und auch für unsere Augen erkennbar sind, unzweifelhaft.

Und was verworren ist, soll und muß man zu entwirren suchen —
nicht in Skepsis versinken und verdämmern!

Gelesen Neue Rundschau: Über Sprachwissenschaft und Sprach-
kritik.

Das Leben muß offenbar ein Unrecht sein, denn es wird mit dem
Tode bestraft.

Den Satz habe ich schon oft gedacht. *Er ist falsch*. Denn der Tod ist
keine Strafe, er ist (wie das Verwelken) ein notwendiger natürlicher
Vorgang.

Dennoch hat dieser Satz eine gewisse Anziehungskraft. — Wird man
ihn nie los?

1964

Oktober 1964: Zu meinem Erstaunen fand ich in einem Inselbüch-
lein von Hamann einen Gedanken (Seite 46), den ich stets für einen
Originaleinfall von mir gehalten und geliebt hatte. Nämlich, den
in Diesseits und Jenseits dargelegten: Es soll nicht »cogito, ergo
sum« heißen, sondern richtiger wäre: »Est, ergo cogito«. Das läßt
auf eine tiefe Verwandtschaft zwischen Hamann und mir schließen.
Ich war ganz glücklich. Im Juli 1964 in Zürich kaufte ich beim
Antiquariat in der Torgasse das Büchlein.
Mager: »Das wird dir niemand glauben« — nämlich daß ich das
nicht bei Hamann gelernt hätte. Es waren aber die ersten Seiten,
die ich von ihm las. — Zum Glück finde ich jetzt, daß das Insel-Buch
1950 erschienen ist, mein »Diesseits und Jenseits« aber im 2. Weltkrieg geschrieben und bald nachher (wann?) [1947/48] gedruckt
wurde. Diese Frage der »Originalität« ist ja an sich unwichtig —
wird aber doch bedeutsam, wenn sich herausstellt, daß zwei In-
tellektuelle *unabhängig voneinander* diesen doch einigermaßen fernen Gedanken gedacht haben.
(Das Insel-Buch ist Nr. 415 »Der Magus im Norden«)

Anfang Nov. 1964
Man stellt oft Liebe und Gerechtigkeit einander gegenüber. Das ist
falsch. Es bedarf vieler Liebe, um gerecht sein zu können. Liebe ist
die Vorstufe.
So bösartig ist der Mensch, daß ihm von Natur aus Gerechtigkeit
das Fernste ist.
Durch Gerechtigkeit kann man nie zur Liebe gelangen. Aber umgekehrt.

Dez. 1964
Nicht credo, ut intelligam. Sondern mein Weg ist: intelligo, itaque
credo.
Durch Philosophie gelange ich zum Glauben, zur Notwendigkeit
des Glaubens.
In einer Schlafpause übersetze ich die Virgilzeilen: Tityre, ti patulae
etc., die ich seit dem Gymnasium auswendig weiß
Tityrus, unter dem Dach breitästiger Buche gelagert,
Sinnst auf dem dünnen Rohr, ersinnst ein ländliches Liedchen.

PS.
Ich glaube, daß Musam meditaris im Deutschen durch zwei Verba
wiedergegeben werden muß. Wenigstens fand ich in der Nacht keine
einfachere Lösung.

Im Buch Hiob prüft Gott den Menschen Hiob, seine (Gottes)
Kreatur — doch im tiefsten Sinne prüft er sich selbst!

1965

Das Ich-Du-Erlebnis Bubers ist ein viel zu eng gefaßter Sonderfall
des ekstatischen oder DSC-Erlebnisses. Der Nebenmensch kann,
muß aber nicht in diesem höchsten Akt präsent sein, dessen der
Mensch fähig ist. Z. B. das Erlebnis schöner Musik oder eines Verses
oder der Natur. Einwand: da ist doch Schubert, Horaz, das Du.
Es gibt aber diese Art von Erhebung in völliger Einsamkeit, beim
Erfinden einer Kette von Gedanken oder Bildern, beim Erleben
einer Landschaft, einer Schönheit (wie ich sie in dem Karlsbader
Gedicht schildere — »Störe nicht die Gottheit«), die gerade das
Gegenteil der Du-Intimität (oder Anbiederung) enthält.

Mitte April
Wieder einmal Lichtenberg gelesen. Seine entzückende Aufrichtigkeit. — Ein gläubiger Freigeist, ein freigeistig Gläubiger. Der Glaube
aber ist das Dominierende in ihm. Heute sehen Freigeister anders
aus. (Wetter: Sowjet-Ideologie. Ein gutes Buch, aber nicht ausführlich genug. Die Gegenposition des Jesuiten ist nur angedeutet. Zu
einem System entwickelt wäre sie wirksamer.)

Ich möchte aramäisch lernen. Eine schöne Sprache und für die
Kabbala wichtig. — Grammatik von Dalman in der Jerus. Bibl.
leihen.

Alles interessiert mich.

Heine: »O schöne Welt, wie bist du abscheulich!«
Ich: O abscheuliche Welt, wie bist du schön! — Denn es fällt mir

entsetzlich schwer (trotz ihrer Abscheulichkeit) von ihr weg zu gehen!

Jens betont im Nachwort richtig, daß Kafka jüdisch ist und insofern mit Babel verwandt. Aber Kafka ist gerecht, liebt das Judentum, namentlich das Ostjudentum, Babel haßt es, will es ganz von sich abtun (was ihm aber nicht gelingt).

Nach den Ferien 1965 (4 Monate!)
Goethe über Platens »Satiren« à la Gabel, Oedipus, zu Eckermann: »Solche Händel okkupieren das Gemüt, die Bilder unserer Feinde werden zu Gespenstern, die zwischen aller freien Produktion ihren Spott treiben und in einer ohnehin zarten Natur große Unordnung anrichten«.

Ende 1965
Wieder ein Buch über die Kreuzzüge (Urbanbuch). Der Autor findet (wie ich es ahnte), daß man die günstigen kulturellen Einflüsse dieser Bluttaten überschätzt. Belegt das mit wissenschaftlichen Details.
Immer wollte ich eine Erzählung aus dieser Zeit schreiben. Es geht nicht. Diese Ritter (Bohemund und die andern) sind zu böse, um interessant zu sein. Das eigentlich Interessante ist *nur* das Gute, Aufbauende! Es ist kompliziert genug, Kompliziertheit ist daher auch die Lockung des Teufels, der uns das Böse schmackhaft machen will.

Julie Wohryzeks Vater war neben dem Dienst als Tempeldiener Schuster.
Wie Olgas Vater im »Schloß«.
Meine Hypothese, daß Kafka in Olga diese Julie gezeichnet hat, hat eine Stütze mehr.

Es ist keine Todesangst, sondern etwas, was ich Todesunbehagen nennen möchte. Welche Langweile, nicht da zu sein.
Leicht zu widerlegen. Du bist ja (zumindest in deiner Form als gewohntes Bewußtsein) beim Nicht-Sein nicht dabei. — Doch etwas Unbehagliches bleibt.

Endlich fand ich den Satz Goethes, den ich so oft (und *nicht* korrekt,

aus dem Gedächtnis) und so gern zitiere. Ich fand ihn bei Hof-
[mannsthal] »Diderots Briefe«. Goethe schrieb am 9. März 1831,
also ein Jahr vor seinem Tode, an Zelter:
»Wissen doch die Menschen weder von Gott, noch von der Natur,
noch von ihresgleichen dankbar zu empfangen, was unschätzbar ist«.

Einst: Ich verstärkte meine Anstrengungen. Und Kafkas Ruhm
wuchs.
Die *heutigen Kafkologen:* Kafkas Ruhm wächst. Daher verstärken
sie ihre Anstrengungen.
Um die Menschheit glücklich zu machen, bedarf es nur zweier
Dinge: Vernunft und Liebe. — »Nur?« — Nicht nur daß beide,
jedes für sich, äußerst selten sind. Sie widersprechen einander auch
noch, nicht immer, aber meistens.

Voltaire: »La chose la plus rare est de joindre la raison avec
l'enthousiasme«.
Dieser Satz, den ich der Einleitung zu dem Buch »Das Recht zu
leben etc.« (Einleitung von Margit Ornstein) entnehme, klingt so,
als ob er meiner These »edles — unedles Unglück« entspräche. Doch
hat ihn Voltaire anders gemeint. Er ordnet doch stets das edle
Unglück dem unedlen unter — die Ahnung dem Wissen.
Das Wesentliche aber ist, die beiden Gebiete getrennt zu halten —
jedem der Gebiete sein eigenes, autonomes Recht, seine eigene Behandlung zu geben — und dort, wo sie untrennbar verflochten sind,
nicht voreilig zu entscheiden. *Geduld,* bis die platonische Idee, die
coincidentia opp[ositorum] aufleuchtet. Sie läßt sich oft mit unseren
Mitteln nicht (oder noch nicht) erzwingen!

20. Dez.
Beginn der Niederschrift des »Prager Kreises«. Mit den Vorstudien
habe ich vor etwa 1/2 Jahr begonnen.

23. und 24. 12.
Mit wachsender Liebe am Prager Kreis weitergeschrieben. Es wächst
sich zu einer Art von 2. Band des »Streitbaren Lebens« aus.
— Heute bis 1/4 10 nachts. —

354

12. 2.

Nachmittag über Felix.* — Dann mein Buch gelesen Diesseits und Jenseits. Was für ein Buch! Mein wichtigstes. Der Schlußteil (J) des 1. Bandes, über unser Wissen um die Unendlichkeit in der Mathematik! Das ist ein Beweis für Gott und gegen den Tod.

Mai 1966

Das Große wird zerredet — das Schöne zerschrieben. — Das ist die Welt der Literatur.

2. November, Mi.

Felix »Sinn und Leid«. — Merkwürdig, daß Felix in seiner Analyse von Leiden und Freuden (wobei er letztere herabsetzt) die *Vorfreude* nicht erwähnt, die oft wichtiger ist als der Genuß, die Elan, Arbeitskraft spendet etc.

5. Nov. Sa.

Sollte der Unterschied zwischen Felix und mir nicht darin liegen, daß er, von Natur aus ein ruhiger, objektiver Geist, die Unruhe braucht, daher sie überschätzt (das Werden gegen das Sein, die Überschätzung der Bedeutung des Leids gegenüber der Freude) — während ich, unruhigen Geistes, die Ruhe und Vollkommenheit anbete?

Ein Aphorisma der Ebner-Eschenbach:
»Autoren, die bestohlen werden, sollten sich darüber nicht beklagen, sondern freuen. In einer Gegend, in der Waldfrevel nicht vorkommt, hat der Wald keinen Wert.«

1967

Ein Teil der Todesfurcht gründet sich darauf, daß man sich einbildet, man müsse beim Sterben irgendwie mitmachen, müsse beim Sterben aktiv sein. Das wird aber von niemandem verlangt. Es genügt, wenn man geschehen läßt, was eben geschieht. Vielleicht tut auch die unangemessene Sprachform das Ihrige, um einen zu

---

* Der Philosoph Dr. Felix Weltsch, intimer Freund Max Brods.

Ein Teil der Todesfurcht begründet sich
darin, daß man sich einbildet, man müsse
sein Sterben irgendwie mitmachen, müsse
beim Sterben aktiv sein. Das sind aber von
niemanden verlangt. Es genügt, wenn man geschehen
läßt, was eben geschieht. Vielleicht tut auch die
übernommene Hypnoseform ein übriges, um ein
zu schrecken. Richtiger nie sollte es nicht heißen
„Ich sterbe" — sondern „Es stirbt mich."

Ein neuer Platonismus!
Kein Neuplatonismus?

Früher war der Tourismus da, um die großen
Toten zu sehen. Heute ehrt man die großen Toten,
um dem Tourismus willen, um ihm Aufschwung, Auszug
zu geben.

Wieder einmal die Adam- und Eva Geschichte.
Zunächst ohne die Bibel zu schmähen.
...

schrecken. Richtigerweise sollte es nicht heißen »Ich sterbe«, sondern »Es stirbt mich«.

Meine Lehre:
Ein neuer Platonismus!
Kein Neuplatonismus!

Briefwechsel Goethe-Zelter
7. Nov. 1816
Goethe bezeichnet als die »Abgeschiedenen«, die auf ihn die stärkste Wirkung geübt haben: Linné, Shakespeare, Spinoza. —
Gegen das Verneinende (auch bei Herder) am Ende des gleichen Briefes wundervoll tröstliche Worte: »Untersuche Dich ja, ob Dir dergleichen Zeug (d. h. Widerspruchsgeist) in den Gliedern steckt, ich tu es alle Tage. Man muß von den höchsten Maximen der Kunst und des Lebens in sich selbst nicht abweichen, auch nicht ein Haar; aber in der Empirie, in der Bewegung des Tages will ich lieber etwas Mittleres gelten lassen, als das Gute verkennen oder auch nur daran mäkeln.«

Aus dem gleichen Briefwechsel, 3. Dezember 1810. »Niemand bedenkt leicht, daß uns Vernunft und ein tapferes Wollen gegeben sind, damit wir uns nicht allein vom Bösen, sondern auch vom Übermaß des Guten zurückhalten.« (Quasi gegen Kierkegaard, gegen DSC gesagt.)

April 1967
Schiller an Goethe, 28. Juni 1796 (über den »Meister«). — »Für den Roman fürchte ich übrigens gar nichts. Das wenige, was noch zu tun ist, hängt von ein paar glücklichen Apperçus ab, und im äußern Gedräng pflegt man oft die wunderbarsten Offenbarungen zu erhalten.« — Etwas Ähnliches habe ich in Diesseits und Jenseits geschrieben, wo es mir als Beweis dient, daß Geistiges nicht immer von günstigem Materiellen abhängt, sondern oft eine gegenläufige Tendenz hat.

Bei Kafka tritt (»Ein Brudermord«) der Name Schmar auf. Er stammt offenbar aus Kafkas Flaubertstudien. 1908 E. W. Fischer, Etudes sur Flaubert inedit, Zeitler Leipzig 1908 — Seite 26 — Smarh, vieux mystère — Vermutlich auch bei Zifferer und in der franz. Gesamtausgabe Conard.

Immer wieder träume ich vom »Prager Tagblatt«. Kein Schauplatz taucht so oft in meinen Träumen auf wie dieser. Obwohl ich mich dort im Leben durchaus nicht geborgen gefühlt habe: — im Traum bin ich es.
Ist das nicht vielleicht ein Hinweis darauf, daß ich noch eine Erzählung, eine Skizze aus diesem Milieu schreiben müßte?

Neulich fiel mir der Moment ein, wo man mir eröffnete, ich dürfe von jetzt an (Hitlerei) nur über das tschechische, nicht über das deutsche Theater schreiben. Das war die Groteske, auf die Spitze getrieben. Auf eine der vielen Spitzen. Dann entließ man mich. Wegen »Zionismus«. Nahm das aber rasch erschreckt zurück, der jüdischen Abonnenten wegen. Man bat mich um das Schriftstück. Ich gab es zurück, hatte es aber vorher photokopieren lassen.

28. Mai, So. (1967)
Der Pessimist läuft den bösen Ereignissen voraus, der Optimist hinkt ihnen nach. Fest und unabänderbar ist nur die Kette der bösen Ereignisse. Dies aber ist schon die Ansicht des Pessimisten, sogar eines sehr radikalen. Da ich ein Pessimist *bin*, dies aber *nicht sein will*, vermeide ich den Ausdruck »Vorkriegestagebuch«.

7. Juni, Mi. (1967)
In welchem Schlagwort könnte ich mein Leben zusammenfassen? Vielleicht in diesem: »Ich habe mich sehr bemüht, ich wollte der Menschheit Gutes tun. Doch die Umstände waren stärker als mein guter Wille.«

$1/27$ wieder aufgewacht. Worauf beruht meine wahnsinnsstarke Angst? Nicht nur auf dem Schweigen der Nachrichten über die UNO. Sondern auf dem Faktum, daß bisher in diesem Konflikt *alle äußeren* Umstände sich *gegen uns* gekehrt haben. *Nur* die Tüchtigkeit unserer Soldaten (ein *innerer* Umstand) und ihre grenzenlose Aufopferungskraft (ebenso) waren günstige Elemente in diesem Kampf auf Leben und Tod. — Das zerreibt mich. Ich fiebere der Zeitung entgegen. — Dies ist meine Schwäche, mein Fehler. *Unedel.*

Unedles Unglück. Ich kann es aber nicht ändern. Eine neue Kategorie? Eine neue Erfahrung? —
Wird sich das Wunder des gestrigen Haarez* heute wiederholen? Oder Massada?

> Denk ich an Israel in der Nacht,
> So bin ich um den Schlaf gebracht.

Ja, das Wunder ist geschehen. Weitere Fortschritte.

Di 27. Juni
Das Zerreden unseres Sieges. Feindpropaganda in der UNO. Kossygin-Johnson-Gespräche. — Hussein in New York. Greuelgerüchte gegen uns. Der Papst für Internationalisierung Jerusalems (aber gegen Hussein machte er diese Einwände nicht). Kurz, alles geht wieder falsch.

Heute 10. Juli
in Seelisberg. Schon der dritte Tag. Schöne Dampferfahrt nach Flüelen. Vergeblich suche ich den Ort, wo Kafka und ich badeten, ehe wir den Zug nach Lugano (über den Gotthart) bestiegen.

15. Juli Sa.
Fahrt nach Bad Ragaz. — Gedanke, daß man die totalitären Staaten: »Staaten mit manipulierter öffentlicher Meinung« nennen könnte. —

1. August
Am Wahren festhalten! Wenn das Wahre nur nicht so komplex wäre. So komplex, daß es auch ganz Einfaches enthält. — Daß da die tiefste Schwierigkeit liegt, habe ich schon oft gesagt.
Die Welt zeigt wenig Neigung, meiner Richtung zum Guten eine Chance der Verwirklichung zu geben.
Oder ihr auch nur theoretisch recht zu geben.

---

* »Haarez« = hebräische Tageszeitung.

Humor ist die rätselhafte Fähigkeit des Menschen, jene Leiden und Prüfungen, die durch Ordnung (Gerechtigkeit) nicht zu beseitigen sind, durch *Unordnung*, durch ein Auf-den-Kopf-Stellen der Tatsachen zu überwinden.

Da der Humorist an der äußersten Grenze des Menschseins lebt (darin dem Dichter, dem Künstler verwandt), begreift man voll die eigentümliche Melancholie vieler Humoristen. — Auch die These des Sokrates im Epilog des »Symposion«.

Wie Kafka eine Bewegung machte, als wolle er ein Tuch zerknüllen. »Es dauert lange, ehe man durch dieses letzte Loch durchgezwängt wird«, sagte er. — Prag, eines unserer letzten Gespräche. Sein Lächeln dabei, verzweifelt.

1968 (Ferien), Do. 17. Okt.
Herrlicher Tag. Überall lese ich »Clara«, Schellings Todes-Liebeserklärung, in der aber immer wieder das Leben (das »Äußere«) seine Wichtigkeit behält. Der individuelle Keim wird sogar als das Eigentliche, was beim Menschen unzerstörbar ist, erkannt. Der Leser mag das mit Kafkas »Unzerstörbarem« und meiner »Durchbrechung der Kausalstruktur« (DSC) vergleichen. Es ist dasselbe gemeint, wenn auch im Dickicht der Worte manche Verbindungslinie zeitweilig undeutlich wird, ja verloren geht.

Mit Schelling stimme ich ganz überein. Nur die »Seligkeit« des Menschen im Zustand der Hypnose kann ich nicht anerkennen. Dieser »Rapport mit dem Hypnotiseur« (Sch. gebraucht *diese* Worte nicht, meint aber zweifellos die Sache) ist doch etwas Gelähmtes, Illusionsberauschtes, Pathologisches (oder doch nahe beim Path[ologischen]) — ich kann ihn nicht als Exempel der Freiheit akzeptieren.

PERSONENREGISTER

Achad-Haam 49
Adler, Friedrich 136 ff., 184
Ährenthal, Graf 84
Agnon, S. J. 316, 335
Alexander, russischer Kronprinz 85
Alexander der Große 350
Altenberg, Peter 59, 116, 243
Altermann, Nathan 316
Anski 311
Aristoteles 331
Arnim, Achim von 224
Asch, Schalom 310
Ascheroff, Misha 309
Aschmann 310
Auernheimer, Rauol 138
Augustinus, Aurelius 56

Babel, Isaak 353
Bach, Johann Sebastian 25, 96, 260
Bäuml, Max 136, 150, 163, 225
Bahr, Hermann 15, 60, 310
Bartok, Bela 25
Batka, Richard 260
Baudelaire, Charles 14, 39
Bauer, Felice 181
Baum, Oskar, 18, 33, 68, 75, 143, 253, 282 f., 300
Beardsley, Aubrey 243
Beaumarchais, Pierre Augustin Caron de 310
Becker, Israel 309
Beethoven, Ludwig van 121, 186, 259, 345
Ben-Chorin, Schalom 335
Ben Gurion 333 f.
Bentham, Jeremy 165
Bergelson 310
Bergmann, Else 170
Bergmann, Hugo 48 ff., 54, 72, 86 f., 153, 166, 169, 171 f., 176 f., 213, 219, 222, 224 f., 228 ff., 238 f., 300, 335 f.
Berlioz, Hector 22, 25, 115
Bernhard, Lucian 34, 40 f.

Bertonoff, Jehoschua 309
Bialik, Chajim Nachman 315
Bierbaum, Otto Julius 15, 131
Birabeau, André 310
Birnbaum, Nathan 47
Bismarck, Otto Fürst von 254
Bittner, Julius 272
Blau, Sigmund 28, 250 f., 330
Bléha, Franz 264 ff., 281
Blei, Franz 13, 36, 39 f., 75, 241, 243 f., 251
Bloch, Moritz 106
Bloy, Léon 326
Borchardt, Rudolf 70
Brahms, Johannes 23, 96, 214, 259 f., 311
Brandstätter 310
Braun, Felix 13
Braun, Matthias 209
Brecht, Bert 310
Bredyczewski 221
Brentano, Clemens 224
Brentano, Franz 48, 87, 143, 164 ff., 168 f., 174 f., 179, 182, 210
Brod, Otto 125, 179, 200, 324
Brod, Sophie 125
Bruckner, Anton 214 ff.
Buber, Martin 30, 47 ff., 52, 54, 56, 58, 72, 99 f., 194, 228, 296, 318, 333 f., 340, 346, 348, 352
Buddha, Siddharta Gautama 40
Bülow, Hans von 217
Burian 266
Burla 316
Busch, Wilhelm 133
Byron, Lord George Gordon 247

Caillaux 83
Calderon, Don Pedro C. de la Barca 137, 160
Cantor, Georg 326
Čapek, Karel 281, 310
Casanova, Giacomo 186
Catull, Valerius 197

Chamberlain, Houston Stewart 66
Chanóch, Gerschom 302
Cincinnatus, L. Qu. 230
Clemenceau 67
Cohen, Hermann 56
Cohen, Jakob 312
Comay, Michael 333
Conard 358
Coudenhove-Kalergi, Richard Nik.
    Graf von 292
Cusanus, Nikolaus 340

Dalman 352
Darwin, Charles Robert 207
Debussy, Claude 25, 311
Dehmel, Richard 107, 131, 138
Dessau, Paul 306
Dessoir, Max 175
Deutsch, Ernst 22
Dobrovský, Josef 123
Dostojewskij, Fedor Michailowitsch
    249
Dreyfuß, Alfred 65 ff., 95
Dvořák, Anton 141, 259
Dymant, Dora 14, 188, 191 f.

Ebner-Eschenbach, Marie von 355
Edelstein, Jakob 288
Ehrenfels, Bernhard von 210
Ehrenfels, Christian von 95, 155,
    164, 208 ff., 212, 214 ff., 229, 239
Ehrenfels, Rolf 211, 292
Ehrenstein, Albert 37 f., 43 f., 68
Eichendorff, Joseph Freiherr von
    247
Einstein, Albert 171, 202
Eisenmeyer 168
Engel, Alfred 230
Eppelsheimer, Hanns W. 144
Epstein, Jitzchak 239
Epstein, Oskar 50, 54
Euripides 310

Falckenberg, Otto 233
Fanta, Bertha 100, 170, 176 f.
Fanta, Otto 171
Feder, Ernst 292
Feuchtwanger, Lion 192
Fichte, Johann Gottlieb 171 f.

Finkel, Shimon 298
Finot, Z. F. 65
Fischer, E. W. 357
Fischer von Erlach, Johannes 209
Flajšhans, Josef 102
Flaubert, Gustave 62, 140, 143, 149,
    163, 189, 193, 222, 240, 243, 254,
    264, 291, 298, 357
Frank, Philipp 171, 199 ff.
Franke 238
Franz Ferdinand, Erzherzog von
    Österreich 83, 90
Franz Josef, Kaiser von Österreich
    83 f., 88, 106
Freud, Siegmund 60
Freud, Viktor Mathias 50
Freund, Ida 176
Friedland, Zwi 295
Fulda, Ludwig 138

Gade, Niels 261
Gellner, Julius 297
Georg von Poděbradka, König von
    Böhmen 142
George, Stefan 60, 117, 143, 194
Giesl 86 f.
Gnessin, Menachem 296
Goldberg, Lea 316
Goldstein, Angelo 233, 294, 303
Goethe, Johann Wolfgang von 21,
    39, 55, 89, 115, 129, 140, 143,
    149, 160, 162, 183, 188 ff., 193,
    260, 310, 315, 335, 338, 348,
    353 f., 357
Gollanin, Leo 228
Goncourt, Edmond und Jules 154
Gorki, Maxim 312
Graetz 345, 348
Grieg, Edvard 261
Grillparzer, Franz 99
Grimm, Wilhelm und Jakob 119
Grout, Caroline Franklin 254
Grünewald, Mathias 163
Gussenbauer 118
Gutzkow, Karl 297

Haas, Willy 12, 15 f., 19, 22, 32,
    68 f., 143

Hába, Alois 275 f.
Hácha, Emil 288 f.
Hadewiger, Viktor 144, 147
Hamann, Johann Georg 351
Hamsun, Knut 150, 249, 254, 261 f.
Hasika, Václav 95, 102
Harden, Maximilian 28, 39, 63
Hartmann, Nicolai 39
Hašek, Jaroslav 264 ff., 281
Hasenclever, Walther 22, 31
Hauer, Kurt 64
Hauptmann, Gerhart 29, 61 f., 107, 137, 194 ff., 254, 256
Hauschner, Auguste 99 f., 123
Hazaz, Chajim 310, 316
Hebbel, Friedrich 62
Hegel, Georg Wilhelm Friedrich 35, 172, 326
Heidegger, Martin 165, 340
Heilborn, Ernst 163
Heimann, Moritz 75
Heine, Heinrich 28, 30, 60 f., 66, 129, 145, 148, 255, 298, 306, 316, 318, 352
Heinsheimer, H. W. 272
Heraklit 348
Herder, Johann Gottfried 56, 123, 357
Hermann, Hugo 50
Hermann, Leo 50, 222, 225, 236 f.
Hertzka 272 f.
Herzl, Theodor 48 f., 60 f., 219, 318 f.
Herzmanovsky, Fritz von 36
Hesse, Hermann 194, 244, 254
Hessing 119
Heymel, Alfred Walter 131
Hille, Peter 144
Hiller, Kurt 13
Hirschbein, Porez 310
Hitler, Adolf 96, 156, 177, 192, 281, 288 f., 294, 299, 308, 350
Hodler, Ferdinand 106
Hölderlin, Friedrich 247
Hötzendorf, Konrad von 84
Hoffe, Ilse Ester 303, 327, 343
Hoffmann, Camill 14 f.

Hoffmann, E. T. A. 198
Hofmannsthal, Hugo von 22, 31, 45, 60 f., 107, 161, 180, 184, 240, 256, 296, 354
Hohenberg, Herzogin von Öster-reich 83
Holthusen, Hans Egon 117
Holz, Arno 131
Homer 140, 230
Horaz, Quintus 197, 352
Horn, Uffo 123
Hornbostel 95
Huch, Ricarda 99
Humperdinck, Engelbert 15
Husserl Edmund 165, 177
Huysmans, Joris Karl 163

Ibsen, Henrik 62, 141, 150, 225, 260
Iltz, Walter 14

Jacob, Heinrich Eduard 13, 75, 309
Jacobsohn, Siegfried 63
Janáček, Leoš 256, 259, 267 ff.
Janowitz, Franz 73, 76 ff.
Janowitz, Hans 22, 79
Jens 353
Jeritzka 274
Jeschiwa 307
Jesenská, Milena 220
Jessner, Leopold 233, 297
Jizhar, S. 316
Jochai, Schimon bar 348
Johnson 359
Joseph II., Kaiser von Österreich 99, 123
Joyce, James 316
Juncker, Axel 15, 32 ff., 36, 40
Jungmann, Josef 123

Kästner, Erich 133, 316
Kafka, Bruno 156 ff.
Kafka, Franz 10 f., 14 f., 18, 20, 22 f., 27, 36, 41, 43 f., 46 f., 68, 70 f., 75, 77 ff., 93, 123 f., 140, 143, 149 f., 153, 155 ff., 166, 168 ff., 172, 174 ff., 198, 203, 205,

227, 231, 234, 243, 252 f., 255,
282 f., 294, 298, 318, 327, 339 f.,
353 f., 357, 359 f.
Kainz, Josef 60 f.
Kampe 210
Kant, Immanuel 35, 87 f., 160,
165 f., 170 ff.
Karl I., Kaiser von Österreich 107,
273
Kastil, Alfred 143, 168, 177
Kaznelson, Siegmund 50 f., 230
Keller, Gottfried 141, 247, 338
Kellner, Viktor 50
Kepler, Johannes 202 f.
Kerr, Alfred 34, 61 ff., 67, 107
Key, Ellen 137
Kierkegaard, Sören 15, 34, 161,
169, 184, 186, 193, 357
Kisch, Egon Erwin 27, 126, 152,
175, 267
Kishon, Ephraim 310
Kjerulf, Halidan 261
Klaar, Alfred 136
Kleiber, Erich 275
Klein 143
Kleist, Heinrich von 148, 187, 293,
247
Klinger, Ruth 294
Klofač 94, 238
Klopstock, Friedrich Gottlieb 115
Koch, Hans Hellmuth 192
Köhler, Wolfgang 96
Koffka, Friedrich 234
Kohn, Hans 48, 50
Kollár, Jan 123
Konhäuser 197
Koretz, Elsa 124, 126
Koretz, Josef 124, 127
Kornfeld, Paul 19 ff.
Kossuth, Ludwig 112
Kossygin 359
Kovarovic, Karl 275
Kowalewski, Gerhard 170 f.
Kramář 94, 101, 103, 238
Krapotkin, Peter Alexejewitsch 208
Kraus, Karl 27, 37, 59 ff., 64 ff.,
78 ff., 104 ff.

Kraus, Oskar 168, 177 ff.
Kugel, Chajim 303 ff., 307

Laforgue, Jules 24, 34, 36 ff., 44,
53, 143
Lamarck, Jean-Baptiste 207
Landauer, Gustav 99 f.
Lasker-Schüler, Else 33, 144, 251
Lautensack, Heinrich 75
Lavry, Marc 322
Lecher 199, 201
Leibniz, Gottfried Wilhelm 165,
323
Leppin, Paul 10, 139, 144 ff., 148 f.,
253
Lessing, Gotthold Ephraim 115,
219, 331
Lessing, Theodor 28, 65
Libai 302
Lichtenberg, Georg Christoph 352
Lichtwitz, Hans (Uri Naor) 65 f.,
291
Liebknecht, Wilhelm 65 f.
Liliencron, Detlev von 131, 135 ff.,
144, 147 ff., 155, 243
Limé, Ernst (Emil Utitz) 166
Lindtberg, Leopold 327
Linné 357
Lissauer, Ernst 63
Liszt, Franz 216
Locke, John 165, 168
Longen, E. A. (Pittermann) 266 f.
Longenová, Xena 267
Lorca, Garcia 310
Lorenz, C. 125
Lunatscharski 312
Luther, Martin 348
Lyssenko, Trofim 207

Maeterlinck, Maurice 40
Mager, Jörg 328, 351
Mahler, Alma 55, 70, 73, 192
Mahler, Gustav 25, 214, 240, 298,
319
Maimonides, Moses 331
Malkin, Dow 293
Manet, Edouard 74
Mann, Erika 254

Mann, Heinrich 150, 194, 196, 242 ff.
Mann, Mimi 236
Mann, Thomas 194, 254 f.
Mareš, Michael 170
Marlé, Arnold 14
Marlitt, Eugenie 247
Marty, Anton 48, 155, 165, 167 f.
Masaryk, Thomas Garrigue 87, 93 ff., 101 f., 104 f., 177, 238
Mascagni, Pietro 17
Masch, Peter 158
Mauthner, Fritz 100
May, Karl 130
Megged, Ahron 310
Meiner, Felix 177
Meißner, Alfred 137
Mell, Max 13, 33, 75
Mendel, Johann Gregor 207
Meron, Chana 316
Meskin, Aron 297
Metternich, Klemens Fürst von 123
Meyer, Conrad Ferdinand 118, 141, 345
Meyer, Georg Heinrich 234
Meyerbeer, Giacomo 115, 121
Meyrink, Gustav 10, 143, 146, 150 f., 161, 172 f.
Mörike, Eduard 140, 149, 320
Molière, Jean-Baptiste 310
Mozart, Wolfgang Amadeus 121, 274
Mühlberger, Josef 143
Müller, Hans 60
Muschg 244
Musset, Alfred de 102
Mussorgski, Modest 175

Nack, Hans Regina von 253
Naor, Uri (Lichtwitz) 65 f., 291
Nejedlý, Zdeněk 267 f.
Nestroy, Johann 60
Neumann, Fr. 278
Nielsen, Carl 259 ff.
Nietzsche, Friedrich 24, 49, 65, 101, 159 ff., 225, 317
Noll, Josef 266
Nordau, Max (Max Südfeld) 66

Offenbach, Jacques 60, 121
Oliphant, Lord 319
O'Neill, Eugene Gladstone 310
Oppenheimer, Max 243
Orlik, Emil 143
Ornstein, Margit 354

Pallenberg, Max 149
Papier, Rosa 216
Pascal, Blaise 325 f.
Pasič 88
Pasternak, Boris 59, 295
Paumgartner, Bernhard 216
Payer, Julius von 215
Percy, Thomas 305
Perlmann 316
Petrarca 316
Pfemfert, Franz 67
Pirandello, Luigi 310
Piscator, Erwin 264
Pittermann (E. A. Longen) 266
Platen, August von 353
Platon 140, 160, 163, 165, 169, 325 f., 340, 348
Plotin 348
Plutarch 87
Pollak, Oskar 166, 169, 189
Pollitzer, Heinz 72
Popper, Ernst 19, 58 f.
Porat, Orna 327
Porat, Shilo 327
Portmann, Adolf 345
Powys, John Cowper 240, 254
Preissová, Gabriela 274
Prinzip, Gavrilo 83
Prokofieff, Serge Sergejewitsch 256
Przybyszewski, Stanislaw 64 f.

Racine, Jean-Baptiste 310
Raimund, Ferdinand 99
Rathenau, Walter 63
Reger, Max 96, 256 ff., 260, 270
Reich, Hedwig 303
Reinhardt, Max 70
Reuchlin 345, 348
Ribalow 315
Richter, Hans 217

Rilke, Rainer Maria 10, 13, 31, 33,
  117, 137, 143, 145, 149
Rimbaud, Arthur 143
Rimski-Korssakow, Nikolai Andre-
  jewtisch 275
Roda Roda, Alexander 31
Rodin, Auguste 274
Rousseau, Jean Jacques 293
Rowina, Chana 297, 301
Rowohlt, Ernst 30
Rubaschoff (Schasár) 294
Rzach 197

Saint-Saëns, Camille 259
Salten, Felix 138, 313
Salus, Hugo 10, 136, 138 ff., 149
Sand, George 243
Sandrock, Adele 313
Sauer, Hedda 197
Scarlatti, Domenico 25
Schallmeyer 207
Schalom, Schin 14, 301, 316 f.,
  318 f., 320 f., 322, 336
Schamir 310
Schapira, Schalom Josef 316
Schasár (Rubaschoff) 294
Scheler, Max 99 f., 101, 165, 213
Schelling 360
Schiller, Friedrich 21, 115, 129, 215,
  310, 357
Schickele, René 33
Schlaf, Johannes 33, 131
Schlonski, Abraham 316
Schmitz, Oskar A. H. 34
Schmitz, Ettore (Suevo) 295
Schnitzler, Arthur 137
Scholem 346, 348
Scholem Alejchem 310
Schopenhauer, Arthur 21, 37, 38,
  39, 40, 47, 49, 53, 136, 147, 150,
  159 f., 165 f., 167, 173 f., 200,
  204, 225, 246 f.
Schreiber, Adolf 95, 259
Schubert, Franz 23, 25, 259, 352
Schumann, Robert 23, 25, 138
Seelig, Carl 74, 170, 244 f., 246 f.
Segal, Israel 302

Semon 207
Shakespeare, William 87, 129, 160,
  226, 241, 297 f., 302, 310, 357
Shaw, George Bernard 310
Shimoni 316
Sibelius, Jean 261
Simon, Ernst 239, 335
Singer, Prof. 198
Sinzheimer 345
Smetana, Friedrich 22
Sohar, Mirjam 309
Sokrates 348, 360
Sophokles 310
Specht, Richard 70
Speyer, Willy 75
Spinoza, Baruch de 40, 357
Spitteler, Karl 106
Stanek, Karl 101
Stanislawski 297, 310, 312
Stark, Dr. Sepp 153
Stein, Erwin 256
Steiner, Rudolf 182 f., 184
Stifter, Adalbert 76, 99, 149
Stoeßl, Kamilla 276 f., 278
Stoeßl, Otto 76, 79
Stopford 288
Strauß, Johann 121
Strauß, Richard 258
Strawinsky, Igor 25
Strindberg, August 260, 310
Strobl, Karl Hans 151
Sudermann, Hermann 63
Suevo, Italo (Ettore Schmitz) 295
Suk, Josef 256 f., 258, 270
Suttner, Bertha von 83
Szafranski, Kurt 41 f., 76

Talleyrand, Charles Maurice de 81
Taubert, W. 114
Taussig, Elsa 156
Teschner, Richard 143
Thieberger, Friedrich 338
Thomas von Aquin 346
Tisza, Graf István 84
Tönnies 207
Tolstoi, Leo 24, 247
Torberg, Friedrich 33, 36

Trier, Familie 127 f., 129, 130, 134 f., 150
Trier, Ernst 131
Trier, Georg 131, 133
Trier, Grethe 128
Trier, Heinrich 134
Trier, Lucie 134
Trier, Oskar 132
Trier, Paul 132, 133
Trier, Walther 132 f., 134
Tschaikowskij, Peter 159
Tschechoff, M. 197
Tschemerinsky, Baruch 304
Tschernichowsky, Saul 255, 315
Tschuppik, Karl 83 f.
Tucholsky, Kurt 52, 63, 75, 76
Turner, Joseph Mallord Wiliam 136

Ullmann, Dr. Fritz 284, 288
Unamuno, Miguel de 317
Urzidil, Johannes 143, 149, 192
Utitz, Emil (Ernst Limé) 166, 169, 172, 174 f., 177

Vasek, Prof. 178
Vega, Lope de 310
Verdi, Giuseppe 25, 26
Verheren, Emile 33
Verlaine, Paul 145, 243
Verne, Jules 129 f., 160
Virgil 351
Vogeler, Heinrich 138
Voltaire, François Marie 188, 240, 323, 354
Vrchlicky, Jaroslav 141
Vries, Hugo de 208
Vycpálek, Ladislav 276
Vysoky, Pater 158

Wachtangow 197, 312
Wagenbach, Dr. Klaus 169 f.
Wagner, Richard 25, 26, 27, 60, 82, 121, 210, 214 f., 217 f., 276, 302
Walser, Karl 247
Walser, Robert 74 f., 77, 240, 244 f., 246 f., 248 f., 250 f., 252 f.

Wassermann, Jakob 138
Weber, Alfred 155, 199, 203 f., 205 f., 207 f., 209
Weber, Max 204
Wedekind, Frank 150
Weismann, August 207
Weiß, Emil 138
Weiß, Ernst 143
Weiß, E. R. 74
Weltsch, Felix 14, 18, 20, 22, 35, 68, 72, 96, 143, 156, 158 f., 164, 171, 175 f., 177, 187, 198, 207, 209 f., 213 f., 259, 282, 285 f., 291, 294, 330, 334, 335
Weltsch, Robert 50
Werfel, Franz 11 ff., 52, 54, 56 ff., 60 f., 67 f., 69 f., 71, 73, 75, 77, 79, 93, 95, 100, 143, 148 f., 192, 194, 202 f., 295
Werthaimer, Max 95 f., 97 f.
Westertag, Prof. 207
Whitman, Walt 24
Wiechowski 210
Wied, Gustav 34
Wiegler, Paul 34, 37 ff., 44, 47, 78
Wieland, Christoph Martin 68
Wiener, Oskar 144
Wilder, Thornton 310
Wilfert, Karl 143
Wilson, Thomas Woodrow 238
Winder, Ludwig 143, 253, 282 f.
Wolwyzek, Julie 353
Wolf, Hugo 23
Wolf 14
Wolff, Kurt 21, 30, 69, 74, 78, 103
Wouk, Hermann 310

Záhor Zdenek 41
Zasius 348
Zeller, Hans 244
Zelter 354, 357
Zifferer 358
Zsolnay, Paul 70
Zuckmayer, Carl 310
Zweig, Max 197
Zweig, Stefan 13 f., 30 f., 292, 301, 307 f., 309

Angaben über die früheren Ausgaben der Autobiographie

Streitbares Leben. Autobiographie erschien erstmals 1960 (Copyright 1960 by Kindler-Verlag, München). Die ungekürzte Kindler Taschenbuchausgabe folgte 1963. Der 1969 bei F. A. Herbig Verlagsbuchhandlung, München, Berlin, Wien erschienenen »vom Autor überarbeiteten und erweiterten Neuausgabe« liegt Max Brods Handexemplar zugrunde. Ein Schlußkapitel über die Jahre 1960–1968, das Brod für diese Ausgabe plante, konnte er nicht mehr schreiben. In einem »Anhang« ergänzt die Ausgabe den Text durch vom Autor vorbereitetes Material – Tagebuchaufzeichnungen und Bilder –, das die Nachlaßverwalterin Ilse Ester Hoffe freundlicherweise zur Verfügung gestellt hat. Die vorliegende Ausgabe folgt dem Text der Herbigausgabe.